(-15~

6079

C

Fritz Bauer Institut
Studien- und Dokumentationszentrum
zur Geschichte und Wirkung des Holocaust

Jahrbuch 1997 zur Geschichte und Wirkung des Holocaust

Fritz Bauer Institut (Hg.)

Überlebt und unterwegs

Jüdische Displaced Persons im
Nachkriegsdeutschland

Campus Verlag
Frankfurt/New York

Die Deutsche Bibliothek – CIP-Einheitsaufnahme

Jahrbuch ... zur Geschichte und Wirkung des Holocaust /
Fritz-Bauer-Institut, Studien- und Dokumentationszentrum
zur Geschichte und Wirkung des Holocaust –
Frankfurt/Main ; New York : Campus Verlag
    ISSN 1432-5535
1997. Überlebt und unterwegs. - 1997

Überlebt und unterwegs : jüdische Displaced Persons im Nachkriegsdeutschland /
Fritz-Bauer-Institut (Hg.) - Frankfurt/Main ; New York : Campus Verlag, 1997
    (Jahrbuch ... zur Geschichte und Wirkung des Holocaust ; 1997)
    ISBN 3-593-35843-3

Copyright © 1997 Campus Verlag GmbH, Frankfurt/Main
Umschlaggestaltung: conceptdesign, Offenbach
Umschlagmotiv: Foto Ephraim Robinson, ©Alice Robinson Lev
Redaktion: Jacqueline Giere, Hanno Loewy, Werner Renz, Irmtrud Wojak
Satz: Ernst Karpf, Frankfurt am Main
Druck und Bindung: KM-Druck, Groß-Umstadt
Gedruckt auf säurefreiem und chlorfrei gebleichtem Papier.
Printed in Germany

Inhalt

Editorial

Das Jahrbuch des Fritz Bauer Instituts zur Geschichte und Wirkung des Holocaust erscheint in diesem Jahr zum zweiten Male, ein weiterer Schritt auf dem Weg zu einer kontinuierlichen Auseinandersetzung mit der Vielfalt der Beziehungen zwischen Vergangenheit und Gegenwart.

Wie schon im letzten Jahr haben wir auch diesmal das Jahrbuch unter ein Schwerpunktthema gestellt: Überlebt und unterwegs. Jüdische Displaced Persons im Nachkriegsdeutschland.

Thema der Beiträge dieses Jahrbuchs ist dabei weniger das vielseitige politische, kulturelle und religiöse Leben der jüdischen Displaced Persons in den Camps in den Besatzungszonen in Deutschland und Österreich. Verschiedene Publikationen, auch des Fritz Bauer Instituts, haben in den letzten Jahren – überblickshaft oder in Form von Regionalstudien, aber auch aus der Nahsicht der DPs selbst – dieses Kapitel jüdischen Überlebens zwischen *shoah* und Nachkriegsexistenz wieder ans Licht geholt.

Das vorliegende Jahrbuch versucht, die politischen Kontexte darzustellen, aufgrund derer ein »jüdisches DP-Problem« entstand, und sie mit den Selbstdeutungen der jüdischen Überlebenden, ihren Orientierungen nach dem Holocaust zu konfrontieren: Zusammenhänge, die die Entscheidungsmöglichkeiten und das Handeln der jüdischen DPs und ihren Weg in die Nachkriegswirklichkeit entscheidend beeinflußten.

Ein Teil der hier vorgestellten Beiträge geht auf die internationale Konferenz zur Lage und Lebenswelt der jüdischen Displaced Persons

1945–1949 zurück, die das Fritz Bauer Institut im Juli 1995 gemeinsam mit zahlreichen Partnern in München veranstaltet hat. Damals jährte sich zum 50. Male die einzige überregionale Konferenz der Überlebenden des Holocaust in St. Ottilien bei München, an der Ende Juli 1945 auf Einladung des »Zentralkomitees der befreiten Juden in Bayern« Teilnehmer aus verschiedenen Besatzungszonen beteiligt waren.

Denjenigen, die mit uns die Konferenz 1995 gemeinsam vorbereiteten und durchführten: das Institut für Zeitgeschichte in München, die Literaturhandlung München, das Münchner Stadtmuseum, das Institut für Zeitgeschichte der Universität Innsbruck, die American Jewish Archives in Cincinnati und die Yad Vashem Archives in Jerusalem, sei an dieser Stelle ebenso gedankt, wie jenen, ohne deren finanzielle Unterstützung diese Konferenz nicht stattgefunden hätte.

Das »jüdische DP-Problem« entstand nach der Befreiung; an seiner Entstehung wie an seinen Lösungen waren viele Akteure beteiligt: die Militärbehörden und Hilfsorganisationen, die Organisationen der Flüchtlinge, Behörden, Regierungen und Bevölkerungen im besetzten Deutschland, in den USA, in Ost- und Westeuropa und nicht zuletzt auch in Palästina. In der Einleitung führt *Jacqueline Giere* in die Gesamtproblematik ein: Wer waren die DPs? Woher kamen sie und wohin wollten sie? Wer hat sie betreut?

Die Überlebenden rangen um ein Selbstverständnis, das ihren traumatischen Erfahrungen und Erwartungen entsprechen sollte. Wie sie mit diesen Erwartungen an die Welt herantraten, welche Enttäuschungen sie dabei erlebten, schildert *Abraham Peck*. Die Welt war nicht bereit, sie aufzunehmen, wie sie es sich erhofft hatten. In Polen, dem Land, aus dem die größte Zahl der Opfer wie auch der Überlebenden stammte, wirkten verschiedene Formen des Antisemitismus fort – sozioökonomische, konfessionelle und politische –, die sich immer wieder in offener, zum Teil gewalttätiger Ablehnung äußerten. Dennoch versuchten jüdische Überlebende im Nachkriegspolen Fuß zu fassen, sich beispielsweise in Niederschlesien neu anzusiedeln oder andere Strategien zu entwickeln, um sich aufs neue in Polen »heimisch« zu fühlen. *Andreas Hofmann* und *Ewa Koźmińska-Frejlak* beschreiben den Kontext und das Scheitern dieser Versuche.

Sowohl die Briten als auch die Amerikaner verfolgten eine DP-

Politik, die eine Auswanderung der Überlebenden in die USA oder nach Palästina erschweren, ja praktisch unmöglich machen sollte. *Leonard Dinnerstein* untersucht in seinem Beitrag, wie beide Länder die Entscheidungen untereinander hin- und herschoben und dadurch eine effektive Lösung verhinderten. Das Engagement jüdischer Hilfsorganisationen in den USA für humanitäre Hilfe in den DP-Camps wie auch für die Erleichterung der Einwanderung in die USA und nach Palästina fand in zahlreichen Filmprojekten seinen Ausdruck. Die Geschichte eines dieser »Fundraising-Filme«, des Dokumentarfilms THESE ARE THE PEOPLE , stellt *Ronny Loewy* vor. *Anita Shapira* analysiert, wie die Einstellungen und Erwartungen der Überlebenden im palästinensischen *Jischuw* von den zionistischen Organisationen wahrgenommen wurden, die ein eigenes, anderes Verständnis vom Holocaust hatten. Diese Bestrebungen des Zionismus, einen Typus des »neuen Juden« zu entwickeln, der die Prägungen der Diaspora überwinden sollte, führten dazu, so die These von *Idith Zertal* in ihrer Analyse zweier populärer zeitgenössischer Texte, daß die israelische Gesellschaft auf die Probleme der Überlebenden nicht wirklich eingehen konnten, mehr noch, daß sie sich letztes Endes von ihnen, ihrem Trauma und sogar ihrer Lebensgeschichte bedroht fühlten.

Die DP-Camps in den Besatzungszonen in Deutschland lagen oftmals in deutschen Städten und Ballungszonen, die Überlebenden lebten inmitten der Gesellschaft, die ihre Vernichtung betrieben hatte. *Angelika Eder* geht der Frage nach, wie sich die Beziehungen zwischen der deutschen und der DP-Bevölkerung vor diesem Hintergrund entwickelten.

Die Auswirkungen dieser Konfliktlagen und politischen Handlungsperspektiven manifestierten sich in den Fluchtbewegungen. Die eine Fluchtroute führte aus Osteuropa nach Berlin und von hier aus vor allem in die amerikanische Zone, wo sich die Überlebenden größere Hilfe als von den Briten erhofften und zugleich die jüdischen Hilfsorganisationen erfolgreicher operieren konnten. *Angelika Königseder* zeichnet die Schwierigkeiten und die Bedeutung dieser Fluchtroute nach. Auf der zweiten Fluchtroute, von *Thomas Albrich* dokumentiert, suchten Überlebende nach Österreich zu gelangen, um von dort aus entweder ebenfalls die amerikanische Zone Deutschlands, oder aber, über Italien und das Mittelmeer, im Rahmen der *Brichah* – der illegalen Einwanderung – Palästina zu erreichen.

Das Phänomen der DP-Camps in seiner historischen Dimension und im Zusammenhang mit der Gründung des Staates Israel ist Gegenstand des Beitrags von *Dan Diner*. Er untersucht sowohl die Kontinuitätslinien und Brüche in den außenpolitischen Interessen und Konzeptionen der verschiedenen Mächte als auch die Rolle der DP-Problematik im Kontext der Palästinafrage.

Die Nachkriegsidentität der jüdischen Displaced Persons wurde in kulturellen Zeugnissen, erst recht aber in den Formen ihrer Alltagsbewältigung manifest. Ein Beispiel für den Willen, an kulturelle Traditionen anzuknüpfen und zugleich neue zu begründen, war der *Talmud der Überlebenden*, dessen Entstehung *Peter Honigmann* beschreibt. Die DP-Erfahrungen und die Reaktionen der Weltöffentlichkeit schrieben sich, wie es *Lena Inowlocki* in ihrem Beitrag rekonstruiert, nachhaltig in das Selbstverständnis der ehemaligen DPs ein, die in Deutschland blieben: ein Selbstverständnis, das die verlorenen Traditionen, die Grundlagen einer nicht mehr existenten Kultur in den Enkelgenerationen durch bewußt-unbewußte Gewohnheitskonstruktionen wieder aufleben lassen möchte.

Das Jahrbuch schließt mit drei Aufsätzen, die die Diskussionen über die Rezeption und Wirkung von Auschwitz im Jahrbuch 1996 wiederaufnehmen und fortführen.

Irene Heidelberger-Leonard beschreibt am Beispiel Jean Amérys, wie sich in der literarischen Produktion und Selbstdeutung nach Auschwitz Antizipation und Reflexion der Katastrophe durchdringen und in die Erfahrung eines radikalen Bruchs münden. *Ole Frahm* zeigt, ausgehend von Art Spiegelmans Auseinandersetzung mit der Geschichte seines Vaters, wie die Erfahrung von Auschwitz in unterschiedlicher Weise im Medium des Comics thematisiert wurde. In welche Aporien sich schließlich der Versuch verstrickt, die Erinnerung an den Holocaust zum Gegenstand einer neuen nationalen Identität in Deutschland zu machen, diskutiert *Silke Wenk* in ihrem Beitrag am Beispiel des geplanten »Denkmals für die ermordeten Juden Europas« in Berlin.

Wie unter einem Brennglas verdichtet sich in dieser Debatte, in der mühevollen Entscheidung über einen symbolischen Ausdruck der Beziehung zwischen deutscher Gegenwart und der Geschichte des Holocaust die Frage nach der Erbschaft des Verbrechens. So verwandelt sich das Eingedenken in den Versuch, im Kontext der Herstellung staatlicher Einheit und der Suche nach einem neuen nationalen Selbstverständnis dem Verbrechen der Massenvernichtung nachträglich einen *Sinn* zu verleihen. Unter der Hand, so scheint es, wird Auschwitz und die symbolische Erinnerung daran zu einem Gründungsopfer umgedeutet: zu einem Ursprungsakt, der die Fiktion der »Volksgemeinschaft«, die durch Ausgrenzung, Vernichtung *und* gemeinsame Täterschaft im Nationalsozialismus zusammengeschweißt werden sollte, noch einmal zu reproduzieren droht.

»Geschichte« als Einigkeit verbürgende Konstruktion, erweist sich – und dies selbst im Zeichen eines immer wieder aufgerichteten Postulats der »Schuld« und Scham – am Ende womöglich als Rückkehr übermächtiger ethnischer Kategorien in die Politik. Eine überfällige Neudefinition von Nation und Staatsbürgerschaft wird so weniger befördert als verhindert.

Die »Juden Europas«, sie kommen, wie schon seit je, in diesen Konstrukten nur als Objekt, als Schatten oder als Gegenbild vor. Um so wichtiger scheint, daran zu erinnern, wie jüdische DPs nach der Vernichtung ihr Leben und das Verständnis ihrer Existenz wieder in eigene Hände zu nehmen versuchten. Und an die damals schon formulierten Fragen, die bis heute nicht beantwortet wurden.

Einleitung

Jacqueline Giere

Noch ehe der Zweite Weltkrieg zu Ende gegangen war, bereiteten sich die alliierten Behörden auf eine Aufgabe vor, die auf sie zukommen würde: Es war ihnen klar, daß sie die Verantwortung für die Entwurzelten und Heimatlosen würden übernehmen müssen, die der nationalsozialistische Vernichtungskrieg hinterlassen hatte. Das *Administrative Memorandum No. 39* des *SHAEF*, des alliierten Militärdachverbandes, legte bereits im November 1944 fest, daß Displaced Persons (DPs) »Zivilpersonen (sind), die sich aus Kriegsfolgegründen außerhalb ihres Staates befinden; die zwar zurückkehren oder eine neue Heimat finden wollen, dieses aber ohne Hilfestellung nicht zu leisten vermögen.«[1]

Diese Definition bestimmte zugleich implizit das Vorgehen der Alliierten gegenüber den DPs:

»(...) sie müßten in ihre Heimatstaaten repatriiert werden oder es müßte ihnen an einem anderen Orte als ihren Herkunftsländern die Möglichkeit geschaffen werden, (eine; J. G.) neue Heimat zu finden.«[2]

Als der Krieg zu Ende ging, befanden sich schätzungsweise knapp elf Millionen Heimatlose auf dem Boden des ehemaligen Dritten Reiches, etwa doppelt so viele, wie die Militärbehörden erwartet hatten – ehemalige Kriegsgefangene, Zwangsarbeiterinnen und -arbeiter, Kollaborateure, vor allem aus dem Baltikum und der Ukraine, die mit den deutschen Wehrmachtstruppen ins Reichsinnere gezogen waren, Befreite aus den Konzentrationslagern und Überlebende der Todesmärsche. Die SHAEF-Bestimmungen teilten diese Menschen in UN-Displaced Persons (u.a. Franzosen, Belgier, Niederländer, Jugoslawen, Polen, Tschechen und sowjetische Bürger), »ex-enemy DPs« (Italiener, Finnen, Rumänen, Bulgaren und Ungarn), »enemy DPs« (Deutsche, Österreicher, Japaner) und Staatenlose (Personen, die ihre Nationalität nicht nachweisen konnten) ein. Innerhalb dieser groben Kategorien gab es zwar Differenzierungen, u.a. für rassisch, religiös und politisch Verfolgte, doch wurden z.b. sowohl jüdische Überlebende wie überlebende Sinti und Roma nicht als besondere Gruppen, sondern entsprechend ihrer jeweiligen Vorkriegsnationalität eingeordnet.[3]

Diese Menschen zu repatriieren war eine enorme Aufgabe, die die alliierten Behörden sich selbst gesetzt hatten. Sie bedeutete nicht nur, Fahrzeuge bereitzustellen, Treibstoff herbeizuschaffen, Brücken und Bahngleise zu reparieren. Da sich diese Aufgabe über Wochen und Monate, teilweise gar Jahre erstreckte, hieß es, Millionen von Menschen mit dem Nötigsten zu versorgen – mit Unterkünften, Betten, Decken, Bekleidung, Lebensmitteln und Medikamenten. Typhus, Fleckfieber und Tuberkulose waren weitverbreitet, Überlebende der Lager und der Todesmärsche starben täglich an Krankheit, Entkräftung, aber auch an zu reichlichem Essen, das wohlmeinende Helfer anboten, ohne die Auswirkungen auf die ausgemergelten Körper zu bedenken.[4] Darüber hinaus waren diese Menschen, die monate- oder jahrelang mit dem Tod, mit der Vernichtung hatten leben müssen, nicht nur physisch, sondern auch psychisch am Rande ihrer Kräfte. Die Alliierten hatten in der Hoffnung auf schnelle Repatriierung ein logistisches Versorgungs- und Transportsystem installieren wollen. Auf die menschlichen Schicksale, die sie erwarteten, waren sie weitestgehend unvorbereitet. Ein ehemaliger US-Major meinte, er und seine Truppen hätten die Konzentrationslager nicht befreit, sondern wären vielmehr im Zuge ihrer Kampfhandlungen »darüber gestolpert«.[5]

In den ersten Nachkriegsmonaten legten die vier alliierten Mächte die allgemeinen Bestimmungen je nach eigener DP-Politik aus. Die sowjetische Militärbehörde richtete grundsätzlich keine DP-Zentren ein, sondern war bemüht, alle Nichtdeutschen, die sich in der SBZ befanden und nicht in die westlichen Besatzungszonen flohen, zu repatriieren. Die französischen Behörden betrieben ebenfalls eine Politik der Zwangsrepatriierung, vor allem in bezug auf sowjetische und ukrainische Bürger; polnische DPs in der FBZ konnten die Rückkehr z.T. erfolgreich abwenden. Die anglo-amerikanischen Militärs richteten dagegen *Assembly Centers* bzw. Auffanglager (DP-Camps) ein. Aber auch hierin gab es Differenzen zwischen den eher liberalen amerikanischen und den restriktiv angelegten britischen Auslegungen der DP-Bestimmungen.[6]

Ebenso entscheidend für die weitere Entwicklung der DP-Politik war das Verhalten der Betroffenen selber. Die meisten west- und südeuropäischen DPs nahmen gerne die Militärhilfe an, um so schnell wie möglich in ihre Heimatländer zurückkehren zu können. Einige osteuropäische DPs wollten allerdings Deutschland nicht verlassen, entweder aus Angst, in ihrer Heimat der Kollaboration bezichtigt und bestraft zu werden, oder weil sie es ablehnten, unter den sich etablierenden kommunistischen Regimes zu leben. Die sowjetisch-russischen DPs, meist ehemalige Kriegsgefangene, versuchten – fast immer vergeblich –, sich gegen eine Zwangsrepatriierung zu wehren. Im Extremfall kam es zu Selbstmorden oder tätlichen Angriffen auf die ausführenden Militärs. Während die sowjetischen Behörden alle DPs, die sich in ihrer Zone aufhielten, repatriierten, waren bis Herbst 1945 aus den drei Westzonen etwa 80% der DPs in ihre Herkunftsländer zurückgeführt worden.[7] Ende 1946 lebten noch etwa eine Million DPs in Camps in den westlichen Zonen, davon etwa die Hälfte Osteuropäer, ein Viertel West- bzw. Südeuropäer und ein Viertel Juden; im August 1948 waren es noch rund 300.000, davon knapp 80.000 Juden sowie rund 175.000 Tschechen, Esten, Letten, Litauer, Polen und Jugoslawen.[8] Im Juni 1950 ging die Verantwortung für die DPs in die Zuständigkeit der Bundesrepublik über. Die ehemaligen DPs wurden von nun an als »Heimatlose Ausländer« bezeichnet.[9]

Eine besondere Gruppe unter den *Displaced Persons*, die sich 1945 auf deutschem und österreichischem Boden befanden, bildeten die jüdischen Überlebenden der nationalsozialistischen Vernichtungspolitik. Während sie nach den DP-Bestimmungen nach Nationalitäten aufzuteilen waren, sah sich der größte Teil der jüdischen Überlebenden als eigene Gruppe an, die in eigenen DP-Einrichtungen untergebracht werden sollte.

»Nein, wir sind keine Polen«, rief Jakob Olejski, Berufsschullehrer und einer der politisch und kulturell aktiven jüdischen DPs im August 1945 in einer Rede aus, »trotzdem wir in Polen geboren sind; wir sind keine Litauer, wenn auch unsere Wiege einstmals in Litauen gestanden haben mag; wir sind keine Rumänen, wenn wir auch in Rumänien das Licht der Welt erblickt haben. Wir sind Juden!«[10]

Die Einrichtung von DP-Camps für jüdische Überlebende in der amerikanischen Zone erfolgte im August 1945 auf Anordnung von Präsident Truman und als Reaktion auf einen äußerst kritischen Bericht eines Abgesandten des *State Department*, Earl G. Harrison.[11] Harrisons Beschreibung der Zustände in den Camps und einer oft ablehnenden Haltung der Militärbehörden gegenüber den Überlebenden führte zu einer Verbesserung der allgemeinen Lagerbedingungen und zur Anerkennung der jüdischen DPs als eigenständige Gruppe, die fortan in eigenen, jüdischen DP-Camps leben konnte.

Diesen Menschen – die Mehrzahl aus Polen, der Rest aus Ungarn, Litauen, der Tschechoslowakei, Weißrußland, Rumänien und (wenige) aus Griechenland[12] – schien ein weiteres Leben in Osteuropa, ja überhaupt in Europa nicht mehr möglich. Wie viele andere sahen sie in den kommunistisch regierten Ländern keine Zukunft; erst recht wurden viele durch antisemitische Gewaltakte insbesondere in Osteuropa abgeschreckt. Doch dies allein waren nicht die Gründe für ihren »Exodus aus Europa«[13]. Ihre Familien, Verwandten und Freunde waren zum größten Teil ermordet, ihre Gemeinden und kulturellen Zentren zerstört worden. Im Vorkriegspolen hatten drei Millionen jüdische Bürger gelebt, in Warschau waren etwa 10% der Bevölkerung jüdisch gewesen, in Städten wie Bedzin in Südpolen waren es 50–80%. Nach dem Krieg hatte dieses 1000 Jahre während jüdische Leben aufgehört zu existieren; der deutsche Nationalsozialismus hatte es vernichtet.

Im Laufe der Sommermonate 1945 gab es eine ständige Fluktuation zwischen Osteuropa und den westlichen Besatzungszonen in Deutschland und Österreich, vor allem den beiden amerikanischen Zonen bzw. Sektoren in Berlin und Wien. Überlebende suchten in ihren Heimatstädten nach Angehörigen, die sie mit sich in die Besatzungszonen führten. Viele ehemalige Partisanen, Menschen, die sich bei polnischen Bürgern hatten verstecken können, und solche, die während der deutschen Besatzung mit gefälschten Papieren auf der »arischen« Seite gelebt hatten, nahmen ebenfalls den Weg in den Westen. Ab Frühjahr 1946 kamen weitere Flüchtlinge, denen der DP-Status zugesprochen wurde. Es waren vor allem ehemalige polnisch-jüdische Bürger, die die Kriegsjahre im Inneren der UdSSR überlebt hatten, entweder weil sie als Bürger Ostpolens 1940 durch die Annexion ihres Heimatgebietes sowjetische Bürger geworden waren oder weil sie zu Kriegsbeginn in die UdSSR geflüchtet waren. Die meisten von ihnen waren nach Sibirien, in die Sumpfgebiete am Schwarzen Meer oder nach Birobidjan deportiert worden, wo sie, zum Teil mit ihren Familien, überlebt hatten.[14] Im Frühjahr 1946 erlaubte ihnen die sowjetische Regierung die Heimkehr. Die meisten von ihnen blieben nur kurze Zeit in Polen, ehe sie versuchten, in die westlichen Zonen in Deutschland oder Österreich weiterzureisen. Während einige der DPs auf eigene Faust in die DP-Camps gelangten, waren die meisten mit Hilfe der Untergrund-Fluchtorganisation *Brichah* (hebräisch: Flucht) dorthin gekommen. Diese Hilfsorganisation, von osteuropäisch-jüdischen Überlebenden gegründet, erfuhr aus Palästina personelle, von der amerikanisch-jüdischen Hilfsorganisation *Joint* (s. unten) finanzielle Unterstützung.

Eine weitere Gruppe von polnisch-jüdischen Flüchtlingen suchte im Sommer 1946 Aufnahme in den DP-Camps. Antisemitisch motivierte Attacken gab es im Nachkriegspolen immer wieder. Am 4. Juli 1946 ereignete sich in Kielce jedoch ein regelrechtes Pogrom. Dort hatte eine fanatisierte Menge Dutzende jüdischer Bürger aus dem Gemeindehaus geschleppt und sie zu Tode geschlagen, nachdem das Gerücht verbreitet worden war, im Keller dieses Hauses würden christliche Kinder ermordet und ihr Blut zu rituellen Zwecken verwendet. Die katholische Kirche Polens lehnte eine offizielle Verurteilung der Gewalttaten ab; ein Priester, der das Pogrom von der Kanzel verurteilte, wurde seines Amtes enthoben.[15] Dieses Pogrom wurde Anlaß zum Aufbruch vieler der polnisch-jüdischen Bürger, die zunächst versucht hatten, in ihrer ehemaligen Heimat trotz allem, was geschehen war, erneut Fuß zu fassen.

1947 kamen neue Gruppen aus Rumänien, Anfang 1948 weitere aus der Tschechoslowakei und aus Ungarn. So waren es insgesamt rund 250.000 osteuropäisch-jüdische Überlebende, die meisten zwischen 18 und 45 Jahre alt, etwa zwei Drittel von ihnen Männer[16], die zwischen Kriegsende und Sommer 1948 in den DP-Camps der westlichen Zonen in Deutschland und Österreich eine vorübergehende Bleibe fanden.

Vorübergehend sollte diese Bleibe nicht nur aus der Sicht der Militärbehörden sein. Vielmehr waren es die Überlebenden selbst, die in ihrem Aufenthalt unter amerikanischer oder britischer Hoheit sich eine Chance erhofften, an ihr endgültiges Auswanderungsziel zu gelangen: Palästina oder die USA. Doch die restriktive Einwanderungspolitik der Briten in ihrem Mandatsgebiet und ein ebenso inflexibel festgelegtes Immiganten-Quotensystem in den USA bedingten, daß die meisten jüdischen DPs die Jahre 1945–48 in DP-Camps verbrachten, in ehemaligen Wehrmachtskasernen wie in Landsberg am Lech oder in Ulm, in ehemaligen Zwangsarbeiterbaracken und geräumten Arbeitersiedlungswohnungen wie in Frankfurt-Zeilsheim, auf dem Gelände ehemaliger Konzentrationslager wie in Bergen-Belsen oder auf dem ehemals Julius Streicher gehörenden Bauernhof, dem Pleikershof bei Nürnberg. Im November 1946 betreute der *Joint* allein in den amerikanischen und französischen Zonen in Deutschland sowie in Berlin und Bremen 163.107 jüdische DPs, davon 108.035 in DP-Camps, 4313 in Kinderzentren, 4067 in *hachsharoth* (landwirtschaftliche Trainingszentren), 2526 in Krankenhäusern und 44.166 in Gemeinden.[17]

Mit der Gründung des Staates Israel im Mai 1948 und aufgrund von Ausnahmeregelungen und Ergänzungen der US-Einwanderungsgesetze, die im selben Jahr und im Jahr 1950 erfolgten, begann eine kontinuierliche Ausreise der meisten DPs in den Nahen Osten bzw. nach Amerika. Die DP-Camps wurden nacheinander geschlossen, die verbliebenen DPs immer wieder in noch bestehenden Camps zusammengefaßt. 1951 bestanden drei Lager in der amerikanischen Zone in Deutschland (Föhrenwald, Feldafing, Lechfeld), ab 1952 gab es nur noch das Lager Föhrenwald.[18] In diesem letzten jüdischen DP-Lager, jetzt ein »Lager für heimatlose Ausländer«, lebten mit ihren Familien die sogenannten *hard core*-Fälle, Menschen, die physisch oder psychisch nicht mehr in der Lage waren, weiterzuwandern bzw. aus eigener Kraft eine neue Existenz aufzubauen. Das Lager in Föhrenwald wurde am 28.2.1957 aufgelöst; die »Föhrenwälder« fanden bei den größeren jüdischen Gemeinden u.a. in München und Frankfurt am Main Aufnahme.

Äußerer Aufbau, Organisation und Verwaltung der DP-Camps oblagen zunächst den Militärbehörden: bis Oktober 1945 der Abtei-

lung *Combined Displaced Persons Executive*, danach den Zonenkommandanten (dem in der US-Zone ab August 1945 ein Sonderberater, der *Special Adviser on Jewish Affairs*, als Vermittlungsinstanz zugeteilt wurde), der für die Versorgung zuständigen G-5-Abteilung *Special Services* und für die unmittelbare Umsetzung vor Ort den jeweiligen Lagerkommandanten. Ihnen zur Seite, allerdings in der Entscheidungshierarchie untergeordnet, standen die Angestellten der UN-Hilfsorganisation UNRRA (*United Nations Relief and Rehabilitation Administration*), die Ende April 1945 ihre Arbeit mit zunächst knappster personeller Besetzung in Deutschland aufnahm.[19]
Die Aufgaben der UNRRA und ihrer Nachfolgerin IRO (*International Relief Organization*), die ab Juli 1947 in Form einer Vorbereitungskommission (PCIRO – *Prepatory Commission of the International Refugee Organization*) die Arbeit übernahm, umfaßten vor allem die interne Lagerverwaltung, die medizinische Fürsorge und die Überwachung der Tätigkeiten der anderen Hilfsorganisationen.[20]
Das breiteste Spektrum an Aktivitäten entfaltete darunter die im Ersten Weltkrieg gegründete amerikanisch-jüdische Organisation *American Jewish Joint Distribution Committee*, kurz: AJDC, JDC oder *Joint*. Der *Joint* sah seine Aufgabe darin, Lebensmittel und Bekleidung über die spärlichen Militärrationen hinaus für die DPs zu sammeln, aber auch kulturelle Aktivitäten – Schulwesen, Lesesäle, Zeitungen, Theaterproduktionen – finanziell und praktisch (durch Bücher, Bleisatz, Manuskripte u.ä.) zu fördern.
Aktiv in den Lagern war ebenfalls die *Jewish Agency for Palestine*: JAFP oder *sochnut*. Als beratende Körperschaft im Mandatsgebiet der britischen Regierung hatte die JAFP seit 1922 zunächst die Aufgabe, sich um die Einwanderung nach Palästina, die Betreuung der Neueinwanderer und die Versorgung und Erziehung von Kindern zu kümmern. Aus dieser Tätigkeit heraus entwickelte die *sochnut* sich bald zu einer die Staatsgründung antizipierenden Selbstverwaltung, die international operierte. Das Interesse der JAFP in den DP-Camps galt den politischen Organisationen und Lagerverwaltungen sowie der zionistischen Erziehung in den DP-*kibbutzim*, den Wohngruppen, deren Bewohner sich auf das gemeinschaftliche Leben in Palästina vorbereiteten. Weitere Organisationen, die spezielle Aufgaben übernahmen, waren u.a. ORT (*Organization for Rehabilitation through Training*,

National Jewish Overseas Relief Supplies Collection
of the
.JOINT DISTRIBUTION COMMITTEE AND COOPERATING NATIONAL ORGANIZATIONS

————

INSTRUCTIONS TO LOCAL CHAPTERS FOR THE COLLECTION AND SHIPMENT
OF RELIEF SUPPLIES:

What to Collect:

FOODSTUFFS

Butter, Oils, Fats (in tins)
Canned Fruits and Vegetables
Coffee
Condensed or Evaporated Milk
Dehydrated Vegetable Soups
Dextrose
Dried Peas, Beans, Rice, etc.
Hard Bittersweet Chocolate
Hard Candy
Kosher Canned Meats
Malted Milk Powder
Packaged Sugar
Sweetened Breakfast Cocoa
Whole Milk Powder

.COMFORT ITEMS & MEDICINES

Absorbent Cotton
Adhesive Tape
Aspirin
Cleansing Tissue
Combs
Cosmetics (Lipsticks, face powder)
Hair Brushes
Hairpins, Bobby Pins
Handkerchiefs
Iodine
Letter Paper, Envelopes
Razor Blades
Razors
Sanitary Napkins
Sewing Materials -
    Thread, Needles, Yarn, Buttons,
    Pins, Thimbles, Small Scissors
Shaving Brushes
Shaving Cream
Small Metal Hand Mirrors
Soap - Bars of white laundry or bath soap
       (NO naptha or other odorous soaps)
Toothbrushes, Toothpaste
Vaseline
Zinc Ointment

CHILDREN'S ITEMS (for all ages)

Caps
Children's Underwear
Crayons (Colors)
Embroidery Pieces
Notebooks
Pencils
Picture Books
Socks and Stockings
Sweaters (may be hand knitted)
Toys

LAYETTES (Complete Layettes
              Preferred)
(new - or if used, laundered
       and in good condition)

Aluminum Pan
Baby Dresses
Baby Shirts
Baby Soap
Belly Bands
Bunting
Crib Blanket
Diapers
Nightgowns
Nipples
Petticoats
Receiving Blanket
Stockings
Talcum Powder
Wool Caps
Wool Sweaters
Wrappers

HOUSEHOLD SUPPLIES

Sheets
Towels
Pillow Cases
Blankets (new or if used, clean
          and in good condition)

20

ursprünglich 1880 in Rußland als *Obschtchestwo Rasprostranenija Truda sredi Jewrejew:* »Gesellschaft für manuelle [und landwirtschaftliche] Arbeit unter Juden« gegründet), die das Berufsschulwesen aufbaute; HIAS (*Hebrew Immigrant Aid Society*), die Einwanderer in die USA betreute; und *Waad Hatzala* (hebräisch: Rettungskomitee), das 1939 zur Rettung orthodoxer Juden in Europa gegründet worden war.[21]

Die Überlebenden selbst waren zunächst am Kriegsende wie betäubt: »Wir haben das Lachen verlernt; wir können nicht mehr weinen; wir verstehen unsere Freiheit nicht (...) Wir leben nicht; *wir sind noch tot!*«[22] Ohnmachtsgefühle überkamen sie, sie suchten zunächst nicht einmal nach Rache. »Keine Rache, keine Strafe könnte Dich zufriedenstellen angesichts des Todes Deiner Eltern, Deiner Brüder und Deiner Schwestern.«[23] Niedergeschlagenheit und Melancholie kennzeichneten viele. Nur im Zusammensein mit denjenigen, die Ähnliches erlebt und erlitten hatten, konnten sie allmählich neuen Lebensmut finden.[24] Bald nannten sie sich *She'aerith Hapletah*, den »Rest, der entkommen ist«. Der biblische Begriff einer Restgruppe, die am Leben bleiben soll, befindet sich schon im Buch Genesis: Als Jakob sich auf den Weg machte, seinen Bruder Esau zu treffen, befürchtete er, Esau könne seine Gefolgschaft angreifen und töten. Deshalb teilte er sie in zwei Gruppen auf und meinte: »Trifft Esau auf die eine Gruppe und erschlägt sie, dann wird die andere Gruppe, die übrigbleibt, entkommen.«[25] Diese »Übrigge-

YIVO Library 15/6822, *Oyfn tsimbl* [Im Kreuzverhör], 1949, Titelseite

bliebenen« nahmen als ihr Symbol einen abgeschlagenen Baumstumpf, aus dem ein neuer, fester Zweig wuchs.

Ihrem Symbol entsprechend und durch einige Militär- und Zivilangestellte ermuntert und ermutigt, begannen die jüdischen DPs allmählich, in den Jahren ihres Aufenthaltes in den Besatzungszonen Deutschlands und Österreichs eine weit verzweigte Verwaltung aufzubauen, darunter zonenweite Zentralkomitees der befreiten Juden, einen Zentralrat, einen Delegierten-Kongreß, der jährlich tagte und ZK und Rat wählte, Regional- und Lagerkomitees sowie Bekleidungs-, Finanz-, Arbeits-, Kultur- und andere Ämter auf Zonen- wie auf Lagerbasis. In den Camps entstanden politische Parteien und Jugendgruppen, fanden Wahlen statt, wurden Kindergärten und Schulen bis zum Gymnasium aufgebaut und Lehrerfortbildungsseminare durchgeführt, spielten Amateur- und professionelle Theatergruppen jiddische Klassiker und Avantgarde-Stücke, entwickelten sich örtliche und überregionale Zeitungen und Zeitschriften. Führende DPs verhandelten mit Vertretern des *Jischuw* und der USA; David Ben Gurion, Vorsitzender der *Jewish Agency*, und Eleanor Roosevelt, Gattin des verstorbenen US-Präsidenten, besuchten die Camps.

Die Überlebenden setzten sich in Reden und Zeitungsaufsätzen sehr genau mit der Weltpolitik auseinander, vor allem, was ihre eigene Situation betraf. Sie waren in den ersten Monaten ihres DP-Aufenthaltes enttäuscht, verbittert und verärgert über die Reaktionen der Welt, die sie nicht nur nicht mit offenen Armen empfangen, sondern sie auch links liegen gelassen hatten. Ein Stuttgarter Zeitungsredakteur fragte verbittert:

»Wer braucht uns, wer wartet auf uns? (...) Wir sind doch nur ein Spiel in den Händen der reichen Länder (...). Werden sie uns verstehen, werden sie uns helfen? Werden wir das deutsche Paradies verlassen (können)? *Wann und wohin?*«[26]

Zalman Grinberg, Vorsitzender des ersten Zentralkomitees der befreiten Juden in Bayern und später der amerikanischen Zone, erzürnte sich Anfang 1946:

»(...) (wir) sitzen noch immer in Lagern wie in einem luftleeren Raum. Wir sollen ein Objekt des Studiums werden, Kommissionen sollen entscheiden, was mit uns geschehen soll. Wir sind staatenlos, heimatlos. *Was Europas Krematorien nicht verdaut haben, ist als ständiger Bissen im Rachen der internationalen Politik steckengeblieben.*«[27]

Zugleich beobachteten sie die sie umgebende deutsche Gesellschaft. Ein immer wiederkehrendes Thema in Leitartikeln und feuilletonistischen Beiträgen war der alte und neue Antisemitismus, dem sie tagtäglich begegneten.[28] Dieses vielseitige politische, kulturelle und religiöse Leben wird hier nicht näher dargestellt; es ist bereits in der Schriftenreihe des Fritz Bauer Instituts und anderswo ausführlich beschrieben worden.[29]

Als die Auswanderung der meisten jüdischen DPs im Jahr 1948 einsetzte und als schließlich das letzte DP-Camp in Föhrenwald 1957 geschlossen wurde, ging ein Kapitel deutsch-jüdischer Geschichte zu Ende, das lange Jahre danach kaum zur Kenntnis genommen oder in Erinnerung gerufen wurde.[30] Informationen darüber waren allerdings immer vorhanden: Im *Jüdischen Wissenschaftlichen Institut (YIVO)*, New York City, gibt es 155 Mikrofilmrollen mit je 1500 Dokumenten aus den DP-Camps; die Archive in *Yad Vashem* in Jerusalem, im *Joint*, New York City, und im Institut für Zeitgeschichte in München besitzen ebenfalls Mappen voller Dokumente. Erst in den letzten etwa 15 Jahren beginnt die akademische Welt in den USA, in Israel und in Deutschland, diese Fülle an Informationen zu bearbeiten. Die folgenden Beitrage gehören dazu.

Anmerkungen

1 SHAEF, Administrative Memorandum No. 39, 18.11.1944; zitiert in: Wolfgang Jacobmeyer, *Vom Zwangsarbeiter zum Heimatlosen Ausländer: Die Displaced Persons in Westdeutschland 1945-1951.* Göttingen: Vandenhoeck & Ruprecht, 1985, S. 16.

2 Ebd.

3 Ebd., S. 31, 42.

4 Brewster Chamberlin, Marcia Feldman (Hg.), *The Liberation of the Nazi Concentration Camps 1945: Eyewitness Accounts of the Liberators.* Washington, D.C. 1987, Kapitel 2-5.

5 Gespräch mit Irving Heymont, Washington, D.C., Oktober 1988.

6 Jacobmeyer, *Vom Zwangsarbeiter*, S. 19, 97ff.

7 Ebd., S. 84.

8 Ebd., S. 122, 171. Zur Situation der nicht-jüdischen DP-Gruppen siehe Mark Wyman, *DP – Europe's Displaced Persons, 1945-1951.* London 1989.

9 Jacobmeyer, *Vom Zwangsarbeiter*, S. 220-224.

10 Jakob Olejski, Rede, gehalten am 24.8.1945, Landsberg, S. 4 [Privatbesitz Abraham Peck].

11 Earl G. Harrison, Report to the President (August 1945), abgedruckt in: *The Department of State Bulletin* XIII, 30.9.45, S. 456-463.

12 Eine Zeitlang lebten im Lager Deggendorf, Bayern, auch deutsche Juden, die sich zum Zeitpunkt der Befreiung in Theresienstadt befunden hatten und in ihre Heimatstädte nicht zurückkehren wollten, sondern den Schutz der Alliierten suchten. American Joint Distribution Committee (AJDC) Archives, Record Group AR 4564, file 392, darin: Eli Rock, *The Jewish Community of Bavaria*, 25.10.45, S. 13, und *Camp Deggendorf*, Bericht, 21.9.45.

13 Vgl. A. Estrajn, »Jezijes misrajim in licht fun der kegnwart«, in: *Unterwegs* [Zeilsheim], Nr. 15, 3.4.47, S. 7. (Jiddische Titel werden in den Fußnoten in der – oft unterschiedlichen – Schreibweise der jeweiligen Schriften wiedergegeben.)

14 Saul Kibel, *Auf Wellen*. Frankfurt am Main: Eigenverlag, 1972.

15 *Jewish Telegraphic Agency*, Bd. XIII, Nr. 154-175, 7.7.-31.7.46.

16 AJDC Archives, Record Group AR 4564, file 432, verschiedene Monatsberichte.

17 AJDC Archives, Record Group AR 4564, file 432, *Jewish Population, Effective November 30, 1946*.

18 Dazu s. Angelika Königseder, Juliane Wetzel, *Lebensmut im Wartesaal: Die jüdischen DPs (Displaced Persons) im Nachkriegsdeutschland*. Frankfurt am Main: Fischer Taschenbuch, 1994, S. 154ff.

19 Jacobmeyer, *Vom Zwangsarbeiter*, S. 53ff.

20 Zur Entwicklung internationaler Flüchtlingsorganisationen, u.a. UNRRA und IRO, siehe Paul Frings, *Das internationale Flüchtlingsproblem 1919-1950*. Frankfurt am Main: Verlag der Frankfurter Hefte, 1951.

21 Zu Joint, JAFP und ORT siehe Jacqueline Dewell Giere, *Wir sind unterwegs, aber nicht in der Wüste. Erziehung und Kultur in den jüdischen Displaced Persons-Lagern der amerikanischen Zone im Nachkriegsdeutschland 1945-1949* [Diss.]. Frankfurt am Main 1993, S. 90-99.

22 Zalman Grinberg, Rede, gehalten in St. Ottilien, 27.5.1945, S. 1, 4; American Jewish Archives.

23 Sama Wachs, »Di moral fun unzer tog-teglichn lebn«, in: *Oyf der fray*, Nr. 2, Januar 1946, S. 15.

24 Ebd., S. 15f.

25 »va'amer im yavo esa el-hamakhane ha'achat v'hikahu v'haja hamakhane hanishar lifleta«; Genesis 32:8, *The Holy Scriptures of the Old Testament. Hebrew and English*. London: The British & Foreign Bible Society, o.D.

26 Sama Wachs, »Oyf der fray«, in: *Oyf der fray*, Nr. 1, Dezember 1945, S. 3.

27 Zalman Grinberg, »Di stime fun dos Schejris-Haplejte, Erefnungsrede (...) ojf der konferenz fun di befrajte jidn in der amerikanischer zone«, in: *Dos fraje wort*, Nr. 19, 15.2.1946, S. 3.

28 Der Feuilleton-Beitrag Alkmar Digrins, »Nyto kejn nacis in Dajczland« [Es sind keine Nazis in Deutschland], in: *Landsberger Lager-Cajtung*, Jg. 2, Nr. 11(23), 22.3.1946, S. 7, beschreibt auf satirische Art die jüngst von Norbert Frei analysierte anti-nationalsozialistische Normsetzung: Norbert Frei, *Vergangenheitspo-*

litik: Die Anfänge der Bundesrepublik und die NS-Vergangenheit. 2. Aufl., München: Beck, 1997.

29 Jacqueline Giere, Rachel Salamander (Hg.), *Ein Leben aufs Neu. Das Robinson-Album; DP-Lager: Juden auf deutschem Boden 1945-1948.* Wien: Brandstätter, 1995 (Schriftenreihe des Fritz Bauer Instituts, Bd. 8); Herbert Obenaus (Hg.), *Im Schatten des Holocaust: Jüdisches Leben in Niedersachsen nach 1945.* Hannover: Hahnsche Buchhandlung Hannover, 1997; Martin Paulus, Edith Raim, Gerhard Zelger, *Ein Ort wie jeder andere: Bilder aus einer deutschen Kleinstadt. Landsberg 1923-1958.* Reinbek bei Hamburg: Rowohlt, 1995 (Schriftenreihe des Fritz Bauer Instituts, Bd. 9); Juliane Wetzel, *Jüdisches Leben in München 1945-1951. Durchgangsstation oder Wiederaufbau?* München: Kommissionsverlag UNI-Druck, 1987.

30 Eine Ausnahme bildet die Dissertation von Harry Maòr, *Über den Wiederaufbau der jüdischen Gemeinden in Deutschland seit 1945,* Mainz 1961. Darin vor allem das zweite Kapitel, S. 15ff.

»Unsere Augen haben die Ewigkeit gesehen«

Erinnerung und Identität der *She'erith Hapletah*

Abraham J. Peck

I.

Die Überlebenden des Holocaust wissen, daß sie bald nur noch Stimmen auf einem Tonband oder Bilder auf einem Video sein werden. Deswegen haben sie sich in beispielloser Weise bemüht, ihre Leidens- und Heldengeschichten zu verbreiten. Zu Tausenden haben sie vor Schulklassen gesprochen, zahllosen Oral-History-Projekten Tonband- und Videointerviews gegeben. Die Überlebenden sind besessen von dem Bedürfnis, uns die Erinnerung vor Augen zu halten, eine Brücke zum Gedächtnis kommender Generationen zu schlagen.

Ohne Zweifel sind ihre Stimmen notwendig. Sie sind notwendig für ihre Kinder, fungieren als Losungswort für deren Vermächtnis: »Sorgt dafür, daß die Welt es nicht vergißt.« Notwendig sind sie auch deshalb, weil gewissenhafte Männer und Frauen fürchten, nach dem Tod der authentischen Zeugen des Holocaust könne eine Welle der Verleugnung ihre Stimme unhörbar oder, schlimmer noch, unglaubwürdig machen. Aber was geschieht, wenn Wissenschaftler den Text analysieren, den die Stimmen der Überlebenden sprechen, wenn die Zeugnisse der Überlebenden aus den letzten zwanzig Jahren auf ihren »wissenschaftlichen« Wert hin untersucht werden?

Der Literaturwissenschaftler Lawrence Langer sieht eines der »Kernprobleme« dieser Zeugnisse in der »Konfrontation der Erinnerung mit dem Auflösungsprozeß der Zeit«, der dieser Erinnerung das Zeichen »mangelhaft« aufdrückt. Für Langer sind solche Erinnerungen weder »unverfälscht« noch »heroisch«. Seiner Meinung nach fehlt ihnen sowohl »Selbstachtung« als auch die »moralische Vision«. Und weil die Erinnerung der Überlebenden durch Zeit und Alter »mangelhaft« geworden ist, wird sie von den Historikern abgelehnt, denn die müssen kausale Abläufe rekonstruieren und Ereignisse aus deren Vorgeschichte erklären.[1] Für Historiker machen Erinnerungen die Vergangenheit zwar wieder lebendig, aber sie erklären sie nicht.

Wie viele Historiker weiß auch Lawrence Langer nicht, daß sich die Überlebenden bereits viel früher und aus den edelsten Motiven heraus bemühten, Zeugnis abzulegen. Die jüdische Historikerin Annette Wieviorka aus Frankreich geht davon aus, daß sich die Funktion dieser Zeugnisse in den Monaten und Jahren nach der Befreiung verändert. Damals ging es hauptsächlich um Wissen – um die Fakten der »Modalitäten von Genozid und Deportation«.[2] Die Aussagen hatten den Status eines Dokuments im Archiv. Die heutigen Zeugnisse, die Erinnerungen, deren Mangelhaftigkeit Langer kritisiert, werden nicht mehr untersucht, um Wissen zu erwerben. Zeit ist vergangen, und die Historiker trauen Erinnerungen nicht, in denen sich die Vergangenheit verwischt, in denen sie reicher – oder sollte man sagen ärmer? – geworden ist durch die zahlreichen Bilder seit der Befreiung.

II.

Elie Wiesel schrieb in seinem Plädoyer für die Überlebenden, sie

»wollten der Welt eine Botschaft überbringen, eine Botschaft, die nur sie allein vermitteln konnten. Ihr Einblick in das Wesen des Menschen wird für immer beispiellos bleiben, und das wollten sie der Welt mitteilen.«[3]

Aber die Überlebenden, so Wiesel, stellten fest, daß sie in ein anderes Gefängnis, ein anderes Exil geraten waren. Als sie das Schiff verließen und amerikanischen Boden betraten, begrüßte man sie unter Tränen, vermittelte ihnen Arbeitsplätze und überließ sie dann sich selbst. Warum auch nicht? Zwanzig Jahre nach Kriegsende las man in einer kanadischen Überlebendenzeitschrift: »Es gibt solche, die sagen: Vergeßt, was gewesen ist – vergeßt, was in Europa geschah. Wir sind hier in Nordamerika. Ihr müßt ein neues Leben anfangen.«[4]

Eine Überlebende erzählt über ihre ersten Jahre in Amerika:

»Meine Cousins und Cousinen waren in Amerika geborene Juden – freundliche, großzügige Menschen, die aber auch ein wenig vor mir zurückschreckten. Verstehen Sie? Die Erfahrung des Konzentrationslagers macht einen nicht gerade beliebt.«[5]

Eine andere, die einem jüdischen Nachbarn, der ebenfalls in Amerika geboren war, kurz nach ihrer Ankunft in Brooklyn 1945 von den Selektionen und Gaskammern erzählte, bekam den Rat, Romane zu schreiben, denn: »Sie haben eine unglaubliche Phantasie!«[6] In New Orleans riet ein LKW-Fahrer einem Überlebenden:

»Sprechen Sie hier nicht über das, was in Europa passiert ist: vergessen Sie's. Ich war bei der amerikanischen Armee. Ich war in den Lagern und habe gesehen, was die Deutschen getan haben. Aber die Leute hier glauben einem nicht, wenn man es erzählt.«[7]

Dieser LKW-Fahrer sprach nur noch mit solchen Leuten über die Lager, die selbst dort gewesen waren.

Selbst in Israel, dem Objekt der Sehnsüchte und Bedürfnisse, dem Ort, wo die Erzählung der Holocaust-Erfahrungen auf den geringsten Widerstand hätte stoßen müssen, gab es eine gewisse Form der Ablehnung. Yitzhak (Antek) Zuckerman, einer der großen Helden des Aufstands im Warschauer Ghetto, sagte 1982, daß

»die Beziehung (der Überlebenden) zum *Jischuw* (dem jüdischen Gemeinwesen in Palästina) etwas Gequältes gehabt (hätte). Von uns aus war es eine einseitige Liebe, die nie erwidert wurde.«[8]

In vieler Hinsicht waren diese Einstellungen der Beginn einer Art »Verschwörung des Schweigens« zwischen Holocaust-Überlebenden und Gesellschaft, und dieses Schweigen bestimmte selbst ein Vierteljahrhundert nach der Ankunft in Nordamerika noch das Leben der meisten Überlebenden, bis dann die Oral-History-Bibliotheken in New Haven, Washington und New York sowie Wissenschaftler wie Lawrence Langer sie baten, noch einmal Zeugnis abzulegen.[9]

Entsprechend traten die Überlebenden den Rückzug an, im Glauben, niemand könne Geschichten über den Hunger, die Ghettos, die Selektionen von Auschwitz oder ähnliche Erfahrungen als Wahrheit akzeptieren oder als Lektionen, mit deren Hilfe sich die Welt verändern ließe. Und als sie in den achtziger Jahren und später zu sprechen begannen, erzählten sie Erinnerungen an die Qualen, eine Art schwelgerisches triviales Gedenken mit nur sehr geringen Anzeichen der

Erlösung. Dieser Rückzug wich signifikant von der historischen jüdischen Reaktion auf Katastrophen ab, die, wie Yosef Hayim Yerushalmi[10] und David Roskies[11] gezeigt haben, ein festgelegtes Muster archetypischer Reaktionen bildete, das auf der Erfindung eines Erlösungsmythos basierte, zum Beispiel die Hinwendung zur Kabbala nach der Vertreibung der Juden aus Spanien. Aber den Überlebenden blieb nur der Rückzug, als sie sich für eine nichtjüdische Welt erinnern sollten, die den in der jüdischen Tradition verankerten Imperativ zur Erinnerung nicht kennt.

Fast zwanzig Jahre nach dem Ende des Zweiten Weltkriegs stellte ein Holocaust-Überlebender aus Kanada die Frage:

> »Was ist das Ziel der *She'erith Hapletah* (der überlebende Rest)?« Seine Antwort lautete, diese Gruppe müsse »die Vorhut bilden, in der ersten Kampfesreihe« stehen. »Wir müssen nach einer besseren Zukunft streben, nach einer Zukunft, deren Krönung nicht der Haß, sondern die Bruderschaft, nicht die Feindschaft, sondern das Verständnis, nicht Intoleranz, sondern Toleranz ist.«[12]

In diesen Zeilen schwingt das lange verlorene Echo eines früheren Idealismus mit, eines revolutionären Eifers, der in den Jahren unmittelbar nach der Befreiung zum Ethos der Überlebenden gehörte. Letztlich fielen dieser Idealismus und dieser Eifer der Verschwörung des Schweigens zum Opfer, der Erkenntnis der Überlebenden, daß sie von niemandem verstanden wurden, der nicht dieselben Erfahrungen gemacht hatte.

Auf diesen Aspekt der Erfahrung der Überlebenden werde ich später noch genauer eingehen. Aber zuvor ist es nötig, die personale Identität der *She'erith Hapletah* und die Rolle der Erinnerung in den jüdischen DP-Lagern zwischen 1945 und 1950 näher zu betrachten, und zwar wegen der Beziehung der Überlebenden und ihrer Kinder zu diesen Lagern. Wenn Hanno Loewys Behauptung zutrifft, daß es die zweite Generation, also die Kinder der Überlebenden, war, die die Gründung der Holocaust-Museen betrieb, um all diesen Überlebenden, ihren Eltern – die keine Helden, keine Kämpfer, keine Märtyrer waren –, schließlich eine Sprache zu geben, dann muß man die Geschichte der vielen tausend *pintele Jidn*, der einfachen Juden, zur Kenntnis nehmen, die viele Jahre in diesen DP-Lagern verbrachten. Man muß ihnen eine narrative Kontinuität verleihen, damit (wieder laut Hanno Loewy) sich die Kinder der Überlebenden dadurch selbst eine Geschichte geben können. Und schließlich liegt das Geheimnis der Existenz der Überlebenden und ihrer Kinder, die in den ersten Jahren nach dem Holocaust in Deutschland, Österreich und Italien geboren wurden, nach Loewy nicht nur in den Konzentrationslagern, sondern auch in den jüdischen DP-Camps.[13]

III.

Zu den wichtigsten Erinnerungen des jüdischen Widerstands gegen den Holocaust zählen die mutigen und schmerzerfüllten Verse des »Partisanenlieds«, das Hirsch Glik nach dem Warschauer Aufstand schrieb. Das »Partisanenlied« wurde, wie eine der Strophen besagt, »nicht mit Bleistift, sondern mit Blut geschrieben«. Es verkündete der Welt, das jüdische Volk würde leben und den Nazis trotz der Krematorien weder jetzt noch später den Sieg überlassen. Das Lied befahl:

»Sag nie, dies sei dein letzter Weg, und daß das Tageslicht verdrängt sei durch die Wolken / Die Stunde, auf die wir warten, ist nah / schon bebt die Erde unter unserem Tritt / wir sind da.«[14]

Der Satz »Wir sind da« (jiddisch: *mir zaynen doh*) ist ein wichtiger Schlüssel für das Verständnis einiger ideologischer Aspekte der Holocaustüberlebenden in Deutschland, Österreich und Italien nach dem Krieg. All diese Aspekte waren miteinander verbunden, hatten aber gleichzeitig auch ihre jeweils eigenständige Bedeutung:

1. *Mir zaynen doh* war vor allem der Aufruf, sich dem Todesstoß des Nazischwerts gegen Herz und Seele der verbleibenden europäischen Juden zu widersetzen.

2. *Mir zaynen doh* fungierte als Kampfparole der in den jüdischen DP-Lagern nach 1945 verbreiteten zionistischen Bewegung. Tatsächlich wurde damit unterstrichen, daß die europäischen Juden von nun an aus einer Position der Stärke – der Organisation und des Angriffs – in die Zukunft blickten und nicht aus einer Position, die von religiöser Überzeugung und Glauben abhing. Isaac Ratner, einer der wichtigsten zionistischen Führer in den DP-Camps, schrieb im Oktober 1945 anläßlich der ersten Ausgabe der Zeitschrift des Komitees der

befreiten Juden in der amerikanisch besetzten Zone in Deutschland, *Unzer Weg* (Unser Weg):

»Und wenn heute *Unzer Weg* erscheint – entstanden aus Stärke und Organisation – werden wir, die Zionisten, weder einen *Bracha* (Segen) noch einen *Shehehianu* (Dankessegen) sprechen. Wir erklären statt dessen: ›*Mir zaynen doh*‹ – wir sind da.«[15]

3. *Mir zaynen doh* hatte aber noch eine andere Bedeutung für das europäische Judentum nach dem Krieg: die unerschütterliche Überzeugung einer Gruppe von Überlebenden, der Holocaust sei, wie es einer von ihnen ausdrückte, »die Ewigkeit und das Ende der Schöpfung« – nicht nur eine unauslöschliche schreckliche Erinnerung, sondern die »permanente Mahnung« daran, daß das, was er und andere erlebt hätten, ein »Pilotprojekt« für die Zerstörung der Menschheit gewesen sei.[16]

Wir wissen aus den Arbeiten von Yehuda Bauer[17] und vor allem von Ze'ev Mankowitz[18], daß sich die Ideologie der Überlebenden nicht über Nacht entwickelte. Schon 1944 diskutierten die jüdischen Bewohner zahlreicher Ghettos in Litauen Möglichkeiten zur Organisation der Überlebenden nach dem Krieg.[19] Diese Diskussionen gingen auch weiter, als diese Juden nach Kaufering/Landsberg am Lech in eins der elf seit Mitte 1944 eingerichteten Außenlager von Dachau deportiert wurden.[20] Und sie gingen selbst Ende April 1945, am Vorabend der Befreiung, in den bayerischen Wäldern weiter, nicht weit von dem Zug, der durch amerikanischen Beschuß gestoppt worden war.[21]

An diesen Diskussionen waren einige der wichtigsten politischen und intellektuellen Führer der *She'erith Hapletah* beteiligt: Dr. Samuel Gringauz, Dr. Nachum Katz, Dr. Zalman Grinberg, Jakob Olejski, Israel Kaplan und Shlomo Frankel, der Herausgeber von *Nitzos* (Der Funke), der handgeschriebenen hebräischen Untergrundzeitschrift der Ghettos von Kovno und Kaufering. Viele der Genannten formulierten in dieser Zeitschrift ihre ersten Gedanken über die Organisation und Mission der Überlebenden nach dem Krieg. Wie sah diese Ideologie des Überlebens aus und woher stammte sie? Wie hat sie sich auf die Identität der Überlebenden, auf die Erinnerung an ihre Erfahrungen in den Jahren des Holocaust und deren Sinn ausgewirkt?

Wir wissen nicht genau, wann der Begriff *She'erith Hapletah* zum ersten Mal für die Überlebenden in Hitlers Krieg gegen die Juden benutzt wurde. Es kann sein, daß er bereits ein Jahr vor der Befreiung bei den Insassen der Konzentrationslager gebräuchlich war. Auf jeden Fall taucht er in der Liste von Überlebenden auf, die im Juli 1945 veröffentlicht wurde.[22] Wichtiger ist aber, daß die Überlebenden der Vernichtungslager, die Partisanen und die Flüchtlinge, die vor Hitler in den hintersten Winkeln Sibiriens Schutz gesucht hatten, aus diesem Begriff ihre Identität ableiteten.

Als Konzept symbolisierte er eine neue jüdische Gemeinschaft mit eigener spiritueller und sozialer Dynamik und eigenem Profil, an die sich die Welt erst noch gewöhnen mußte. Die *She'erith Hapletah* war in eine Zeit der ideologischen Suche, der weitreichenden nationalen Aktivitäten eingebettet. Sie versuchte, die Grundlagen der jüdischen nationalen und universellen Werte anhand der eigenen Erfahrung auszuloten. Vorgegebene Antworten und Lösungen lehnte sie ab. Sie ließ es nicht zu, daß die jüdischen und menschlichen Beziehungen gegen bloße »Programme« oder abseitige Versprechungen eingetauscht wurden. Sie begegnete der Realität nicht mit vorgefertigten Theorien, sondern durch Gegenüberstellung und Abwägen von Fakten: *Alija* und Emigration gegen das vorherrschende Konzept der Repatriierung, jüdische Heimatlosigkeit gegen die verschlossenen Tore von *Eretz Israel*, das Recht auf einen jüdischen Staat gegen die Politik der Mandatsmacht.

Vor allem aber verlangte sie eine Antwort auf quälende Fragen: Was hatte die diabolische Lawine von Grausamkeit und Haß gegen das jüdische Volk ermöglicht? Warum waren die Juden in den Tagen der Zerstörung so unendlich hilflos und verlassen? Aus diesem Grund war unter den Überlebenden kein Platz für die Dogmen der Parteien, wenn es um Fragen jüdischer Sicherheit und jüdischer Zukunft ging. Ihnen war klar, wie notwendig die Einigkeit für das jüdische Volk war. Dieses Verständnis wurde zu einem distinktiven Merkmal ihrer zionistischen Ausrichtung. Die Überlebenden versuchten lange, unterschiedliche zionistische Richtungen aus ihrer Mitte zu verbannen, bis schließlich die vielen parteipolitischen *Shlichim* und Vertreter des *Jischuw* in den DP-Camps eintrafen.[23]

Trotz dieser neuen, besonderen Stellung in der jüdischen Welt verlieh der Status *She'erith Hapletah* keine besonderen Privilegien, im

Gegenteil, er brachte für die Gestalter ihrer ideologischen Mission klar umrissene Verpflichtungen mit sich. Die meisten hatten die Kraft und die Stärke, die sie überleben ließ und mit deren Hilfe sie ihre Forderungen so nachdrücklich vertreten konnten, gerade durch die Konzentration der Menschen in den Lagern und ihr tragisches persönliches Schicksal gewonnen.

Es waren selbstverständlich die dynamischen Denker, die das ideologische Programm der *She'erith Hapletah* entwickelten: in der amerikanischen Besatzungszone Samuel Gringauz, Zalman Grinberg, Levi Shalit und Philip Auerbach, in der französischen Addie Bernd und in der britischen Joseph (Yossele) Rosensaft und Norbert Wollheim. Über die weiblichen Überlebenden in dieser Zeit ist wenig bekannt; deshalb wissen wir nicht, ob auch Frauen an der Entwicklung dieser Ideologie beteiligt waren.[24]

Gewißheit gibt es allerdings über den Zustand der Überlebenden in den ersten Wochen und Monaten nach der Befreiung. Ya'akov Lobschitz, der Rabbiner der jüdischen Brigade, beschreibt eine Konferenz zionistischer Vertreter der jüdischen DP-Camps Ende Juni 1945 in der Freiman-Flakkaserne:

»(...) Forderungen nach Wiedergutmachung, Land, Niederlassung und Einwanderung bedecken die Wände. Dunkle, verwüstete Augen blicken empor und saugen das Geschriebene hungrig auf (...) auf den Stühlen sitzen eingefallene Skelette mit trockenen, dünnen Händen und zerrissenen Mützen. Viele tragen noch ihre Gefängniskleidung. Auf allen Gesichtern die Starre des Todes (...), Apathie. Sie repräsentieren die Millionen von Zionisten, die in Europa vergast, erhängt und verbannt worden sind. Die Delegierten selbst haben starke Ähnlichkeit mit den Toten, für die sie sprechen.«[25]

Diese »starke Ähnlichkeit« beschränkte sich nicht auf das Äußere. Immer wieder sagten die Überlebenden, daß sie sich tatsächlich mehr tot als lebendig fühlten. Zalman Grinberg sagte: »Wir können nicht mehr weinen, noch nicht begreifen, daß wir frei sind, denn wir sind immer noch bei unseren toten Kameraden.«[26] Samuel Gringauz sagte in seiner Rede anläßlich der ersten Jom-Kippur-Feier im DP-Lager Landsberg, die Überlebenden, »die letzten Mohikaner des osteuropäischen Judentums«, wie er sie nannte, stünden »den Toten näher als den Lebenden«.[27]

Dieses Gefühl, eher tot als lebendig zu sein, klingt in den mündlichen Zeugnissen der Überlebenden noch 50 Jahre nach der Befreiung an. Lawrence Langer nennt es »die versäumte Bestimmung zum Tode« und erkennt dies in den Zeugnissen, die er als »Diskurs des Untergangs« bezeichnet. Er fragt: »War es möglich, ins Leben zurückzukehren und doch weiter diesen Weg zum Tod zu beschreiten?«[28] Ich würde das bejahen, falls man diesen Weg als Loyalität zu den beim Holocaust Ermordeten versteht. Denn das wohl verbindlichste Abkommen und die eindeutigste Mission der *She'erith Hapletah* lautete, eine jüdische Souveränität und Identität zu erreichen, die »den Toten symbolisch Ewigkeit verleiht und ihnen ein ›lebendes Denkmal‹ setzt«.[29] Mit jüdischer Souveränität war natürlich die Schaffung des alten/neuen *Eretz Israel* gemeint. Die jüdische Identität wurde in einem Gedenkgottesdienst in einem Übergangs-Camp bei Stuttgart unmittelbar nach der Befreiung vom Leiter des lokalen DP-Komitees so beschrieben:

»Wer unter uns überlebt hat, blutet noch immer. Manche sagen, für Erlösung sei es zu spät, die Toten ließen sich nicht zurückholen. Aber die letzten Reste unseres Volkes müssen noch einmal hoffen (...) auf die Wiederauferstehung der moralischen, ethischen und kulturellen Werte, die uns so lieb sind und ohne die die Welt in die Barbarei stürzen würde. Wir müssen uns bemühen, uns wieder zu erheben. Wir schulden das unseren innig geliebten Toten, die dieselbe Sehnsucht hatten.«[30]

»Die Toten befahlen zu leben«, um mit Ze'ev Mankowitz zu sprechen.[31] Als »lebendes« und doch totes Überbleibsel Israels verbanden sich die Überlebenden uneingeschränkt mit ihren toten Müttern und Vätern, Brüdern und Schwestern, Gatten, Gattinnen und Kindern.

Aber dieser lebende Rest wollte für die Kinder der *She'erith Hapletah* ein dauerhaftes Erbe schaffen. Zalman Grinberg zum Beispiel meinte:

»Wir (die *She'erith Hapletah*) leben nicht für uns, sondern für unsere Kinder. Wir können unsere vergängliche Existenz aufs Spiel setzen, um die Sicherheit der kommenden Generationen zu garantieren.«[32]

Für Samuel Gringauz war es eine Existenz, die

»keinen besonderen *Yizkor* (Gottesdienst für die Toten) brauchte. Unser *Yizkor* ist kontinuierlich und ununterbrochen. Wir sagen *Yizkor* am Abend, am Tag und in der Nacht. Wir sagen es, wenn wir erwachen und wenn wir träumen. Unser Herzschlag schlägt im Rhythmus des *Yizkor*, und dieser Rhythmus zieht sich endlos durch unser Hirn.«

Und an die jungen Leute gewandt, fährt er fort:

»Ihr (...) dürft nicht im *Yizkor* und in der Trauer leben. Ihr seid die Träger unserer Hinterlassenschaft. Was wir euch hinterlassen, ist Arbeit. (...) Ihr müßt euch ein eigenes Land aufbauen und tanzen und singen, fröhlich sein und arbeiten.«[33]

Nemenczyk beschrieb im April 1946 in der *Landsberger Lager-Cajtung* einen Traum aus dem Konzentrationslager, als er hungrig und leidend auf verlaustem Stroh lag: »Ich hatte die Phantasie, daß die Welt, die uns unsere toten Brüder und Schwestern nicht zurückgeben konnte, uns doch eine moralische Welt zurückgeben würde.«[34]

Davor hatte schon Grinberg in seiner Rede bei der ersten Feier der Befreiung von den Nazis im Juni 1945 die moralischen Aspekte des Lebens der *She'erith Hapletah* unterstrichen:

»Hitler hat den Krieg gegen die europäischen Juden gewonnen. Sollten wir uns rächen, dann würden wir uns in die tiefsten Tiefen der Ethik und Moral begeben, zu der die deutsche Nation in den letzten zehn Jahren hinabgesunken ist. Wir sind nicht dazu fähig, Frauen und Kinder abzuschlachten. Wir sind nicht dazu fähig, Millionen von Menschen zu verbrennen. Wir sind nicht dazu fähig, Hunderttausende verhungern zu lassen.«[35]

Ein »Wir Juden und die Welt« überschriebener Artikel in der Zeitschrift *Das Fraye Vort* aus dem DP-Camp Feldafing nahm Grinbergs Botschaft auf: »Wir, die *She'erith Hapletah*, müssen zeigen, daß wir, die Opfer des Nazismus, stets die Träger der Humanität gewesen sind und das auch immer sein werden.«[36] In der Ideologie der Überlebenden, die sich schließlich herausbildete, sollte das Motiv der Humanität noch eine große Rolle spielen.

Erwartung und nervöse Aktivität machte sich unter den Ideologen der *She'erith Hapletah* breit. Zalman Grinberg etwa begründete diese Erwartung in den herrlich expressiven Worten:

»Die Flamme, die von unseren brennenden Körpern aufsteigt, bringt der Welt ein neues Licht, mit dessen Hilfe die Lenker der Völker das Leiden eines heimatlosen Volkes erkennen und den Weg zur Rückkehr in unsere geschichtliche Heimat freimachen werden.«[37]

Das Bedürfnis nach einer Heimat in Palästina war klar, aber genauso klar war das Bedürfnis nach einem neuen Ziel. Dieses Bedürfnis schwingt in der Rede mit, mit der Zalman Grinberg den ersten Kongreß der befreiten Juden in der amerikanischen Zone eröffnete:

»Dies ist eine Konferenz von überlebenden *Kaddisch*-Sagern (Totengebet), die sich nicht damit zufriedengeben, einfach nur *Kaddisch* zu sagen!«[38] Etwas später beschäftigte sich Menachem Sztajer mit der endgültigen Rolle und dem letztlichen Sinn der *She'erith Hapletah*. Er forderte im Oktober 1946 die Überlebenden zur Entscheidung auf:

»Soll sie (die *She'erith Hapletah*) nichts als der zufällige Name für die Überlebenden eines zerstörten Volkes bleiben«, fragte er, »oder bedeutet sie eine Revolution der jüdischen Geschichte – eine Wiedergeburt jüdischen Lebens?«[39]

Man spürt den Idealismus, die Begeisterung dieser ersten Monate nach der Befreiung. Sicher gab es das überwältigende Entsetzen über den Verlust der Familie, die Einsicht, daß eine tausendjährige Zivilisation und Sprache durch ein Unheil zerstört worden war, das bei weitem alles übertraf, was Generationen jüdischer Opfer bislang erleiden mußten. Aber die Aussicht auf *Eretz Israel*, die Aussicht, zu einer Macht zu werden, die die Kraft besitzt, die Geschichte und die Muster der Ausgrenzung zu verändern, unter der das jüdische Volk seit zwei Jahrtausenden litt, das Wissen, daß die Neugeborenen in den Camps zumindest als Individuen ein erträgliches Leben haben würden, und der Traum, als Volk eine gerechte Welt zu schaffen, wie es die jüdische Lehre vorschrieb – das alles bedeutete viel.

Aber selbst wenn die Überlebenden die Umrisse einer Philosophie und Ideologie von Revolution und Veränderung begreifen mochten, standen sie damit doch relativ allein da. Selbst die Menschen, die man zu ihrer Unterstützung geschickt hatte, die ihnen helfen sollten, ihr Selbstwertgefühl als Menschen wiederzugewinnen, das die Nazis zerstört hatten, begriffen es nicht. Der Leiter des DP-Lagers Landsberg, ein amerikanischer Jude von der UNRRA und nach manchen Quellen »ein wunderbarer Mann«, warnte eine Gruppe amerikanischer Besucher davor, den Insassen allzuviel Sympathie entgegenzubringen: »Man darf sie nicht an die Schrecken von Gestern erinnern – sie müssen vergessen und statt dessen arbeiten. Sie müssen begreifen, daß Arbeit Freiheit bedeutet.«[40]

Dieser Mann war ein anständiger und freundlicher amerikanischer Jude, genauso anständig und freundlich wie die Juden, die die Überlebenden in New York, Montreal oder Tel Aviv in Empfang nahmen und sie aufforderten, ihre schreckliche Vergangenheit zu vergessen.

Aber für ein Volk mit einer Mission, für Überlebende mit den Erfahrungen, wie sie die *She'erith Hapletah* gemacht hatten, die sich bemühten, die Vergangenheit im kollektiven Gedächtnis des jüdischen Volkes zu verankern, begann damit eine Phase großer Frustration und Verzweiflung. Das zeigt sich sehr deutlich in den Zeitschriften der *She'erith Hapletah*. Levi Shalit schrieb in *Unzer Weg*:

»In unserer Verwirrung träumten wir von einer Welt des Anstands und der Gerechtigkeit. Und jetzt beginnen wir darüber zu klagen, daß dieser Traum nichts weiter geblieben ist als ein Traum.«[41]

Ungefähr zur selben Zeit schrieb Dr. David Wdowinsi aus dem DP-Camp Mittenwald in äußerster Verzweiflung in sein Tagebuch:

»Es gibt keinen Glauben, es gibt keine Hoffnung (...) Was ist der Sinn unseres Lebens / Warum und zu welchem Ende? Innere Leere (...) Es gibt nur zwei Auswege: Selbstmord oder die Kapitulation vor den Kräften der Finsternis. Ohne es zu wissen, begehen sie Selbstmord, indem sie ihre Menschlichkeit töten. Ein verlorenes Volk (...) ein Volk? Ist das ein Volk?«[42]

Undser Sztyme, die Zeitschrift der *She'erith Hapletah* in der Britischen Zone im DP-Camp Bergen-Belsen, schrieb:

»Acht Monate (sind) seit dem Tag der Befreiung vergangen. Wir haben das ekstatische Gefühl dieses wunderbaren Tages seit langem verloren. (...) Wir, die Asche, die Schlacke, der Bodensatz der Öfen des Krieges. Wer hat ein Interesse an Asche, und wer wird einen Haufen Abfall aufnehmen? Also bleiben wir Bettler, verdorrt und grau, in Lumpen gekleidet, die pflichtschuldigst am Knochen der Freiheit nagen. Und die Welt, die ordentliche, angenehme Welt, wärmt sich am wohltuenden Frieden und erwartet, daß wir für diesen Knochen überaus dankbar sind.«[43]

Abschließend sei noch der Brief einer *pintele Jidn* aus den Camps, die sich Lea nannte, an einen Cousin in Amerika zitiert:

»Wenn ich im Konzentrationslager krank war, dachte ich, vielleicht habe ich die Kraft zum Überleben. Dann wird die Welt gar nicht wissen, was sie mir noch alles geben soll. Dann werden mir die Tore der ganzen Welt offenstehen, und mein Cousin in Amerika wird mich mit offenen Armen begrüßen. (...) Aber wir werden jetzt schon fast sechs Monate unterstützt, und es heißt, man täte eine ganze Menge für uns, aber was habt ihr für uns getan? Und ihr seht jetzt unsere schrecklichen Lebensbedingungen und könnt die Menschenwelt nicht beeinflussen? Aber wir *sind* frei ...«[44]

Im DP-Camp Landsberg bemühten sich die Architekten des *She'erith-Hapletah*-Konzepts, Männer wie Jacob Olejski, David Treger, Moses Segalson und vor allem Samuel Gringauz, ihre Verzweiflung und Enttäuschung knapp und klar zu begründen. Gringauz benannte am 20. Oktober 1945 in der *Landsberger Lager-Cajtung*, dem anerkannten Sprachrohr der jüdischen Camp-Zeitungen, verheerende »Enttäuschungen«, mit denen er gleichzeitig die jüdische wie die nichtjüdische Welt außerhalb der DP-Lager anklagte. Fünf große Enttäuschungen waren seiner Meinung nach für die Bedingungen und die Position der *She'erith Hapletah* verantwortlich:

1. *Die Enttäuschung über die politische Entwicklung*:

»Bei der Befreiung glaubten wir, nach diesem großen, blutigen Massaker würde eine neue Welt geschaffen, geprägt von Freiheit, sozialer Gerechtigkeit, menschlicher Würde und Gerechtigkeit zwischen den Völkern.« Aber stattdessen »sehen wir dieselbe alte Welt wie vor dem Krieg mit all ihren Schwächen.«

2. *Die Enttäuschung über die territoriale Entwicklung*:

»Weil wir die Hälfte unseres Volkes und unseres Besitzes geopfert haben, glaubten wir, man würde uns unser altes Land *Eretz Israel* wieder zurückgeben, wie man es bei den Polen und Slowaken getan hatte. Stattdessen stellt man uns Hindernisse aller Art in den Weg.«

3. *Die Enttäuschung über die Entwicklung der Integration*:

»Wir dachten, wir würden als Teil der alliierten Kräfte in Deutschland behandelt. Statt dessen sind wir barfuß und hungrig, während die Deutschen gutgenährt und gutgekleidet sind.«

4. *Die Enttäuschung über die internationale Solidarität*:

»Wir glaubten, unsere jüdischen Mitbrüder, denen unser Schicksal durch den Zufall des Wohnorts erspart blieb, kämen uns uneingeschränkt zu Hilfe. Stattdessen photographieren Menschen in Uniform unser Elend als ›Souvenir‹, Menschen mit verschlossenen Herzen, die im Großen wie im Kleinen nur ein Ziel haben: ihre Arbeit zu tun und uns zu helfen, aber uns statt dessen in unserer nationalen Würde kränken.«

5. *Die Enttäuschung über die eigenen Fortschritte*:

»Nach den vielen Jahren eines weniger als menschenwürdigen Lebens glaubten wir, die Glocken der Freiheit würden auch den finsteren Geist der Demoralisierung, der Arbeitsscheu, der mangelnden Disziplin und der Treulosigkeit vertreiben. Stattdessen hat sich der schwarze Dämon tief in unsere Seelen eingefressen und die innere Läuterung und moralische Erneuerung verzögert.«

Die *She'erith Hapletah* muß »die Welt sehen, wie sie ist«, schrieb Gringauz. Angesichts der »anonymen Massengräber hinter uns und dem schwierigen, dornigen Weg vor uns bleibt uns nichts anderes übrig.« Er behauptet weiter, die Überlebenden müßten »die innere moralische Regeneration« in Angriff nehmen und »für unser Recht und unsere Ehre kämpfen«.[45]

IV.

Die großen Enttäuschungen der *She'erith Hapletah*, ihre emotionale und spirituelle Verzweiflung in den Monaten nach der Befreiung hinderte sie nicht nur nicht an einem permanent hektischen Leben, sondern trug vielleicht sogar dazu bei. Koppel S. Pinson, der die jüdischen DP-Camps 1946/47 besuchte, schildert die Camps als Orte

»ständiger Bewegung – *men geyt*. Diese Bewegung hat nicht immer ein Ziel. Der größte Teil geht auf emotionale Ruhelosigkeit zurück, bedingt durch die Situation dieser Menschen.«[46]

Das Problem erklärt sich teilweise durch ein anderes Phänomen, das Pinson beobachtete:

»Für die jüdischen DPs (ist) der Krieg noch nicht vorbei, genausowenig sind sie im wirklichen Sinne des Wortes schon befreit. Ihre Probleme sind noch ungelöst, ihre Zukunft liegt nicht in ihren eigenen Händen, und so sehen sie sich immer noch mit der Welt im Krieg und die Welt im Krieg mit ihnen (...).«[47]

Die eine Waffe, die sich in diesem Krieg ganz und gar in der Hand der Überlebenden befand, war die Erinnerung. Für sie ging die Erinnerung weit über den Wunsch hinaus, die Toten nicht zu vergessen. Sie umfaßte auch die unerschütterliche Überzeugung, durch das Erzählen der Geschichte ihrer Katastrophe künftige Generationen von Juden und Nichtjuden davor bewahren zu können, in dieselbe Lage zu geraten, weil ihre Generation die erste und hoffentlich auch die letzte war, die ein so großes und so bösartiges Leiden ertragen mußte. Vielen Überlebenden war es ein innerstes Anliegen, die Geschichte des Holocaust zu erzählen. Pinson beobachtete, daß sich die Überlebenden mit

»fast schon leidenschaftlicher Hingabe (...) der Sammlung historischer und materieller Daten über das Leben und den Tod im Ghetto und im Konzentrationslager widmeten. Jede DP ist ein privates Archiv, und jedes DP-Camp hat seine Geschichtskommission.«[48]

Ein *Central Historical Committee*, vom *Central Committee of Liberated Jews in the United States Zone of Occupation in Germany* im Dezember 1945 gegründet, koordinierte die Sammlung von Material über jüdisches Leben und jüdischen Tod unter den Nazis, aber man bemühte sich auch um Material aus DP-Camps in den anderen Besatzungszonen Deutschlands sowie in Österreich und Italien. Das Komitee richtete 50 Zweigstellen in verschiedenen DP-Camps ein und trug 2250 Zeugnisse aus 12 Ländern sowie mindestens 1000 Fotos zusammen, bevor das Material 1948 nach Israel geschickt wurde. Viele der gesammelten Erinnerungen wurden vom Komitee in dem von Israel Kaplan herausgegebenen Band *Fun letztn churbn* (Über die letzte Katastrophe) veröffentlicht.[49]

Nach Meinung der Überlebenden bedeutete schon eine einzige vergessene historische Information über einen ermordeten Juden nichts anderes als die Zerstörung eines Teils seines unter den Nazis gelebten oder verlorenen individuellen Lebens. Philip Friedman, der unbestrittene »Vater der Geschichte des Holocaust«, sagte beim ersten Treffen der Delegierten des *Central Historical Committee* im Mai 1947, daß sie durch ihre Forschungen zur Märtyrergeschichte des Holocaust »eine Aufgabe erfüllten, die aus unserer Einheit mit den Märtyrern entspringt und ihnen ein ewiges Grabmahl setzt.«[50]

In verschiedenen DP-Lagern wurden zudem Denkmäler errichtet, etwa das berühmte Denkmal des Lagers Landsberg: eine rote Ziegelmauer zwischen zwei Pfeilern, von denen einer eine Gedenktafel für die sechs Millionen jüdischen Opfer des Holocaust sowie eine weitere Tafel mit den jüdischen Hoffnungen für die Zukunft trug. Die unterschiedlichen *Landsmanschaftn* (Organisationen von Juden aus derselben Stadt oder Region) gründeten sogenannte »*Trauerakademien*«, um die Erinnerung an die Ermordeten lebendig zu halten. Zeitungsserien und Vorträge über Ghettos und Konzentrationslager gehörten zum festen Repertoire der DP-Aktivitäten.[51]

Trotz ihrer Bedeutung hatten die zahllosen Bemühungen um Erinnerung keine erkennbare Struktur. Viele Überlebende wußten nicht, ob sie für ihre ermordeten Angehörigen *Kaddisch* sagen sollten. Im

Mai 1946 beschloß das Komitee der befreiten Juden in der amerikanischen Zone unter seinem Vorsitzenden Dr. Zalman Grinberg, den vierzehnten Tag des hebräischen Monats *Ijar*, der auf den 15. Mai 1946 fiel, zum offiziellen Tag der Erinnerung und der Befreiung zu erklären. Durch die Koppelung der Erinnerung an die sechs Millionen mit der allgemeinen Feier der Niederlage der Nazis wollten die Überlebenden einen Tag schaffen, der »die Einheit zwischen Vergangenheit und Zukunft, Leiden und Hoffnung bekräftigen« sollte. Die *She'erith Hapletah* war als Bindeglied zwischen der Generation, die umgekommen war, und der nachfolgenden Generationen gedacht.

»Wir leben nicht für uns selbst«, schrieb Samuel Gringauz, »wir leben für unsere Kinder, und, um die Wahrheit zu sagen, für das gesamte jüdische Volk. (...) Mit diesem Tag wollen wir die jüdische Welt zusammenbringen.«[52]

Zweifellos handelte es sich dabei um ein kühnes Unterfangen, um die erste Gelegenheit, den Einfluß der *She'erith Hapletah* in der jüdischen Welt außerhalb der DP-Lager zu überprüfen. Die Führung der DPs hatte zwar mit internationalen jüdischen Organisationen gesprochen und sie über die Bedingungen in den Lagern informiert. Aber das Bemühen um einen neuen Feiertag im jüdischen Kalender war der erste Schritt der Überlebenden zur Schaffung der neuen und vereinigten jüdischen Welt, die sie anstrebten. Das *Central Committee* teilte den internationalen jüdischen Organisationen seine Entscheidung mit, stieß aber nicht auf Zustimmung, sondern nur auf Einwände der Rabbiner, die den Überlebenden das Recht absprachen, Vorschriften für das gesamte jüdische Volk zu erlassen, und darauf hinwiesen, daß der 14. *Ijar* bereits als Ersatztag für das Pessachfest festgeschrieben war.[53]

Das Scheitern des 14. *Ijar* bekräftigte das unglaubliche Dilemma der Überlebenden noch. Es war, als lebten sie auf einem riesigen jüdischen Friedhof, ohne jede Hoffnung auf Entkommen. Die Einwanderung nach Palästina war ihnen versperrt, weil die Engländer die Feindschaft der Araber fürchteten, starre Einwanderungsquoten verhinderten ihre Emigration in die USA und andere Länder, und nun mußten die *She'erith Hapletah* auch noch erkennen, wie gering ihr kultureller Einfluß auf eine jüdische Welt war, die die Konsequenzen des Holocaust nicht begreifen konnten, die für die Überlebenden doch so klar zu Tage lagen.

Trotz dieser Rückschläge ließen sich die Vertreter der *She'erith Hapletah*-Mission nicht davon abbringen, ihre zentrale Vision zu artikulieren. Der einflußreichste darunter war zweifellos Samuel Gringauz, ein namhafter Jurist, der im Ghetto von Kovno und im Konzentrationslager Kaufering interniert gewesen war. Er war auch insofern eine Ausnahme, als er die *She'erith Hapletah* als »kulturell nicht kreativ« beschrieb.[54] Seine zwischen 1946 und 1947 geschriebenen Essays sind die mit Sicherheit brillantesten Zusammenfassungen der Ideologie der *She'erith Hapletah* und die beste systematische Kritik an den historischen jüdischen Beziehungen zur westlichen Zivilisation, die je erschienen sind.[55]

Der Partisan und Dichter Abba Kovner hatte eine rudimentäre Ideologie der jüdischen Rettung und Vereinigung formuliert; im Juli 1945 hatte er von der Notwendigkeit gesprochen, »die jüdische Tragödie aus einem Meer von Tränen und Blut in eine Form revolutionärer Stärke zu verwandeln.«[56] Gringauz erweiterte diese Ideologie um wesentliche Bereiche. Er schrieb:

>»Heute hat die *She'erith Hapletah* eine eigene Ideologie. Wir, die wir das Produkt der barbarischen Beziehung der Umwelt zu den Juden sind, haben jetzt die Aufgabe, eine menschlichere Beziehung zur Umwelt zu schaffen.«

Gringauz betonte, daß sich die europäischen Juden von dem diskreditierten Kontinent verabschieden müßten, aber in Würde:

>»Wir glauben nicht mehr an den Fortschritt, wir glauben nicht länger an die zweitausend Jahre alte christliche Zivilisation, die ihnen die Freiheitsstatue in New York und die Westminster Abbey an der Themse, uns aber die spanische Inquisition, die Pogrome in Rußland und die Gaskammern von Auschwitz gebracht hat.«

Er erkannte, daß die europäische Ära der jüdischen Geschichte vorüber war, daß der Holocaust zu einer Situation geführt hatte, die Amerika und Palästina zu neuen Mittelpunkten jüdischer Zukunft machten. In beide Länder sollten die überlebenden europäischen Juden ihr kulturelles Erbe einbringen, um »die säkulare Kontinuität unserer ethischen und kulturellen Werte zu gewährleisten«. Und falls es dem Zionismus der *She'erith Hapletah*, der nicht der Zionismus des Vorkriegseuropas war, sondern ein »aus dem Leiden des Holocaust geborener« Zionismus, gelang, seine Ziele auf universelle Fragen auszudehnen, könnte der Zionismus gemeinsam mit den besten Idealen

Europas eines Tages vielleicht dazu beitragen, eine neue Gesellschaft zu schaffen. »Unsere Tragödie«, sagte Gringauz, »muß zum Ausgangspunkt eines neuen Humanismus werden«, der versucht, die Lücke zwischen dem technischen Fortschritt, der die Öfen von Auschwitz gebaut hat, und der moralischen Entwicklung des 20. Jahrhunderts zu schließen, die in der Nazizeit so schrecklich gelitten hat.

Am Ende der 40er Jahre, als die meisten *She'erith Hapletah* die DP-Camps verlassen hatten und nach Israel oder Amerika gegangen waren, hatte sich die Desillusionierung und Enttäuschung noch verschlimmert, die sich seit Beginn der Befreiung in ihnen ausgebreitet hatte. Samuel Gringauz schrieb aus Amerika, wo er 1948 eingewandert war, an die Leser der letzten Ausgabe der *Landsberger Lager-Caijtung*, daß

»die jüdische Welt nichts mehr von unserem Leiden wissen will. Der Film LANG IST DER WEG, der das Schicksal der Überlebenden schildert und zum Teil im DP-Lager Landsberg gedreht wurde«, sei in New York vor leeren Zuschauerreihen gelaufen und abgesetzt worden. »Nicht anders ist es in Israel. Auch dort hat sich niemand für unser Leiden interessiert, sondern nur für den heutigen Beitrag des *She'erith Hapletah*-Menschen.«[57]

Levi Shalit, der Herausgeber von *Unzer Weg*, philosophierte in derselben Ausgabe über die verpaßten Chancen der *She'erith Hapletah*:

»Wir waren eine jüdische Gesellschaft, keine parteipolitische. Sicherlich waren wir ein Faktor bei der Befreiung eines Volkes, aber wir haben nur Befehle ausgeführt. Natürlich hätten wir die Herzen in Brand setzen, den Lauf der Geschichte verändern können – nicht nur politisch. Aber so ist es nicht gekommen. Vielleicht war die Aufgabe zu groß und wir zu wenige.«[58]

Wir werden es nicht mehr erfahren. Die *She'erith Hapletah* verließ langsam, aber sicher Deutschland und Europa. Eine Viertelmillion ging nach Israel, über hunderttausend nach Nordamerika. Ohne einen Pfennig Geld kamen sie in ihrer neuen Heimat an, körperlich und seelisch erschöpft, gezeichnet von persönlichen Verlusten, die sich mit Worten und Zahlen nicht beschreiben lassen. Aber sie kamen mit einer Stimme, die sich bemühte, dem sinnlosen Überleben Sinn zu verleihen, das Gefühl zu überwinden, als lebende Leichen der Gnade einer gleichgültigen Welt ausgeliefert zu sein.

In gewissem Sinne ist dieser Aufsatz also ein letztes Plädoyer für die Überlebenden, anderthalb Jahrzehnte nach Eli Wiesel. Es ist wichtig zu begreifen, daß die Stimme der *She'erith Hapletah*, die sich in den Ghettos und Konzentrationslagern Europas erhob und in den jüdischen DP-Camps in Deutschland, Österreich und Italien Gehör verschaffte, eine prophetische Stimme war, die den Verlauf des jüdischen und des menschlichen Schicksals verändern wollte und auf eine moralisch wie sozial bessere Menschheit abzielte. Aber die »Verschwörung des Schweigens« durchdrang und zerstörte alles.

Was Lawrence Langer und andere in den Zeugnissen der Überlebenden als Text und Subtext differenzieren, ist in Wirklichkeit ein einziger Subtext. Diese Zeugnisse richten sich an die ganze Welt, ob jüdisch oder nichtjüdisch. Es ist der Versuch, am Lebensende das Leben im Spiegel und im Schatten der Shoah zu betrachten. In vielen Fällen fehlt das »Selbstwertgefühl« und vielleicht auch die »moralische Vision«.

Ich wollte mit diesem Aufsatz demonstrieren, daß sich der Standpunkt der Überlebenden in den Jahren nach 1945 auch anders verstehen läßt. Es gab durchaus Selbstachtung, es gab eine moralische Vision und heroische Erinnerungen, die allzufrüh durch die Hand einer allzu unmoralischen und unvollkommenen Welt abstarben. Vor allem meinte die Forderung »Nie wieder« der Überlebenden wirklich *nie wieder*, für niemanden, nirgendwo, und nicht nur für das jüdische Volk.

Die Vision und die Hinterlassenschaft der Denker und Visionäre der *She'erith Hapletah* hat vielen Tausend unter ihren Leidensgenossen einen Grund geliefert, weiterzuleben und neues Leben zu zeugen.

Aus dem Amerikanischen übersetzt von Irmgard Hölscher

Anmerkungen

Dieser Aufsatz ist die Überarbeitung eines Vortrags, der am 21.7.95 im Rahmen der Internationalen Konferenz zur Lage und Lebenswelt der jüdischen Displaced Persons 1945-1949, vom 19.-21.7 1995, in München gehalten wurde. Er ist zuerst erschienen als: Abraham J. Peck, »›Our Eyes have Seen Eternity‹: Memory and Self-Identity among the *She'erith Hapletah*«, in: *Modern Judaism*, Vol. 17, No. 8 (1997), S. 33-50. Nachdruck mit Zustimmung des Autors.

1   Lawrence L. Langer, *Holocaust Testimonies: The Ruins of Memory*. New Haven and London: Yale University Press, 1991, 4. Kap. »Tainted Memory: The Impromptu Self« und 5. Kap. »Unheroic Memory: The Diminished Self«. Vgl. auch ders., »Remembering Survival«, in: Geoffrey H. Hartman (Hg.), *Holocaust Remembrance: The Shapes of Memory*. Oxford: Blackwell, 1994, S. 70-80.

2   Annette Wieviorka, »On Testimony«, in: Hartman (Hg.), *Holocaust Remembrance*, S. 24.

3   Elie Wiesel, *A Jew Today*. New York 1978, S. 185-208; dt.: *Jude heute: Erzählungen, Essays, Dialoge*. Wien: Hannibal Verlag, 1987.

4   *Die Sztyme der Sheris Hapletah*. Montreal 1963, S. 29. (jiddische Titel werden, sofern sie mit lateinischen Buchstaben geschrieben wurden, ebenso wiedergegeben.)

5   Zitiert nach Dorothy Rabinowitz, *New Lives: Survivors of the Holocaust Living in America*. New York 1976, S. 196. Vgl. auch Barbara Stern Burstin, *After the Holocaust: The Migration of Polish Jews and Christians*. Pittsburgh 1989.

6   Rabinowitz, *New Lives*, S. 196.

7   Ebd.

8   Zitiert nach Anita Shapira, »The *Yishuv* and the Survivors of the Holocaust«, in: *Studies in Zionism*, Vol. 7, No. 2 (Autumn 1986), S. 301. Eine etwas andere Version des Zitats findet sich in Shapira, »The Yishuv's Encounter with the Survivors of the Holocaust«, in: Yisrael Gutman, Avital Saf (Hg.), *She'erit Hapletah, 1944-1948: Rehabilitation and Political Struggle*. Jerusalem: Yad Vashem, 1990, S. 106. Für eine sehr viel polemischere und dichtere Kritik des Empfangs der Überlebenden bei ihrer Ankunft und ihrer Bemühungen um Integration in Israel vgl. Tom Segev, *The Seventh Million: The Israelis and the Holocaust*. New York: Hill and Wang, 1993; dt.: *Die siebte Million: Der Holocaust und Israels Politik der Erinnerung*. Reinbek bei Hamburg: Rowohlt, 1995.

9   Yael Danielli, »The Aging Survivor of the Holocaust: On the Achievement of Integration of Aging Survivors of the Nazi Holocaust«, in: *Journal of Geriatric Psychiatry*, Vol. 14, No. 2 (1983), S. 209.

10 Yosef Hayim Yerushalmi, *Zakhor: Jewish History and Jewish Memory*. Seattle 1982; dt.: *Zachor: Erinnere Dich! Jüdische Geschichte und jüdisches Gedächtnis*. Berlin: Wagenbach, 1988.

11 David G. Roskies, *Against the Apocalypse: Responses to Catastrophe in Modern Jewish Culture*. Cambridge, Mass. 1984.

12 Dov Hirschtal in: *Die Sztyme der Sheris Hapletah*, S. 31.
13 Hanno Loewy, *Sichtbares und Unsichtbares: Zur Topologie der Erinnerung.* Frankfurt am Main 1993, S. 4 (Materialien Nr. 7).
14 Hirsch Glik, »Sog nisht keynmol« (Partisanenlied: »Sage niemals«).
15 Isaac Ratner, »Mir zaynen Doh«, in: *Unzer Weg*, No. 2, 19. Oktober 1945, S. 3 (Jiddisch).
16 Samuel Gringauz, »Erinnert Euch des Schwurs«, in: *Dos Vort (Das Wort).* München, 10. Januar 1950 (Jiddisch).
17 Yehuda Bauer, »The Initial Organization of Holocaust Survivors in Bavaria«, in: *Yad Vashem Studies*, Vol. 8 (1970), S. 127-157.
18 Ze'ev Mankowitz, *The Politics and Ideology of Survivors of the Holocaust in the American Zone of Germany, 1945-1946.* (Diss.) Hebrew University, Jerusalem 1987; ders., »Zionism and the She'erit Hapletah«, in: Gutman, Saf (Hg.), *She'erit Hapletah*, S. 211-230; ders., »The Formation of She'erit Hapleita: November 1944 – July 1945«, in: *Yad Vashem Studies*, Vol. 20 (1990), S. 337-370; ders., »The Affirmation of Life in the She'erith Hapletah«, in: *Holocaust and Genocide Studies*, Vol. 5, No. 1 (1990), S. 13-22.
19 Mankowitz, »Formation of She'erit Hapleita«, S. 337.
20 Edith Raim, *Die Dachauer KZ-Außenkommandos Kaufering und Mühldorf. Rüstungsbauten und Zwangsarbeit im letzten Kriegsjahr 1994/45.* (Diss., Universität München 1991) Landsberg am Lech: Landsberger Verlagsanstalt Martin Neumeyer, 1992.
21 Mankowitz, »Formation of She'erit Hapleita«, S. 343.
22 Leo Schwarz, *The Redeemers.* New York 1953, S. 18, Anm.
23 Irit Keynan, »The Yishuv's Mission to the Displaced Persons Camps in Germany: The Initial Steps, August 1945 – May 1946«, in: Gutman, Saf (Hg.), *She'erit Hapletah*, S. 231-248.
24 Die israelische Historikerin Judith Tydor Baumel hat damit begonnen, diesen wichtigen und absolut unbekannten Aspekt der Erfahrung jüdischer DPs zu untersuchen. Im Sommer 1995 hielt sie auf einer Konferenz über Frauen und den Holocaust einen Vortrag unter dem Titel: »D.P.'s, Mothers, and Pioneers: Women in the She'erith Hapletah.«
25 Zitiert nach Mankowitz, »Formation of She'erit Hapleita«, S. 359ff.
26 Zalman Grinberg, »Address delivered by Dr. Zalman Grinberg on the Occasion of a Liberation Celebration« (vermutl. 27. Mai 1945 im St. Ottilien Hospital), in: *Sharit Ha-Platah*, Vol. 4, 1945.
27 Samuel Gringauz, »Totengedenken«, in: *Landsberger Lager-Cajtung*, 8. Oktober 1945, Nr. 1 (Jiddisch).
28 Lawrence L. Langer, »Texts and Subtexts in Holocaust Testimonies«, Vortrag vor der ersten internationalen wissenschaftlichen Konferenz über den Holocaust. United States Holocaust Memorial Research Institute, Washington, D. C., December 1993, S. 2ff.
29 Mankowitz, »Affirmation of Life«, S. 15ff.
30 Ebd., S. 17.
31 Ebd., S. 15.

32 Zalman Grinberg, »Der vierzehnte Ijar, ein Totengedenktag und ein Tag der nationalen Besinnung der Lebenden«, in: *Jüdische Rundschau*, Mai-Juni 1946, S. 28.

33 Gringauz, »Gedenken«.

34 J. Nemenczyk in: *Landsberger Lager-Cajtung*, 15. April 1946, S. 3 (Jiddisch).

35 Zalman Grinberg, »Address«, Vol. 4.

36 »Wir Juden und die Welt«, in: *Dos fraje wort*, 25. Juni 1946, S. 5 (jiddisch).

37 Zitiert nach Mankowitz, »Formation of She'erit Hapleita«, S. 368.

38 Zitiert nach »Die problematische Stellung der Juden in Deutschland«, in: *Der Weg*, Berlin, 1. März 1946, S. 2.

39 Menachem Sztajer, »Szerit Hapleita«, in: *DP Express Fun Jidiszn Lebn*. München, Oktober 1946, S. 2ff. Früher fragte bereits Leib Garfunkel ähnlich: »Wofür ist das alles geschehen, warum der Mord an Millionen und das Meer von Blut? Ein vergebliches Opfer, aus dem nichts Gutes entstehen wird? Oder wird es unser Leben revolutionieren und das Verhältnis der Welt zu uns grundlegend verändern?« Zitiert nach Mankowitz, »Formation of the She'erit Hapleita«, S. 349.

40 Zitiert nach Israel Efros, *Heimatlose Idn*. Buenos Aires 1947, S. 46 (Jiddisch).

41 Levi Shalit, »Was sollen wir also mit unserem gcretteten Leben anfangen?« in: *Unzer Weg*. 7. Juni 1946, S. 2 (Jiddisch).

42 Tagebucheintrag vom 7. Oktober 1945, zitiert nach Mankowitz, »Formation of She'erit Hapleita«, S. 364. Der UNRRA-Leiter des DP-Camps Landsberg, Dr. Leo Srole, schrieb, daß »die psychischen Wunden (der Überlebenden im Camp) nicht nur nicht geheilt, sondern verschlimmert werden« durch die Spannung in der Umgebung der DPs. »Nach 14 Monaten ohne einen einzigen Nervenzusammenbruch gab es in Landsberg in meinen letzten zwei Wochen drei in schneller Folge. Seitdem hat es einen Bericht (...) über eine Selbstmordwelle in den jüdischen Camps gegeben.« Leo Srole, »Why the DP's Can't Wait: Proposing an International Plan of Rescue«, in: *Commentary*, Vol. 3, No. 1 (1947), S. 23.

43 *Unzer Sztyme*, 22. Dezember 1945 (Jiddisch).

44 »Ein Brief an meinen Cousin in Amerika«, in: *Dos fraje wort* (Feldafing), 4. Januar 1946, S. 3 (Jiddisch).

45 Samuel Gringauz, »Ich weiß um fünf«, in: *Landsberger Lager-Cajtung*, 20. Oktober 1945, S. 4 (Jiddisch).

46 Koppel S. Pinson, »Jewish Life in Liberated Germany: A Study of the Jewish DPs«, in: *Jewish Social Studies*, Vol. 9, No. 2 (1947), S. 110.

47 Ebd., S. 114.

48 Ebd.

49 Shmuel Krakowski, »Memorial Projects and Memorial Institutions Initiated by She'erith Hapletah«, in: Gutman, Saf (Hg.), *She'erit Hapletah*, S. 391.

50 Report of the First Gathering of the Delegated Coworkers of the Historical Committee on the American Zone, Munich, May 11, and 12, 1947, YIVO Institute, Records of the Displaced Persons Camps in Germany, Record Group 294.2, folder 158, S. 2. Ein Beispiel für einen typischen Fragebogen des Komitees findet sich in folder 834, 221-222 (Vertrieb durch das DP-Lager, Landsberg).

51 Srole, »Why the DP's Can't Wait«, S. 15.

52 Mankowitz, »Affirmation of Life«, S. 17 ff; Samuel Gringauz, »Der vierzehnte
Iyar«, in: *Unzer Weg*, 10. Mai 1946, S. 2 (jiddisch); Zalman Grinberg, »Die vierzehnte Ijar«, S. 28.

53 Mankowitz, »Affirmation of Life«, S. 18.

54 Pinson, »Jewish Life in Liberated Germany«, S. 115.

55 Die Gedanken von Gringauz erschienen als »Die Zukunft der jüdischen Kultur«
in: *Jüdische Rundschau*, Mai-Juni 1946, S. 22-24; »Über die Aufgabe der europäischen Judenreste», in: *Jüdische Rundschau*, Juli 1946, S. 5-7; »Jewish Destiny as
the DP's See it«, in: *Commentary*, Vol. 4, (1947), S. 501-506.

56 Abba Kovner, »The Mission of the Survivors«, in: Yisrael Gutman, Livia
Rothkirchen (Hg.), *The Catastrophe of European Jewry*. Jerusalem: Yad Vashem,
1976, S. 681.

57 Samuel Gringauz, »Die große Katastrophe im geistigen Spiegel des Herzens«, in:
Landsberger Lager-Cajtung), 31. Dezember 1948, S. 2 (Jiddisch).

58 Levi Shalit, *Jidisze Cajtung* (ehemals *Landsberger Lager-Cajtung*, 31. Dezember
1948, S. 2 (Jiddisch).

Die polnischen Holocaust-Überlebenden

Zwischen Assimilation und Emigration

Andreas R. Hofmann

Durch den Holocaust hörte Polen auf, das demographische und kulturelle Zentrum des ostmitteleuropäischen Judentums zu sein. Von etwa 3,3 Millionen Juden mit polnischer Staatsangehörigkeit vor dem Krieg überlebten allenfalls zehn Prozent. Wegen der Unzuverlässigkeit der Statistiken sind nur Schätzwerte möglich. Die Zahl der polnischen Juden, die den Holocaust auf dem Gebiet Polens innerhalb seiner Vorkriegsgrenzen überstanden, schwankt nach den verschiedenen Angaben zwischen 30.000 und 150.000. Davon überlebten außerhalb der Lager und Ghettos in Verstecken oder unter einer falschen Identität nicht mehr als 20.000, weitere 10.000 wurden bei Kriegsende aus den Vernichtungslagern befreit.[1] Da die Gesamtzahl der von jenseits der Curzonlinie nach Polen gelangten polnischen Juden auf 170.000 geschätzt wird, kann darauf geschlossen werden, daß sich bei Kriegsende etwa 100.000 weitere in Lagern in Mittel- und Westeuropa oder im Exil befanden.

Physisch ausgezehrt und psychisch traumatisiert, waren viele der Überlebenden kaum in der Lage, ihr Schicksal in die Hand zu nehmen. Sie nahmen eine abwartende Haltung ein. Während sich jüdische Selbsthilfeorganisationen wie Lagerkomitees und Ausschüsse um die dringendsten Lebensnotwendigkeiten zu kümmern begannen, trafen die Behörden und die Regierung in Warschau keine besonderen Anstalten, die jüdische Bevölkerung bei der Rückkehr zu einem normalen Leben zu unterstützen. Dort war man eher von der Tatsache überrascht, daß sich die »jüdische Frage« trotz des Massenmords auch nach dem Krieg erneut stellte. Krieg und Okkupation ließen die Einstellungen, die die polnische Gesellschaft gegenüber ihren jüdischen Nachbarn einnahm, deutlicher denn je hervortreten. Die an der jüdischen Bevölkerung begangenen Verbrechen riefen keineswegs allgemeine Solidarität und Mitgefühl hervor. Die Mehrheit war zu sehr mit dem eigenen Überleben beschäftigt, um den Juden anders als mit Distanz und einer gewissen Gleichgültigkeit zu begegnen. Eine Minderheit, vor allem solche Gruppierungen, die sich schon vor dem Krieg durch antisemitische Einstellungen hervorgetan hatten, ließ sich durch die rassenantisemitische Propaganda der deutschen Besatzungsmacht radikalisieren oder aus schierer Gewinnsucht zur Kollaboration bei der Judenverfolgung verleiten. Ebenfalls nur eine Minderheit nahm es unter Lebensgefahr für sich und ihre Familien auf sich, Juden zu verstecken und zu retten. Diese beiden Verhaltensweisen markieren die entgegengesetzten Extreme und können nicht als repräsentativ für das Gros der polnischen Gesellschaft gelten.[2]

Unabhängig von ihrer jeweiligen Einstellung zu den Juden hatten viele direkt oder indirekt aus deren Verschwinden Nutzen gezogen. In Bereichen, in denen Juden besonders stark vertreten gewesen waren, wie dem städtischen Kleinhandel, Kleingewerbe und in den freien Berufen, waren sie von den Polen als Konkurrenz gesehen worden. An vielen Orten wurden die vormals jüdischen Wohnungen und Gewerberäume und der Immobilienbesitz jüdischer Gemeinden von den polnischen Nachbarn oder von öffentlichen Institutionen übernommen. Oft weigerten sich die neuen Eigentümer, diesen Besitz wieder herauszugeben, wenn die früheren Inhaber unerwarteterweise zurückkehrten und ihre Rechte einforderten. Der Gesetzgeber erklärte die unter deutscher Besatzungsherrschaft vorgenommenen Eigentumstransaktionen für nichtig und gab somit den früheren Eigentümern oder ihren Erben recht. Allerdings sollte die Eigentumsrückgabe nur im Rahmen der Möglichkeiten erfolgen, wobei offengelassen wurde, was darunter zu verstehen sei. Nicht zuletzt herrschten in der kommunistischen Führung starke Vorbehalte, daß sich wegen der geringen Anzahl der überlebenden Juden eine große Menge »unproduktiven Kapitals« in den Händen weniger konzentrieren könnte, weshalb man den Eigentumsanspruch der Erben einzuengen versuchte.[3] Für die Überlebenden war es in den meisten Fällen praktisch nicht möglich, ihre Ansprüche gegen den Widerstand der neuen, privaten wie öffentlichen Inhaber durchzusetzen.

Neben dem Antisemitismus sozioökonomischer Prägung, der sich an vielen Orten an der Eigentumsfrage entzündete, und dem traditionellen, konfessionellen Antisemitismus, wie er besonders auf dem Lande verbreitet war, gewann nach dem Krieg eine weitere Spielart judenfeindlicher Ressentiments an Bedeutung: der politische Antisemitismus. Die Mehrheit der polnischen Gesellschaft lehnte das von Moskau protegierte und auf die sowjetischen Truppen gestützte Linksregime heftig ab, das mit einer neuen Fremdherrschaft gleichgesetzt wurde. Da sich Juden oder Personen jüdischer Herkunft in einigen exponierten Positionen der Staats- und Parteiführung befanden und auch ihr Anteil in bestimmten öffentlichen Dienststellen, besonders in der Miliz und den Sicherheitsämtern, von der polnischen Gesellschaft als überproportional hoch wahrgenommen wurde, waren sie schnell als Verräter abgestempelt.[4] Das schon aus der Vorkriegszeit stammende Stereotyp von der »Judenkommune« schien sich zu bestätigen. Die vielfach zu beobachtende Affinität der polnischen Juden zu dem neuen Regime rührte nicht zuletzt daher, daß die meisten von ihnen ihr Überleben dem Exil in der Sowjetunion verdankten. Daneben spielte eine Rolle, daß die jüdischen Parteien sich mit der Regierung arrangieren und ihre Politik öffentlich unterstützen mußten, um in der Legalität wirken zu können. Das galt für den sozialistischen und antizionistischen »Gesamtjüdischen Arbeiterverband ›Bund‹ in Polen« (kurz Bund) genauso wie für die zionistischen Parteien, die von zwei marxistischen Gruppierungen (*Poalej Syjon Lewica, Haszomer Hacair*) über zwei sozialistische Parteien (*Poalej Syjon Prawica, Hitachdut*) über den demokratisch-gemäßigten *Itachdut* bis zur religiösen *Mizrachi*-Partei reichten. Lediglich die orthodoxe *Aguda*, die Demokratische Partei und die nationalistisch-zionistischen Revisionisten erhielten keine Zulassung. Die stärkste dieser Parteien war der *Itachdut* mit 7-8000 Mitgliedern im Jahr 1947, die kleinsten der *Hitachdut* und die *Mizrachi* mit jeweils etwa 500, die übrigen hatten zu dieser Zeit zwischen 1500 und 3000 Mitglieder. Damit war immerhin ein knappes Drittel der damals noch in Polen lebenden Juden politisch organisiert.[5] Die legal tätigen jüdischen Parteien waren im Zentralkomitee der Juden in Polen mit Sitz in Warschau und seinen regionalen Exposituren an allen Orten mit einer größeren jüdischen Bevölkerung vertreten. Ihr hoher Grad der Politisierung unterschied die jüdische von der polnischen Bevölkerung, und die Tatsache, daß nur diejenigen jüdischen Gruppierungen öffentlich in Erscheinung treten konnten, die zur Unterstützung des Regimes bereit waren, trug dazu bei, daß sie in den Augen der Öffentlichkeit als Agenturen der Regierung galten. Die Stimmung war derartig gereizt, daß es an vielen Orten nicht nur zu einzelnen Gewalttaten gegen Juden kam, sondern auch zu regelrechten Pogromen mit zahlreichen Todesopfern. Die beiden folgenschwersten Ausschreitungen dieser Art geschahen in Krakau im August 1945 und in Kielce im Juli 1946. Die Gesamtzahl der Todesopfer als Folge judenfeindlicher Gewalttaten in Nachkriegspolen ist auf 1500-2000 geschätzt worden, worunter sich auch Personen befanden, die als Angehörige der kommunistischen Partei (der Polnischen Arbeiterpartei – PPR) oder der Sicherheitsorgane und somit aus politischen Motiven ermordet wurden.[6] Nichtsdestoweniger traten antisemitische Einstellungen aber selbst in den Reihen der PPR und der ihr botmäßigen Staatsorgane in Erscheinung.

Unter diesen Umständen mußte sich unter den polnischen Holocaust-Überlebenden die Einsicht verbreiten, daß ihrem Aufenthalt an den alten Heimatorten keine Dauer beschieden war. Ohnehin empfanden sie eine Weiterexistenz an den Stätten der Vernichtung als unerträglich. Die Ermordung ihrer Familien und Freunde und die Zerstörung ihres gesamten sozialen und kulturellen Umfelds hatte das Land für sie in einen riesigen Friedhof verwandelt. Sie sahen den unerwartet heftigen Antisemitismus ihrer polnischen Umgebung als direkte Fortsetzung ihrer Kriegserlebnisse. Für viele wurde dadurch die Emigration nicht nur zu einer bloßen Option der Lebensplanung, sondern zu einer Bedingung des weiteren Überlebens.

Unterdessen schien sich dennoch eine Alternative zur Emigration aus Polen zu bieten. Das jüdische Selbsthilfekomitee der Außenstelle Reichenbach des Konzentrationslagers Groß Rosen in Niederschlesien entwickelte nach der Befreiung die Idee, das Gebiet zur neuen Heimat der polnischen Juden zu machen. Diese Konzeption wurde im Sommer 1945 sowohl vom Zentralkomitee der Juden in Polen als auch von der Staats- und Parteiführung aufgegriffen und befürwortet. Das Komitee der ehemaligen Lagerinsassen wurde in die Organisationsstruktur des Zentralkomitees der Juden integriert und begann mit den Vorbereitungen für die Ansiedlung der Holocaust-Überlebenden.[7] Mehrere Gesichtspunkte sprachen für eine solche Konzeption. Aus der Sicht der jüdischen Komitees war ausschlaggebend, daß sich den polnischen Juden in Niederschlesien die Chance zu bieten schien, sich eine neue Existenz aufzubauen, ohne sich den Anfeindungen im Landesinnern aussetzen zu müssen. Durch ihre Ansiedlung in den neuen Westgebieten Polens sollten die Juden zugleich einen allen sichtbaren Beitrag zum wirtschaftlichen Wiederaufbau des Landes leisten und auf diese Weise das überkommene antisemitische Stereotyp des Juden als eines von der Arbeit anderer lebenden »Schmarotzers« und »Ausbeuters« abbauen helfen. Hierin stimmten zionistische wie antizionistische Gruppierungen überein. Der Regierung kam diese Konzeption insofern entgegen, als ihr an der schnellen Aufsiedlung der neuen Gebiete gelegen war und die Juden wegen ihres hohen Anteils an städtischen Berufen helfen konnten, den Fehlbedarf an Stadtsiedlern abzubauen.

Die jüdischen Siedler setzten sich aus vier verschiedenen Gruppen zusammen. Den Kern bildeten diejenigen Juden, die sich als Zwangsarbeiter und Häftlinge des Konzentrationslagers Groß Rosen und seiner Außenstellen bei Kriegsende bereits in Niederschlesien befanden und sich spontan zum Bleiben entschlossen. Unter den etwa 15-18.000 bei ihrer Befreiung noch am Leben befindlichen Insassen dieser Lager waren nach den sehr unterschiedlichen späteren Angaben zwischen 5500 und 10.000 polnische Juden, von denen ein Teil direkt am Ort blieb.[8] Die Gesamtzahl der aus den Lagern stammenden polnisch-jüdischen Bevölkerung der niederschlesischen Orte Langenbielau, Wüstegiersdorf, Ludwigsdorf/Kreis Glatz, Peterswaldau, Waldenburg und Reichenbach, die Mitte Juni 1945 Delegierte zur »Ersten Konferenz der Jüdischen Komitees in Niederschlesien« entsandten, wird mit etwa 6000 angegeben.[9] Die zweite und kleinste Gruppe der polnisch-jüdischen Siedler bestand aus Repatrianten aus Lagern in Mittel- und Westeuropa, von denen in den ersten drei Nachkriegsmonaten etwa 4000 in Niederschlesien ansässig geworden sein sollen.[10] Die Gruppen drei und vier bestanden aus Umsiedlern aus Zentralpolen (d. h. Personen, die bis zum 1. September 1939 westlich der Curzonlinie ansässig gewesen waren) sowie Aussiedlern aus den vormaligen ostpolnischen Gebieten, die von der Sowjetunion annektiert worden waren. Von den Umsiedlern befand sich 1945 nur ein kleiner Teil innerhalb der neuen Grenzen Polens. Der größere Teil wurde erst 1946 zusammen mit den Aussiedlern auf polnisches Staatsgebiet repatriiert. Durch den Zuzug von Umsiedlern und Personen, die sich bereits 1945 selbständig und teilweise illegal über die neue polnisch-sowjetische Grenze begaben, wuchs die jüdische Bevölkerung von Niederschlesien bis zum Jahresende auf gut 18.000 Personen.[11]

Die Masse der jüdischen Siedler erreichte Niederschlesien erst mit den sogenannten »Repatriierungstransporten«, in denen sich neben den eigentlichen Repatrianten aus solchen Gebieten, die nach 1944/45 bei Polen blieben, auch die Aussiedler aus den an die Sowjetunion gefallenen Gebieten befanden (in den Statistiken wurden die beiden Gruppen nicht getrennt). Die Anzahl der insgesamt aus der Sowjetunion repatriierten und ausgesiedelten Juden mit polnischer Staatsangehörigkeit, darunter auch diejenigen, die außerhalb der offiziellen Transporte über die grüne Grenze wanderten, wird auf etwa 170.000 geschätzt.[12] Von diesen wurde der größte Teil, insgesamt etwa 136.000, direkt in die neuen Nord- und Westgebiete gebracht.[13] Die jüdischen Komitees in Niederschlesien registrierten bis zum Abschluß der Transporte Mitte 1946 etwa 82.000 Personen, die mit den Transporten von jenseits der Curzonlinie gekommen waren. Ein Teil der für Niederschlesien vorgesehenen Transporte mußte wegen der Überforderung der dortigen Komitees und der Erschöpfung der Ansiedlungsmöglichkeiten nach Stettin weitergeleitet werden. Dort entstand mit einer Gesamtzahl von zeitweilig 30.000 Personen die zweitgrößte jüdische Siedlungskonzentration in den neuen Gebieten.

Mit dem Abschluß der Repatriierungs- und Aussiedlungstransporte aus der Sowjetunion Mitte 1946 wurde die Höchstzahl der polnisch-jüdischen Bevölkerung in Nachkriegspolen erreicht. Um diese Zeit waren bei den jüdischen Komitees etwa 240.000 Personen registriert.[14] Allerdings darf nicht übersehen werden, daß während des gesamten Zeitraums der Exodus der Juden aus Polen anhielt, die Statistiken der jüdischen Komitees also zu keinem Zeitpunkt den tatsächlichen Bevölkerungsstand wiedergaben, der erheblich unter allen vorgenannten Angaben lag. Auch der für Ende Juli 1946 mit etwa 90.000 Personen vermerkte Höchststand der polnisch-jüdischen Bevölkerung in Niederschlesien ist deswegen vermutlich zu keinem Zeitpunkt erreicht worden. Im Zeitraum von Juli 1945 bis Dezember 1946 emigrierten mit Hilfe der zionistischen Organisationen etwa 120.000 Juden aus Polen. Weitere 10–30.000 verließen das Land in Eigeninitiative.[15] Die Emigration verstärkte sich besonders nach dem Pogrom von Kielce, der eine landesweite Fluchtbewegung auslöste. Große Teile der polnisch-jüdischen Bevölkerung betrachteten Polen also lediglich als Durchgangsstation, und auch die Ansiedlung in den neuen Gebieten war in den meisten Fällen nicht von langer Dauer.

Auf diesen klaren Sachverhalt reagierte die polnische Führung nicht mit einer klaren politischen Linie. In Anlehnung an die Haltung der Sowjetunion äußerte die von der kommunistischen Partei geführte Regierung seit Kriegsende wiederholt ihre Unterstützung für die Bildung eines unabhängigen jüdischen Staates in Palästina.[16] Im November 1947 stimmte Polen für die Teilung des britischen Mandatsgebiets und erkannte den Staat Israel nach seiner Gründung im Mai 1948 sofort an. Die Regierung sicherte den jüdischen Staatsangehörigen Polens mehrfach zu, ihrer Emigration keine Hindernisse in den Weg zu legen, tat aber andererseits nichts für die Unterstützung einer legalen Emigration. In der Haltung der Regierung und des eigentlichen Entscheidungszentrums in der Partei ist im Hinblick auf die »jüdische Frage« ein Element des bloßen Zuwartens und Reagierens auf die Entwicklung genausowenig zu übersehen wie eines der Instrumentalisierung für die eigenen politischen Zwecke. Trotzdem die polnische Führung eine im Prinzip emigrationsfreundliche Haltung einnahm, wurde sie aus politischen und ideologischen Gründen nicht müde, zu versichern, daß das neue, in seinen sozioökonomischen Strukturen revolutionär umgestaltete Polen allen seinen Bürgern ungeachtet ihrer ethnischen und religiösen Zugehörigkeit eine Heimstatt bieten werde. Gerade dadurch würde es sich vom Polen der Vorkriegszeit mit seinen besonders nach 1935 zunehmenden antisemitischen Tendenzen unterscheiden.

Auf die Welle der Gewalttätigkeit gegen die Juden war die politische Führung in keiner Weise vorbereitet. Nachdem der Pogrom von Krakau ein erstes Warnsignal gegeben hatte, beschränkte sich die Regierung auf den Erlaß eines Dekrets, in dem ein gegen Ausschreitungen aus rassischen oder religiösen Motiven gerichteter Artikel zwischen zahlreichen weiteren, heterogenen Straftatbeständen versteckt war.[17] Als die Ereignisse von Kielce ein knappes Jahr später entschlossenere gesetzgeberische Maßnahmen gegen den Antisemitismus geboten erscheinen ließen, scheiterte ein hierzu vorbereiteter Entwurf am Widerstand in den Reihen der Regierung und Parteiführung.[18] Die antisemitischen Ausschreitungen führten an keiner Stelle zu einer konsequenten Verfolgung der wirklichen Urheber und Täter, und auch nach Kielce wurde lediglich eine Anzahl willkürlich aus der entfesselten Menge herausgegriffener Personen in einem Schnellverfahren zum Tode verurteilt. In vielen Fällen wurden antisemitische Ausschreitungen aber überhaupt nicht verfolgt, denn Teile der Staats- und Parteiführung und ihrer exekutiven Organe waren selbst nicht frei von antisemitischen Anwandlungen, und die Verstrickung von Miliz und Armee in die Gewalttätigkeiten sollte in der Öffentlichkeit heruntergespielt werden. Vor allem aber schreckte man offensichtlich davor zurück, durch konsequente Maßnahmen gegen den Antisemitismus das in der Gesellschaft verbreitete Vorurteil zu verfestigen, sich als eine von Juden manipulierte Regierung besonders für die jüdische Bevölkerungsgruppe einzusetzen. Statt dessen tat das Regime etwas, was in der gegebenen Situation die Stimmung nur noch weiter anheizen konnte: Es belastete mit den antisemitischen Ausschreitungen die politische Opposition, die Regierung im Exil und den angeblich mit beiden verbundenen »reaktionären« Untergrund, machte also die Bekämpfung des Antisemitismus zum Instrument der Auseinandersetzung mit seinen politischen Gegnern. Nach dieser auch von den jüdischen Komitees übernommenen Interpretation würde der Antisemitismus automatisch verschwinden, wenn die kommunistische Partei und ihre Verbündeten endgültig ihre Gegner ausgeschaltet und ihre Machtstellung gesichert haben würden.

Bis es soweit war, wurde die Emigration als ein willkommenes Mittel betrachtet, um die vorhandenen Spannungen abzubauen und das Problem des Antisemitismus gewissermaßen durch das Verschwinden seines Objekts zu verringern. Unwillkürlich knüpfte das Regime damit an eine Politik an, wie sie schon von den Vorkriegsregierungen in den dreißiger Jahren betrieben worden war. Wegen der restriktiven Einwanderungsbestimmungen der potentiellen Aufnahmeländer in Westeuropa und Übersee und da besonders die Briten die

Immigration der Juden nach Palästina weiterhin nicht freigeben wollten, waren hier aber nennenswerte Zahlen nur dann zu erreichen, wenn die Juden illegal emigrierten. Dagegen war der Anteil der legalen Emigration, die über die Konsularbehörden des polnischen Außenministeriums abgewickelt wurde, verschwindend gering. Tatsächlich organisierten die zionistischen Untergrundeinrichtungen die illegale Emigration gleichsam unter den Augen der polnischen Behörden und mit ihrer stillschweigenden Duldung. Nach dem Pogrom von Kielce kam es sogar zum Abschluß eines inoffiziellen Abkommens zwischen der für die illegale Emigration zuständigen Organisation der *Jewish Agency*, der *Brichah*, dem Sicherheits- und dem Verteidigungsministerium und den diesem unterstehenden Grenzbehörden, das die massenweise Emigration von Juden über die polnisch-tschechische Grenze ermöglichte. Ein halbes Jahr lang wurden die Schleichwege über den schlesischen Sudetenkamm mit Duldung der tschechischen Behörden zur wichtigsten Emigrationsroute. Auf diesem Weg gelangten die Emigranten in die DP-Lager in Süddeutschland und Österreich[19], wo deshalb im Unterschied zu allen anderen Gruppen von *displaced persons* die Anzahl der jüdischen DPs weiter anstieg. Weil die Amerikaner und Briten wegen des Zustroms polnischer Juden in ihre Besatzungszonen wachsende Irritation zeigten und die Briten sogar damit drohten, die Aussiedlungstransporte der deutschen Bevölkerung aus den vormals reichsdeutschen Ostgebieten als Reaktion auf die jüdische Emigration zu stoppen, drängte das polnische Außenministerium darauf, die Grenze wieder zu schließen, was im Februar 1947 geschah.

Der Emigrationswille der jüdischen Bevölkerung war jedoch ungebrochen. Da aber nunmehr die illegale Emigration verhindert wurde und mit ordnungsgemäß ausgestellten Visa der Zielländer weiterhin nur eine relativ geringe Anzahl von Menschen das Land verlassen konnte, sah es zunächst danach aus, daß sich die übrigen auf einen dauernden Verbleib in Polen einzurichten hatten. Die Anzahl der noch in Polen befindlichen Juden wird für 1947/48 auf etwa 110.000 geschätzt.[20] Um so dringender stellte sich die Frage nach ihrer sozialen, kulturellen und vor allem auch wirtschaftlichen Integration in die polnische Gesellschaft. Nicht nur die traditionell antizionistischen Bundisten, sondern auch die im jüdischen Umfeld tätigen Mitglieder

der kommunistischen Partei, die in der sogenannten PPR-Fraktion beim Zentralkomitee der Juden und dessen Regional- und Lokalkomitees vertreten waren, plädierten ohnehin dafür, mit der Seßhaftmachung der Juden ernst zu machen. Sie sahen als wichtigstes Ziel einer solchen Politik, die traditionelle sozioökonomische Struktur der jüdischen Bevölkerung aufzubrechen und sie unter dem ursprünglich antisemitisch gefärbten Schlagwort der »Produktivierung« in den volkswirtschaftlichen Prozeß zu integrieren. Nach dieser Auffassung, die im übrigen auch von den zionistischen Parteien geteilt wurde, war die Sozialstruktur der jüdischen Bevölkerung mit ihrem überproportionalen Anteil an Freiberuflern und Erwerbstätigen des Dienstleistungsbereichs anormal. Durch systematische Schulung und Anwerbung sollten Juden für die Arbeit in den bevorzugten »produktiven« Bereichen, d. h. der Landwirtschaft und vor allem der Industrie, gewonnen werden.

In diesen Überlegungen flossen auf eine merkwürdige Art überkommene antisemitische Stereotype mit den für die kommunistischen Dogmatiker charakteristischen Ressentiments gegen den Dienstleistungsbereich, den Einzelhandel und das kleine Privatgewerbe zusammen. Indem Juden erstmals in größerer Zahl als Arbeiter in den staatlichen Landwirtschaftsbetrieben, im Bergbau und in der Schwerindustrie in Erscheinung traten, sollten sie unter Beweis stellen, als produktiver Bestandteil der arbeitenden Bevölkerung einen wichtigen Beitrag zum Aufbau des Landes zu leisten. Dies wurde auch als wirkungsvolles Mittel zum Abbau der antisemitischen Stimmung betrachtet. Vor allem sollten Juden im produktiven Alter nicht länger untätig und mit gepackten Koffern auf die nächste Gelegenheit zur Emigration warten. In Niederschlesien befürwortete die PPR-Fraktion des Jüdischen Komitees in Breslau, die nicht arbeitenden Juden mit wirtschaftlichen Restriktionen zur Aufnahme einer Arbeit zu zwingen.[21] Im Juli 1946 richtete die Regierung eigens das Amt eines »Kommissars für die Produktivierung der jüdischen Bevölkerung« ein, dessen Aufgabe u. a. darin bestehen sollte, die immer noch in vielen Unternehmensleitungen vorhandenen Vorbehalte gegen die Beschäftigung jüdischer Arbeitnehmer abzubauen und die jüdischen Genossenschaften bei Materialbeschaffung und Vertrieb zu unterstützen.

Diese erlangten gerade in Niederschlesien eine gewisse Bedeutung, wo sie zeitweilig mehr als neun von zehn genossenschaftlich organisierten Produktions- und Dienstleistungsbetrieben stellten. Das hatte seine Ursache darin, daß die zionistischen Parteien ihre Anhänger in *kibbuzim* zusammenfaßten und allgemein die jüdische Bevölkerung sich aufgrund ihrer Kriegserlebnisse mehr denn je als eine Schicksalsgemeinschaft verstand, die in Beruf und Wohnung die Nähe zu den Leidensgefährten suchte. Aber auch in der Behandlung der jüdischen Genossenschaften offenbarte sich die instrumentelle Einstellung der politischen Führung in der »jüdischen Frage«, denn 1947 wurden sie von der staatlichen Wirtschaftspolitik bei der Bekämpfung des privaten Sektors als Preisbrecher mißbraucht.[22] Auf diese Weise konnte sich die zur Abschwächung antisemitischer Vorurteile gedachte »Produktivierung« der Juden nur gegen sie kehren.

Eine Möglichkeit zur Erneuerung der Emigration eröffnete sich, als mit der Gründung des Staates Israel erstmals ein Völkerrechtssubjekt in Erscheinung trat, das die Einwanderung von Juden nicht nur nicht abwehrte, sondern zu fördern suchte. Dies ermöglichte der polnischen Regierung, durch Absprachen mit der israelischen Regierung einer nunmehr legalen Emigration der jüdischen Bevölkerung eine ganz andere quantitative Dimension zu geben. Offenbar aufgrund des parteiinternen Meinungsstreits über die gegenüber Israel, dem Zionismus und der jüdischen Emigration einzuschlagende Linie dauerte es jedoch bis Anfang September 1949, bis die Regierung offiziell bekanntgab, daß allen polnischen Staatsangehörigen jüdischer Nationalität, die dies wünschten, die Möglichkeit der Emigration nach Israel offenstehe.[23] Diese Entscheidung war gegen die Proteste der jüdischen Gruppe der Polnischen Vereinigten Arpeiterpartei (welche die Nachfolge der PPR-Fraktion nach dem Zusammenschluß der kommunistischen mit der sozialistischen Partei im Dezember 1948 angetreten hatte) getroffen worden, die mit sehr doktrinären Argumenten jede weitere Emigration zu verhindern oder zumindest auf in ihrem Sinne politisch zuverlässige Personen zu begrenzen versuchte, die mithelfen sollten, linksorientierte und sowjetfreundliche Positionen im Nahen Osten gegen die wachsende Annäherung Israels an die USA zu festigen. In der Parteispitze wurde dagegen die Entscheidung gefällt, zur Emigration nur solche Personen zuzulassen, die als Aktivisten der zionistischen Parteien, als religiöse Juden oder als wirtschaftlich unnütz – hierunter fielen Rentner und Invaliden genauso wie gewerbetreibende oder immobilienbesitzende »kleinbürgerliche Elemente« – unerwünscht waren, während umgekehrt ausgebildete und volkswirtschaftlich wertvolle Personen wie z. B. Ärzte, Ingenieure, Facharbeiter usw. im Land gehalten werden sollten. Offensichtlich überschnitten sich diese unterschiedlichen Kriterien und konnten deshalb bei der Prüfung der Emigrationsanträge kaum konsequent angewendet werden. Da insgesamt nach wie vor eine emigrationsfreundliche Haltung der politischen Führung überwog, konnten von den knapp 40.000 Juden, die ihre Ausreise beantragten, zwischen September 1949 und Februar 1951 nochmals etwa 28.000 Personen emigrieren, das waren etwa 26–30 Prozent der bis dahin verbliebenen jüdischen Bevölkerung.[24]

Die Anzahl der jüdischen Emigranten aus Polen in dem Jahrzehnt zwischen 1945 und 1955 ist auf insgesamt 200.000 Personen geschätzt worden.[25] Daran wird deutlich, daß die überwältigende Mehrheit der Holocaust-Überlebenden Polens das Land entweder von vornherein nur als Durchgangsstation sah oder aber von den widrigen wirtschaftlichen und politischen Verhältnissen in die Emigration getrieben wurde. Dies hatte um so größere Bedeutung, als die Nachrichten über die erbärmlichen Verhältnisse in den DP-Lagern die Entscheidung für die Emigration nicht gerade erleichterten, zumal in Anbetracht der ungewissen Aussichten, ein Aufnahmeland zu finden, ein längerer Lageraufenthalt fast unvermeidlich war. Trotz der zionistischen Propaganda war für die Mehrheit der polnisch-jüdischen Emigranten Palästina ein exotisches Land mit ausgesprochen ungewissen Lebensperspektiven und keineswegs das bevorzugte Wunschziel der Emigration. Da die Welle des Antisemitismus gegen die Jahreswende 1946/47 abebbte und sich die schwierigen Lebensverhältnisse in Polen insgesamt zu normalisieren begannen, kann besonders die Emigration nach 1947 nicht zuletzt als eine »Abstimmung mit den Füßen« betrachtet werden, durch die die Emigranten ihre Ablehnung der politischen Verhältnisse zum Ausdruck brachten. Die letzte große Emigrationswelle der Nachkriegszeit von 1949–1951 fiel zeitlich mit einer verschärften Gangart der Politik gegenüber den jüdischen Parteien und gesellschaftlichen Institutionen zusammen, die selbst nur ein Bestandteil der endgültigen Gleichschaltung des öffentlichen und politischen Lebens in Polen war. Am Ende stand die völlige Ausschaltung der zuvor noch möglichen kulturellen und sozialen Autonomie des polnischen Judentums. Darunter fiel die Eingliederung der jüdischen in den Dachverband der staatlichen Genossenschaften, die Auflösung des Bundes und das Verbot der zionistischen Parteien, die Auflösung der von den jüdischen Komitees betriebenen hebräischsprachigen Schulen und schließlich (1950) die Auflösung des Zentralkomitees der Juden in Polen und die Verhaftung seiner Mitglieder.[26] Als die wahre Alternative zur Emigration stellte sich die bedingungslose Assimilation an die polnische soziale und nationalkulturelle Umgebung heraus. Diese Alternativen – bei deutlichem Übergewicht der Emigration – hatten im Prinzip immer der Konzeption der politischen Führung zur Schaffung eines »national homogenen« Polen zugrunde gelegen, das den alten, für gescheitert erklärten Nationalitätenstaat ablösen sollte.

Die Ergebnisse einer Anfang der sechziger Jahre unter den damals noch in Polen befindlichen Juden durchgeführten Enquete belegen, daß die Anteile der in den alten und neuen Gebieten angesiedelten Gruppen in etwa den jeweiligen Prozentsätzen der Überlebenden der Lager und des sowjetischen Exils entsprachen. Daraus ist zu schließen, daß bei der Wahl zwischen Ansiedlung und Emigration die jeweiligen konkreten Kriegserlebnisse, die Art und Weise, wie der einzelne den Holocaust erlebt und überstanden hatte, offenbar keine faßbare Rolle bei der Entscheidung für oder gegen die Emigration spielten.[27] Nach zwei weiteren Emigrationswellen nach 1956 und besonders nach 1968, als eine neuerliche Welle des Antisemitismus aus Gründen eines internen Machtkonflikts nunmehr von der Staats- und Parteiführung selbst ausgelöst wurde, hat sich die Anzahl der heute noch in Polen lebenden Juden auf wenige tausend Personen verringert. In Niederschlesien, das einmal zum Hauptwohngebiet der überlebenden polnischen Juden erklärt worden war, leben nach den letzten Ermittlungen nur noch wenige hundert Juden. Die meisten von ihnen befinden sich im fortgeschrittenen Alter, eine junge Generation fehlt.[28]

Anmerkungen

1   Józef Adelson, »W Polsce zwanej ludową«, in: Jerzy Tomaszewski (Hg.), *Najnowsze dzieje Żydów w Polsce w zarysie (do 1950 roku)*. Warszawa: Wydawnictwo Naukowe PWN, 1993, S. 387-389.

2   Zum polnisch-jüdischen Verhältnis während des Kriegs siehe die kritische zeitgenössische Bestandsaufnahme von Emmanuel Ringelblum, *Polish-Jewish Relations During the Second World War*. Hg. v. Joseph Kermish u. Shmuel Krakowski. Jerusalem: Yad Vashem, 1974. Aus polnischer Sicht auch Władysław Bartoszewski, *Aus der Geschichte lernen? Aufsätze und Reden zur Kriegs- und Nachkriegsgeschichte Polens*. München: Deutscher Taschenbuch Verlag, 1986, S. 193-255. Eine Sammlung von Fallbeispielen polnischer Judenhelfer enthält Nechama Tec, *When Light Pierced the Darkness: Christian Rescue of Jews in Nazi-Occupied Poland*. New York, Oxford: Oxford University Press, 1986.

3   Das Gesetz vom 6.5.1945 »über das verlassene und aufgegebene Vermögen«, *Dziennik Ustaw Rzeczypospolitej Polskiej* (Gesetzblatt der Polnischen Republik, DzURP) 1945, Nr. 17, Pos. 97, schränkte die vorher weiter gefaßten Rückgabemöglichkeiten wieder ein. Siehe auch Maciej Pisarski, *Perspektywy emigracji ludności żydowskiej z Polski w latach 1945-1951*. [Unveröffentlichte Magisterarbeit] Warszawa [1995], S. 99.

4   Adelson, *W Polsce*, S. 392-394. Vgl. auch Michael Checinski, *Poland: Communism, Nationalism, Anti-Semitism*. New York: Karz-Cohl Publishing, 1982, S. 11, 62.

5   Zu einem Überblick über die jüdischen Parteien in Nachkriegspolen s. Adelson, *W Polsce*, S. 433-447.

6   Checinski, *Poland*, S. 17. Zum Pogrom von Kielce s. Bożena Szaynok: *Pogrom Żydów w Kielcach 4 lipca 1946*. Warszawa: Wydawnictwo Bellona, 1992.

7   Protokoll der Plenarsitzung des Zentralkomitees der Juden in Polen vom 27.7.1945, Archiv des Jüdischen Historischen Instituts, Warschau, CKŻwP, Prez. 303/1, S. 1-3.

8   Die höhere Zahl im Tätigkeitsbericht des Jüdischen Wojewodschaftskomitees Niederschlesien für Juni 1945 – April 1946, Staatsarchiv Wrocław (APW), WKŻ 5, S. 33f. Vgl. dagegen Adelson, *W Polsce*, S. 389.

9   S[zyja] Bronsztejn: *Z dziejów ludności żydowskiej na Dolnym Śląsku po II wojnie światowej*. Wrocław: Wydawnictwo Uniwersytetu Wrocławskiego, 1993, S. 9.

10 Szyja Bronsztejn: »Uwagi o ludności żydowskiej na Dolnym Śląsku w pierwszych latach po wyzwoleniu«, in: *Biuletyn Żydowskiego Instytutu Historycznego*, H. 75 (1970), S. 33.

11 Tätigkeitsbericht des Jüdischen Wojewodschaftskomitees, a. a. O., Anhang, APW, WKŻ 5, S. 35.

12 Michał Grynberg: »Problemy zatrudnienia ludności żydowskiej w Polsce w pierwszych latach po II wojnie światowej«, in: *Biuletyn Żydowskiego Instytutu Historycznego*, H. 137/138 (1986), S. 98.

13 Adelson, *W Polsce*, S. 399.
14 Ebd., S. 420.
15 Ebd., S. 414, 417.
16 Checinski, *Poland*, S. 12f.
17 Artikel 22 des »Dekrets über besonders gefährliche Verbrechen im Bereich des Wiederaufbaus des Staats« vom 16.11.1945, DzURP 1945, Nr. 54, Pos. 300.
18 Pisarski, *Perspektywy*, S. 97.
19 Zur Tätigkeit der *Brichah* in Polen s. immer noch das Standardwerk von Yehuda Bauer, *Flight and Rescue: Brichah*. New York: Random House, 1970, S. 113-151.
20 Adelson, *W Polsce*, S. 420f.
21 Tätigkeitsbericht der PPR-Fraktion beim Jüdischen Wojewodschaftskomitee Niederschlesien über den Zeitraum vom 19.1.1947-1.5.1947, undatiert, APW, UWW VI/697, 73f. Zur »Produktivierung« auch Arnold Goldsztejn: »Produktywizacja ludności żydowskiej na Dolnym Śląsku w latach 1945-1948«, in: Krystyn Matwijowski (Hg.), *Z dziejów ludności żydowskiej na Śląsku*. Wrocław: Wydawnictwo Uniwersytetu Wrocławskiego, 1991, S. 121-135 (Acta Universitatis Wratislaviensis, Bd. 1182, Historia 84).
22 Zu den jüdischen Genossenschaften s. Grynberg, »Problemy«, sowie ders.: *Żydowska spółdzielczość pracy w Polsce w latach 1945-1949*. Warszawa: Państwowe Wydawnictwo Naukowe, 1986.
23 *Rzeczpospolita* Nr. 243, 4.9.1949.
24 Pisarski, *Perspektywy*, S. 150-152.
25 Krystyna Kersten: *Polacy Żydzi Komunizm: Anatomia półprawd 1939-68*. Warszawa: Niezależna Oficyna Wydawnicza, 1992, S. 151.
26 Adelson, *W Polsce*, S. 472-477.
27 Szyja Bronsztejn: »Badanie ankietowe ludności żydowskiej Dolnego Śląska: Problematyka demograficzna«, in: *Biuletyn Żydowskiego Instytutu Historycznego*, H. 47/48 (1963), S. 53-78.
28 S[zyja] Bronsztejn: »Ludność żydowska Dolnego Śląska – ostatnia fotografia«, in: Matwijowski (Hg.), a. a. O., S. 137-147.

Literaturverzeichnis

Abramsky, Chimen / Jachimczyk, Maciej / Polonsky, Antony (Hg.): *The Jews in Poland*. Oxford, New York: Blackwell, 1986.
Adelson, Józef: »W Polsce zwanej ludową« [Im sogenannten Volkspolen], in: Jerzy Tomaszewski (Hg.), *Najnowsze dzieje Żydów w Polsce w zarysie (do 1950 roku)* [Neuste Geschichte der Juden in Polen im Umriß (bis zum Jahr 1950)]. Warszawa: Wydawnictwo Naukowe PWN, 1993, S. 385-477.
Banas, Josef: *The Scapegoats: The Exodus of the Remnants of Polish Jewry*. Hg. v. Lionel Kochan. London: Weidenfeld and Nicholson, 1979.
Bartoszewski, Wladyslaw: *Aus der Geschichte lernen? Aufsätze und Reden zur Kriegs- und Nachkriegsgeschichte Polens*. München: Deutscher Taschenbuch Verlag, 1986.

Bat, Samuel: »Ludność żydowska na Dolnym Śląsku« [Die jüdische Bevölkerung in Niederschlesien], in: *Rocznik Wrocławski*, Jg. 5 (1961), S. 141-163.

Bauer, Yehuda: *Flight and Rescue: Brichah*. New York: Random House, 1970.

Benarek, Franz J.: »Das Judentum in Polen«, in: Werner Markert (Hg.), *Osteuropa-Handbuch Polen*. Köln, Graz: Böhlau, 1959, S. 119-127.

Bronsztejn, Szyja: »Badanie ankietowe ludności żydowskiej Dolnego Śląska: Problematyka demograficzna« [Enquete unter der jüdischen Bevölkerung von Niederschlesien. Die demographische Problematik], in: *Biuletyn Żydowskiego Instytutu Historycznego*, H. 47/48 (1963), S. 53-78.

ders.: »Ludność żydowska Dolnego Śląska – ostatnia fotografia« [Die jüdische Bevölkerung von Niederschlesien – eine letzte Fotographie], in: Krystyn Matwijowski (Hg.), *Z dziejów ludności żydowskiej na Śląsku* [Zur Geschichte der jüdischen Bevölkerung in Schlesien]. Wrocław: Wydawnictwo Universytetu Wrocławskiego, 1991, S. 137-147 (Acta Universitatis Wratislaviensis, Bd. 1182, Historia 84).

ders.: »Ludność żydowska na Dolnym Śląsku po II wojnie światowej (nieudana próba utworzenia skupiska)« [Die jüdische Bevölkerung in Niederschlesien nach dem Zweiten Weltkrieg (der mißlungene Versuch zur Bildung einer Siedlungskonzentration)], in: *Śląski Kwartalnik Historyczny Sobótka*, Jg. 46 (1991), S. 259-275.

ders.: »Uwagi o ludności żydowskiej na Dolnym Śląsku w pierwszych latach po wyzwoleniu« [Anmerkungen zur jüdischen Bevölkerung in Niederschlesien in den ersten Jahren nach der Befreiung], in: *Biuletyn Żydowskiego Instytutu Historycznego*, H. 75 (1970), S. 31-54.

ders.: *Z dziejów ludności żydowskiej na Dolnym Śląsku po II wojnie światowej* [Zur Geschichte der jüdischen Bevölkerung in Niederschlesien nach dem Zweiten Weltkrieg]. Wrocław: Wydawnictwo Uniwersytetu Wrocławskiego, 1993.

Checinski, Michael: *Poland: Communism, Nationalism, Anti-Semitism*. New York: Karz-Cohl Publishing, 1982.

Chojnowski, Andrzej: *Koncepcje polityki narodowościowej rządów polskich w latach 1921-1939* [Konzeptionen der Nationalitätenpolitik der polnischen Regierungen in den Jahren 1921-1939]. Wrocław u.a.: Zakład Narodowy im. Ossolińskich – Wydawnictwo, 1979 (Polska myśl polityczna XIX i XX wieku, Bd. 3).

Farmer, Kenneth C. / Crowe, David / Blanke, Richard: »National Minorities in Poland, 1919-1980«, in: Stephen M. Horak u.a. (Hg.), *Eastern European National Minorities 1919-1980: A Handbook*. Littleton/Colo.: Libraries Unlimited, 1985, S. 35-107.

Goldsztejn, Arnold: »Powstanie skupiska ludności żydowskiej na Dolnym Śląsku w latach 1945-1947« [Die Entstehung der Ansammlung jüdischer Bevölkerung in Niederschlesien 1945-1947], in: *Śląski Kwartalnik Historyczny Sobótka*, Jg. 22 (1967), S. 191-202.

ders.: »Problem żydowski w pierwszych latach Dolnego Śląska« [Das jüdische Problem in den ersten Jahren Niederschlesiens], in: *Śląski Kwartalnik Historyczny Sobótka*, Jg. 17, H. 2a (1962), S. 169-172.

ders.: »Produktywizacja ludności żydowskiej na Dolnym Śląsku w latach 1945-1948« [Die Produktivierung der jüdischen Bevölkerung in Niederschlesien in den Jahren 1945-1948], in: Matwijowski (Hg.), a. a. O., S. 121-135.

Grynberg, Michał: »Problemy zatrudnienia ludności żydowskiej w Polsce w pierwszych latach po II wojnie światowej«[Probleme der Beschäftigung der jüdischen Bevölkerung in Polen in den ersten Jahren nach dem Zweiten Weltkrieg], in: *Biuletyn Żydowskiego Instytutu Historycznego*, H. 137/138 (1986), S. 97-114.

ders.: *Żydowska spółdzielczość pracy w Polsce w latach 1945-1949* [Das jüdische Arbeitsgenossenschaftswesen in Polen in den Jahren 1945-1949]. Warszawa: Państwowe Wydawnictwo Naukowe, 1986.

Hornowa, Elżbieta: »Powrót Żydów polskich z ZSRR oraz działalność opiekuńcza Centralnego Komitetu Żydów w Polsce« [Die Rückkehr der polnischen Juden aus der UdSSR und die Betreuungstätigkeit des Zentralkomitees der Juden in Polen], in: *Biuletyn Żydowskiego Instytutu Historycznego*, H. 133/134 (1985), S. 105-122.

Hurwic-Nowakowska, Irena: »Analiza więzi społecznej ludności żydowskiej w Polsce powojennej (1947-1950)« [Analyse der gesellschaftlichen Bindungen der jüdischen Bevölkerung in Nachkriegspolen (1947-1950)], in: *Biuletyn Żydowskiego Instytutu Historycznego*, H. 137/138 (1986), S. 115-127.

dies.: *A Social Analysis of Postwar Polish Jewry*. Jerusalem: The Zalman Shazar Center for Jewish History, 1986 (Studies of the Center for Research on the History and Culture of Polish Jews).

Jacobmeyer, Wolfgang: »Polnische Juden in der amerikanischen Besatzungszone Deutschlands 1946/47«, in: *Vierteljahrshefte für Zeitgeschichte*, Jg. 25, H. 1 (1977), S. 120-135.

Jersch-Wenzel, Stefi (Hg.): *Deutsche – Polen – Juden: Ihre Beziehungen von den Anfängen bis ins 20.Jahrhundert. Beiträge zu einer Tagung*. Berlin: Colloquium Verlag, 1987 (Einzelveröffentlichungen der Historischen Kommission zu Berlin, Bd. 58).

Kersten, Krystyna: *Polacy Żydzi Komunizm: Anatomia półprawd 1939-68* [Polen Juden Kommunismus: Die Anatomie von Halbwahrheiten 1939-1968]. Warszawa: Niezależna Oficyna Wydawnicza, 1992.

Konieczny, Alfred: »Więźniowie żydowscy w obozie koncentracyjnym Gross-Rosen« [Die jüdischen Gefangenen im Konzentrationslager Groß Rosen], in: *Śląski Kwartalnik Historyczny Sobótka*, Jg. 44 (1989), S. 151-163.

Lerska, Barbara: *Podłoże społeczne antysemityzmu w Polsce po 1945 roku* [Die gesellschaftliche Grundlage des Antisemitismus in Polen nach 1945]. [Unveröffentlichte Magisterarbeit] Warszawa 1990.

Marczak, Tadeusz: »Granica na Odrze i Nysie Łużyckiej w stosunkach polsko-żydowskich w latach 1945-1950« [Die Grenze an Oder und Lausitzer Neiße in den polnisch-jüdischen Beziehungen in den Jahren 1945-1950], in: Stanisław Ciesielski, Teresa Kulak, Krystyn Matwijowski (Hg.), *Polska – Kresy – Polacy: Studia Historyczne* [Polen – die Grenzgebiete – die Polen: Historische Studien]

Wrocław: Wydawnictwo Uniwersytetu Wrocławskiego, S. 349-356 (Acta Universitatis Wratislaviensis, Bd. 1636, Historia 66).

Mark, B[ernard] (Hg.): »Do dziejów odrodzenia osiedla żydowskiego w Polsce po II wojnie światowej« [Zur Geschichte der Wiedergeburt der jüdischen Siedlung in Polen nach dem Zweiten Weltkrieg], in: *Biuletyn Żydowskiego Instytutu Historycznego*, H. 51 (1964), S. 3-20.

Matwijowski, Krystyn (Hg.): *Z dziejów ludności żydowskiej na Śląsku* [Zur Geschichte der jüdischen Bevölkerung in Schlesien]. Wrocław: Wydawnictwo Uniwersytetu Wrocławskiego, 1991 (Acta Universitatis Wratislaviensis, Bd. 1182, Historia 84).

Mich, Włodzimierz: *Obcy w polskim domu: Nacjonalistyczne koncepcje rozwiązania problemu mniejszości narodowych 1918-1939* [Fremd im polnischen Haus: Nationalistische Konzeptionen zur Lösung des Problems der nationalen Minderheiten 1918-1939]. Lublin: Wydawnictwo Uniwersytetu Marii Curie-Skłodowskiej, 1994.

Orlicki, Józef: *Szkice z dziejów stosunków polsko-żydowskich 1918-1949* [Skizzen aus der Geschichte der polnisch-jüdischen Beziehungen 1918-1949]. Szczecin: Krajowa Agencja Wydawnicza, 1983.

Pisarski, Maciej: *Perspektywy emigracji ludności żydowskiej z Polski w latach 1945-1951* [Perspektiven der Emigration der jüdischen Bevölkerung aus Polen in den Jahren 1945-1951]. [Unveröffentlichte Magisterarbeit] Warszawa [1995]

Prekerowa, Teresa: »Wojna i okupacja [Krieg und Besatzung]«, in: Tomaszewski (Hg.), a. a. O., S. 271-384.

Ringelblum, Emmanuel: *Polish-Jewish Relations During the Second World War*. Hg. v. Joseph Kermish u. Shmuel Krakowski. Jerusalem: Yad Vashem, 1974.

Rudawski, Michał: *Mój obcy kraj?* [Mein fremdes Land?]. Warszawa: Agencja Wydawnicza Tu, 1996.

Rusek, Marzena: *Emigracja ludności żydowskiej w latach 1945-1948, ze szczególnym uwzględnieniem województwa śląsko-dąbrowskiego* [Die Emigration der jüdischen Bevölkerung in den Jahren 1945-1948 unter besonderer Berücksichtigung der Wojewodschaft Schlesien-Dąbrowa]. [Unveröffentlichte Magisterarbeit] Katowice 1990.

Schatz, Jaff: *The Generation: The Rise and Fall of the Jewish Communists of Poland*. Berkeley, Los Angeles, Oxford: University of California Press, 1991 (Societies and Culture in East-Central Europe, Bd. 5).

Śpiewak, Paweł: »Antisemitismus in Polen«, in: Ewa Kobylińska, Andreas Lawaty, Rüdiger Stephan (Hg.), *Deutsche und Polen: 100 Schlüsselbegriffe*. 3. Aufl., München, Zürich: Piper, 1993, S. 308-313.

Strobel, Georg W[aldemar]: *Das polnisch-jüdische Verhältnis: Die Juden im kommunistischen Polen und in der staatstragenden Partei während des Krieges und nach 1945*. Köln 1968 (Berichte des Bundesinstituts für Ostwissenschaftliche und Internationale Studien, H. 53/1968).

Szatyn, Bronisław [Bruno Schatten]: *Na aryjskich papierach* [Mit arischen Papieren]. 2. Aufl., Kraków: Wydawnictwo Literackie, 1987.

Szaynok, Bożena: *Pogrom Żydów w Kielcach 4 lipca 1946* [Der Judenpogrom von Kielce am 4. Juli 1946]. Warszawa: Wydawnictwo Bellona, 1992.

Tec, Nechama: *When Light Pierced the Darkness: Christian Rescue of Jews in Nazi-Occupied Poland.* New York, Oxford: Oxford University Press, 1986.

Tomaszewski, Jerzy: *Mniejszości narodowe w Polsce w XX wieku* [Nationale Minderheiten in Polen im 20. Jahrhundert]. Warszawa: Editions Spotkania, 1991.

ders. (Hg.): *Najnowsze dzieje Żydów w Polsce w zarysie (do 1950 roku)* [Neuste Geschichte der Juden in Polen im Umriß (bis zum Jahr 1950)]. Warszawa: Wydawnictwo Naukowe PWN, 1993.

Żebrowski, Rafał / Borzymińska, Zofia: *Po-lin: Kultura Żydów polskich w XX wieku (Zarys)* [Po-lin: Die Kultur der polnischen Juden im 20. Jahrhundert (ein Überblick)]. Warszawa: Wydawnictwo Amarant, 1993.

Polen als Heimat von Juden

Strategien des *Heimischwerdens* von Juden im Nachkriegspolen 1944 – 1949

Ewa Kozminska-Frejlak

Bereits die Formulierung des Themas kann Fragen aufkommen lassen. So geht sie zum einen davon aus, daß Juden besondere Anstrengungen unternehmen mußten – vielfach sogar, ohne sich ihrer Richtung bewußt zu sein –, um sich im Nachkriegspolen »bei sich« zu fühlen. Sie galten also nicht – gewissermaßen per definitionem, etwa durch »Seßhaftigkeit« – als vollwertige Einwohner Polens. Zum anderen aber deutet diese Formulierung an, daß es unter ihnen Menschen gab, die dies bewußt oder unbewußt als ein Problem wahrgenommen haben. Als etwas, das ihnen ernst erschien. Und die dennoch der Auffassung waren, daß ein solches *Heimischwerden* in Polen möglich ist.

Bestätigung für diese Annahmen kann man anhand der Fakten suchen: Die Kriegserfahrung von Menschen jüdischer Herkunft – ihre Ausgrenzung und Stigmatisierung, die Infragestellung nicht nur des Wohnrechts, sondern des Rechts auf Leben – zwangen zu einer Neudefinition jener Regeln, denen die Vorkriegsexistenz unterworfen war. Aber auch die Erfahrungen von Juden in der Zwischenkriegszeit lassen sich so verstehen: als ständige Versuche der Bestätigung ihres Rechts darauf, in Polen »bei sich« zu sein.

In der Literatur nehmen die Juden oft die Funktion der Verkörperung von Fremdheit ein. So schreibt Zygmunt Bauman, die kritisierten Stereotype selbst schon fast zu »Tatsachen« erhebend:

»Die Juden waren die prototypischen Fremden (...). Sie waren die letzte Inkongruenz – eine *nicht-nationale* [Hervorhebungen im Original] Nation. Ihre Fremdheit war nicht auf einen bestimmten Ort beschränkt; sie waren *universale* Fremde. (...) Die Juden waren ›die verkörperte Fremdheit‹.[1] Sie waren als Fremde »nicht nur einfach *nicht am Platz*, sondern obendrein im absoluten Sinne *heimatlos*«.[2]

An anderer Stelle sagt Bauman:

»Aus der Sicht der Einheimischen ist das Wesen des Fremden die Heimatlosigkeit. Anders als ein Ausländer ist der Fremde nicht einfach ein Neuankömmling, eine Person, die zeitweilig an einen fremden Ort versetzt ist. Er ist ein *ewiger Wanderer*, der immer und überall heimatlos ist, ohne Hoffnung darauf, jemals ›anzukommen‹.«[3]

In diesen Aussagen stellt der Jude ein bestimmtes Konstrukt dar, eine Metapher, er funktioniert eher als ein idealer Typus denn als die Verkörperung konkreter menschlicher Eigenschaften. Die jüdische Fremdheit wurde abgebildet aus dem Blickwinkel eines äußeren Beobachters oder – in der Terminologie Baumans – aus dem Blickwinkel der Gesellschaft von Einheimischen. Offen bleibt die Frage, ob das Gefühl der Fremdheit verinnerlicht wird. Ob das Faktum, als Fremder/als Jude betrachtet zu werden, gleichbedeutend ist mit der inneren Notwendigkeit der Verankerung des Rechts auf die eigene Existenz inmitten von Einheimischen. Ist ein Jude derjenige – nach Jean Paul Sartre –, den man als Juden ansieht?

Haben doch die durch die Nürnberger Gesetze eingeführten Regeln der äußeren Bestimmung zur erfolgreichen Realisierung der Endlösung beigetragen. Diese Regeln haben in entscheidender und unzweideutiger Weise die existentielle Situation determiniert, in der sich Juden, bzw. ganz allgemein Personen »jüdischer Herkunft«, befanden, ja auch jene, die als Personen »jüdischer Herkunft« angesehen wurden. Die Vernichtung – ihr Umfang – hat hinreichend gezeigt, daß unabhängig von der Selbstdefinition des Individuums, des individuellen oder kollektiven Selbstverständnisses, das Judentum ein außergewöhnliches Merkmal ist oder zumindest sein kann.

Wenn also Juden faktische Anstrengungen unternehmen mußten, um im neuen Nachkriegspolen heimisch zu werden, was sollte dann jenes Heimischwerden bedeuten?

In den Wörterbuchdefinitionen verlagert sich der Begriff des *Heimischwerdens*[4] schwerpunktmäßig von der Verwurzelung, der Dauer, des Eingesessenseins zum Sich-Gewöhnen, Sich-Einleben und Vertraut-Werden. Konzentrieren sich die anfänglich zugeschriebenen Bedeutungen auf die Beschreibung eines bestimmten Zustandes, so weisen die späteren auf einen Prozeß hin, auf die Annäherung an einen bestimmten Zustand. Dies sind eben jene Wege, die auch dazu führen sollen, um sich in Polen »bei sich« zu fühlen, und die ich als Strategien bezeichnen möchte. Diese Bezeichnung verwende ich gewissermaßen aus der Not heraus, in Ermangelung einer besseren. Sie schließt nämlich zugleich die Deutung ein, daß diese Aktivitäten – diktiert von der Realisierung eines bestimmten Zieles – bewußt unternommen würden, geplant wären. Was meinen Gegenstand betrifft, so werde ich mich freilich mit den offensichtlichen, natürlichen Aktivitäten befassen, aus der Sicht des gesellschaftlich Handelnden, mit den tagtäglichen Anstrengungen zur Bewältigung des Lebens. Es sind also oft gar nicht weiter reflektierte oder zielgerichtete Handlungen, in jedem Falle ohne die Bedeutung und den Sinn, die ich ihnen aus der Perspektive der seitdem vergangenen Jahre verleihe.

»Die Verwurzelung ist vielleicht das wichtigste und am meisten bekannte Bedürfnis des Menschen. Gleichzeitig ist dies ein Bedürfnis, das schwer zu definieren ist. Das menschliche Wesen ist verwurzelt, wenn es tatsächlich in aktiver und natürlicher Weise an der Existenz einer Gemeinschaft teilnimmt, die irgendwelche Vergangenheitswerte aufbewahrt und mit einem Gefühl für das Morgen ausgestattet ist. Die Teilnahme sollte natürlich sein, d.h. sie sollte automatisch entstehen dank der Stellung, der Geburt, der Umgebung, des Berufes. Jedes menschliche Wesen benötigt verschiedenartige Wurzeln. Es bezieht fast alles in seinem moralischen, intellektuellen und moralischen Leben aus den Milieus, deren natürlicher Bestandteil es ist«, schrieb Simone Weil.[5]

Kehrten Juden nach dem Kriege nach Polen zurück, so zumeist nicht als Ergebnis langer Überlegungen, sondern weil sie hier geboren waren. Hier waren die nahen Verwandten aufgewachsen, über deren Schicksal sie jetzt etwas in Erfahrung bringen wollten, und selbst verbale antisemitische Ausfälle, deren Zeugen sie waren, ja selbst die gegen sie gerichteten antisemitischen Ausschreitungen waren ihnen in einem gewissen Sinne »vertraut«, weil aus Erfahrung bekannt. Insofern war die Rückkehr – für viele – gewissermaßen selbstverständlich. Das Dilemma: bleiben oder emigrieren, offenbarte sich ihnen erst später, als ihnen bewußt wurde, daß nichts mehr bis zum Ende vorausgesehen werden kann, daß die Grenzen dessen, was sich ereignen könnte, unbekannt sind, daß die Realität die Grenzen des Verstehens überschritten hatte. Erst von diesem Stadium her ist also die mehr oder weniger gründliche Rekonstruktion von Begründungen möglich, die hinter der jeweiligen Entscheidung standen.

»Ich kehrte, ich kehrte zurück mit dem ersten Transport. Vielleicht hat jemand überlebt, vielleicht treffe ich jemanden an (...) Es war so eine irrationale, unterbewußte Hoffnung. Hier lebte ich, von hier ging ich fort, hierhin mußte man zurückkehren. (...) Es ist mir nicht in den Kopf gekommen, mein Leben irgendwie anders einzurichten. Ich kehrte mit dem ersten Transport zurück, es kam mir vollkommen natürlich vor«, so Marek Sznajderman im Interview mit Barbara Engelking.[6]

»Genauer gesagt, man nimmt Phänomene nicht wahr, man separiert sie nicht aus dem Gesamtbild der Realität, man gibt ihnen keinen Namen, man führt keine Auseinandersetzung um ihre richtige Bezeichnung – solange sie keine Sorge bereiten; solange sie einfach ›sind‹ und nicht ›werden‹ und wir nichts tun müssen, damit sie ›geworden sind‹. Wir nehmen die Phänomene nur dann wahr, wenn sie für uns zum ›Problem‹ werden – wenn sie unsere Konzentration und eine bewußte Anstrengung verlangen und wenn wir wissen bzw. meinen, daß es von dieser Anstrengung abhängt, ob und wie sie werden«,

sagt Zygmunt Bauman.[7] Ebenfalls wird das *Heimischwerden* zum Gegenstand der Aufmerksamkeit des Individuums, wenn sein Recht zum Aufenthalt an einem gegebenen Ort in Frage gestellt wird. Es wird besondere Strategien des *Heimischwerdens* erst dann entwickeln, wenn die Situation, in der es sich befindet, von ihm als krisenhaft wahrgenommen wird. Mit anderen Worten, selbst wenn die gesellschaftlichen Bedingungen, in denen sich das Individuum befindet, von einem neutralen Beobachter (sofern ein solcher überhaupt möglich ist) als für das Individuum feindliche erkannt werden, so bedeutet dies nicht, daß es selbst diese auch als feindselig erkennen wird. Natürlich kann man sich eine Situation vorstellen, in der beide Perspektiven sich anzunähern beginnen. Doch scheint die eindeutige Bestimmung von Merkmalen für jene Grenzsituation fast unmöglich, um erkennen zu können, wann jene beiden Optiken aueinanderzudriften beginnen, und wann sie sich wiederum überlagern.

Die Krisensituation ist ein Symptom der Erschöpfung von bestimmten Strategien. Die Schlußfolgerungen aus ihrer Analyse führen jedoch nicht auf direktem Wege zur Rekonstruktion jener Strategien. In Anlehnung an welche Quellen und damit: wie überhaupt sind die Strategien der Heimischwerdung zu untersuchen? Anders gesagt: In welcher Weise kann man, die zugänglichen Quellen benutzend, jene Strategien rekonstruieren?

Das Problem des *Heimischwerdens* von Juden im Nachkriegspolen kann aus mindestens drei Blickwinkeln untersucht werden. Über ihre Verschiedenheit entscheidet nicht so sehr die für die Untersuchungen genutzte Quellenbasis, die in allen Auffassungen des Themas grundsätzlich gleichbleibend sein kann. Der methodische Ansatz ist in diesem Fall ebenfalls nicht der Faktor, der das Spektrum der möglichen Perspektiven bei der Betrachtung des besprochenen Gegenstandes bedingt. Der grundsätzliche Unterschied in der Beschreibung des Phänomens folgt aus der unterschiedlichen Definition des Untersuchungsfeldes und aus den daraus folgenden anderen Fragestellungen.

Die erste Perspektive – nennen wir sie die historische – wird sich auf die *Beschreibung* der von Juden unternommenen Handlungen zur Wiederbelebung des jüdischen Lebens konzentrieren. Zum Gegenstand der Beschreibung werden also die nach dem Kriege sich bildenden jüdischen Institutionen und sozialen Organisationen, politischen Parteien, ihre politischen und gesellschaftlichen Programme, die von ihnen herausgegebene Presse und Bücher sowie die von ihnen organisierten kulturellen und politischen Veranstaltungen. Soweit die Aspekte der Sicherheit bzw. der Bedrohung der jüdischen Bevölkerungsgruppe ein wesentliches Element eines solchen Ansatzes wären, kann das Verhältnis der staatlichen Machtorgane, der katholischen Kirche, der politischen Opposition und des Untergrundes zur jüdischen Bevölkerungsgruppe den Hintergrund der Beschreibung liefern, bedarf jedoch nicht einer separaten Darstellung.

Die zweite Perspektive – nennen wir sie die politische – wird sich auf die *Analyse* von Entscheidungsprozessen konzentrieren, die das jüdische Gemeinwesen in Polen betreffen. Gegenstand der Analyse wird also vor allem die Politik der jüdischen politischen Parteien und sozialen Organisationen sein, interne Richtungsstreitigkeiten und innerparteiliches Ringen um die Schlüsselprobleme der Kontinuität des jüdischen Lebens wie beispielsweise das jüdische Schulwesen, die Emigration aus Polen, aber auch das Verhältnis zu Palästina bzw. zum neu entstehenden Staat Israel, zur Vergangenheit – sowohl der Kriegszeit als auch der früheren Perioden –, zu den polnischen kommunistischen Machtorganen und der Sowjetunion, zum Problem der Einbindung von Juden in die ökonomischen Prozesse und zur Problematik des polnischen Antisemitismus. Die Aktivitäten der polnischen Machtorgane, ihre einschränkenden Auflagen und Konzessionen zugunsten der jüdischen politischen Parteien und der sozialen Organisationen ähnlich wie die Politik der katholischen Kirche und der legalen und illegalen Opposition bilden damit weniger den Hintergrund als den Gegenstand der Untersuchung.

Die historischen und politischen Feststellungen stellen den wesentlichen Ausgangspunkt für die Erwägungen im Rahmen der dritten Perspektive dar – der »empathisch-soziologischen«. Sie unternimmt den Versuch der *Interpretation* von kollektiven als auch individuellen Aktivitäten, die von polnischen Juden unternommen wurden. Über ihre *Beschreibung* und *Analyse* hinausgehend, bemüht sie sich um die Rekonstruktion von Motiven der handelnden Subjekte. Im Unterschied zu den beiden vorangegangenen beziehen sich die Schlußfolgerungen der letztgenannten nicht mehr auf einen unpersönlichen »Kollektivhelden«, mit dem wir es bei der Beschreibung von Institutionen zu tun haben, und beschränken sich nicht (zumindest vom Ansatz her) auf die Gruppe von sozialen und politischen Aktivisten. Ihr Ziel ist hingegen zum einen die Wiedergabe der individuellen Haltungen und der sie begleitenden Identifikationsstrategien, zum anderen aber die Betrachtung ihrer Typologien unter Berücksichtigung der jeweiligen sozialen Veränderungen.

In den bisherigen Untersuchungen zur Geschichte von Juden in Polen und der polnisch-jüdischen Beziehungen in der unmittelbaren Nachkriegszeit herrschte die deskriptive und analytische Auffassung vor. Eine Ausnahme bildete die Arbeit von Irena Hurwic-Nowakowska[8], auf die ich mich im weiteren beziehen möchte. Meine eigenen, vorläufigen Überlegungen stütze ich auf Quellenanalysen, die ich, den Anforderungen der dritten hier skizzierten Perspektive entsprechend, vorgenommen habe.

Die vor allem im *Archiwum Żydowskiego Instytutu Historycznego* (*Archiv des Jüdischen Historischen Instituts*) in Warschau, aber auch im *Archiwum Akt Nowych* (*Archiv der Neuen Akten*) gesammelten Materialien zum Leben der sozialen und politischen jüdischen Organisationen stellen eine besondere Kategorie von faktographischen Quellen dar. Berichte, Korrespondenz mit Privatpersonen oder Organisationen, deren Informationsschriften – ebenso die Presse, Versammlungsprotokolle, Propagandamaterial, Kostenvoranschläge, Budgets, Aktionspläne etc. – vermitteln Kenntnisse nicht nur hinsichtlich konkreter Tätigkeiten dieser Organisationen und in ihrem Rahmen agierender Gruppen, sie ermöglichen auch die Rekonstruktion derjenigen Ziele, die für ihre Gründung konstitutiv waren, und der Ideologien, an denen sich ihre Aktivitäten orientiert haben.

Schon die Gründung von (den herrschenden Regeln entsprechend handelnden) Organisationen ist – häufig aus Notwendigkeit – der Ausdruck eines wie auch immer vorläufigen, aber doch wirksamen Einverständnisses mit den Bedingungen, in die diese Aktivitäten eingeschrieben werden. Und was aus dem Blickwinkel unserer Erwägungen wichtiger ist, es ist zugleich ein Zeichen für ein Verbleiben, der Ausdruck einer Zustimmung zum Verbleiben, für die Verlängerung dieses Verbleibens. Einzig die Organisationen, die sich zur Unterstützung und Organisation der Auswanderung gegründet haben, bilden hier eine signifikante Ausnahme. Ihre größtenteils illegalen bzw. halblegalen Tätigkeiten sind nur schwer anhand der in polnischen Archiven zusammengetragenen Dokumente zu rekonstruieren. Für meine Überlegungen haben deren auf die praktische Umsetzung der Emigration konzentrierten Aktivitäten eine minimale Bedeutung.

Die Argumente für die Emigration, die auf die Schwachstellen der jüdischen Existenz in Polen hinweisen, können anhand der in polnischen Archiven zugegebenermaßen raren Materialien zu den zionistischen Organisationen rekonstruiert werden. Diese Organisationen, deren Lebensdauer gewissermaßen von ihrer Anlage her terminiert war, begrenzt durch die Realisation des programmatischen Hauptzieles, der Ausreise aus Polen, waren nichtsdestotrotz durch ihre Verwurzelung in der Vorkriegszeit nicht nur auf dieses einzige Ziel eingestellt und konzentriert.

Die Sprache der Dokumente aus dem Leben der Organisationen ist eine Kollektivsprache und zugleich oft eine ideologische Sprache. Ihre Authentizität wird zusätzlich nicht nur durch die Selbstzensur entstellt – verständlich angesichts der Einbindung in den Rahmen einer sozialen Institution – , durch eine Selbstzensur aus der Unterordnung unter das Programm und die Ziele der Organisation, sondern auch durch die mit der Zeit wachsende Angst vor den tatsächlichen Eingriffen staatlicher Zensur. So spricht man in der für die Rekonstruktion der Visionen künftigen Lebens von Juden in Polen wesentlichen Zeit in den Diskussionen zum Problem der Emigration aus Polen während der Sitzungen des *Präsidiums des Zentralkomitees der Juden in Polen* (Prezydium Centralnego Komitetu Żydów w Polsce) häufig vom »unzulässigen Verschwinden« ganzer Gruppen von Kindern und vermeidet es, die Sache beim Namen zu nennen. Die Kenntnis des Codes im Falle der Zensur von außen ermöglicht zwar das Erkennen der versteckten Bedeutung, ihr Vorhandensein und die Notwendigkeit ihrer Anwendung bringen es mit sich, daß jede neuerliche Lektüre und ihre Entschlüsselung neue Diskussionen aufwirft, angesichts der Mehrfachbedeutung der verschlüsselten Begriffe.

Besondere Schwierigkeiten wirft die Durchdringung der Texte aus den Zeiten verstärkter Ideologisierung des Diskurses auf, vor allem aufgrund der im Zuge der Selbstzensur immer komplexer erfolgten Codierung der Inhalte. Dieser Prozeß wird offensichtlich zunehmend im Verlauf der Jahre der von mir analysierten Periode forciert. In solchen Fällen bleiben die Aussagen von interessierten Seiten rein deklarativ und überschreiten nicht die Verbalisierung von programmatischen Grundsätzen. Die Verfestigung von Standpunkten wird von ihrer Präsentation in unpersönlichen Formeln begleitet. Die Aufzeichnungen solcher Diskussionen werden zwar zunehmend klarer, erscheinen aber zugleich – wenn auch nicht ausschließlich – infolge tatsächlicher Zensureinwirkungen immer stärker ohne emotionalen Hintergrund. Dessen Rekonstruktion stützt sich insofern in weit höherem Maße auf Spekulationen, eher auf die Zuschreibung von Bedeutungen über das, worüber nicht gesprochen wird, also auf die Interpretation des Schweigens und nicht der ausgesprochenen Sätze.

Man könnte sagen, daß die unerwartete Stille, in die bestimmte Themen – wie zum Beispiel das Gesetz zur Bekämpfung des Antisemitismus oder die Rückgabe des Vermögens von Juden – zunehmend einzutauchen beginnen, einfach das Ergebnis wachsender Totalisierung des gesellschaftlichen Lebens dieser Zeit ist. Man kann ebensogut annehmen, daß sich bestimmte Fragestellungen einfach erschöpft haben. Da jedoch diesem »Verstummen« keinerlei Vorschläge zur Lösung der früher diskutierten Fragen vorausgehen, ist es sehr schwierig, die Veränderungen wahrzunehmen, die dazu führten, daß die ursprünglich als wesentlich betrachteten Themen nun bedeutungslos werden sollten. Das Verstummen verlangt nicht nur nach Interpretation, sondern es verlangt darüber hinausgehend danach, das im Fokus der Interpretation zu halten, worüber nicht gesprochen wird. Ein weiteres Mal wird die Bestimmung von Bedeutungen also subjektiv.

Der gänzlich verschiedene Stil der Erinnerungen und Autobiographien von konkreten Personen erlaubt, in weit höherem Maße in die Welt der subjektiven Erlebnisse der Überlebenden einzudringen. Er ermöglicht zugleich die Wiedergabe der psychologischen Motivation ihrer Aktivitäten. Die Erlebniswelt dieser Texte ist selbstverständlich nicht als genaue Abbildung der Realität der in ihnen behandelten Zeit zu werten. Zugleich aber lassen sich diese Aufzeichnungen nicht auf eine rein subjektive Bedeutungsauffassung reduzieren. Die Stilisierung und Formgebung des Autors verzerrt die Aufzeichnung. Diese Verzerrungen vergrößern sich mit dem zeitlichen Abstand zu den beschriebenen Ereignissen. Unabhängig von diesen Vorbehalten läßt sich mit Rücksicht auf deren enormen Erkenntniswert nicht auf die Analyse von späteren Texten verzichten. Es gibt jedoch keine Methode zur eindeutigen Bestimmung dessen, was bereits Selbstdeutung, Selbstschöpfung ist und was nicht. Der Rekonstruktionsversuch der psychischen Realität des Textautors stützt sich also auch weitgehend auf die Interpretation des Forschenden.

Einen vielleicht unmittelbareren Einblick in die Gefühlswelt von Überlebenden ermöglicht die Analyse der schon ab 1944 (praktisch bis zum heutigen Tage) gesammelten Berichte durch die *Zentrale Historische Kommission* beim *Zentralkomitee der Juden in Polen* (*Centralna Komisja Historyczna* – CKZH przy *Centralnym Komitecie Żydow w Polsce* – CKZ).[9] Ihre Verfasser sind Personen, die sich stark mit dem Judentum identifizieren, wie auch assimilierte Polen jüdischer Herkunft (manchmal auch Juden bzw. Personen jüdischer Herkunft aus anderen Ländern). Sie alle wandten sich an die Komitees um Hilfe – in der Hauptsache um materielle Hilfe, vor allem aber auch von der Hoffnung auf Informationen über ihre nahen Angehörigen geleitet, was sogar die am meisten Assimilierten zu Kontakten mit den Komitees veranlaßte.[10] Ein zusätzlicher Vorteil der Berichte, der sie für die Analyse besonders empfiehlt, ist die Tatsache, daß sie größtenteils ad hoc, unmittelbar nach der Befreiung, niedergeschrieben wurden.[11] Der Inhalt der Erzählungen von Überlebenden wurde nicht gefiltert durch die späteren Ereignisse und Überlegungen, was man gegen die in späteren Jahren gesammelten Materialien einwenden kann. Die Berichte dürften daher ein hervorragendes Material für die Untersuchungen der psychischen Situation von Personen jüdischer Herkunft unmittelbar nach dem Kriege darstellen.

Die im Archiv des *Jüdischen Historischen Instituts* zusammengetragene Sammlung umfaßt annähernd 7200[12] Dokumente, sehr unterschiedlich in der Form des Berichtens. Darunter finden sich ebenso Interviews, Tagebücher und Erinnerungen, solche, die ein bestimmtes Ereignis betreffen, wie auch individuelle Versuche der Darstellung der gesamten Okkupationszeit. Der Charakter dieser Sammlung geht grundsätzlich auf die Ziele zurück, die für die Berufung der Historischen Kommission maßgeblich waren:

»Die Zentrale Jüdische Historische Kommission hat sich zum Ziel gesetzt, die Geschichte der Juden in Polen während der deutschen Okkupation zu untersuchen, die gesammelten Materialien zu publizieren und auf ihrer Grundlage die historischen Publikationen zu verbreiten, um auf diesem Wege die Geschichte der deutschen Verbrechen Juden wie auch der polnischen Gesellschaft nahe zu bringen und ihnen ein Bild von der Auslöschung des polnischen Judentums zu vermitteln.«[13]

Die Belletristik, die die Problematik der Vernichtung mit den psychischen Konsequenzen für die Überlebenden thematisiert, ist sich der Schwierigkeiten bewußt, auf die die Sprache trifft. Gleichzeitig bilden die literarischen Schöpfungen – unabhängig davon, ob sie sich auf konkrete Ereignisse stützen oder gänzlich das Ergebnis der Anstrengung des Schriftstellers sind – eine ausgezeichnete Inspiration für die Konstruktion verschiedener Typen von Strategien zur *Heimischwerdung*. Keine andere Quelle destilliert in einer derart sublimen Form, in nahezu vollkommen reiner Gestalt, einzelne Strategien aus dem Spektrum möglicher Handlungsweisen.

Die umfangreiche soziologische Studie von Irena Hurwic-Nowakowska über »die sozialen Transformationen der jüdischen Volksgruppe im Nachkriegspolen« entstand auf der Basis von 817 Antworten auf einen im April 1948 verschickten Fragebogen, vertieft durch die von der Autorin geführten Interviews. Die Studie liefert Informationen zum Thema der ideologischen Präferenzen: des Verhältnisses zum Problem der Heimat, des nationalen Bewußtseins und zur Assimilation von Personen, die, in einer sicheren jüdischen Enklave lebend, keine Notwendigkeit empfanden, ihre Gefühle oder Ansichten deutlich zum Ausdruck zu bringen – zumindest solange, wie die äußere Situation sie nicht zu konkreten Aktivitäten gezwungen hat.[14]

Gemäß den Angaben des *Zentralen Jüdischen Komitees* ließen sich von der 3,5 Millionen zählenden jüdischen Population vor dem Kriege, die auf dem Gebiet Polens wohnte, am 1. Mai 1945 innerhalb der neuen Grenzen Polens lediglich 42.662 Personen registrieren, die sich zum Judentum bekannten, am 1 Januar 1946: 106.492. Am 1. Juli 1946 waren es dagegen 240.489.[15] Die großen Veränderungen der Zahlen von Überlebenden hängen mit der Realisierung der Rückführungsabkommen zusammen, zwischen Polen und den Regierungen der Litauischen und Ukrainischen Sowjetischen Republiken wie auch zwischen Polen und der Regierung der UdSSR. Unter den Überlebenden überwiegen Männer und Alleinstehende, charakteristisch ist die geringe Zahl von Kindern und älteren Personen.[16] Charakteristisch für die jüdische Gemeinschaft im untersuchten Zeitraum ist die große Mobilität, sowohl die Migrationen innerhalb des Landes – man zog aus kleineren Ortschaften in die Städte, zu den größeren Ansammlungen der jüdischen Bevölkerungsgruppe – als auch die legale und halblegale Emigration. Wesentliche Bedeutung spielt dabei auch die Umschichtung innerhalb der Gemeinschaft der Überlebenden, wie sie durch die Politik der Eingliederung der jüdischen Bevölkerungsgruppe in die geplanten ökonomischen Prozesse und Veränderungen im Nachkriegspolen realisiert werden sollte.

Die Jahre 1944 – 1949 bilden eine Periode vergleichsweise souveränen Lebens der jüdischen Gemeinschaft in Polen. Es wirken politische Parteien und ihnen entsprechende Jugendorganisationen[17], zahlreiche jüdische Presseorgane – in Polnisch, Jiddisch und Hebräisch[18] – werden herausgegeben, es betätigen sich jüdische religiöse Vereinigungen[19], jüdische und hebräische Schulen[20], gesellschaftliche Organisationen, Sportklubs usw.

1949 hingegen wurden die zionistischen Parteien zwangsaufgelöst. Nach der Verbindung mit der Fraktion der PZPR (PVAP – *Polnische Vereinigte Arbeiter Partei*) beim CKZP (*Zentralkomitee der Juden in Polen*) löste sich der *Bund* (also die Organisation der nichtzionistischen jüdischen sozialistischen Arbeiterbewegung) auf, bis zum Frühling 1950 wurde die Mehrheit von jüdischen Institutionen verstaatlicht, ein Teil wurde aufgelöst, im Oktober 1950 verband sich das CKZP mit der *Jüdischen Gesellschaft für Kunst und Kultur (Żydowskie Towarzystwo Kultury i Sztuki)* zur *Sozio-Kulturellen Gesellschaft der Juden (Towarzystwo Społeczno-Kulturalne Żydow)*, um darin eine marginale Rolle zu spielen. Es ist gleichzeitig ein uneinheitlicher Zeitabschnitt, gekennzeichnet von der im Zuge der Verschärfung der Innenpolitik des Volksstaates schrittweisen Einschränkung von allgemeinen Handlungsspielräumen, die auch die jüdische Bevölkerungsgruppe traf.

Mit Rücksicht auf den skizzierten Charakter meiner Ausführungen habe ich bewußt auf die Einführung von zusätzlichen Unterscheidungen verzichtet. Es liegt mir eher daran, die wesentlichen Probleme aus der Perspektive des untersuchten Gegenstandes aufzuzeigen, als an ihrer äußeren Dynamik. Aus diesem Grunde behandle ich nicht so sehr die Geschichte der jeweils einzelnen Strategien der *Heimischwerdung* und konzentriere mich mehr auf die Momente ihres Zusammenbruchs als ihres Beginns. So paradox es sein mag: Für das Verständnis der Funktionsweisen jener Strategien, die dazu führen konnten, sich in Polen zu Hause zu fühlen, ist das Verständnis der Ursachen für ihr schließliches Scheitern wichtiger als die Rekonstruktion ihrer Anfänge.

Für die Rekonstruktion der Strategien des *Heimischwerdens* von Juden im Nachkriegspolen erschien mir die psychische, soziale, materielle und politische Situation von Juden in der unmittelbaren Nachkriegssituation besonders wichtig. Ihrer Beschreibung räume ich verhältnismäßig viel Platz ein, da sie in hohem Maße für die Wahl des weiteren Lebensweges entscheidend war.

Ebenfalls hat das Überleben der Vernichtung eine grundsätzliche Bedeutung für meine Überlegungen: Es geht um Erfahrungen aus der Zeit der Vernichtung, im Hinblick auf die gemeinsamen Kontakte zwischen Juden und Polen wie auch um ihre Relevanz für die Psyche von Überlebenden und Zeugen der Vernichtung. Eine vollständige Analyse der mich interessierenden Fragen scheint nicht möglich zu sein ohne den Versuch, sowohl die jüdischen als auch die polnischen Vorstellungen von einem künftigen Leben in einem freien Polen aus der Zeit der deutschen Okkupation nachzuvollziehen. Ihre Formen und auch die Konfrontation mit der Nachkriegsrealität haben den

Ausschlag für die Gestaltung des polnisch-jüdischen Verhältnisses gegeben. Diese Aspekte überschreiten jedoch deutlich den Rahmen dieses Aufsatzes, insofern beschränke ich mich auf ihre Andeutung.

Unabhängig davon, in welcher Weise es den Überlebenden gelungen ist, die Kriegszeit zu überstehen – sei es im Konzentrationslager, Arbeitslager, sei es im Versteck in den Wäldern, bei den Partisanen, sei es auf »arischer Seite« –, ihre Identität mußte infolge der Verfolgungserfahrungen erschüttert worden sein. Ihre Selbst-Betrachtung als Juden – unabhängig davon, ob sie sich vorher in den Kategorien der Zugehörigkeit zu einer wie auch immer verstandenen jüdischen Gemeinschaft gesehen haben – machte die früheren Identifikationen zunichte oder ordnete sie zumindest dieser einen unter. Der Hinweis auf den allen gemeinsamen Erfahrungshintergrund bedeutet jedoch nicht, die Unterschiede in der psychischen Situation von Überlebenden in Frage zu stellen, die nicht zuletzt aus der Art und Weise resultierten, wie sie Krieg und Vernichtung überlebt hatten. So ist es offensichtlich, daß das Überleben in einem Lager, im Wald oder auf der »arischen Seite« einen jeweils unterschiedlichen Typus des Verhältnisses zur Umgebung verlangten. Einer separaten Analyse bedarf dabei der völlig andere Charakter von Erfahrungen von Personen, die den Krieg in der Sowjetunion überlebt hatten. Trotzdem scheinen die folgenden Bemerkungen zur Situation von Überlebenden in der unmittelbaren Nachkriegszeit im gleichen Umfang auch auf die Vertreter dieser Gruppe zuzutreffen.

Die Untersuchungen von Yael Danieli an Familien von Überlebenden weisen auf die Bedeutung der Art und Weise des Überlebens in der Kriegszeit für ihre spätere Eingliederung hin.[21] Die Überlebenden selbst lenken die Aufmerksamkeit auf den prägenden Unterschied von Bedingungen, unter denen sie die Kriegszeit überlebten.

In einem Interview mit Barbara Engelking sagt Arnold Mostowicz:

»Das Ghetto zwang zum unaufhörlichen Kampf ums Überleben. Im Gegensatz zu den Bedingungen in einem normalen Konzentrationslager dachte man nicht nur an sich, sondern auch an die Familie, an die nahen Angehörigen. Das an Hunger sterbende Kind, die an Tuberkulose zugrunde gehende Ehefrau – das alles vergrößerte die Verzweiflung um ein Mehrfaches und beflügelte zugleich die Bemühungen. (...) Oder es verursachte die Abstumpfung, das Schwinden des Selbsterhaltungsinstinktes. In den Ghettos gab es bedeutend mehr Selbstmorde. Es kamen auch Gruppen- und Familienselbstmorde vor.«[22]

Über das Leben im Ghetto spricht auch Helena Adler:

»Es war so, daß man konnte man selbst sein [im Ghetto; E.K.-F.]. Es stand doch nicht hinter jedem ein Deutscher mit einem Gewehr. Rundherum gab es nur Juden, es gab eine jüdische Verwaltung. Intern gab es nicht die Angst vor einem Zuträger. Diejenigen, die in einem Versteck lebten, waren stärker von der Denunziation bedroht. Ihre Psyche ist in anderer Weise als die von Juden aus den Ghettos vergiftet.«[23]

Michalina Prokopczuk (Pseudonym) wiederum, die sich zusammen mit einer Gruppe von Personen jüdischer Herkunft auf der »arischen Seite« versteckte, berichtet: »Schrittweise wurde es eher besser als schlechter. Völlig anders als in den Lagern, wo die Leute immer stärker in Depressionen verfielen.«[24]

Die Unterschiede des Einflusses der Verfolgungserfahrung auf die Psyche von Überlebenden können ebenso in ihrem Alter begründet sein. Obwohl der Zweite Weltkrieg zweifellos von allen als eine Katastrophe erlebt wurde, konnte er von älteren Personen mit anderen historischen Ereignissen verglichen werden, u.a. mit dem Ersten Weltkrieg, mit der Oktoberrevolution. Gleichzeitig bildeten die Kriegserlebnisse im Falle der jüngsten Personen die einzige ihnen bekannte Realität.

In ihren Berichten verweisen die Überlebenden auf die Gefühle, von denen sie in der ersten Nachkriegszeit begleitet wurden: Trauer, Verzweiflung, Gefühle der Sinnlosigkeit, der Leere, der Vereinsamung. Diese Empfindungen werden paradoxerweise durch die Freude über die Befreiung verstärkt und die dadurch hervorgerufenen »magischen Erwartungen« (des Triumphes, des Wiederfindens der verlorenen Familie[25]). Beispielsweise lesen wir in der Erzählung von Anna Mous (geb. 1922, vor dem Kriege Kassiererin im »Geschäft« des Vaters, hatte das Ghetto Przemyśl überlebt und sich seit 1942 in einem Bunker im Wald versteckt):

»(...) Als im September die Rote Armee einmarschierte, schickte er [ein Mann, der für die Essensversorgung sorgte; E.K.-F.] einen Sowjet zu unserem Tunnel, der uns anwies, herauszukommen. Ich kehrte zu Bekannten nach Przemyśl zurück. Von meiner Familie habe ich niemanden angetroffen, und ich frage mich, warum habe ich mich so sehr um das Leben gerissen? Warum?«[26]

In dem Bericht von Maria Klein (sie flüchtete mit einem 15jährigen Sohn von Lwów nach Białystok, Sohn und Ehemann sind gefallen) lesen wir:

»Erst jetzt empfinde ich in vollem Umfang mein Unglück, alle Illusionen und Hoffnungen zerplatzten. Niemand wird uns unsere teuren Toten, die in einer solch grausamen Weise ermordet wurden, zurückgeben.«[27]

Regina Fingier (Bakteriologin, Absolventin der Universität in Straßburg, Warschauer Ghetto, ab 1942 auf der »arischen Seite«, wurde verraten, Gefangene im Pawiak-Gefängnis, Häftling in Majdanek und anderen Lagern) erinnert sich: »(...) Hier, in dem Konzentrationslager, in dem ich meinen Sohn und den ganzen Sinn meines weiteren Lebens verloren habe, verbrachte ich elf Wochen.«[28]

Chana Barasz (überlebte die Liquidation des Ghettos in Białystok, flüchtete vom Transport nach Treblinka, versteckte sich danach im Wald und verlor ihre vierjährige Tochter) erinnert sich:

»Mitte März hörten wir endlich das Donnern von Kanonen. Da wußte ich, daß die Stunde der Befreiung naht (...) bis schließlich der herbeigesehnte Moment eintraf. (...) Erst jetzt empfand ich meine Vereinsamung, ich blieb völlig allein auf Gottes Erde.«[29]

In dem Tagebuch von Nina Boniówna (geb. 1930 in Warschau) lesen wir:

»Am 15. Januar 1945 marschierte die siegreiche Rote Armee ein. Erst da begann ich zu weinen. Nach einigen Tagen kam ich zu der Überzeugung, daß meine seelische Verfassung während der Okkupationszeit besser war als jetzt in der Freiheit. Erst jetzt empfindet man das Fehlen von nahen Angehörigen, das Fehlen der Bildung und Erziehung. Während der Okkupation drehten sich meine Gedanken unaufhörlich darum, mich nicht erwischen zu lassen, das Ende der deutschen Verbrechen zu erleben und das vergossene Blut unserer Angehörigen zu rächen.«[30]

Den schlechten psychischen Zustand von Überlebenden belastete ihre körperliche Verfassung und die materielle Situation, in der sie sich befanden, zusätzlich. In einem Memorandum des CKZP (*Zentralkomitee der Juden in Polen*) an die Anglo-Amerikanische Untersuchungskommission lesen wir:

»(...) Im Moment der Befreiung befanden sich auf dem Gebiet Polens nicht mehr als 100.000 Juden. 1939 lebten in Polen 3,5 Millionen Juden. Es überlebten demnach knapp 3%. Darüber hinaus retteten sich auf dem Territorium der Sowjetunion etwa 160.000 Juden. Bei den in Polen Überlebenden handelt es sich überwiegend um phy-

sisch und psychisch gebrochene Menschen nach furchtbaren Erlebnissen in den To-
deslagern, in den Wäldern und Verstecken, auf dem Friedhof von Millionen Brüdern
und Schwestern, Müttern und Kindern. Im allgemeinen sind das einsame Menschen
ohne Dach über dem Kopf, ohne Familien und Freunde, ohne jeden moralischen und
materiellen Rückhalt, es sind zerstörte Menschen. (...)«[31]

Gemäß den Mitteilungen der *Jewish Telegraphic Agency* waren die Juden in Polen 1945 und sogar in der ersten Hälfte des Jahres 1946 von
Hunger und Krankheiten geplagt.[32] Im Tätigkeitsbericht des Refera-
tes für die Hilfe der jüdischen Bevölkerung beim Präsidium des
PKWN (*Polnisches Komitee zur nationalen Befreiung*) lesen wir:

»Die Mehrheit von Schutzbefohlenen [damals etwa 2200; E.K.-F.] entbehrt der Kleidung, der Schuhe und der Wäsche, die in jahrelangem Aufenthalt in den Wäldern und
Verstecken verschlissen wurden.«[33]

Man unterstreicht ebenfalls die katastrophale Wohnsituation von
Überlebenden.[34]

Der Widerwille eines großen Teils der polnischen Gesellschaft gegenüber den Überlebenden, die zu ihren Vorkriegswohnorten zurückkehrten, war ein wesentlicher Faktor in ihrer psychischen Situation. Niemand wartete auf sie – ihre Häuser und Werkstätten hatten
bereits neue Besitzer, man fürchtete vielmehr, daß Juden versuchen
würden, ihren alten Besitz wiederzuerlangen. Diese allerdings waren
vollkommen ratlos. Ohne die Unterstützung von lokalen Behörden
fürchteten sie, die Rückgabe des eigenen Vermögens zu verlangen. In
den Berichten von Juden, die nach Palästina auswanderten, lesen wir:

»But until now nothing has been done to make possible the return of even a portion
of the loot to the remaining Jews. The Jews see with their own eyes their stolen pro-
perty and are helpless to do anything about it.«[35]

Die abweisende Haltung von unteren Behörden wird unmißverständ-
lich in einem Interventionsschreiben des Ministeriums für Öffentliche
Verwaltung an das Wojewodschaftsamt in Kielce illustriert:

»In Jędrzejowo bescheidet der Kreisvorsteher alle jüdischen Angelegenheiten negativ.
Ähnlich ist die Situation in Chęciny und Chmielnik. In Ostrowiec lud die Stadtver-
waltung die Vertreter des Jüdischen Komitees vor, um für sie die Arbeit in einem
Kohlebergwerk für alle Juden anzuordnen.«[36]

Viele der Überlebenden erinnern sich mit Bitterkeit an die an sie mit
abweisendem Erstaunen gerichteten Fragen in der Art: »Was, du lebst

also noch?«, mit denen sie von ihren Vorkriegsnachbarn begrüßt wurden. Halina Birenbaum schreibt:

»In die Heimatorte zurückgekehrt, fanden die Juden niemanden aus der Familie vor, und die ehemaligen Nachbarn insbesondere in kleinen Städten zeigten keine Begeisterung über ihre Rückkehr. Was, du lebst? Hast dich gerettet?! ... und man mußte sich rechtfertigen, daß man lebt.«[37]

Ähnlich schreibt Henryk Grynberg:

»Die Menschen haben uns angesehen, als wenn wir aus dem Jenseits zurückgekehrt wären, und wunderten sich: Wie kommt das? Abramkowa [die Mutter der Hauptfigur; E.K.-F.] lebt? ... Es waren andere Menschen. Diejenigen, die einst hier gewohnt haben, waren nicht mehr da. Als wenn wir tatsächlich nicht nach zwei, sondern nach zweihundert Jahren zurückgekehrt wären.«[38]

Diejenigen, die im Osten überlebten, bekamen den Unwillen seitens der polnischen Gesellschaft unmittelbar nach Grenzübertritt zu spüren. Die Erinnerung von Halina Jodko-Kamińska vermittelt einen erschütternden Eindruck:

»[1946; E.K.-F.] erreichten wir Biała Podlaska, der Zug blieb lange stehen, nach langer Fahrt im stickigen Waggon gingen wir hinaus, frische Luft zu schnappen. Wir gingen mit meiner Mutter in Richtung des Waldes, um ins Grüne zu gelangen. Am Weg steht eine Gruppe junger Leute in Reithosen, langen Stiefeln, Jacken und Schiebermützen.
›Von wo kehren Sie zurück?‹
›Aus Kasachstan. Erst jetzt ist es uns gelungen, auszureisen.‹
›Sind Sie Jüdin?‹
Ich hatte rote Haare, hervorstehende Augen und eine kranke Schilddrüse. Ich verneinte.
›In welchen Waggons befinden sich die Juden?‹
›Was heißt in welchen, sie fahren mit uns.‹
›Ihr fahrt zusammen mit Juden?‹ – wunderten sie sich.
›Wir waren zusammen in der Verbannung, zusammen kehren wir zurück. Warum fragen Sie denn?‹
›Weil wir aus dem Wald sind, Partisanen – wir kämpfen.‹
Wir gingen weiter. Junge Leute mit einem vollen Korb Lebensmittel kamen an uns vorbei. Sie fragten uns, wo die Pfadfinder seien. Ich sagte, es gebe keine Pfandfinder. Daraufhin sagten sie, wenn wir nach Pfadfindern gefragt würden, sollten wir uns zu erkennen geben, damit man wisse, wer Pole sei. Pfadfinder, das bedeute Pole. Sie wollten den Juden keine Lebensmittel geben, weil diese viel Leid während der sowjetischen Okkupation verursacht hätten.
Als sich der Zug langsam in Bewegung setzte, liefen die jungen Leute herbei, mit eisernen Stangen bewaffnet. Sie begannen, auf die Beine von den Juden einzuschlagen,

die an den offenen Türen saßen. Wir zogen unsere Juden in den Waggon hinein, sie taten uns leid.

Die Abenddämmerung brach herein. Wir fuhren ungefähr eine halbe Stunde, als der Zug anhielt. An der Tür begann ein heftiges Pochen:

›Gebt die Juden heraus.‹

Wir hörten Schüsse. Die Juden baten uns:

›Liefert uns nicht aus.‹

Wir sagten ihnen, sie sollten sich auf den Boden legen. Ich verließ den Waggon und fragte, worum es ginge.

›Gebt die Juden heraus.‹

›Sie haben genau wie wir Sibirien überlebt‹ – sagte ich.

Daraufhin antworteten sie:

›Aber ihr wißt nicht, wieviel Leid sie hier verursacht haben, sie haben mit den Kommunisten zusammengearbeitet, und euch haben sie auch zugesetzt.‹

›Einverstanden, aber diese laßt ihr in Ruhe.‹

Irgendwo weiter begann ein Handgemenge, sie zerrten einen Juden heraus und schlugen ihn zusammen. Die Polen aus dem letzten Waggon befreiten ihn, und der Zug setzte sich in Bewegung. Von den Eisenbahnern erfuhren wir, daß derartige Zwischenfälle bei früheren Transporten mehrfach vorgekommen waren.«[39]

Von dem Ausmaß des Problems zeugt ein Schreiben an den Generalbevollmächtigten der Regierung für die Rückführung [von Flüchtlingen, bzw. Ausgesiedelten; Anm. d. Übers.], Minister Wolski, vom 25. Juni 1946:

»Die Politische Abteilung des Ministeriums für Öffentliche Verwaltung informiert, daß es vom Zentralen Komitee der Juden in Polen von Überfällen der NSZ-Banden [*Narodowe Siły Zbrojne* – Nationale Kampforganisation, kollaborierte teilweise mit den deutschen Besatzern, mordete Kommunisten und Juden; Anm. d. Übers.] auf die Züge mit Rückkehrern aus der UdSSR in Kenntnis gesetzt worden ist. Am 8. und 23. Juni d. J. wurden einige Rückkehrer geschlagen und vom NSZ mit unbekanntem Ziel entführt.

Die Politische Abteilung des MÖV sieht es als dringend notwendig, die Züge mit Rückkehrern von der sowjetischen Grenze bis zum Bestimmungsort zu eskortieren.«[40]

Die Sorge um ihre physische Sicherheit wirkte in enormem Maße bei der Bildung der Einstellungen von polnischen Juden mit. Nach Angaben des Zentralkomitees der Juden in Polen wurden 1945 350 und in den ersten drei Monaten des Jahres 1946 um die 800 Juden getötet.[41] Die Opfer des Pogroms in Kielce vom Juli 1946 haben viele Überlebende von der Unheilbarkeit des polnischen Antisemitismus überzeugt, der – vielleicht ein Ergebnis der Demoralisierung im Krieg – einen verbrecherischen Charakter angenommen hatte. Dabei war Kielce lediglich ein Symbol, gab es doch auch in Rzeszów im Juli 1945 und in Krakau im August 1945 ähnliche Ereignisse. Trotz der nicht zu bezweifelnden Verbesserung der Situation im Jahre 1947 wird in den Akten des Ministeriums für Öffentliche Sicherheit die Pogromstimmung noch bis 1949 festgehalten.[42]

Es ist offensichtlich, daß ein Teil der Überlebenden überhaupt nicht in Polen zu bleiben beabsichtigte. Sie wollten und konnten nach all dem nicht an einem Platz leben, an dem die ihnen nahestehenden Menschen, die Familie, ihre Bekannten umgekommen waren, an dem ihre ganze Vorkriegswelt verloren gegangen war. Viele von denen, die aus dem Osten zurückkehrten, sahen Polen von Anfang an als Zwischenstation auf dem Weg, meistens nach Palästina. Die feindliche Einstellung seitens der polnischen Gesellschaft begünstigte die Entscheidung, Polen zu verlassen. Vielfach lebten die einzigen Verwandten im Ausland. Die Entscheidung für die Emigration war ebenfalls für diejenigen naheliegend, die mit der neuen Gesellschaftsordnung, den neuen Machthabern in Polen nicht einverstanden waren.[43] Für die Vorgehensweise dieser Menschen sind die Motive relativ einleuchtend: Ihre Entscheidung war von der Nichtübereinstimmung mit den Bedingungen des künftigen Lebens in Polen geprägt.

Die gleichen Argumente psychologischer, ideologischer oder auch politischer Natur fielen nicht ins Gewicht bei Personen, die beschlossen, in Polen zu bleiben. Es gab auch solche, die keinen Entschluß fassen mußten, in deren Bewußtsein gar keine Alternative existierte. Das Schicksal jener beiden Gruppen ist der eigentliche Gegenstand dieser Ausführungen. Man kann sagen, daß die Emigration auf ihre Art eine Abstimmung, ein Test war – im Land blieben diejenigen, die hier einen Platz für sich finden konnten. Doch das Dilemma: Bleiben oder Ausreisen, kehrte wieder, oft war es aufgezwungen. Nur für wenige Personen jüdischer Herkunft war der Platz inmitten der polnischen Gesellschaft nicht in Frage gestellt.

Die Überlebenden mußten sich mit der Wirklichkeit, in der sie sich wiederfanden, vertraut machen. Es war unerläßlich, einer sinnlos gewordenen Realität neuen Sinn zu verleihen. Sie mußten selbst die Antwort auf die Frage finden: »Wofür leben wir?« Gleichzeitig waren die Möglichkeiten zur Beantwortung dieser Frage eingeschränkt, einerseits durch die Tatsachen des Lebens innerhalb der polnischen Gesellschaft und andererseits durch die von der kommunistischen Macht vorgegebenen Möglichkeiten und Einschränkungen. In seinem Text über die Probleme der Anpassung an das Leben im Ghetto und in den Lagern sowie der erneuten Anpassung an das Leben unter den Bedingungen des Friedens zählt Mark Dvorjetski drei Faktoren auf, die die Wiedereingliederung von Überlebenden begünstigten: der Lebenswille, die Solidarität untereinander und schließlich das Verlangen nach Genugtuung, nach einer Bestrafung der Nazis, die auch darin bestehen sollte, an die Verbrechen zu erinnern.[44]

Es gibt keinen Grund, anzunehmen, daß die Adaption des neuen Lebens für die auf »arischer« Seite, bei den Partisanen, in den Bunkern im Wald und im Osten Überlebenden von anderen Faktoren bestimmt war. Dvorjetskis Text behandelt vor allem Juden »ohne Zuhause, die nach dem Krieg keinen Ort hatten, wohin sie gehen konnten«, also denjenigen, die von Anfang an emigrieren wollten – hauptsächlich nach Palästina. Eben deshalb betont er, wie es scheint, die Bedeutung einer engen Bindung unter den Überlebenden, dagegen befaßt er sich nicht mit dem Gefühl der Solidarität mit den Mitgliedern der Gesellschaft, in der sie nun leben mußten. Im Falle von Personen, die sich entschieden haben, im Land, z.B. in Polen zu bleiben, spielte dieser Faktor keine wesentliche Rolle. Wie konnten also die Überlebenden in dem von der politischen Ordnung bestimmten Rahmen des sozialen Handelns, die Kriegserfahrungen überwindend, eine mögliche weitere Existenz aufrichten? Auf welche Art und Weise konnten sie gleichzeitig das Gefühl einer relativen Sicherheit entwikkeln? Die Assimilation an das Polentum, Mischehen, der Kommunismus als Mittel des »Zutritts« nach Polen und der Wiederaufbau einer auf modifizierten Vorkriegsgrundsätzen funktionierenden jüdischen Gemeinschaft bestimmen den Bereich der Antworten auf diese Fragen.

Den Prozeß der Assimilation kann man auf das schrittweise Verwischen von Grenzen beziehen, die die Minderheitsgemeinschaft von der Mehrheitsgemeinschaft trennten. Es ist schwer, die genaue Anzahl von Personen jüdischer Herkunft zu bestimmen, die, sei es infolge der Kriegserlebnisse, sei es auch im Zusammenhang mit den unmittelbaren Nachkriegserfahrungen, ihre Bindungen an die jüdische Gemeinschaft gekappt haben, um gleichzeitig das Gefühl ihrer vollen Zugehörigkeit zum Polentum zu entwickeln. Ebensowenig können hier Aussagen darüber gemacht werden, inwieweit diese Aktivitäten aus Überlegung bzw. als Folge der durch die Kriegserfahrungen hervorgerufenen Veränderungen resultierten und inwieweit sie eher als natürliche Vollendung eines Prozesses anzusehen sind, der bereits vor dem Krieg begann. Freilich ist es gewiß, daß die Assimilation, als Strategie der *Heimischwerdung* verstanden, vor allem denjenigen zur Verfügung stand, die die polnische Sprache gut beherrschten, also vor allem der Intelligenz und dem Bürgertum.

Die Änderung der Namen in polnisch-klingende oder auch die Beibehaltung des »arischen« Namens aus der Zeit der Okkupation war häufig ein Zwischenschritt. In dem Tätigkeitsbericht des Wojewodschaftskommissariates für die Integration der jüdischen Bevölkerungsgruppe in die ökonomischen Prozesse in Krakau (*Komisariat Wojewódzki dla Spraw Produktywizacji Ludności Żydowskiej*) vom 1.11.1946 – 1.8.1947 lesen wir: »Eine zusätzliche Schwierigkeit, die die Ermittlung genauer Zahlen [dies betrifft die Evidenz über die jüdische Bevölkerungsgruppe in der Wojewodschaft Krakau; E.K.-F.] kompliziert, ist das formale Auftreten von Personen als Angehörige polnischer Nation, die sich gleichzeitig in den Jüdischen Komitees registrieren ließen. Unabhängig davon läßt sich zahlenmäßig die Lösung der Bindung an die jüdische Gemeinschaft von Bürgern jüdischer Herkunft und israelitischen Glaubens nicht greifen.[45] Prozentual ein unbedeutendes Phänomen, trat es besonders stark in Erscheinung in den hiesigen Gebieten und umfaßte hauptsächlich die sogenannte arbeitende Intelligenz und freie Berufe.«[46]

Die Dimension dieses Phänomens wird deutlich durch die Aussage von Dr. Herszenhorn in der Sitzung des Präsidiums des CKZP: »Im Zusammenhang mit der anstehenden Zählung bringt Dr. Herszenhorn ein, man müsse sich an die Beamten der jüdischen Komitees und insbesondere an die Leiter der jüdischen Institutionen wenden, damit sich diese statt der arischen der wirklichen Namen bedienten.«[47] Wie aus der Aussage von Herszenhorn hervorgeht, war der Gebrauch von polnisch-klingenden Namen keinesfalls die Domäne von Personen, die den Kontakt mit dem jüdischen Milieu abgebrochen hatten. Ebenfalls widmet die zionistische Nachkriegspresse dem Problem reichlich kritische Aufmerksamkeit, wie wir z.B. in der *Głos Akademika (Stimme des Akademikers)* lesen können – dem akademischen Supplement von *Nasze Słowo (Unser Wort)*:

»Ein gewisser Kollege P., ein aktives Mitglied des akademischen Zirkels in Wrocław (Breslau) und einer der Führer der dortigen Organisation bei Ichuda, leitete einen Schritt ein, der ihm bei der Verfolgung seiner Ziele gewisse Vorteile bringen könnte, aber gleichzeitig als Juden kompromittiert und insbesondere als Mitglied von Ichuda. Der Kollege P. änderte seinen Namen zu P-ski und bediente sich dabei utilitaristischer Argumente. Es wäre interessanterweise anzumerken, daß der Vater des Kollegen P. vor dem Krieg in Krakau eine Anwaltskanzlei betrieben hat und sich seines jüdisch klingenden Namens nicht schämte. Der Sohn hingegen empfindet plötzlich das Bedürfnis, seinen Namen zu einem mehr wohlklingenden P-ski zu wechseln. (...)«[48]

Die Wahl eines Namens war von unterschiedlichen Motiven bestimmt.[49] Es gab solche, die mit ihrem »arischen« Namen »verwachsen« waren – jene, die das Leben geformt hat, als sie bereits den neuen Namen trugen. In anderen Fällen war die Entscheidung für die Namensänderung ein Kalkül aus der Sorge um die Sicherheit. In der *Stimme des Akademikers* lesen wir:

»Leider gibt es unter uns einzelne, insbesondere in den Kreisen der akademischen Jugend, die ihren Platz innerhalb der jüdischen Gemeinschaft nicht gefunden haben. Ihnen fehlt es an Mut. Es fehlt ihnen an Mut, jetzt, da ihnen keine Gefahr droht und da man mit nur einem Schritt alles umstoßen kann, was für jeden von uns so teuer und so nahe ist. Opportunismus und moralische Schwäche sind der Motor ihres Handelns. Ihre Passivität und ihre Fremdheit gegenüber dem Leben des Volkes bringt sie immer weiter weg vom Judentum.«[50]

Die weitgehend fortgeschrittene Laizisierung polnischer Juden[51] – die Tatsache, daß »der religiöse Kultus keine gemeinschaftsstiftende Rolle«[52] mehr unter den Nachkriegsbedingungen spielte und daß »sogar gläubige und praktizierende Gruppen eine Tendenz zur Unauffälligkeit, zur diskreten Durchführung von Zeremonien aufwiesen«[53] – bewirkt, daß die Abkehr vom Judaismus nicht gleichbedeutend ist mit der Assimilation, obgleich sie dadurch erleichtert wird. Doch kann die Taufe als Ausdruck einer bewußten Assimilationsentscheidung angesehen werden. Die religiöse Konversion im untersuchten Zeitraum ist bisher nicht aufgearbeitet worden. In der Literatur finden sich lediglich die Beschreibungen von Einzelfällen, in denen die Entscheidung für die Taufe als Ergebnis eines tiefen religiösen Wandlungsprozesses (ein bestimmtes religiöses Erlebnis) im Gefolge der Kriegserlebnisse zu sehen ist. Es scheint jedoch ein marginales Phänomen gewesen zu sein – die Taufe war einfach für die Angleichung an die polnische Gesellschaft nicht notwendig. Eine Ausnahme lag in der seltenen Situation, in der Personen jüdischer Herkunft, ohne eine größere Gemeinschaft zu bilden, ihren Wohnsitz im dörflichen und städtischen Ambiente nahmen.

In vielen Fällen bedeutete also die Assimilation die Vollendung eines früher begonnenen Prozesses des Hineinwachsens in das Polentum. Recht häufig war sie auch das Ergebnis

»einer Flucht aus dem Judentum, einer bewußten Flucht aus einer in verschiedenen Zeiten benachteiligten, verfolgten und zum Erleiden des Antisemitismus verurteilten Gruppe. Das wird nicht nur in dem formalen Akt des Namenswechsels deutlich. In die Rolle des Nicht-Juden hineinzuschlüpfen, zieht sehr tiefgreifende Konsequenzen nach sich. Bei Menschen dieses Typus verläuft der Akt der Assimilation, aufgrund ihrer positiven Einstellung dazu beschleunigt«[54], schreibt Hurwic-Nowakowska.

Die Tatsache, nicht mehr ein Anderer und aus diesem Grunde aus der Gemeinschaft Ausgeschlossener zu sein, garantierte scheinbar das Gefühl der Zugehörigkeit zu ihren Mitgliedern. Soweit die Angleichung eine entscheidende Bedingung für diese Zugehörigkeit war, konnte sie zugleich beim erneuten Auftauchen von Unterschieden jederzeit in Frage gestellt werden, und Unterschiede – sei es in den Kriegsschicksalen – gab es wirklich. Eben deshalb war die *Rache an den Nazis*, die im Überleben der Juden, ihrer weiterwährenden Existenz und damit in der Überwindung der Vernichtung begründet sein sollte, ebenso wie die Genugtuung, die in der Erinnerung der Verbrechen bestehen sollte, im Grunde unerreichbar für Personen, die die Assimilation als Strategie des *Heimischwerdens* gewählt hatten.

Artur Sandauer zeichnet in voller Schärfe die innere Spannung, von der die Strategie der Assimilation geprägt war:

»Die Assimilation, deren Geschichte wir an den Beispielen von einigen Schriftstellern aufzuzeigen bemüht waren, stellt sich eigentlich als nicht möglich heraus. Zu dem eigenen Judentum kann man keine gleichgültige Einstellung haben: Die Erbschaft wiegt zu schwer, um darüber zur Tagesordnung übergehen zu können. Man kann das Judentum entweder verleugnen oder exponieren. Es ergibt im ersten Fall eine nicht authentische und verwischte Persönlichkeit und im zweiten eine von Selbsthaß und Selbstdämonisierung geprägte. Wie das Werk von Tuwim, so enden auch die Tagebücher von Rozenzweig mit der Selbstdämonisierung.«[55]

War also die Wahl der Assimilationsstrategie zum Scheitern verurteilt? Es scheint so zu sein – soweit sie von einer Entscheidung diktiert war, nicht unbedingt jedoch als Ergebnis eines eigendynamischen Prozesses. Eine Entscheidung läßt sich einfacher durch eine andere Entscheidung ersetzen, wohingegen die Umkehrung des Selbstlaufs schrittweiser unbemerkt eintretender Veränderungen schwieriger ist. Mehr noch, ein Bekenntnis zum Polentum verlangte vom Einzelnen die Negierung seines Judentums, was nicht notwendig war im Falle von Personen, die zu diesem Ergebnis in einer Entwicklung über Jahre hin gekommen sind.

Die Schließung von Mischehen begünstigte zweifellos die Assimilation, war zugleich ihr Ausdruck und das Heraustreten von polnischen Juden aus der Isolation. Zum Teil resultierte es aus der entschiedenen Überzahl von Männern unter den Überlebenden – auf hundert Männer kamen 84,4[56] Frauen. Und es waren eben weitgehend Männer, die Mischehen eingegangen sind.[57] Die Untersuchungen von Bogusław Chruszcz zeigen den außerordentlichen Kompensationscharakter der Ehen von Juden.[58] Generell bilden sie eine exklusive Gruppe, deren heterogame Ausrichtung das Ergebnis einer gestörten demographischen Struktur ist; mit dem größer werdenden Abstand zum Krieg werden sie immer seltener. Nach Bogusław Chruszcz' Angaben gingen nur 9,3% der neuvermählten Juden heterogame Bindungen ein; Mischehen haben einen Anteil von 17,1% bezogen auf alle Ehen mit Beteiligung von Juden.[59]

In vielen Fällen gingen diese Ehen aus den besonderen Bindungen der Okkupationszeit hervor, die sich zwischen der versteckenden und der versteckten Person entwickelten. Die Tatsache, daß jene Bindung »damals« die Rettung bedeutete, machte alle früheren Bindungen vergessen und diejenigen weniger bedeutend, die folgen sollten, aber niemals zustande kamen. In einer belletristischen Form beschreibt dies Henryk Grynberg:

»Daß sie Christinnen heiraten, wurde unter den Juden von niemandem als etwas schlechtes angesehen. Wen sollten sie heiraten? Es gab doch niemanden. Mit diesen Mädchen schliefen sie damals, als sie keine anderen Frauen hatten und als alle Überlegungen darüber sinnlos waren, weil jedes Zusammensein mit einem Mädchen damals gleichbedeutend mit dem Überleben sein konnte. Sie hatten Verpflichtungen gegenüber Sliwa, Sobótka [polnische Namen von Nichtjüdinnen; Anm. d. Übers.] und dem Mädchen, das den verwundeten Aron pflegte. Daß sie sich haben taufen lassen müssen, war unangenehm. Aber welche Bedeutung hatte dies nach all dem, was passiert war? Sogar Fryd nahm es ihnen nicht übel, der als einziger zur koscheren Küche zurückkehrte, eine Mütze bei den Mahlzeiten aufsetzend. Nur die Einladung zur Hochzeit schlug er aus.«[60]

Die Mischehen sind eine besondere Variante der Assimilationsstrategien. Eine solche Ehe stellt eine Eintrittskarte zur Gemeinschaft dar und verleiht dem Individuum das Gefühl der Zugehörigkeit. Gleichzeitig hängt es von dem jüdischen Partner ab, ob er die Rolle des »eigenen« Fremden in der Gemeinschaft oder ihres nicht in Frage gestellten Mitgliedes erfüllt. Im zweiten Fall wird der »Erfolg« von den im Kontext der Assimilationsstrategie beschriebenen Faktoren abhängen. Der Status des »eigenen« Fremden hingegen bedeutet die Akzeptanz der Gemeinschaft für die Andersartigkeit dieses individuellen Fremden, während er ihm die Möglichkeit einer langsamen Annäherung an seine Identität eröffnet. Unter den Bedingungen von gesellschaftlichen Veränderungen kann ihm jedoch die Fremdheit des Anderen vorgeworfen werden und die Strategie der *Heimischwerdung* zusammenbrechen lassen. Die Erinnerung an die Verbrechen ist zwar im Rahmen der hier beschriebenen Strategie möglich, das Festhalten daran unterstreicht aber zugleich die »Andersartigkeit« des jüdischen Partners.

Das Bestreben nach Wiederherstellung einer jüdischen Gemeinschaft aus dem Kreis der Überlebenden stellt eine weitere – der Assimilation entgegengesetzte – Strategie der *Heimischwerdung* dar. Die Überzeugung, daß die kommunistische Macht Polens die Idee der Gleichberechtigung von Bürgern – unabhängig von ihrem religiösen Bekenntnis und ihrer Herkunft – realisieren würde, zerfiel freilich gleich zu Beginn.

Doch in der *Głos Bundu* (*Stimme des Bundes*) lesen wir noch:

»Der Krieg ist zu Ende. Inmitten von Ruinen und Zerstörungen entsteht ein neues Leben, ein neues, weil es anders sein soll als das vorangegangene, weil es gerechter und freier sein soll. Im befreiten Polen bildet sich aufs neue auch ein jüdisches Leben heraus, ebenfalls ein anderes, weil die jüdische Masse nach dem Kriegsmassaker um 95% verringert wurde, anders auch deswegen, weil das neue Regierungssystem im Gegensatz zum System der Vor-Septemberzeit [vor dem 1. September 1939; Anm. d. Übers.] keinen Unterschied macht zwischen Juden und Nicht-Juden. (...)«[61]

Die Vertreter von allen legal operierenden jüdischen politischen Parteien geben zumindest in der Anfangszeit dieser Überzeugung Ausdruck. Es ist schwer einzuschätzen, inwieweit die Statements von jüdischen Funktionären von der Furcht vor Zensur diktiert waren, in welchem Maße sie durch die Wirkung kommunistischer Propaganda entstanden und inwieweit sich in ihnen der tatsächliche Bewußtseinsstand widerspiegelt. Tatsache ist, daß trotz der – zumindest – wenig freundlichen Atmosphäre Juden gegenüber vieles für die von kommunistischen Machthabern erzeugte Illusion der Gleichberechtigung sprach. Die mehrfach unterstrichene Opposition zum Polen der dreißiger Jahre, die Tatsache, daß man Personen jüdischer Herkunft die Übernahme von Funktionen und Positionen ermöglichte, zu denen sie früher keinen Zugang hatten, daß ihnen neue Wege des Aufstiegs offenstanden, ist ein gewichtiges Argument zugunsten der Machtorgane. Diese Umstände wurden zugleich in Teilen der polnischen Gesellschaft begierig aufgenommen, trugen so zur Verfestigung des Stereotyps von der »Judenkommune«, also der Identifizierung des ungeliebten kommunistischen Systems seitens der nichtjüdischen Polen als eines von Juden errichteten, bei und damit zur Verstärkung der Vorurteile gegen Juden als solche.

So wurden sie zu einem Faktor im Scheitern nicht nur dieser, sondern auch aller anderen Strategien des *Heimischwerdens*. Gleichzeitig wird im jüdischen Milieu jener Zeit ein bewußtes Streben nach Erreichung aller notwendigen Voraussetzungen sichtbar, um die jüdische Kulturgruppe zu erhalten. In den Antworten auf Hurwic-Nowakowskas Befragung werden für die Emigrationspläne die Orte mit einer Ansammlung von Juden genannt.[62]

»Ich beabsichtige in Polen zu bleiben innerhalb des jüdischen Milieus. Aus diesem Grund habe ich mich in Rychbach angesiedelt und nirgendwo anders. Sollte es aber durch die Ausreise von Juden aus Polen zum Niedergang der jüdischen Ansiedlungen kommen, ich würde mich bemühen, dort zu leben, wo Juden leben. Meine ersten Wahl würde ganz klar Ländern mit wirklicher Demokratie gelten«[63], so ein Beamter einer sozialen jüdischen Organisation.

Jüdische Ansiedlungen zogen Juden mit einer klaren nationalen Identifikation an, die vielfach Jiddisch sprachen, religiös praktizierend waren und zumindest einige traditionelle religiöse Bräuche pflegten.

Es war andererseits die Gruppe mit der größten Neigung zur Emigration.

Die Versuche, eine jüdische Enklave wiederzuerrichten, waren von der Furcht vor der polnischen Gesellschaft diktiert, von dem Wunsch nach der Rückkehr zu »sicheren« Zeiten vor der Zerstörung und von einer einzigartigen Bindung, die aus der gemeinsamen Beteiligung an den unverständlichen, unaussprechlichen, bisher unbekannten Leiden resultierte. Die erhoffte Bestrafung der Nazis war ein offensichtlicher Imperativ von Personen aus dem Umkreis der jüdischen Institutionen. Das Motiv einer weit verstandenen Sühne war ebenfalls bei den Funktionären der *Zentralen Jüdischen Historischen Kommission* (*Centralna Żydowska Komisja Historyczna*) zu finden. In einem Tätigkeitsbericht der Kommission lesen wir:

»Wir traten an, um Wissen zu vermitteln, und zwar nicht nur um des Wissens willen, sondern ein Gedenk-Wissen für unsere Väter und Mütter, Brüder und Schwestern. Wir wollten unsere umgebrachten Eltern, Brüder und Kinder unserer Helden verewigen. Wir wollten Hitlerismus, Rassismus und Antisemitismus demaskieren und zum Kampf um die gerechte Bestrafung für begangene Verbrechen aufrufen.«[64]

Als Strategie der *Heimischwerdung* war dieser Versuch zum Scheitern verurteilt. Zum einen, weil die kommunistischen Machthaber Polens nicht gewillt waren, eine jüdische Souveränität zu tolerieren, zum andern hielt die Abneigung gegenüber Juden seitens der polnischen Umgebung unvermindert stark an, und schließlich zum dritten, weil diejenigen, die sich für diese Strategie der *Heimischwerdung* entschieden hatten, am stärksten für die Emigrationslosungen empfänglich waren. Eine nicht unwesentliche Rolle bei ihren Entscheidungen spielten die Vorfälle in Palästina und die Entstehung des Staates Israel. Die Abhängigkeit dieses Weges zum Polentum von äußeren Faktoren hat angesichts der vorhandenen Abneigung über das Fiasko dieser Strategie entschieden.

Den »Zutritt zu Polen« mittels Kommunismus darf man als eine weitere, freilich nur von einer Minderheit verfolgte Strategie des *Heimischwerdens* werten. Ihre Beschreibung trifft unabhängig von den um dieses Thema entstandenen Emotionen auf die größten Schwierigkeiten. Gerade deshalb hat das Problem der Beteiligung von Juden bzw. Personen jüdischer Herkunft an der kommunistischen Bewegung nach dem Krieg oder besser, die Frage: »Kommunismus und Juden«, die Aufmerksamkeit immer neuer Erklärungsversuche und Debatten erfahren.[65]

Ich möchte mich an dieser Stelle auf die Andeutung von grundsätzlichen Fragen beschränken. Im Bemühen, die Frage zu beantworten, wie die kommunistischen Machthaber das Vertrauen von Menschen jüdischer Herkunft erwarben, beschäftige ich mich hier nicht mit dem Problem des Beitritts zum Kommunismus. Ebensowenig analysiere ich die Vorkriegsbeziehungen von Personen jüdischer Herkunft zur kommunistischen Bewegung, obwohl ihre Beteiligung an der kommunistischen Macht Polens aus ihren Aktivitäten in der kommunistischen Bewegung resultierte. Diese Verbindung war auch das Ergebnis von Kriegserfahrungen, nämlich des entschieden besseren Verhältnisses zu Juden seitens der linken Widerstandsgruppen im Vergleich mit der konspirativen *Armia Krajowa (Heimatarmee)*.

Nach weit verbreiteter Meinung war das negative Verhältnis zu Juden in deren »enthusiastischer Begrüßung« der Roten Armee an den Ostgrenzen Polens im September 1939 und deren späterer »Kollaboration« mit der sowjetischen Besatzungsmacht begründet. Stereotype dieser Art waren in der polnischen Bevölkerung weitverbreitet und entfalteten große Wirkung.

Die scheinbare Übereinstimmung mit der neuen Macht nach 1944/45 in den Fragen der Abneigung und der Furcht vor dem bewaffneten, oftmals nationalistischen und antisemitischen Untergrund, die durch die Behörden zunächst offensiver betriebene Bekämpfung des Antisemitismus oder auch der bereits erwähnte Glaube an die Realisierung der Idee einer Gleichheit aller Bürger sollten die Annäherung von Juden an die neuen Machthaber befördern und diesen neue Anhänger verschaffen.

Die freilich nur kurze Zeit während Unterstützung der jüdischen Staatsgründung im Nahen Osten durch die Sowjetunion und die kommunistische Macht Polens wurde von den jüdischen Organisationen mit Wohlwollen aufgenommen. Für Annäherung sorgte tatsächlich die Überzeugung, daß es eben die Sowjetunion war, der die Geretteten ihr Leben verdankten.

Charakteristisch ist die Aussage von Adolf Berman im November 1948:

»Dem Kriegsbrand entrann eine Handvoll Menschen. Die, die überlebten, haben das Bewußtsein, daß sie ihr Leben und ihre Freiheit der Sowjetunion und ihrer unbesiegten Roten Armee verdanken. (...) Dank dem Sieg der Sowjetunion und Dank der Hilfe der demokratischen Regierung der Republik Polen kann die errettete Handvoll von gerade 100.000 polnischen Juden in Ruhe produktiv in Hunderten von Produktionsgenossenschaften, in Fabriken, Bergwerken und Hütten arbeiten, kann seine Nationalkultur entfalten, seine Literatur und Bildung, eigene Schulen und Theater gründen, aktiv teilnehmen am Aufbau des Landes und des Lebens seines Volkes.«[66]

Jüdische Kommunisten, die in der Sowjetunion überlebt hatten, galten den neuen Machthabern nach dem Kriege zuweilen als besonders gut vorbereitete Kader. Anders als diejenigen, die in Polen selbst oder in den Lagern befreit wurden, waren sie von der polnischen Gesellschaft und oftmals auch von den jüdischen Organisationen weitgehend isoliert. Schon gar nicht waren sie mit den Einflüssen der Londoner Exil-Regierung (die sich aus Kreisen der nichtkommunistischen, bürgerlichen polnischen Emigranten gebildet hatte) in Berührung gekommen. Ihre prekäre Situation, ihre Gefährdetheit und Erpreßbarkeit durch ihre gesellschaftliche Isolation, wußten sich die Sowjets durchaus zunutze zu machen.

Unter den Kommunisten jüdischer Herkunft kann man dabei diejenigen Aktivisten unterscheiden, die sich mit ihrem Judentum identifizierten und gleichzeitig die Realisierung von ideologischen Aufgaben auf der »jüdischen Straße« übernahmen. Auf die Vertreter der zweiten Gruppe trifft die bekannte Aussage von Julian Stryjkowski zu, wonach ein Jude, der Kommunist wird, aufhört, Jude zu sein. Die letzteren, von der Idee des Internationalismus beseelt, richteten ihre Aktivitäten nach den Weisungen aus Moskau, identifizierten sich mit der kommunistischen Bewegung, seltener mit dem Polentum und so gut wie nie mit dem Judentum. Aus den Mitgliedern eben dieser Gruppen wurden diejenigen rekrutiert, die in der ersten Nachkriegszeit hohe Positionen in der Staatsverwaltung übernahmen. Von ihnen wurde verlangt, daß sie jede Identifikation mit dem Judentum vermieden. Die aufgezwungenen Machtorgane bemühten sich darum, ihr Polentum auszuweisen. Was mehr wiegt, die durch die Machtorgane erzwungenen Einschränkungen wurden verinnerlicht, wofür die Aussage von Feliks Mantel ein dramatisches Beispiel abgibt:

»Die Position von Juden war sehr diffizil, und man durfte die Situation nicht zuspitzen. Nicht alle Juden haben das verstanden, und zuweilen konnte man Gruppen von Juden in verantwortlichen Positionen antreffen, die sogar untereinander taten, als wären sie Polen dank ihrem arischen Aussehen und ihrer polnischklingend veränderten Namen. Eine solche Situation war häufig auf dem Gebiet der ausländischen Vertretungen oder der ad hoc ins Ausland verschickten Delegationen vorzufinden. Im Umfeld machten sich alle über diese Maskerade lustig.«[67]

Der Beitritt zum Kommunismus verschaffte Einfluß und damit zugleich enorme Möglichkeiten zur erhofften Bestrafung der Naziverbrecher. Mehr noch: indem der polnische Staat die Prozesse gegen die Kriegsverbrecher führte und die offizielle Propaganda zu dieser Zeit auch die Erinnerung an die jüdischen Leiden während des Zweiten Weltkrieges durchaus noch förderte, wurde aus der Genugtuung ein Akt historischer Gerechtigkeit, ohne nationale Implikationen. Jedenfalls war eine solche Betrachtungsweise bei den kommunistischen Aktivisten jüdischer Herkunft möglich, wohingegen in den Augen der polnischen Gesellschaft die Funktionäre der neuen Macht oft genug einfach als »Juden« denunziert wurden. Die gesellschaftliche Isolation und das Festhalten an der Utopie einer idealen Gesellschaftsordnung begünstigten die Aufrechterhaltung von Illusionen bei den Mitgliedern dieser Gruppe. Der Ballast der Erfahrungen ihrer nahen Angehörigen und Bekannten in der Kriegszeit, besonders aber das Empfinden der Zugehörigkeit zu einer Gemeinschaft von Menschen, die bewußt und in ähnlicher Weise ihren nationalen Wurzeln entsagten, verstärkten gleichzeitig das Gefühl der Solidarität.

Letztlich wurde die Strategie des »Zutritts nach Polen« mittels Kommunismus 1956 kompromittiert, als Personen jüdischer Herkunft, die in den neuen Machtorganen agierten, ihr Judentum öffentlich vorgehalten wurde. Für diejenigen jüdischen kommunistischen Aktivisten, deren Arbeit mit der »jüdischen Straße« verbunden war, erschöpfte sich diese Strategie schon früher. Ihr Ende markierte - 2die Emigration in den ersten Nachkriegsjahren. Nicht nur ihnen, immer mehr Menschen wurde bewußt, was Mantel ausdrücklich formulierte: »Ich wurde mir der kolossalen Vereinsamung bewußt. Eine Massenbasis, der Hintergrund für meine Aktivitäten, existierte nicht mehr.«[68]

Unmittelbar nach Kriegsende vertrat Ludwik Hirszfeld die Auffassung, daß

»die Juden die Wahl haben: entweder anders als ihre Umgebung zu beten, anders zu sprechen, zu essen und sich immer als Fremde zu fühlen oder auch, wenn sie sich entscheiden, Kinder dieses Landes zu sein, eine *vollkommene* Annäherung an die anderen Bürger zu vollziehen. Sollten sie aber ihre Eigenart erhalten wollen und zugleich von den künftigen Generationen den Fluch der nicht erwiderten Liebe abwenden, dann müssen sie eine eigene Heimat erringen, in der sie die Erde bestellen und in der Not für sie ihr Blut vergießen werden.«[69]

Die Ergebnisse der Untersuchungen von Irena Hurwic-Nowakowska bestätigen die deklarativen Behauptungen Hirszfelds. Die Autorin schreibt:

»Neben dem intensiven Assimilationsprozeß verläuft ein Prozeß der Bildung einer nationalen jüdischen Ideologie mit der Möglichkeit eines Beitritts zur jüdischen Nation im neu entstandenen jüdischen Staat. Sowohl der Assimilationsprozeß als auch der Prozeß der Herausbildung einer nationalen jüdischen Ideologie wirken auf die jüdische Kulturgemeinschaft in Polen auflösend. Abgesehen davon, daß diese Prozesse sehr tiefgehend sind und Juden aus allen gesellschaftlichen Schichten erfassen, bewirkt der ständige Verlust einer größeren Anzahl von Mitgliedern einer Gruppe, die sich noch erhalten hat, ihren Zerfall.«[70]

Die Geschichte gab Irena Hurwic-Nowakowska Recht. Als erste erschöpften sich die Strategien der *Heimischwerdung*, deren Wirksamkeit aus der Existenz einer jüdischen Gemeinschaft in Polen hervorging. Als nächstes bewies die Strategie der Lossagung von allen nationalen Wurzeln ihre Unwirksamkeit. Die Assimilation und die – meistens zur Assimilation führenden – Schließungen von Mischehen stellten sich folglich als die einzigen Wege heraus, die Personen jüdischer Herkunft einen eigenen Platz im Nachkriegspolen garantierten. Die Depolonisierung von Polen jüdischer Herkunft, hervorgerufen durch die antisemitischen Stimmungen in den Jahren 1958 und 1968 – im großen Maße durch die offizielle Propaganda ausgelöst und geschürt –, beweist die nur teilweise Wirksamkeit auch der beiden letzten Strategien.

Waren also die Strategien der *Heimischwerdung* von vornherein zum Scheitern verurteilt? In welchem Maße entschied die Politik der staatlichen Machtorgane, deren instrumentelle Herangehensweise an die mit Juden verbundenen Fragen, über das Fiasko der einzelnen

Strategien? Welchen Anteil an ihrem Mißerfolg hatte der Antisemitismus der polnischen Gesellschaft, die Vitalität des Stereotyps von der »Judenkommune«, das im kollektiven Gedächtnis hinterlegt war? Welche Rolle spielten bei der *Heimischwerdung* von Personen jüdischer Herkunft die Faktoren psychologischer Natur? Diese Fragen sind von grundsätzlicher Bedeutung für das Verstehen der Geschichte polnischer Juden in der ersten Nachkriegszeit. Ihre Beantwortung erfordert weitere Untersuchungen und Analysen. Dieser Aufsatz bleibt daher eine Andeutung von Problemen zukünftiger Forschung.

Aus dem Polnischen übersetzt von Janusz Bodek

Anmerkungen

1 Zygmunt Bauman, *Wieloznaczność nowoczesna Nowoczesność wieloznaczna*, przełożyła Janina Bauman [Moderne Vieldeutigkeit – Vieldeutige Moderne, übersetzt von Janina Bauman]. Warszawa: Wydawnictwo Naukowe PWN, 1995. Hier zitiert nach: Zygmunt Bauman, Moderne und Ambivalenz, Hamburg: Junius, 1992, S. 111f.

2 Ebd., S. 89.

3 Ebd., S. 104.

4 Im Wörterbuch der Polnischen Sprache [*Słownik Języka Polskiego*], redigiert und herausgegeben von M.S.B. Linde im Jahre 1860, findet sich der nicht definierte Terminus zado/da/mo/a/wić się [Heimischwerden, Heimischwerdung. Der polnische Begriff *zadomowianie* geht von dem Substantiv *dom* = das Haus und in diesem Fall: das Zuhause aus, zu verstehen im Sinne von Heimat als der Ort, an dem man zu Hause ist; Anm. d. Übers.], siehe M.S.B. Linde, *Słownik Języka Polskiego* [Wörterbuch der Polnischen Sprache]. Warszawa: PIW, 1950, Bd. VI. Dritte Offsetausgabe der Ausgabe von 1860: Drukarnia Zakładu Ossolińskich. Der Terminus fand Eingang in das Wörterbuch erst um 1900; siehe J. Karłowicz, A. Kryński, W. Niedźwiedzki, *Słownik Języka Polskiego* [Wörterbuch der Polnischen Sprache]. Warszawa: PIW, 1952; Offsetausgabe der 1900 (Bd. I) begonnenen Ausgabe, Warszawa: Wydawnictwo Kasy im. Mianowskiego Instytut Popierania Nauki, Bd. VIII, S. 65. Siehe auch W. Doroszewski, *Słownik Języka Polskiego* [Wörterbuch der Polnischen Sprache]. Warszawa: PWN, 1968, Bd. X, S. 478-479; S. Skorupka, H. Auderska, Z. Łempicka, *Mały Słownik Języka Polskiego* [Kleines Wörterbuch der

Polnischen Sprache]. Warszawa: PWN, 1968; A. Dąbrowka, E. Geller, R. Turczyk, *Słovnik Synonimów* [Synonymwörterbuch]. Warszawa: MCR, 1993.; M. Szymczak, *Słownik Języka Polskiego* [Wörterbuch der Polnischen Sprache]. Warszawa: Wydawnictwo Naukowe PWN, 7., veränd. und verb. Ausgabe, Bd. III.

5 Siehe Simone Weil, »Zakorzenienie«, w: (tejze) *Wybór pism*. Przekł. i oprac. Cz. Milosz [Die Verwurzelung, in: Auswahl der Schriften. Übersetzt und bearbeitet von Czesław Miłosz]. Paryż 1958, S. 247.

6 Siehe »Nie czuję się ofiarą, uważam, że to mnie wzbogaciło« [Ich fühle mich nicht als Opfer, ich betrachte es als eine Bereicherung] Gespräch mit Marek Sznajderman, in: Barbara Engelking, *Na łące Popiołów ocaleni z Holocaustu* [Auf der Aschenwiese]. Warszawa: Wydawnictwo Cyklady, 1993, S. 181.

7 Zygmunt Bauman, *Dwa szkice o moralności ponowoczesnej* [Zwei Skizzen zur postmodernen Moral]. Warszawa: Instytut Kultury, 1994, S. 7.

8 Die Buchausgabe geht auf die Dissertation vom Anfang der 50er Jahre zurück. Siehe Irena Hurwic-Nowakowska, *Żydzi Polscy (1947-1950): Analiza więzi społecznej ludności żydowskiej*. Warszawa: Wydawnistwo Instytutu Filozofii i Socjologii Polskiej Akademii Nauk, 1996. Erstausgabe in englischer Sprache: Irena Hurwic-Nowakowska, *A Social Analysis of Postwar Polish Jewry*. Jerusalem 1986.

9 Die CKZH (*Zentrale Jüdische Historische Kommission*) beim CKZ (*Zentralkomitee der Juden in Polen*) wurde 1947 zum ZIH (*Jüdisches Historisches Institut*) umgewandelt, das die Sammlung der Berichte fortsetzte.

10 Es ist durchaus wahrscheinlich, daß die Berichte von assimilierten Personen, die sich vor dem Krieg mit dem Judentum nicht identifiziert haben, unterrepräsentiert sind. Bekannt ist, daß die Aussagen dieser Personen Eingang in die Sammlung der Berichte fanden. In einem Gespräch mit Barbara Engelking berührt Helena Merenholc dieses Problem (in den Jahren 1945-1949 arbeitete Helena Merenholc in der Abteilung für Evidenz und Statistik beim Zentralkomitee der Juden in Polen): »Die Karteien waren unvollständig; die Leute wechselten den Namen, versteckten sich auf arischer Seite, befreiten sich nicht aus der Kriegspsychose – sie meldeten sich einfach nicht beim Komitee. Nach dem, was sie durchgemacht hatten, lösten sie sich von den ihnen nicht selten aufgezwungenen Bindungen. Mit dem Ende des Krieges und der kontroversen Art der Befreiung tauchte die Unruhe auf – nein, es wird niemanden geben, der ihre moralischen Wunden zu heilen imstande sein wird.«; siehe das Gespräch mit Helena Merenholc, »Nie żałuję ani żadnego dnia spędzonego w getcie...« [Ich bedaure keinen einzigen im Ghetto verbrachten Tag ...], in: Barbara Engelking: *Na łące Popiołów ocaleni z Holocaustu*, S. 211.

11 Eine für mich interessante Bemerkung von Natan Gruss, der in der Arbeit über die Tätigkeit der Kommission schreibt: »Das Komitee erkannte die Notwendigkeit der Propagierung von Zielen der Kommission und wandte sogar bestimmte Sanktionen an, um die Leute zur Aussage zu bewegen.« Siehe Natan Gruss, *Rok Pracy Centralnej Żydowskiej Komisji Historycznej* [Ein Jahr der Arbeit der Zen-

tralen Jüdischen Kommission]. Łódź: Wydawnictwa Centralnej Żydowskiej Komisji Historycznej przy Centralnym Komitecie Żydów w Polsce, 1946, S. 6.

12 Der Umfang der Sammlung wird nur annähernd angegeben, weil die Numerierung nicht immer fortlaufend ist, es kommen auch Wiederholungen vor – der vorliegende Bericht findet sich in der Sammlung unter zwei Signaturen. Die Erinnerungen wurden sowohl in Jiddisch als auch in Polnisch aufgezeichnet, oft – zumindest teilweise – aus dem Jiddischen übersetzt, bzw. in beiden Sprachen. Unterschiedlich ist auch der Umfang der einzelnen Berichte – von einigen Sätzen bis zu vielen Seiten.

13 Siehe Gruss, Rok pracy, S. 6.

14 Siehe Hurwic-Nowakowska, Żydzi Polscy.

15 Schätzungen der Zahl von Überlebenden bilden ein Thema, das einer separaten Bearbeitung bedarf. Hier liegt mir mehr daran, das Ausmaß der Vernichtung aufzuzeigen, als genaue Zahlen präsentieren zu können. Die Angaben stammen aus: Lucjan Dobroszycki, Survivors of the Holocaust in Poland. New York, London: Armonk, 1994, S. 10.

16 Siehe Dobroszycki, Survivors, S. 13-14, siehe auch Hurwic-Nowakowska, Żydzi Polscy, S. 29-31.

17 Am meisten repräsentiert waren die – sehr unterschiedlichen – zionistischen Parteien. Zu diesem Thema siehe Natalia Aleksiun-Mądrzak, Stosunek żydowskich partii politicznych w Polsce do emigracji [Das Verhältnis der jüdischen politischen Parteien in Polen zur Emigration]. Polska 1944/45 – 1989. Studia i materiały nr. 2. Warszawa: Instytut Historii PAN, 1997; siehe auch Natalia Aleksiun-Mądrzak, praca magisterska, mpis »Emigracja żydów z Polski 1945-1949« [Magisterarbeit am Historischen Institut der Universität Warschau, »Die Emigration von Juden aus Polen 1945-1949«]. Darüber hinaus wirkten der Bund und jüdische Aktivisten in der Fraktion der PPR (Polnische Arbeiterpartei).

18 1945 wurden drei jüdische Zeitschriften herausgegeben, 1946 waren es 25 (darunter 5 Jugendzeitschriften), 1947 27, 1948 20, 1949 17 und 1950 nur noch 7. Marian Fuks, »Prasa PPR i PZPR w języku żydowskim (Folks-sztyme 1946-1956)« [PPR und PZPR-Presse in jiddischer Sprache (Folks-sztyme)], w: Biuletyn Żydowskiego Instytutu Historycznego, Nr. 3, 1979 (111). Zofia Borzymińska und Rafał Żebrowski geben an, daß in den vierziger Jahren ungefähr 30 Periodika in polnischer und jiddischer Sprache erschienen, einschließlich Bulletins und Eintagesschriften um die 70 Zeitschriften; siehe Zofia Borzymińska, Rafał Żebrowski, Po-lin. Kultura Żydów polskich w XX wieku (Zarys) [Po-lin. Kultur der polnischen Juden im 20. Jahrhundert]. Warszawa: AMARANT, 1993, S. 310.

19 Mit dem Rundschreiben vom 6.2.1945 des Ministeriums für Öffentliche Verwaltung wurde die Gründung einer religiösen Vereinigung bekanntgegeben (am 6.2.1950 wurde der Name in Kongregationen des jüdischen Bekenntnisses geändert); siehe: Józef Adelson, »W Polsce zwanej Ludową« [In Polen – genannt Volkspolen], in: Jerzy Tomaszewski (Hg.), Najnowsze dzieje Żydów w Polsce w zarysie (da 1950) [Abriß der neuesten Geschichte der Juden in Polen (bis 1950)]. Warszawa: Wydawnictwo Naukowe PWN, 1993, S. 429-433.

20 Zu diesem Thema siehe Helena Datner-Śpiewak, »Instytucje opieki nach dzieckiem i szkoły powszechne Centralnego Komitetu Żydów Polskich w latach 1945-1946« [Institutionen der Kinderfürsorge und Grundschulen des Zentralkomitees der Polnischen Juden in den Jahren 1945-1946], w.: *Biuletyn Żydowskiego Instytutu Historycznego* [Bulletin des Jüdischen Historischen Instituts], Nr. 3 (1981).

21 In ihrer Klassifikation dieser Familien teilt Yael Danieli sie in Familien der »Opfer«, Familien der »Kämpfer«, Familien der »Erstarrten« und diejenigen, die Erfolg hatten, ein; siehe Yael Danieli, »Odległe następstwa prześladowań hitlerowskich w rodzinach ocalałych ofiar« [Späte Folgen der hitlerdeutschen Verfolgung bei geretteten Opfern], in: *Przegląd Lekarski* [Ärztliche Schau] 1/42 (1985), S. 35-37.

22 Siehe »Moja polskość jest polskością innej próby...« Gespräch mit Arnold Mostowicz, in: Engelking, *Na łące popiołów*, S. 21.

23 Siehe »Dopiero po wojnie dowiedziałem się, co się stało z Żydami« [Erst nach dem Krieg habe ich erfahren, was mit den Juden passiert ist], Gespräch mit Helena Adler, in: Engelking, *Na łące popiołów*, S. 62.

24 Siehe »Ciekawa jestem, co bedzie dalej...« [Ich bin neugierig, wie es weiter geht], Gespräch mit Michalina Prokopczuk, in: Engelking, *Na łące popiołów*, S. 105.

25 »Magische Erwartungen« bei Überlebenden bezeichnet William G. Niederland als ein charakteristisches Merkmal ihrer existentiellen Situation. Siehe William G. Niederland, »An Interpretation of the Psychological Stress and Defenses in Concentration-Camp Life and the Late Aftereffects«, in: H. Krystal (Hg.), *Massive Psychic Trauma*. New York: International Universities Press Inc., 1968, S. 66.

26 AZIH (Archiv des Jüdischen Historischen Instituts) 301/317.

27 AZIH 301/12.

28 AZIH 301/167.

29 AZIH 301/15.

30 ACZKH prot. Nr. 659 zitiert nach Maria Hochberg-Mariańska, Natan Gruss (Hg.), *Dzieci oskarżają* [Kinder klagen an]. Krakow, Lodz, Warszawa 1974, S. 11.

31 *Przełom*, September 1946, Nr. 1, S. 11.

32 Jewish Telegraphic Agency, June 14, 1946 zit. n.: Bernard D. Weinryb, »Poland«, in: Peter Meyer, Bernard D. Weinryb, Eugene Duschinsky, Nicolas Sylvain, *The Jews in Soviet Satellites*. Syracuse: University Press, 1953, S. 268.

33 Referat für die Hilfe der jüdischen Bevölkerungsgruppe. Dritter Tätigkeitsbericht für die Zeit 16.9.1944-10.10.1944. Referat..., Mf 24269 XI/6 k.16.

34 Referat... Dritter Tätigkeitsbericht. Mf 2469 XI/6 k.16, k. 23,29,37.

35 Siehe: *Haaretz*, April 19, 1946, S. 2; September 2, 1945, S. 3, zitiert nach: Weinryb, »Poland«, S. 244.

36 MAP (Ministerium Administracji Publicznej/Ministerium für Öffentliche Verwaltung), Politische Abteilung, Abteilung für Nationalitäten, 787 k. 8, siehe auch dort: k. 12.

37 Siehe Halina Birenbaum, *Powrót do ziemi praojców* [Rückkehr zum Land der Urväter]. Warszawa 1991, S. 24-25, zitiert nach Maciej Pisarski, »W nowej Polsce« [Im neuen Polen], in: *Karta*, Nr. 18 (1996).

38 Siehe Henryk Grynberg, *Zwycięstwo* [Der Sieg]. Poznan: »W drodze«, 1990, S.16f.

39 Aus den im *Archiwum Wschodnie* (Ostarchiv) gesammelten Erinnerungen, zitiert nach Danuta Blus-Węgrowska, »Atmosfera pogromowa« [Pogrom-Atmosphäre], in: *Karta*, Nr. 18 (1996), S. 91.

40 MAP (Ministerium für Öffentliche Verwaltung), Politische Abteilung, Abteilung für Nationalitäten, 786 k. 42.

41 Nach Weinryb, »Poland«, S. 252.

42 Siehe Darius Jarosz, Maria Pasztor, *W krzywym zwierciadle. Polityka władz komunistycznch w Polsce w świetle plotek i pogłosek z lat 1949-1956* [Im schiefen Spiegel. Die Politik der kommunistischen Machtorgane in Polen im Licht des Klatsches und der Gerüchte]. Warszawa: Wydawnictwo FAKT, 1995, S. 133-134.

43 Wie Weinryb angibt, war eines der Motive unter Rückkehrern, die sich überhaupt nicht in Polen niederließen, die Furcht davor, daß Polen zur 17. Republik der Sowjetunion wird. Siehe Weinryb, »Poland«, S. 245.

44 Siehe Mark Dvorjetski, »Adjustment of Detainees to Camp and Ghetto Life and their Subsequent Readjustment to Normal Society«, in: *Yad Vashem Studies*, Vol. 5 (1963), S. 213-214. Victor Frankl sagt: »he who has a *why* to live for can bear almost any *how*«; siehe: Victor Frankl, *Man's Search for Meaning*, zitiert nach Judith Hassan, »The Survivor as Living Witness. An Approach to Understanding the Survivor of Shoah Free from her Psychiatric Label, and the Impact her Psychiatric Label, and the Impact her Adaptation Has on the Contemporary World«, in: *Remembering for the Future*, Oxford 1988, S. 1096.

45 Der Irrtum des Kommissars – mit Sicherheit brachen mit dem Judentum keine Personen »israelitischen« Glaubens – weist auf seine mangelnde Vertrautheit mit jüdischen Belangen hin; neben allem anderen war die Niederlassung innerhalb des jüdischen Milieus gerade für diese Personen unerläßlich, sei es nur wegen der religiösen Praxis.

46 MAP (Ministerium für Öffentliche Verwaltung), Politische Abteilung, Abteilung für Nationalitäten, 787 k. 55.

47 Siehe AZIH (Akten des *Jüdischen Historischen Instituts*) Protokolle des Präsidiums CKZP (*Zentrales Komitee der Juden in Polen*), 303/2.

48 *Głos Akademika* (Dodatek do *Naszego Słowa*) [*Stimme des Akademikers* – Beiheft zu *Unser Wort*] Nr. 4, 20.6.1947.

49 Siehe Hurwic-Nowakowska, *Żydzi Polscy*, S. 133.

50 *Głos Akademika* (Dodatek do *Naszego Słowa*). Lodz, 18.3.1947.

51 In den Untersuchungen von Irena Hurwic-Nowakowska bezeichneten sich 56,4% der Befragten als nicht gläubig. Siehe Hurwic-Nowakowska, *Żydzi Polscy*, S. 102.

52 Ebd., S. 105.

53 Ebd., S. 112.

54 Ebd., S. 141.

55 Siehe Artur Sandauer, *O sytuacji pisarza polskiego pochodzenia żydowskiego w XX wieku (Rzecz, którą nie ja powinienem był napisać.)* [Über die Situation eines

polnischen Schriftstellers jüdischer Herkunft im 20. Jahrhundert (Eine Sache, über die ich nicht hätte schreiben müssen)]. Warszawa: Czytelnik, 1982, S. 96.

56 Siehe Weinryb, »Poland«, S. 241.

57 Siehe Bogusław Chruszcz, *Osadnictwo i przeobrażenia społeczne w Wałbrzychu ze szczególnym uwzględnieniem zagadnienia małżeństw mieszanych w latach 1944–1945* [Die Ansiedlung und die gesellschaftlichen Veränderungen in Wałbrzych unter besonderer Berücksichtigung der Mischehenproblematik in den Jahren 1944-45]. Studia Śląskie. Seria Nowa, Bd. 16. Opole, 1969.

58 Siehe ebd., S. 201.

59 Siehe ebd., S. 203, 204, 209; Bogusław Chruszcz polemisiert mit Szyja Bronstejn, nach dem ein Drittel der von Juden geschlossenen Ehen in Niederschlesien Mischehen waren, siehe Szyja Bronstejn, »Badanie Ankietowe ludności żydowskiej Dolnego Śląska [Umfrageuntersuchungen der jüdischen Bevölkerung in Niederschlesien]«, cz. II, *Biuletyn Żydowskiego Instytutu Historycznego*, Nr. 50 (1964), S. 77.

60 Grynberg, *Zwycięstwo*, S. 26.

61 Nasza młodzież – nasza przyszłość, Sioma, *Głos Bundu* [Unsere Jugend – unsere Zukunft, Sioma, Stimme des Bundes], Nr. 1, September 1946.

62 Siehe Hurwic-Nowakowska, *Żydzi Polscy*, S. 87.

63 Ebd., S. 88.

64 Siehe Gruss, *Rok pracy*, S. 6.

65 Siehe Krystyna Kersten, *Polacy Żydzi Komunizm. Anatomia półprawd 1939–68* [Polen Juden Kommunismus. Anatomie der Halbwahrheiten 1939–1968]. Warszawa: Niezależna Oficyna Wydawnicza, 1992. Siehe auch Jaff Schatz, *The Rise and Fall of the Jewish Communists of Poland*. Berkeley 1995. Siehe auch Abel Kainer, »Żydzi a komunizm« [Juden und Kommunismus], in: *Krytyka*, Nr. 15 (1983); Paul Lendvai, »Antysemitizm bez Żydów« [Antisemitismus ohne Juden], LOS: *Zeszyty Edukacji Narodowej*, dyskusje, 1987.

66 Die jüdische Gemeinschaft und die Sowjetunion; Rede von Dr. Adolf Berman, Mitglied des Beirates der Gesellschaft für Polnisch-Sowjetische Freundschaft auf der zweiten Landesversammlung der Gesellschaft in Wrocław, in: *Przełom*, Nr. 19 (20.11.1948), S. 7.

67 Siehe Feliks Mantel, »Tagebuchskizzen«, in: *Zeszyty Historyczne* [*Historische Hefte*], Paris: Instytut Literacki, Nr. 4 (1965).

68 Siehe ebd., S. 128.

69 Siehe Ludwik Hirszfeld, *Historia jednego życia* [*Die Geschichte eines Lebens*]. Warszawa: PAX, 1957, S. 425.

70 Siehe Hurwic-Nowakowsaka, *Żydzi polscy*, S. 163.

Britische und amerikanische DP-Politik

Leonard Dinnerstein

Großbritannien und die USA waren sich in ihrer DP-Politik nach dem Zweiten Weltkrieg nie einig. Sie konnten keine Einigkeit erzielen, weil ihre Ziele so gegenläufig waren. Die Engländer wollten die Juden aus Palästina fernhalten, die Amerikaner sie nach Palästina bringen.[1] Deswegen lagen beide Staaten trotz aller Abkommen letztlich im Streit miteinander.

Bereits vor dem Ende des Zweiten Weltkriegs gab es in beiden Staaten Planungen für Hilfsmaßnahmen für Displaced Persons in Mittel- und Osteuropa. Die Alliierten wollten heimatlose Bürger aus UN-Staaten repatriieren; bis dahin sollten sie versorgt werden. Detaillierte Planungen legten fest, wie diese sogenannten DPs bis zu ihrer Repatriierung in Notunterkünften untergebracht, ernährt und gekleidet werden sollten. Das Militär und die UNRRA (*United Nations Relief and Rehabilitation Administration*) kannten ihre Aufgaben bei der Versorgung dieser Menschen. Aber niemand hatte mit so ungeheuren Zahlen gerechnet, von denen noch dazu fast eine Million nicht in die Heimatländer zurückkehren wollte. Genausowenig hatte man vorhergesehen, daß die UNRRA aufgrund ihrer finanziell und personell unzureichenden Ausstattung und ihrer sehr seltsamen Führung nicht einmal die elementarsten humanitären Bedürfnisse dieser Menschen würde erfüllen können.[2]

Die englischen und amerikanischen Behörden hatten zunächst vereinbart, die DPs nicht nach ihrer religiösen, sondern nach ihrer nationalen Zugehörigkeit zu erfassen. So richtig dieser Entschluß in der Theorie auch gewesen sein mochte, in der Praxis hatte er oft sehr unmenschliche Konsequenzen. Juden aus Italien, Deutschland, Österreich und Ungarn wurden häufig zusammen mit anderen Bürgern dieser Länder untergebracht und als »frühere Feinde« eingeordnet. Baltische, polnische, russische und jugoslawische DPs dagegen, die freiwillig die Nazis unterstützt hatten, genossen als Angehörige der befreiten Länder eine Vorzugsbehandlung. Das Bizarre dieser Praxis zeigte sich besonders in den Fällen, in denen frühere österreichische und deutsche jüdische Opfer der Konzentrationslager in Arbeitsbataillonen eingesetzt wurden, die Leichen begruben, Trümmer beseitigten, Straßen wieder passierbar machten und andere Arbeiten verrichteten, um die deutschen, österreichischen und/oder italienischen Gemeinden wieder bewohnbar zu machen. Als Deutsche, Österreicher oder Italiener kategorisierte Juden erhielten darüber hinaus Lebensmittelkarten, so als seien sie Staatsbürger der früheren Feindstaaten gewesen.[3]

Mitte Mai 1945 hörte man in Washington von diesem unmenschlichen Umgang mit jüdischen DPs. Jüdische Kongreßabgeordnete und Gemeindevorsitzende wandten sich an die Mitglieder des Kabinetts, die sich wiederum an Präsident Harry S. Truman wandten. Finanzminister Henry Morgenthau Jr. bat den Präsidenten, nach dem Vorbild von Roosevelts *War Refugee Board* (Flüchtlingsausschuß) eine eigene Kommission für die DPs einzurichten. Als Truman ablehnte, wandte sich Morgenthau an das Außenministerium, dem führende amerikanische Juden ebenfalls ihre Proteste überreicht hatten, und überredete Außenminister Joseph Grew zu einer Untersuchung. Grew beauftragte den früheren Einwanderungsbeauftragten Earl Harrison, nach Europa zu reisen, um die Bedingungen in den Camps zu prüfen und einen Bericht abzugeben. Daraufhin genehmigte Truman die Harrison-Mission.[4]

In den ersten drei Juliwochen besuchte Harrison gemeinsam mit Joseph Schwartz vom *Joint (American Jewish Joint Distribution Committee)* rund dreißig DP-Camps in Europa. Was er dabei sah, überstieg seine schlimmsten Erwartungen: In verschiedenen Camps, darunter auch frühere Konzentrationslager, lebten jüdische DPs unter Bewachung hinter Stacheldraht. In manchen Fällen wohnten die Opfer der Konzentrationslager mit ihren früheren Bewachern und Folterern unter einem Dach. Sie waren in unzulänglichen Unterkünften untergebracht, wurden nicht ausreichend medizinisch versorgt und hatten zu wenig Freizeiteinrichtungen. Sie hatten keine neuen Kleidungsstücke erhalten, so daß viele immer noch ihre alte KZ-Kleidung oder ehemalige deutsche Uniformen trugen, die man ihnen gegeben hatte. Es gab keine Bemühungen zur Familienzusammenführung; DPs durften keine Briefe schreiben und keine empfangen. Soziale Dienste, die sich um die Belange der Bedürftigen hätten kümmern können, durften die Camps nicht betreten. In seinem Bericht an Präsident Truman schrieb Harrison: »Wir behandeln die Juden allem Anschein nach nicht anders als die Nazis, nur daß wir sie nicht vernichten.«[5]

Harrison empfahl unter anderem dringend, Juden, die dies wünschten, nach Palästina reisen zu lassen und zudem einige DPs in den USA und anderen Ländern aufzunehmen. Die meisten Juden wußten im Sommer 1945 genau, daß die restriktiven Einwanderungsgesetze ihnen den Zugang zu den meisten Ländern der westlichen Welt unmöglich machten, und drängten deswegen auf die Einreise in das britisch beherrschte Palästina. Die britische Regierung, die auf das Öl der arabischen Staaten und auf den Suezkanal als Verbindung zu Asien angewiesen war, war nicht bereit, ihre Beziehungen zu den Arabern, denen sie politischen Vorrang einräumten, zu gefährden. Genausowenig wollte sie einen jüdischen Staat, wie ihn die Zionisten forderten. Deshalb lehnte sie im Sommer 1945 besondere Maßnahmen für jüdische DPs ab.[6]

Zwischen den USA und Großbritannien gab es sowohl bei den politischen Zielen als auch beim Einfluß der Wählerschaft große Unterschiede.[7] In der englischen Politik spielten jüdische Wähler keine Rolle. Natürlich gab es auch in England Juden, aber sie hatten bei weitem nicht die Bedeutung wie in den Vereinigten Staaten, wo Franklin D. Roosevelt 1944 mit über 90 Prozent der jüdischen Stimmen wiedergewählt wurde. Zudem trugen die Juden wesentlich zur Finanzierung der Demokratischen Partei bei, auf überregionaler und vor allem auf regionaler Ebene. So konnten sie zum Beispiel in New York, New Jersey, Pennsylvanien, Illinois und Kalifornien den entscheidenden Vorsprung bei den anstehenden Kampagnen für die Kongreß- und Senatswahlen sichern, von der Präsidentschaftskampagne 1948 ganz zu schweigen. Darüber hinaus schenkten zahlreiche Kongreß- und Senatsabgeordnete sowie der Finanzminister Henry Morgenthau einflußreichen Juden Gehör. Truman mußte also handeln, als er den Harrison-Report erhielt.[8]

Um die Lage der DPs in Europa wenigstens einigermaßen erträglich zu machen, wies Truman den Oberbefehlshaber der Truppen, General Dwight D. Eisenhower, an, die Lebensbedingungen der Displaced Persons sofort zu verbessern und dabei die jüdischen DPs vorrangig zu behandeln. Eisenhower gehorchte, und in vielen Orten, an denen Juden untergebracht waren, wurden die Bedingungen besser. In anderen Camps gab es dagegen nur langsame Fortschritte; die Armee konnte nun einmal aus Baracken keine anständigen Wohnungen machen.[9]

Der Teil des Harrison-Reports, der sowohl in den Vereinigten Staaten als auch in Großbritannien für Aufmerksamkeit sorgte, betraf den künftigen Aufenthalt der DPs. Im Sommer 1945 lebten höchstens 100.000 jüdische DPs in Deutschland. Die meisten wollten nach Palästina oder in die USA. Die Engländer wollten keine weiteren Juden nach Palästina lassen; die USA hatten festgelegte Einwanderungsquoten. Ohne jedes Eingeständnis einer Verantwortung der USA für die Aufnahme von Immigranten über diese Quoten hinaus schrieb Truman Premierminister Clement Attlee, der seit 1945 als Nachfolger von Winston Churchill amtierte, einen Brief mit der Forderung, 100.000 jüdischen DPs die Einwanderung nach Palästina zu ermöglichen.[10]

Da die Engländer sehr unter dem Krieg gelitten hatten und ausländische Hilfe brauchten, konnten sie diese Forderung nicht einfach ablehnen, zumal die Vereinigten Staaten nach dem Krieg die bedeutendste Nation und Englands engster Verbündeter waren. Andererseits wollten sie sich die Araber im Nahen Osten nicht zu Feinden machen; schließlich waren sie von deren Öl und der freien Durchfahrt durch den Suez-Kanal abhängig, die den Weg von London nach Asien verkürzte. Die Engländer wollten also Trumans Forderung keinesfalls erfüllen, brauchten aber andererseits amerikanische Hilfe bei der Umsiedlung der Displaced Persons sowie bei der Bewahrung des Friedens in Palästina. Entsprechend machte Attlee Truman den Vorschlag, eine britisch-amerikanische Kommission einzusetzen, die feststellen sollte, wie viele Neueinwanderer in Palästina untergebracht werden konnten. Der Präsident stimmte zu. Damit waren direkte Aktionen erst einmal aufgeschoben. Truman hatte seinen Brief an Attlee im August 1945 geschrieben, Attlees Antwort traf im September ein, das britisch-amerikanische Komitee wurde im November eingesetzt, nahm seine Arbeit im Januar 1946 auf und schloß sie im April ab.[11]

Die ersten Anhörungen des Komitees fanden in Washington statt. Danach reisten die Mitglieder zunächst nach London, dann auf den Kontinent und schließlich nach Palästina. Sie sprachen mit amerikanischen Behörden, mit den Verantwortlichen und Insassen der DP-Camps und mit Engländern, Arabern und Juden in Palästina. Dabei spiegelten die Standpunkte der einzelnen Komiteemitglieder überwiegend die Position der jeweiligen Regierung; oft genug stellten einzelne Mitglieder die Geduld ihrer Kollegen auf eine harte Probe. Aber als sie sich schließlich zu den abschließenden Beratungen nach Lausanne begeben hatten, wurde die britische Delegation von den Amerikanern praktisch gezwungen, sich deren Auffassung anzuschließen und die Aufnahme von 100.000 Juden in Palästina zu empfehlen. Die Engländer stimmten dieser Zahl zögernd, aber einstimmig zu, obwohl ihr Leiter, Sir John Singleton, die Meinung vertrat, die Vorschläge des Komitees hätten als bloße »Empfehlungen« keine bindende Wirkung. Ein untergeordneter britischer Beamter sagte später zu einem amerikanischen Komiteemitglied: »Ein solches Programm werden wir mit Sicherheit nicht umsetzen.«[12]

Mit dem Bericht des britisch-amerikanischen Komitees »war fast niemand zufrieden«.[13] Die amerikanischen Behörden hatten nicht damit gerechnet, die Probleme der DPs durch Unterstützung ihrer Umsiedlung nach Palästina oder durch Änderung der Einwanderungsgesetze lösen zu müssen. Die britischen Behörden waren bestürzt über den Bericht und seine wichtigste Empfehlung. Sie hatten nicht erwartet, daß die Empfehlung einstimmig ausfallen würde. Für sie war das Dokument ein »bloßes Zugeständnis« an die amerikanische Position, und sie hatten nicht die Absicht, es umzusetzen. Es gab viel Unmut, weil die Amerikaner im Umgang mit den DPs ihren Willen durchgesetzt hatten, ohne selbst Verantwortung für die Lösung der Probleme zu übernehmen. Aber Attlee hielt sich wieder einmal sehr zurück, als er sich mit Truman in Verbindung setzte. Er äußerte seine Bereitschaft, sich an die Empfehlungen des Untersuchungsausschusses zu halten, falls die Amerikaner bereit wären, zwei Bedingungen zu akzeptierten: 1. finanzielle und militärische Hilfe der amerikanischen Regierung bei der Einreise der DPs nach Palästina sowie Stationierung amerikanischer Truppen während der Ansiedlung der Neuankömmlinge und 2. die Auflösung der illegalen jüdischen Armeen in Palästina (*Irgun* und *Haganah*).[14]

Diese Bedingungen des britischen Premierministers waren absurd und unerfüllbar. Die finanzielle Unterstützung wäre für die Vereinigten Staaten zwar kein Problem gewesen, aber selbst wenn Truman gewollt hätte, hätte er unmöglich amerikanische Truppen zur Durchsetzung politischer Maßnahmen nach Palästina schicken können – und er wollte es nicht. Zweitens handelte es sich bei den »illegalen Armeen«, von denen Attlee gesprochen hatte, faktisch um jüdische Untergrundbewegungen in Palästina, die für einen jüdischen Staat kämpften. Bei den amerikanischen Juden, die ein jüdisches Palästina anstrebten, waren sie ungeheuer populär. Und auch wenn amerikanische Senatoren und Kongreßabgeordnete illegale Aktivitäten nicht direkt unterstützten, begrüßten sie doch eine Lösung des »jüdischen Problems« ohne den Einsatz amerikanischer Truppen und die Einreise einer größeren Anzahl jüdischer Immigranten. Außerdem hätten bedeutende Wählergruppen Truman bei einem Auslandseinsatz amerikanischer Truppen zum Schutz von Juden heftig kritisiert, während die Juden sich über eine Auflösung von *Irgun* und *Haganah* mit Hilfe der USA entrüstet hätten. Natürlich war Attlee das alles genau bekannt; er ging mit diesen Forderungen, die die USA nicht akzeptieren konnten, keinerlei Risiko ein. Und selbst wenn sich die USA überhaupt nicht kompromißbereit gezeigt hätten, hätte Attlee die einstimmigen Empfehlungen des britisch-amerikanischen Komitees nicht akzeptieren müssen.[15]

Als Truman signalisierte, er könne Attlees erste Forderung nicht akzeptieren, schlug Attlee ihm entsprechend weitere britisch-amerikanische Gespräche über die Umsetzung der Empfehlungen des Komitees vor. Truman war einverstanden, und amerikanische Delegierte reisten nach London, wo man ihnen einen alten Vorschlag des Kolonialministeriums präsentierte. Die Amerikaner, denen die Erfahrung der Mitglieder des britisch-amerikanischen Komitees fehlte, stimmten diesem Vorschlag bereitwillig zu. Das neue Papier forderte die Teilung Palästinas in eigenständige arabische und jüdische Zonen unter britischer Oberhoheit. Anders als die amerikanischen Delegierten erkannte der Kongreß die Undurchführbarkeit dieses Vorschlags bereits bei der ersten Lektüre, denn das sogenannte Morrison-Grady-Abkommen schrieb nicht nur die britische Oberhoheit in den Bereichen Verteidigung, Außenpolitik, Zölle und Steuern, Justiz, Gefängniswesen, Polizei, Post, Zivilluftfahrt und Rundfunk fest, sondern übertrug ihr auch die Entscheidungsgewalt bei Meinungsverschiedenheiten zwischen Arabern und Juden in Einwanderungsfragen.[16]

Truman erkannte die Implikationen des neuen Berichts zunächst nicht, aber schließlich überzeugte ihn die einhellige Opposition der Mitglieder des britisch-amerikanischen Komitees, führender amerikanischer Juden und führender amerikanischer Politiker, daß der ihm zunächst genehme Vorschlag nicht durchzuführen war. In einem vertraulichen Gespräch mit einem anderen Politiker meinte Truman, er täte sein Bestes, 100.000 Juden nach Palästina zu bringen, glaube aber, es gebe keinen Weg, »unsere jüdischen Freunde« zufriedenzustellen. Aber die jüdischen Wähler waren für die Demokratische Partei zu wichtig, als daß man sie hätte ignorieren können; sie mußten einfach zufriedengestellt werden. Im August 1946 kündigte der Präsident deshalb an, er werde im Kongreß ein Sondergesetz einbringen, das 1947 die Einreise von DPs ermöglichen sollte.[17]

Die Engländer, die es am liebsten gesehen hätten, wenn sämtliche DPs auf andere Länder als Palästina verteilt worden wären, verstanden Trumans Ankündigung zumindest als Beweis seines guten Willens. Aber wer den amerikanischen Kongreß kennt, weiß, daß ihm der Wunsch eines Präsidenten keineswegs Befehl ist. Truman konnte sich in diesem Fall auf eine mächtige Lobby stützen, das *Citizens Committee on Displaced Persons*, das im Dezember 1946 mit der Arbeit begann. Der Kongreß, der stets bereit war, auf die Wünsche großer Wählergruppen zu reagieren, verabschiedete deshalb ein Gesetz, das für 1948 die Einwanderung von 200.000 DPs, Juden und Nichtjuden, in die USA vorsah. In einem Zusatzgesetz von 1950 wurden noch einmal 200.000 zugelassen. Allerdings versuchte der Kongreß in seinem Gesetz von 1948 genau wie die Engländer, die Anzahl der jüdischen Zuwanderer zu beschränken. Mit dem Gesetz von 1950 wurden Vorschriften gestrichen, die einen diskriminierenden Beigeschmack hatten.[18]

115

Eine Überprüfung der britischen und amerikanischen Maßnahmen für die jüdischen DPs macht unübersehbar deutlich, daß die jeweiligen nationalen Bedürfnisse und Belange unproblematische Arbeitsbeziehungen auf internationaler Ebene trotz der freundschaftlichen Beziehungen und der relativ ähnlichen Ansichten über die Richtung der europäischen Entwicklung nach dem Zweiten Weltkrieg unmöglich machten. Die Engländer büßten nach und nach ihr Empire ein und verloren an weltpolitischer Bedeutung, die Amerikaner waren im Aufwind und wußten das auch. Auch die Ergebnisse und Annahmen im Gefolge dieser Erkenntnis komplizierten den Umgang miteinander. Die Engländer waren dabei, ihre Wunden zu heilen, während die Amerikaner frech die Muskeln spielen ließen. Und die amerikanischen Bürger zu Hause maßten sich das Recht an, anderen Staaten vorzuschreiben, wie sie ihre inneren Angelegenheiten ordnen sollten. Schließlich, so glaubten sie, waren es die Amerikaner, die für den Sieg der Alliierten im Zweiten Weltkrieg verantwortlich waren, den Wiederaufbau der europäischen Volkswirtschaften finanzierten und das allen überlegene wirtschaftliche und politische System besaßen. Sie sahen nicht, was die Engländer und viele andere spürten: daß die Amerikaner die Macht übernommen hatten, sich taktlos verhielten und Kultur und Bedürfnisse anderer Länder nicht verstehen konnten.

Aus dem Amerikanischen übersetzt von Irmgard Hölscher

Anmerkungen

Dieser Aufsatz ist die Überarbeitung eines Vortrags, der am 20.7.1995 im Rahmen der Internationalen Konferenz zur Lage und Lebenswelt der jüdischen Displaced Persons 1945-1949 vom 19.-21.7.1995 in München gehalten wurde.

1 Tad Szulc, *The Secret Alliance: The Extraordinary Story of the Rescue of the Jews Since World War II.* New York: Farrar, Straus and Giroux, 1991, S. 116; Abram L. Sachar, *The Redemption of the Unwanted: From the Liberation of the Death Camps to the Founding of Israel.* New York: St. Martin's/Marek, 1983, S. 172-173; Yehuda Bauer, *Out of the Ashes: The Impact of American Jews on Post-Holocaust European Jewry.* Oxford: Pergamon Press, 1989, S. 48.

2 Leonard Dinnerstein, *America and the Survivors of the Holocaust*. New York: Columbia University Press, 1982, S. 10ff.; Gil Loescher, John A. Scanlan, *Calculated Kindness: Refugees and America's Half-Open Door, 1945-Present*. New York: The Free Press, 1986.

3 Karen Gershon, *Postcript*. London: Victor Golancz, 1969, S. 30, 34; Judah Nadich, *Eisenhower and the Jews*. New York: Twayne, 1953, S. 41.

4 Foreign Relations of the United States (FRUS), Vol. I (1945), S. 1158; F. R. Adlerstein, »How Europe's Lost Are Found«, in: *The American Mercury*, 61 (Oktober 1945), S. 485ff.; Kenneth Ray Bain, *The March to Zion*. College Station: Texas A & M University Press, 1979, S. 71, 72; Joseph Grew to Harry S. Truman, June 21, 1945, War Refugee Board Mss., Franklin D. Roosevelt Library, Hyde Park, New York, box 9, folder: »Earl G. Harrison Mission«.

5 »The Harrison Report«, in: Dinnerstein, *America*, Appendix B, S. 297-305.

6 Allen Howard Podet, *The Success and Failure of the Anglo-American Committee of Inquiry, 1945-1946: Last Chance in Palestine*. New York: Edwin Mellon Press, 1986, S. 3; Robert M. Hathaway, *Ambiguous Partnership: Britain and America, 1944-1947*. New York: Columbia University Press, 1981, S. 219-220.

7 Hathaway, *Ambiguous Partnership*, S. 219-220.

8 Richard Crossman, *Palestine Mission*. New York: Harper Books, 1947, S. 52; John Snetsinger, *Truman: The Jewish Vote and the Creation of Israel*. Palo Alto: Stanford University, Hoover Institution, 1974, S. 12, 72; Lawrence H. Fuchs, *The Political Behavior of American Jews*. New York: Free Press, 1956, S. 72-72; *The New York Times*, 1. August 1946, S. 10; 2. August 1946, S. 8.

9 Dinnerstein, *America*, S. 44ff.

10 FRNS, Vol VIII (1945), S. 737-738.

11 Dinnerstein, *America*, Kap. 3; Hathaway, *Ambiguous Partnership*, S. 221-223.

12 Beide Zitate aus Dinnerstein, *America*, S. 93.

13 Bernhard Wasserstein, *Vanishing Diaspora*: The Jews in Europe since 1945. Cambridge, Mass.: Havard University Press, 1996, S. 23.

14 Hathaway, *Ambiguous Partnership,* S. 278; Dinnerstein, *America*, S. 94.

15 Hathaway, *Ambiguous Partnership*, S. 279-280; Wasserstein, *Vanishing Diaspora*, S. 23.

16 Dinnerstein, *America*, S. 101-103.

17 Ebd., S. 104-105, 115.

18 Die Geschichte der Displaced Persons und der Spannungen zwischen Amerikanern und Engländern wird ausführlich behandelt in Dinnerstein, *America*. Leserinnen und Leser, die sich umfassender über das Thema informieren wollen, werden auf den ausführlichen Anmerkungsteil und die umfassende Bibliographie in diesem Werk verwiesen.

THESE ARE THE PEOPLE

Zu Abraham J. Klausners Film über das *Zentralkomitee der befreiten Juden in der amerikanischen Zone*

Ronny Loewy

»Some of the scenes of the opening session, including shots of Ben Gurion, Grinberg, Hoegner and Rifkind, are preserved in a 35mm film, with sound track«, lautet eine knappe Fußnote über den Film THESE ARE THE PEOPLE in dem 1953 erschienenen Buch *The Redeemers* von Leo W. Schwarz.[1] Es ist die einzige Erwähnung eines kostbaren Filmdokuments in der frühen Literatur über die Displaced Persons.[2]

THESE ARE THE PEOPLE ist ein 18 Minuten langer Film, der anläßlich der 1. Konferenz des *Zentralkomitees der befreiten Juden in der amerikanischen Zone*, oder auf Jiddisch, wie es die meisten jüdischen DPs damals sprachen, *Zentral Komitet fun di befreite Jiden in der Amerikaner Zone*, die vom 27.–29. Januar 1946 in München stattgefunden hat, gedreht wird.

Mit Originalaufnahmen und Ausschnitten aus Filmen des US-Army Signal Corps macht uns THESE ARE THE PEOPLE bekannt mit Filmbildern vom Leben in den DP-Camps Landsberg und Feldafing, mit der »Hachschara«, einem Kibbuz-Simulator im nordbayrischen Zettlitz zur Vorbereitung auf landwirtschaftliche Arbeit in Palästina. Diese Filmaufnahmen bilden den Hintergrund für einen filmischen Bericht über den 1. Kongreß des *Zentralkomitees der befreiten Juden*, dessen Eröffnungsveranstaltung im Münchner Rathaus den Mittelpunkt des Films darstellt.

Kopien dieses Films befinden sich in den beiden Filmarchiven Israels, dem Steven Spielberg Jewish Film Archive und dem Israel Film

Archive, beide in Jerusalem.[3] Diese Filmkopien hat vor ca. 10 Jahren der amerikanische Rabbiner Abraham J. Klausner den Archiven übergeben. Als der Film 1945/46 gedreht wurde, war der am 22. April 1915 geborene Abraham Klausner 30 Jahre alt und Rabbiner der US Army in Deutschland.

Der kurze Vorspann des Films lautet: »THE CENTRAL COMMITTEE / OF LIBERATED JEWS / IN GERMANY / presents / A DOCUMENTARY FILM / THESE ARE / THE PEOPLE / GERMANY / 1946«. Abraham J. Klausner wird in dem Vorspann des Films, wie in dem ganzen Film überhaupt, nicht genannt. Aber es ist »sein Film«. Klausner hat die Idee zu diesem Film gehabt, hat seine Finanzierung zustandegebracht und die Herstellung organisiert, also den Film produziert, er hat Regie geführt und er ist in dem Film fast pausenlos präsent, als Sprecher aus dem Off und zweimal als Kommentator auch im Bild.

Wir hören und sehen einen jugendlich wirkenden amerikanischen Soldaten in der Uniform eines Lieutenants. Sein ungeübt wirkendes Auftreten, seine Stimme vor allem, erscheint uns pathetisch und schüchtern zugleich. Doch der Film macht uns bekannt mit einem der umtriebigsten und umstrittensten Aktivisten der US Army im Zusammenhang der Konfrontation der amerikanischen Sieger- und Besatzungsmacht mit dem DP-Problem. Daß Klausner im Film unerwähnt bleibt, verdeckt eher den ungewöhnlichen Aktionismus dieses Mannes, für den als Angehöriger der US Army strenge Auflagen galten und dem bei Strafandrohung untersagt war, sich mit einem solchen Film zu exponieren und sich mithin in die inneren Belange der Gemeinschaft der DPs einzumischen, respektive in die Kompetenz der zuständigen Hilforganisationen wie u.a. der *United Nations Relief and Rehabilitation Administration* (UNRRA) und des *American Jewish Joint Distribution Committee* (JDC), kurz *Joint* genannt, einzugreifen.

Klausner kommt in der dritten Woche im Mai 1945 zur *116th Evacuation Hospital Unit* nach Dachau.[4] Seine Aufgabe ist unklar, außer daß er für die jüdischen US-Soldaten Gottesdienste abhalten soll und die Toten nach Jüdischem Gesetz zu begraben hat. Sein Wunsch, in Fernost, wo der Krieg noch im Gange ist, stationiert zu werden, wird nicht erfüllt. In Europa fürchtet er, die Überlebenden würden ihm mit dem Vorwurf begegnen, die amerikanischen Juden hätten nicht genug zu ihrer Rettung unternommen.[5]

Holocaust-Überlebenden in ihrer Situation als DPs helfen zu können, darauf ist Rabbiner Klausner völlig unvorbereitet. Was er mitgebracht hat, sind lediglich jede Menge Mesusot, jene kleinen Kultgegenstände zur Anbringung an die rechten Türpfosten jüdischer Wohnungen. Diese sollte er ursprünglich an jüdische Soldaten verteilen.

In Dachau sieht er sich unmittelbar mit einer Situation konfrontiert, in der die Überlebenden weniger einen geistlichen Beistand von ihm bekommen wollen, als daß sie von ihm erwarten, er könnte ihnen helfen bei der Suche nach überlebenden Verwandten, Freunden und Bekannten.

In Dachau, von diesem Schlüsselerlebnis berichtet Klausner in mehreren Interviews, begegnet er einem Überlebenden, der so krank und geschunden ist, daß er seine Baracke nicht mehr verlassen kann.

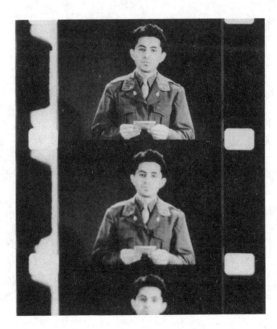

Abb. 1: Abraham J. Klausner vor der Kamera.
Steven Spielberg Jewish Film Archive, Jerusalem.

Dieser Mann erzählt ihm von seinem Bruder, der vor dem Krieg in die USA emigrieren konnte und dort orthodoxer Rabbiner wurde. Der Zufall will es, daß dieser Rabbiner zusammen mit Klausner als Army-Rabbi nach Europa gekommen und beim *17th Reinforcement Depot* stationiert ist. Es gelingt Klausner, die Brüder zusammenzubringen.[6]

Klausner faßt den Plan, Suchlisten zusammenzustellen und zu verbreiten, durch die Überlebende sich gegenseitig und systematisch suchen können. Aber noch bevor er sein Vorhaben realisieren kann, wird seine *Unit* bereits am 2. Juni 1945 von Dachau abgezogen. Auf dem Weg zu ihrem neuen Standort setzt sich Klausner von seiner *Unit* ab und kehrt umgehend nach Dachau zurück. Wieder in Dachau angekommen, schließt er sich der *127th Unit* an. Um dort angenommen zu werden, täuscht er vor, von der *116th* zurückgeschickt worden zu sein. Die nötigen Papiere dafür würden nachkommen, versichert er.

Abb. 2: David Ben Gurion auf der Eröffnungsveranstaltung der 1. Konferenz des *Zentralkomitees der befreiten Juden in der amerikanischen Zone* im Münchner Rathaus am 27. 1. 1947. Steven Spielberg Jewish Film Archive, Jerusalem.

Max Braude, ein anderer Army-Rabbi, der Klausners »gehorsamsver-weigernde« resp. »fahnenflüchtige« Handlungen durchschaut, deckt ihn und überstellt ihn an eine andere Einheit.

Bereits am 21. Juni 1945 legt Klausner die erste gedruckte Suchliste vor mit einigen Tausenden von Namen von Überlebenden und ge-suchten mutmaßlichen Überlebenden. Bald erscheinen insgesamt sechs solcher Listen mit dem Titel *Sherit Hapleta* (Der Rest der Ge-retteten). Den Listen werden in einer vorangestellten Information »Regarding Your Rights« Ratschläge über Rechtsfragen beigegeben. Die Suchlisten werden an die diversen Hilfsorganisationen wie die UNRRA, den *Joint* etc. weitergegeben und in die USA, nach Groß-britannien, Frankreich, Palästina geschickt. »The first volume had particularly great significance for the survivors because it represented their first major attempt to communicate with Jews in the West.«[7]

Den sich aus den Suchlisten ergebenden umfangreichen Postver-kehr, der in keinem Fall über den Post Service der Army laufen darf, erledigt Klausner größtenteils selbst, in dem er die Suchbriefe über die amerikanische Militär-Rabbiner-Organisation *Jewish Welfare Board* nach New York zum Weiterversand schickt.

Seine große Reputation unter den jüdischen DPs verdankt Klaus-ner auch seinem Eintreten für eine getrennte Unterbringung der jüdi-schen von den übrigen DPs in separaten DP-Camps. Als erste große jüdische DP-Camps in Bayern wurden Feldafing, Landsberg und Föhrenwald eingerichtet.

Das gleiche gilt auch für Krankenhäuser. Zur ersten Klinik aus-schließlich für jüdische DPs wird das Benediktinermissionskloster St. Ottilien in der Nähe von Landsberg, wo ohnehin schon fast nur jüdi-sche Überlebende aus Dachau stationiert sind. Ein weiteres Kranken-haus in Gauting kommt durch Klausners Drängen hinzu. Er kann auch durchsetzen, daß in diesen Kliniken jüdische Ärzte und jüdi-sches Personal die Krankenversorgung übernehmen. Klausner arbei-tet hierbei mit dem aus Kowno (Litauen) stammenden Arzt Zalman Grinberg zusammen, der auch auf der 1. Konferenz des *Zentralkomi-tees der befreiten Juden* als deren Vorsitzender auftritt und in dem Film THESE ARE THE PEOPLE zu sehen und zu hören ist, wie er eine flammende Rede hält.

Im Juni 1945 unterstützt Klausner Grinberg tatkräftig dabei, der

Führung der US Army in den Münchener Headquarters, vor allem dem für DP-Angelegenheiten zuständigen Captain McDonald, die Erlaubnis zur Gründung einer zentralen Organisation abzuhandeln. Sie soll autorisiert werden, im Namen aller DPs mit den amerikanischen Militärbehörden zu verhandeln. Wegen erheblicher rechtlicher, formaler und politischer Bedenken, Klausner muß immer wieder aufgefordert werden, sich als Soldat der US Army strikt zurückzuhalten, kommt die Gründung des *Zentralkomitees der befreiten Juden* am 1. Juli 1945 – wie zuerst vorgesehen – noch nicht offiziell zustande, bezieht aber mit einem »Informationsbüro« Quartier im Deutschen Museum in München.[8]

Den amerikanischen Regierungsbeauftragten Earl G. Harrison begleitet Klausner auf seiner Inspektionsreise im Sommer 1945 zu den DP-Camps in die US-Zonen von Deutschland und Österreich. Der danach bekanntgewordene *Harrison Report* faßt im Grunde zusammen, was Klausner in zahlreichen Pamphleten an amerikanische Regierungs- und Militärbehörden so wie an zivile Hilfsorganisationen mitgeteilt hat. »We appear to be treating the Jews as the Nazis treated them except that we do not exterminate them«, lautet Harrisons vernichtendes Resümee in seinem »interim report« vom 3. August 1945.[9]

Was immer Klausner unternimmt, scheint ihn in Konflikt mit der Army zu treiben. Um seine Ziele zu erreichen oder seine Auffassungen öffentlich zu unterbreiten, verstößt er meist gegen die Vorschriften der US Army, die den Soldaten äußerste Zurückhaltung auferlegen. Mit der Produktion von THESE ARE THE PEOPLE hat Klausner allemal seine Kompetenzen überschritten. Aus dieser für ihn delikaten Situation ist auch zu erklären, warum Klausner seinen Namen in diesem Film nicht preisgegeben hat.

Als Klausner seinen Mitstreiter, den Arzt und Vorsitzenden des *Zentralkomitees der befreiten Juden* Zalman Grinberg, im Februar 1946 mit gefälschten Papieren ausrüstet, damit er einer Einladung für eine Fundraising Tour in die USA folgen kann, bekommen beide Ärger. Zwar gelingt es Grinberg, seine dreiwöchige Reise erfolgreich durchzuziehen,[10] doch Klausners Aktivitäten geraten zunehmend unter strenge Beobachtung seiner Vorgesetzten. Am 24. Oktober 1946 wird Klausner aus der US Army entlassen und muß in die USA zurückkehren.

Durch die Fürsprache einiger Notabeln aus einflußreichen jüdischen Organisationen in den USA wird er am 21. Januar 1947 wieder in die Army einberufen und nach Europa zurückgeschickt.

Er wird nunmehr in Kassel stationiert. Von dort aus macht er 1947 noch einmal von sich reden im Zusammenhang der in Pöppendorf bei Hamburg festsitzenden DPs, die mit der »Exodus« schon den Hafen von Haifa in Palästina erreicht hatten und von den Briten wieder nach Deutschland zurückgeschickt worden waren. Klausner arrangiert für einige dieser DPs die Flucht von der britischen in die amerikanische Zone, von wo sie abermals ihre Reise nach nach Palästina antreten können.[11]

Es ist nicht bekannt, ob der Film THESE ARE THE PEOPLE je öffentlich vor DPs gezeigt wurde. Auch Klausner, der heute in Santa Fe lebt, kann diese Frage nicht beantworten. Daß der Film teilweise aus Footage des US Army Signal Corps kompiliert ist, läßt sich unschwer nachweisen. Wer aber bei den Originalaufnahmen die Kamera geführt, wer den Film geschnitten hat, wer für den Ton verantwortlich gewesen ist, wer die Filmmusik eingespielt hat usw., ist unbekannt. Klausner nennt die Mitarbeit einer »Bavarian Film Company«, unter diesem Namen hat sich in seiner Erinnerung die Unterstützung seines Projekts durch ein Team aus Geiselgasteig festgehalten. Hierbei hat es sich vermutlich um ein Team der für die westlichen Besatzungszonen operierenden amerikanisch-britischen Kinowochenschau WELT IM FILM gehandelt.

Der Film dokumentiert Ausschnitte aus den Reden auf der Eröffnungsveranstaltung des Kongresses des *Zentralkomitees der befreiten Juden* von Zalman Grinberg, von Wilhelm Hoegner, dem Bayerischen Ministerpräsidenten, und dem Führer der *Jewish Agency*, David Ben Gurion. Außerdem treten in dem Film auf: Eva Reading (*World Jewish Congress*), Simon H. Rifkind (Richter aus den USA und »Advisor on Jewish Affairs to the American Command in Germany«), Colonel Roth von der *US 3rd Army*, Isaak Schwarzbart (*World Jewish Congress*), der Rabbiner Blum und eine Reihe weiterer DP-Funktionäre wie Samuel Gringauz, Grosberg, Isaac Ratner, Dawid Treger, Joseph Liebowicz, Israel Jochelson und Marian Puczyc.

THESE ARE THE PEOPLE ist einer von zwei überlieferten Filmen, die das *Zentralkomitee der befreiten Juden* produziert hat. Der Film

DI BOKSMEISTERSCHFT FUN DER SCHERIT HAPLETA, den die, wie es im Vorspann heißt, »Filmsektie beim Zentral Komitet fun die befreiten Jiden in der Amerikaner Zone« hergestellt hat, ist eine 10 Minuten lange Sportreportage über eine DP-Boxmeisterschaft am 27. und 28. Januar 1947 im Münchner Zirkus Krone.[12] Regie und Kamera bei diesem Film hat der aus Polen stammende Kameramann Jakob Jonilowicz besorgt.[13] Als dieser Film gedreht worden ist, war Klausner bereits in Kassel stationiert.

Der Film DI BOKSMEISTERSCHFT FUN DER SCHERIT HAPLETA geht über eine unterhaltsame Sportberichterstattung nicht hinaus, an der allenfalls der Kommentar in jiddischer Sprache auffällt. THESE ARE THE PEOPLE hingegen ist ein kostbares und außergewöhnliches Filmdokument.

Die Lage der DPs ist durchaus Gegenstand zahlreicher Dokumentar- und auch einiger Spielfilme. Aber, sieht man einmal ab von der Sonderstellung eines Films wie LANG IST DER WEG (Deutschland 1947–48/Regie: Herbert B. Fredersdorf, Marek Goldstein),[14] so fällt an THESE ARE THE PEOPLE auf, daß der Film seine Absichten ganz und gar unprätentiös ausbreitet. Vor der Kamera steht ein junger Lieutenant der US Army und spricht. Er fordert die Zuschauer auf, die elende Lage der DPs zur Kenntnis zu nehmen, und verlangt nach ihrem Mitgefühl. Dagegen montiert hat Klausner in seinem Film die Beiträge habitueller Agitatoren wie Ben Gurion, Grinberg oder Hoegner. Durch Klausners permanente Präsenz in seinem Film bricht THESE ARE THE PEOPLE zugleich aus mehreren Mustern aus, die uns im Zusammenhang von Filmdokumenten zur Lage der DPs vertraut sind.

Bekannt sind uns vor allem Bilder der DPs aus den zahlreichen Filmdokumenten des US Army Signal Corps. Es sind die Filmbilder der Sieger. Die Sieger richten ihren Blick gewöhnlich auf sich selbst und auf die, die sie besiegt haben. So ist die Matrix dieser Filme beschaffen.[15] Den Bildern von den Toten und Überlebenden des Holocaust, mithin der jüdischen DPs, so eindringlich sie auch sind, kommt demzufolge der Status von Imponderabilien zu. Mit unbekannter Wirkung passen die Bilder der Holocaust-Opfer so recht nicht in das Kalkül der Siegerbilder.

Erst post festum als Beweisstücke vor Gericht oder als Anschauungsmaterial in der Pädagogik bekommen diese Bilder ihren Stellenwert. In der Geschichte des Dokumentarfilms zählen sie alsbald zu den »Beweisstücken« schlechthin.

THESE ARE THE PEOPLE gehört auch nicht zu den vielen Fundraiserfilmen, zu jenen Werbefilmen für die diversen Hilfsorganisationen und Unterstützungsfonds wie das JDC, die *Hebrew Sheltering and Immigrant Aid Society* (HIAS), den *United Jewish Appeal* (UJA) oder die *Keren Kayemet Le-Israel* (KKL), die zu Geldspenden aufrufen. Einhergehend mit diesem naheliegenden praktischen Zweck – dem Fundraising – verfolgen diese Filme durchaus auch eine Botschaft. Sie verbreiten so etwas wie einen repressiven Optimismus. Sie setzen die Gegenwart um einer besseren Zukunft willen mit den Bildern des Schreckens von einst massiv unter Druck.

In den Fundraisern werden die Bilder vom Ende einer Vergangenheit, von der Befreiung aus den Vernichtungslagern, konfrontiert mit einer Gegenwart in einem Niemandsland, in der »Displaced Society«, zwischen Entsetzen und Hoffnung. Sie werden konfrontiert mit einer Gegenwart als einer Zwischenzeit, welche die Zeichen einer Zukunft erblicken läßt, die für ein unversehrtes Leben der Nachgeborenen optiert. Man nennt so etwas eine Perspektive. Die Präsenz von Kindern in diesen Filmen, immer wieder in Szene gesetzt in den Bildern und Kommentaren, macht dies überaus deutlich. Dies gilt exemplarisch für Paul Falkenbergs Filme für das JDC wie REPORT ON THE LIVING (USA 1947), THE FUTURE CAN BE THEIRS (USA 1948), A DAY OF DELIVERANCE« (USA 1949).[16]

THESE ARE THE PEOPLE kommt auch ohne jedes Kalkül und jede Rücksichtnahme auf Gewohnheiten von Filmzuschauern in den USA wie anderswo aus, wie es beispielsweise der Fall ist bei PLACING THE DISPLACED von Martin A. Bursten, einem Fundraiserfilm der *Hebrew Sheltering and Immigrant Aid Society* (HIAS) aus dem Jahr 1948. In diesem Docudrama wird Filmmaterial des US Army Signal Corps in Szenen einer Spielhandlung einmontiert. Der Film befaßt sich mit der Einwanderung von DPs in die USA, erzählt entlang einer Erfolgsstory von einer Familienzusammenführung.[17]

Abraham J. Klausners THESE ARE THE PEOPLE hingegen wirkt mit der ganzen Aufgeregtheit und Naivität seines Protagonisten irgendwie unverstellt. Der Film ist propagandistisch allenfalls insofern, als er mitteilen will, daß es ein DP-Problem gibt, das alle angeht.

Anmerkungen

1 Leo W. Schwarz, *The Redeemers. A Saga of the Years 1945-1952*. New York: Farrar, Straus and Young, 1953, S. 347.

2 In der Literatur zum DP-Problem wird die Existenz dieses Films kaum und allenfalls am Rande erwähnt. Vgl. Juliane Wetzel, *Jüdisches Leben in München 1945-1951. Durchgangsstation oder Wiederaufbau?* München: Kommissionsverlag UNI-Druck, 1987, S. 331; Yehuda Bauer, *Out of the Ashes, The Impact of American Jews of Post-Holocaust European Jewry.* New York: Pergamon Press, 1988, S. 95.

3 35mm-Kopien, Länge 493,8 m.

4 Vgl. Alan Grobman, *American Jewish Chaplains and the Survivors of European Jewry, 1944-1948.* Detroit: Wayne State University Press, 1993, S. 4.

5 Diese und weitere Angaben zu seiner Person und seiner Laufbahn hat Klausner in zahlreichen Intervierws mitgeteilt, u.a. vgl. Interview, Oral History (Division of the Institute of Contemporary Jewry); Hebrew University, Jerusalem.

6 Vgl. Grobman, *American Jewish Chaplains*, S. 56.

7 Ebd., S. 57.

8 Vgl. Bauer, *Out of the Ashes*, S. 39ff.

9 Der *Harrison Report* wurde in diversen Fassungen in der ganzen westlichen Welt veröffentlicht, vgl. *New York Times*, 30. September 1945.

10 Vgl. Grobman, *American Jewish Chaplains*, S. 172.

11 Vgl. ebd., S. 187f.

12 Eine Kopie des Films befindet sich im *Steven Spielberg Jewish Film Archive* in Jerusalem.

13 Jakob Jonilowicz (1908-1975) war schon 1936 Kameramann bei dem Film JIDL MITN FIDL (Regie: Joseph Green). Er war auch einer der Kameramänner von LANG IST DER WEG (Deutschland 1947–48/Regie: Herbert B. Fredersdorf und Marek Goldstein), bevor er ein gefragter Kameramann in Israel wurde. Er gehörte dort zu dem Kamerateam, welches den gesamten Eichmann-Prozeß im Jerusalemer Gerichtssaal auf Videomaterial festgehalten hat.

14 Vgl. Cilly Kugelmann, »LANG IST DER WEG. Eine jüdisch-deutsche Film-Kooperation«, in: Fritz Bauer Institut (Hg.), *Auschwitz: Geschichte, Rezeption und Wirkung.* Jahrbuch 1996 zur Geschichte und Wirkung des Holocaust. Frankfurt am Main, New York: Campus, 1996, S. 353-369.

15 Vgl. Peter Maslowski, *Armed With Cameras. The American Military Photographers of World War II.* New York: Free Press, 1993.

16 Vgl. Ronny Loewy, »Die Welt neu zusammenfügen. Paul Falkenbergs Filme einer ›Displaced Society‹«, in: *Filmexil*, Nr. 8, Dezember 1996, S. 45-50.

17 Roberta Newman, »DP Docudrama: Institutional Propaganda and Post-World War II Jewish Refugees«, in: *Jewish Folklore and Ethnology Review*, Vol. 16, No. 1 (1994), S. 52-56.

Die Begegnung zwischen dem *Jischuw* und den Überlebenden des Holocaust

Anita Shapira

Die wissenschaftliche Beschäftigung mit dem »überlebenden Rest« (*She'erith Hapletah*) hat sich erst in den letzten zehn Jahren als Forschungsbereich etabliert. In den fünfziger Jahren gab es eine Reihe von Veröffentlichungen, darunter einige von Wissenschaftlern, die in den vierziger Jahren in den DP-Camps in Deutschland gearbeitet hatten: Koppel Pinson, Leo Srole, Leo Schwarz.[1] Dann, nach fünfzehn Jahren des Schweigens, erschien Yehuda Bauers Buch über die *Brichah* (Flucht) und Tsamryions Arbeit über die Presse der Überlebenden[2], danach war es wieder zehn Jahre lang still. Die achtziger Jahre brachten sodann eine neue Welle von Veröffentlichungen über die Überlebenden; die Arbeiten von Leonard Dinnerstein, Ze'ev Mankowitz, Irit Keynan, Nahum Bogner, Hanna Yablonka, Ya'acov Markovitzky, David Engel, Immanuel Sivan, Tom Segev, Idith Zertal und von mir brachten dieses Forschungsgebiet zur Reife.[3]

Das Problem der Überlebenden zählt mittlerweile zu den zentralen Themen in der gegenwärtigen historiographischen Diskussion in Israel. Dabei handelt es sich um die israelische Variante der weltweiten Diskussion zwischen der etablierten und der revisionistischen Sichtweise der Ursprünge und Folgen des Zweiten Weltkriegs. In Israel fällt diese Debatte mit der Debatte über die Staatsgründung, den Unabhängigkeitskrieg und die Einstellung zu den palästinensischen Arabern zusammen. Diese Debatte hat auch die Frage nach der israelischen Haltung zum Holocaust aufgeworfen, und das Problem der Überlebenden ist in diesem Kontext angesiedelt.[4]

Der Kontext der israelischen Diskussion berührt einerseits die Frage nach dem zionistischen Engagement der Überlebenden und andererseits die nach ihren Akkulturationsmustern in Israel. Dieser Aufsatz konzentriert sich auf den ersten Aspekt. Die Geschichte der Beziehung zwischen den Überlebenden und dem *Jischuw* (jüdisches Gemeinwesen in Palästina; d. Übers.) verläuft entlang zweier klar definierter Linien: Die Erzählung beginnt normalerweise bei den Diskussionen, die gegen Ende des Krieges in den Institutionen des *Jischuw* in Palästina über die erwartete Einwanderung der Überlebenden geführt wurden. Es gibt häufig zitierte Aussagen führender Mitglieder des *Jischuw*, die den Charakter der künftigen Immigranten, ihre Fähigkeit, sich dem zionistischen Projekt in Palästina anzupassen, ihre physische und psychische Gesundheit und schließlich den Grad ihres zionistischen Engagements in Frage stellen. Diese Zitate sind voll von negativen Klischees und zeigen deutlich die Befürchtungen für die Zukunft des zionistischen Unternehmens nach der Aufnahme der Flüchtlinge.[5]

Darauf folgt dann die dramatische Beschreibung, wie Ben Gurion im November 1945 in den Camps in Deutschland mit den Überlebenden zusammentraf und wie er begriff, daß die amerikanischen Behörden die Grenzen vor den Flüchtlingen aus dem Osten nicht verschließen und so die Konzentration jüdischer DPs auf deutschem Boden ermöglichen würden. Häufig zitiert wird auch Ben Gurions Anweisung, die Flüchtlingswellen von Polen und Rumänien nach Deutschland zu lenken, um über das Flüchtlingsproblem die Frage des jüdischen Staates auf die Tagesordnung der Großmächte zu setzen.[6] Von diesem Punkt an wird das gesamte Handeln oder Nichthandeln der Menschen in den Camps als Konsequenz aus den Aktivitäten der zionistischen Repräsentanten beschrieben. Der Harrison-Report und das beeindruckende Material, das von der *Anglo-American Inquiry Commission* zusammengetragen wurde und aus dem hervorging, daß die Überlebenden mehrheitlich nach Palästina emigrieren wollten, werden als Ergebnis zionistischer Manipulation dargestellt – durch moralischen und sozialen, aber gelegentlich durchaus auch physischen Druck.[7] Die pädagogischen, sozialen und politischen Aktivitäten in den Lagern gehen in dieser Version ausschließlich auf die Bemühungen der zionistischen Repräsentanten zurück: Sie waren diejenigen, die rekrutierten, ausbildeten und organisierten. Die hohe

Zahl der Überlebenden, die sich freiwillig meldeten, um im israelischen Unabhängigkeitskrieg zu kämpfen – und die, nebenbei bemerkt, alle Erwartungen übertraf –, wird ebenfalls diesen von Palästina initiierten Aktivitäten zugeschrieben.[8]

Es gibt zwei Versionen dieses Narrativs, eine zionistische und eine post- oder antizionistische. Die zionistische Version ist von einer gewissen Leichtigkeit und Ausgelassenheit erfüllt, vom Geist der Führer der Jugendbewegung, die ihre Schäfchen ganz nach ihrem Willen manipulieren und mit Hilfe unterschiedlicher Taktiken dazu bringen, genau das zu tun, was sie von ihnen erwarten. Es ist keine bösartige Version, aber sie enthält eine kräftige Prise Paternalismus und Herablassung: Die Repräsentanten und die Führung des *Jischuw* werden als weise und einfallsreich präsentiert. Im scharfen Gegensatz dazu werden die Überlebenden als hilflose, launische und verwirrte Menschen dargestellt, mit einem Hang zu emotionalen Ausbrüchen, angewiesen auf Führung und Lenkung, denen es insbesondere an eigenem Willen und eigener Führerschaft mangelte.[9]

Die antizionistische Version prangert mit genau denselben Geschichten dieser Heldentaten die Bösartigkeit der zionistischen Führung an, die kriegsmüde Überlebende ausnutzte und als Vorhut in den zionistischen Kampf um einen jüdischen Staat schickte.[10] Wo die zionistische Version eine Abenteuergeschichte von jungen Abgesandten erzählt, die mit List und Einfallsreichtum ihre nationale Mission erfolgreich zu Ende bringen, erzählt die antizionistische eine Geschichte von bösartiger Manipulation, in der die zionistische Elite elende Flüchtlinge zugunsten eines Projekts rekrutierte, das diese im Grunde gar nicht wollten und das zwangsläufig zu einer Katastrophe für die palästinensischen Araber werden mußte, die dadurch selbst zu Flüchtlingen wurden.[11]

Gemeinsam ist den beiden Versionen, daß sie die Überlebenden als anonyme, ziellose Masse darstellen. In beiden Versionen verbirgt sich die Annahme, die zionistischen Bestrebungen der Überlebenden seien kaum mehr als Lippenbekenntnisse gewesen und das Flüchtlingsproblem wäre mit Sicherheit außerhalb Palästinas gelöst worden, wenn die USA ihre Grenzen nur früher geöffnet hätten. Beide Versionen beschreiben die Überlebenden als passive Masse, deren Leben nur durch die Vertreter Palästinas wieder Richtung und Sinn bekam. Die

Frage ist, woher dieses Bild der Überlebenden stammt und inwieweit es sich durch historische Quellen bestätigen läßt.

Unter »Überlebende« verstehe ich hier überwiegend Juden aus Osteuropa, vor allem aus Polen. Im Unterschied zu west- und südeuropäischen Juden, die zum größten Teil in ihr Geburtsland zurückkehrten und ihr Leben dort wieder aufnahmen, fühlte sich die Mehrzahl der polnischen Juden von ihrer Heimat abgeschnitten. Sie waren im Übergang, in Bewegung. Das galt auch für die diejenigen, die die Kriegsjahre in Rußland verbracht hatten und im Anschluß an ihre Repatriierung nach Polen die Reise nach Westen fortsetzten. Die zentrale Rolle der polnischen Juden wird nicht nur durch ihren sehr hohen zahlenmäßigen Anteil in den DP-Camps (zu Zeiten fast 70 %) deutlich, sondern zeigt sich auch darin, daß die Führung der Überlebenden fast ausschließlich aus polnischen Juden bestand. Sie waren es auch, die den Dialog mit der zionistischen Führung aufrechterhielten.[12]

Der Holocaust wurde dem *Jischuw* erst allmählich und durch eine Reihe von Begegnungen mit verschiedenen Überlebendengruppen bewußt: zuerst die Gruppe der palästinensischen Staatsbürger, die 1942 gegen deutsche Staatsbürger ausgetauscht wurden,[13] dann die Teheran-Kinder, die als Flüchtlinge durch die Sowjetunion irrten und Ausreisevisa erhielten,[14] schließlich einzelne Mitglieder des *he-Chalutz* (Pionier) in den Kriegsjahren (Yoseph Korniansky, Renia Hershkowitz)[15], und dann Ruzka Korczak vom Widerstand in Vilnius, die vor Kriegsende nach Palästina kam und ihre Geschichte erzählte.[16] Im Mai 1945 kam es zu der rührenden Begegnung jüdisch-palästinensischer Soldaten der Britischen Armee mit den Überlebenden der Lager in Deutschland und in Tarbizio in Norditalien mit der Gruppe jüdischer Kämpfer aus Polen unter Führung von Abba Kovner.[17] Im August 1945 fand in London die erste zionistische Konferenz nach dem Krieg statt, bei der sich die Aktivisten unter den wenigen Überlebenden des polnischen Judentums mit der *Jischuw*-Führung trafen. Ende September 1945 kamen die ersten Vertreter Palästinas in Polen und im Dezember 1945 in Deutschland an.[18]

Die Klischees haben sich unabsichtlich aus diesen ersten Begegnungen zwischen den Überlebenden und den Repräsentanten des *Jischuw* entwickelt. Die Schilderungen ihrer Erfahrungen in den

Kriegsjahren zeigen die Überlebenden als hilflose Menschen, die gänzlich der Willkür der Herrschenden ausgeliefert sind. Davor, während des Krieges, hatten der *Jischuw* und seine Führer Schwierigkeiten gehabt, Berichte zu akzeptieren, nach denen die Mehrheit der Juden widerstandslos in den Tod gegangen war. Einige der *Jischuw*-Führer sahen in diesem Verhalten der Mehrzahl der Juden einen bedauerlichen Beweis für das Versagen der »nationalen« Erziehung (in Europa; d. Übers.), die angetreten war, den »neuen Juden« zu schaffen: mutig und stolz, ein Kämpfer für menschliche und nationale Würde, der sich abkehrt von der in Generationen weitergegebenen jüdischen »Weisheit«, die lehrte, den Rücken zu beugen und zu warten, bis sich der Sturm legt.[19]

Wie gründlich das reale Leben unter dem Naziterror und entsprechend auch das Wesen des Holocaust mißverstanden wurden, läßt sich am deutlichsten in der bildhaften Redewendung »Wie die Schafe zur Schlachtbank« zeigen. In den ersten Begegnungen zwischen den Führern des *Jischuw* und den Überlebenden spielten die Leiter der Aufstände eine wichtige Rolle; ihre Auseinandersetzungen in den Kriegsjahren mit der jüdischen Führung, dem Judenrat, waren immer noch lebendig und sehr emotional besetzt. Sie präsentierten zwei Wege – Kollaboration und Rebellion – als angebliche Alternative für Juden. Die überwiegende Zahl der Überlebenden wurde entsprechend als Menschen dargestellt, die sich für den falschen Weg entschieden hatten.[20]

Die landläufigen klischeehaften Phrasen wurden so von den Überlebenden selbst geprägt: Der Vergleich »Wie die Schafe zur Schlachtbank« tauchte erstmals 1942 im Ghetto von Vilnius auf einem Flugblatt von Abba Kovner auf.[21] Er rief darin die Juden auf, zu rebellieren und sich nicht wie die Schafe ins Schlachthaus führen zu lassen. Die peinliche Frage: »Wie hast du überlebt«, die von den Überlebenden als Affront verstanden wurde, als Unterstellung, ihr Leben durch unmoralisches Handeln gerettet zu haben, stammte aus der Auseinandersetzung zwischen Judenrat und Aufständischen; es war die Frage, mit der die Partisanen ihre Brüder in den Ghettos konfrontierten.[22]

Der Komplex der wechselseitigen Anklagen reflektiert die Schuldgefühle der jeweiligen Gruppen: die Schuldgefühle der Überlebenden, weil sie am Leben waren, die Schuldgefühle der Aufständischen, weil sie ihre Eltern nicht gerettet hatten, die Schuldgefühle der Männer und Frauen des *Jischuw*, weil sie die europäischen Juden nicht hatten retten können. Allerdings stützten sich die Anklagen der beiden ersten Gruppen auf die Kenntnis der Realität des Holocaust und wurden entsprechend durch Empathie entschärft. Als sie von Menschen aufgegriffen wurden, die während des Krieges nicht in Europa waren, erhielten sie eine ganz neue Dimension.

Zudem schickten Vertreter des *Jischuw* nach ihren ersten Begegnungen mit den Überlebenden Berichte voller Hilferufe nach Palästina. Das ist nicht überraschend, schließlich waren die Überlebenden eine notleidende Gruppe, die alle erdenkliche Unterstützung brauchte. Neben ihrem materiellen Elend, das angeblich von UNRRA und anderen Hilfsorganisationen behoben werden sollte, brauchten sie Hilfe in sämtlichen Lebensbereichen, von der Berufsausbildung bis zur Religionsausübung. Die Beziehung von Patient und Versorger prägte die erste Begegnung der *Jischuw*-Vertreter mit den Überlebenden. Paternalismus war ein natürlicher Bestandteil dieser Beziehung. Diese abhängig machende Beziehung einer notleidenden Bevölkerungsgruppe zu ihren Versorgern verstärkte und verschärfte die früheren Bedenken hinsichtlich des Charakters der Überlebenden.

Drei Faktoren haben zum Bild des abhängigen Überlebenden beigetragen und es erweitert. Der erste hängt mit der Betonung der »Negation des Exils« bei der Erziehung der *Jischuw*-Jugend zusammen. Dieser Ansatz sah im Zionismus die Lösung der existentiellen Probleme des jüdischen Volkes und zielte darauf ab, das zerstreute Volk in eine territoriale Nation mit eigenem Staat zu verwandeln. Das Konzept der »Negation des Exils« ging davon aus, daß die Juden nur in ihrem eigenen Land eine Zukunft hätten. Aber im Laufe der Zeit wurde die »Negation des Exils«, vor allem bei den Strömungen, die im Zionismus eine nicht nur politische, sondern moralische Revolution sahen, mit der Ablehnung von Verhalten und Lebensstil der Juden in der Diaspora gekoppelt.[23] In den Diskussionen vor der Abreise der jüdischen Vertreter nach Europa standen die jüdische Solidarität und das Engagement für die Überlebenden im Vordergrund. Gleichzeitig betonte man aber auch deren Schwäche sowie die Befürchtung, sie hätten in den Kriegsjahren möglicherweise negative Charakterzüge wie Materialismus, Egoismus, Hinterlist, Faulheit und tendenziell Verrat an der Obrigkeit erworben.[24] Signifikant war auch die Tatsache, daß die Abgesandten überwiegend aus der Kibbutz-Bewegung kamen: Sie waren stärker als die Stadtbewohner in ein Wertesystem eingebunden, dessen Modell der »neue Jude« war – ein stolzer Mann, der für seine Freiheit kämpft, sich mit Leib und Seele für das Kollektiv einsetzt, bereit ist, schwierige Aufgaben zu übernehmen und harte Arbeit zu leisten.[25]

Der zweite Faktor betrifft die Internalisierung des Holocaust. Die Begegnung mit den Überlebenden und das Bild von ihnen wirft unter anderem die folgende Frage auf: Wie man weiß, wanderten fast 50% des *Jischuw* in den zehn Jahren nach 1933 nach Palästina ein. Man könnte also annehmen, daß sich diese Einwanderer in Hinblick auf ihre Weltanschauung, ihre Kenntnis der Lebensbedingungen der europäischen Juden und der Beziehungen zwischen Juden und Nichtjuden, ja selbst in Hinblick auf den Menschentyp nicht wesentlich von denen unterschieden, die in Europa geblieben waren. Wie also läßt sich der Abgrund zwischen den damaligen »Veteranen« und den Überlebenden des Krieges erklären? Die Erklärung liegt in den sechs Kriegsjahren, die eine beispiellose Wasserscheide darstellten, ein Trauma, das der *Jischuw* noch nicht voll verstanden und mit Sicherheit noch nicht internalisiert hatte. Untersucht man die Quellen aus den späten vierziger Jahren, wird augenfällig, daß der Holocaust im kollektiven Bewußtsein der Juden in dieser Phase nur begrenzt gegenwärtig und von zweitrangiger Bedeutung war. Die drängenden Probleme lagen im politischen und militärischen Kampf gegen die Engländer sowie in innenpolitischen Fragen. Auf der kulturellen und Erfahrungsebene war der Zweite Weltkrieg viel präsenter als der Holocaust.[26]

Richtig ist, daß der Holocaust in der öffentliche Rede, insbesondere in der Rede der politischen Opposition – vertreten durch Menachem Begin, den damaligen Führer des *Irgun* – bereits die Funktion eines »Counternarrativs« bekam: Das »Counternarrativ« versuchte, der Herrschaft der *Mapai* (der Zionistischen Arbeiterpartei) die Legitimation zu entziehen, indem das zionistische Establishment als die Institution präsentiert wurde, die während des Kriegs keine Juden gerettet hatte. Dazu kam die Gleichung: *Mapai* = Judenrat, Briten

= Nazis, die den Gegensatz zwischen den Kämpfern und denjenigen hervorhob, die sich willig der Fremdherrschaft unterwarfen.[27] Diese Vereinnahmung des Holocaust durch die Opposition als Narrativ der Gruppe, die nicht dem (im damaligen Sprachgebrauch) »organisierten *Jischuw*« angehörte, verdrängte den Holocaust noch stärker aus dem öffentlichen Bewußtsein. Niemand fragte danach, welche Bedeutung der Holocaust für die Menschheit hatte und was seine Konsequenzen für diejenigen waren, die ihn erlebt hatten. Als Fishel Scheerson, der bekannte Psychologe und Philosoph in Palästina, 1946 die Lager besuchte, fand er erfreut das »wundersame Bild der Überlebenden« vor. Er kam zu dem Schluß, die Überlebenden seien psychisch gesund geblieben und hätten keine unheilbaren Wunden und Narben davongetragen. Hier kann man ausgezeichnet beobachten, wie Menschen genau das sehen, was sie sehen wollen: Die Führung des *Jischuw* hatte Angst vor traumatisierten Menschen und vermittelte den Überlebenden unbewußt die Botschaft, ins normale Leben zurückkehren zu müssen.[28] Die Kombination der aus den Klischees hervorgegangenen Zweifel am Charakter der Überlebenden mit dem Entschluß, sie so schnell wie möglich für das zionistische Projekt zu gewinnen, verstärkte paradoxerweise die Neigung, die Positionen der Überlebenden maßgeblich den Aktivitäten der jüdischen Vertreter Palästinas zuzuschreiben.

Der dritte Faktor bei der Entstehung des Bildes vom passiven Überlebenden hängt mit den politischen Bedingungen in Palästina zusammen. Während die beiden ersten Faktoren das Bild der Abhängigkeit nur psychisch und ideologisch ausgemalt hatten, hatte dieser direkte und aktive Auswirkungen: Die Führung und die gesellschaftlichen und politischen Eliten des *Jischuw* versuchten, die Überlebenden in ihr politisches Gefüge einzupassen, um die vorhandenen Parteien und Organisationen zu stärken. Man darf dabei nicht vergessen, daß die Überlebenden das letzte Menschenreservoir des europäischen Judentums bildeten, das seit den Anfängen der jüdischen Nationalbewegung als Quelle potentieller jüdischer Einwanderer nach Palästina galt. Durch die Vernichtung der europäischen Juden bekam der Kampf um die politischen Loyalitäten dieses Überbleibsels eine besondere Bedeutung. Es kann deshalb nicht verwundern, daß die jüdischen Vertreter Palästinas in Polen und anderen osteuropäischen Staaten – und natürlich in den Camps in Deutschland – die Überlebenden als Gruppe betrachteten, die angeleitet, gesteuert und indoktriniert werden mußte. Die Begegnung zwischen den Überlebenden und den Juden aus Palästina war somit durch Politisierung geprägt. Diese Politisierung markierte mehr als alles andere den paternalistischen Charakter der Beziehung. Die Trennung nach Parteien zwang dazu, die Richtlinien der Jischuw-Führung zu akzeptieren und sich entsprechend der in Palästina üblichen politischen Richtungen einzuordnen. Die Solidarität, die sich in und nach dem Holocaust entwickelt hatte, ging in diesem Prozeß verloren; die Überlebenden mußten die kollektive Identität Palästinas übernehmen.

Für manche Sprecher der Überlebenden, die sich während des Krieges mit zionistischen Organisationen identifiziert hatten, repräsentierten die Parteien sowohl eine Heimat als auch eine menschliche und ideologische Kontinuität zu einer Welt, die es nicht mehr gab. Deswegen fiel es ihnen schwer, sich von den Parteien in Palästina zu distanzieren, selbst dann, wenn deren Politik den Lektionen zuwiderlief, die sie aus eigener Erfahrung gelernt hatten (etwa bei der positiven Einstellung der zionistischen Linken zur Sowjetunion).

Die meisten Überlebenden hatten allerdings keine politische Vergangenheit; für sie beruhte die Macht der Parteien auf der Tatsache, daß sie darüber entschieden, wer nach Palästina einwandern durfte und vor allem wann. Diese Politisierung förderte Heuchelei und Betrug; viele Menschen liefen von einer Partei zur anderen in der Hoffnung, ihre Einwanderung nach Palästina zu beschleunigen. Oft genug traf eine Gruppe von Pionieren unter der Fahne eines bestimmten Kibbutz in Palästina ein, schloß sich dann einem anderen Kibbutz an oder fand schlicht ihren Weg in die Städte, wo sie sich auflöste. Die Politisierung war für die Portraitierung der Überlebenden als passiv und manipulierbar maßgeblich verantwortlich.[29]

Die Untersuchung der Überlebenden selbst ergibt ein komplexeres, mit Sicherheit aber aktiveres und unabhängigeres Bild. Zunächst sind die Bedingungen in den beiden Ländern, in denen sich die meisten Überlebenden konzentrierten – Polen und Deutschland –, in der Phase vor der Ankunft der Vertreter Palästinas zu berücksichtigen. Warschau wurde im Januar 1945 befreit; im September kamen die ersten Vertreter an. In Deutschland endete der Krieg im Mai, und hier trafen die Abgesandten nicht vor Dezember 1945 ein. Es gab eine Interimsphase, in der die physische Rehabilitation zumindest begann. In Polen gab es vielfältige kulturelle, soziale und organisatorische Aktivitäten. Die ehemaligen Anführer der Ghettoaufstände (Yitzhak Zukkerman, Zivia Lubetkin, Haika Grossman, Abba Kovner, Adolf Berman) bildeten eine beeindruckende Führungsriege, die bei den Überlebenden hohes Ansehen genoß.[30] Sie begannen damit, die Überlebenden in Polen zu organisieren und die Repatriierten aus Rußland aufzunehmen. Gleichzeitig bemühten sie sich, Fluchtwege aus Polen zu den Mittelmeerhäfen zu öffnen. Die *Brichah*-Bewegung, die für den jüdischen Exodus aus Europa nach dem Krieg so wichtig war, wurde von den Überlebenden selbst in die Wege geleitet, organisiert und durchgeführt. Auch in Deutschland trat eine lokale Führungsgruppe mit beträchtlicher Kompetenz und beeindruckender Energie auf den Plan. Bereits im Juli 1945 fand in St. Ottilien die erste Überlebendenversammlung statt, und zwar auf Initiative – und unter der Leitung – der Überlebenden selbst (Zalman Grinberg, Samuel Gringauz).[31] Dort formulierten sie ihre – militant zionistischen – Ziele und forderten, die Grenzen Palästinas für sie zu öffnen.

Der Zionismus der Überlebenden war keineswegs Resultat zionistischer Manipulation von außen, sondern direkte Folge des Holocaust. Der *Jischuw* konnte diesen Zionismus deshalb nicht wirklich erkennen, weil er die Erfahrung des Holocaust noch nicht »verdaut« hatte. Selbstverständlich waren die polnischen Juden in ihrer Mehrheit vor dem Krieg keine Zionisten gewesen, zumindest nicht im Sinne einer Befürwortung der tatsächlichen Auswanderung nach Palästina.

Aber die meisten Überlebenden gingen aus dem Krieg als, wie ich es nennen möchte, »intuitive Zionisten« hervor: Ihr Zionismus war naiv und einfach und basierte auf einer Anzahl von Grundannahmen: 1. Heimatlosigkeit: Europa hatte die Juden ausgestoßen, und dieser Prozeß war noch keineswegs abgeschlossen. Ein russischer Offizier jüdischer Abstammung, der ein Arbeitslager befreite, antwortete auf die Frage der Überlebenden, wohin sie gehen sollten: »Nicht nach Osten und nicht nach Westen. Uns sieht man nirgendwo gern.«[32] 2. Die Geschehnisse des Holocaust gründeten in der Tatsache, daß die Juden keinen Staat zu ihrer Verteidigung besaßen. »Ein Volk, das ein

Land hat, kann nicht zerstört werden.« 3. Eine starke ethnische Solidarität, die ihren Ausdruck in dem Wunsch fand, unter Juden zu leben: »Ein Leben unter Brüdern und Schwestern« – das war ihr Zionismus.[33]

Die zionistische Überzeugung spielte eine wichtige Rolle im Rehabilitationsprozeß der Überlebenden: Sie gab den Menschen einen Fokus für die Identität, eine Gruppe, der sie angehören, und ein Ziel, das sie anstreben konnten. Sobald sich die Überlebenden nicht mehr um ein Stück Brot sorgen mußten, begriffen sie, welche Tragödie und welchen Verlust sie erlitten hatten. Der Schmerz der Einsamkeit war nie so groß wie am Tag nach der Befreiung. Sie wollten instinktiv zunächst so schnell wie möglich eine neue Familie gründen und einen Weg suchen, ihr Leben wieder aufzunehmen. Gleichzeitig war das jüdische Gemeinschaftsgefühl nie so stark wie unter den Überlebenden, für die die Welt in zwei Kategorien zerfiel: Juden und Nichtjuden. Aus ihrer Sicht fielen in der Identifikation mit dem jüdischen Staat und der Bereitschaft, dafür zu kämpfen, der Kampf für ihre persönlichen Ziele und Bedürfnisse und das Handeln für das jüdische Kollektiv und seine Ziele zusammen. So gesehen diente der Kampf, an dem sich die Überlebenden beteiligten, als Medium der Rehabilitation, weil er individuellen Stolz, Zugehörigkeitsgefühl und Zukunftshoffnung beförderte. In diesem Kontext muß auch die Bereitschaft der Überlebenden gesehen werden, die Führung und Autorität der Vertreter Palästinas zu akzeptieren: Nicht diese Vertreter waren es, die sie vom Zionismus überzeugten, vielmehr veranlaßte sie ihre prozionistische Überzeugung, die Vertreter zu akzeptieren und ihnen zuzuhören, weil sie eine Gesellschaft repräsentierten, der die Mehrheit bald anzugehören hoffte.

An dieser Schnittstelle des individuellen und kollektiven Rehabilitationswunsches gab es unterschiedliche Entscheidungen: Manche der Überlebenden ließen sich in deutschen Städten nieder, andere emigrierten in die Vereinigten Staaten, und etwa zwei Drittel entschieden sich für Israel. Diese Unterschiede sind ein weiterer Beleg dafür, daß die Überlebenden ihre Entscheidungen sehr viel eigenständiger trafen, als es das Klischee nahelegt.[34]

Die Beziehung zwischen den Neuankömmlingen und der aufnehmenden Gesellschaft in Palästina/Israel ähnelte einem Dialog zwischen Gehörlosen. Auf der einen Seite standen diejenigen, deren Erfahrungen einen totalen Bruch mit der Vergangenheit darstellten, auf der anderen Menschen, die sich die Kontinuität von Vor- und Nachkriegsleben bewahrt hatten. Die israelische Gesellschaft sah in der physischen Rehabilitation der Überlebenden sowie in der Tatsache, daß sie neue Familien gegründet, ihre Ausbildung abgeschlossen und wirtschaftlichen wie beruflichen Erfolg hatten, den Beweis für eine gelungene Anpassung. Diesen Erfolg verbuchte sie auf das Konto der aufnehmenden Gesellschaft. Die Überlebenden dagegen hatten eine utopische jüdische Gesellschaft erwartet, die sie umarmen, an die Brust nehmen und mit Wellen von Liebe und Wärme trösten würde. Sie ersehnten eine unmittelbare Begegnung der Herzen, von Mensch zu Mensch. Aber diese Begegnung konnte nicht stattfinden, weil die beiden Gruppen die Realität anders wahrnahmen. Der Ursprung der Bitterkeit, die sich in den Herzen der Überlebenden aufstaute, lag in der psychischen Distanz und sozialen Entfremdung zwischen »Veteranen« und »Neuankömmlingen«. Sie behielten die implizite – und oft explizite – Forderung schmerzlich im Gedächtnis, die neue Identität des *Jischuw* anzunehmen und Sprache und Ort ihrer Kindheit zu vergessen. Als sie vierzig Jahre später ihre Vergangenheit wieder in Besitz nahmen, forderten sie die Anerkennung ihrer einzigartigen Erfahrung als legitimen Bestandteil der israelischen Identität und des kollektiven Gedächtnisses.[35]

Das geeignetere Paradigma für diese Diskussion, das weit über die zionistischen oder antizionistischen Versionen hinausgeht, scheint mir der Begriff der »Generationseinheit« zu sein, wie ihn Karl Mannheim entworfen hat. In seinem Aufsatz »Das Problem der Generation« hat Mannheim die »Generationseinheit« als gemeinsame Entwicklungserfahrung charakterisiert, die zu gemeinsamen Denkmustern und Reaktionen führt. Charakteristisch für die »Generationseinheit« sind kollektive Selbstbewußtheit und Gruppensolidarität.[36] Koppel Pinson hat zwar recht, wenn er feststellt, daß die Überlebenden einen typischen, wenn auch zufälligen Querschnitt der jüdischen Vorkriegsgesellschaft in Polen darstellen, aber die Erfahrung des Krieges und des Holocaust sowie der jahrelangen Unsicherheit nach dem Krieg verleihen ihnen dennoch alle Merkmale einer »Generationseinheit«. Eigenschaften wie ihr intuitiver Zionismus, ihre Neigung zu kollektiven

Einstellungen, ihre scharfen emotionalen Reaktionen, ihr Solidaritäts-
gefühl gegenüber allen, die ihre Entwicklungserfahrung nicht teilen,
spiegeln sämtlich das Verhalten einer »Generationseinheit«. Dieses
Charakteristikum der Überlebenden hat sich mit den Jahren nicht
verloren, sie haben im Gegenteil wie andere Gruppen in der israelischen Gesellschaft auch ihre durch Entwicklungserfahrungen der
Vergangenheit erworbenen Identifikationsmerkmale bewahrt. Das
Bemühen der Überlebenden in den letzten Jahren, einerseits die
Rolle des Holocaust für das israelische Nationalethos und andererseits ihre eigene Stellung im Gründungsmythos des Staates zu unter-
streichen, ist ein später Ausdruck dieser Identität der »Generationseinheit«.

Aus dem Englischen übersetzt von Irmgard Hölscher

Anmerkungen

Dieser Aufsatz ist die Überarbeitung eines Vortrags, der mit Unterstützung des
Instituts für Zeitgeschichte der Universität Innsbruck am 21.7.95 im Rahmen der
Internationalen Konferenz zur Lage und Lebenswelt der jüdischen Displaced
Persons 1945-1949, 19.-21.7.95, in München gehalten wurde.

1 Koppel S. Pinson, »Jewish Life in Liberated Germany«, in: *Jewish Social Studies*,
   Vol. 9 (April 1947); Leo Srole, »Why the DP's Can't Wait«, in: *Commentary*, Vol.
   3, No. 1 (Januar 1947); Leo Schwarz, *The Redeemers.* New York 1953.
2 Yehuda Bauer, *Flight and Rescue: Brichah. The Organized Escape of the Jewish
   Survivors of Eastern Europe, 1944-1948.* New York: Random House, 1970; Tse-
   mah Tsamriyon, *The Press of the Jewish Holocaust Survivors in Germany as an
   Expression of Their Problems.* Tel Aviv 1970 (Hebr.).
3 Leonard Dinnerstein, *America and the Survivors of the Holocaust.* New York:
   Columbia University Press, 1982; Ze'ev Mankowitz, *Ideology and Politics
   Among Survivors in the American Zone in Germany 1945-1946.* (Diss.) Hebrew
   University 1987 (Hebr.); Nahum Bogner, *The Deportation Island: Jewish Illegal
   Immigrant Camps on Cyprus 1946-1948.* Tel Aviv 1991 (Hebr.); Hanna Yablon-
   ka, *Foreign Brethren: Holocaust Survivors in the State of Israel 1948-1952.* Jeru-
   salem 1994 (Hebr.); Ya'acov Markovitzky, *Fighting Ember: Gahal Forces in the
   War of Independence.* Tamat Ef'al 1995 (Hebr.); Emmanuel Sivan, *The Genera-
   tion of 1948: Myth, Profile and Memory.* Tel Aviv 1991 (Hebr.); Tom Segev, *The
   Seventh Million: The Israelis and the Holocaust.* New York 1993; dt.: *Die siebte*

Million: Der Holocaust und Israels Politik der Erinnerung. Reinbek bei Hamburg: Rowohlt, 1995; Idith Zertal, *From Catastrophe to Power: Jewish Illegal Immigration to Palestine 1945-1948.* Tel Aviv 1996 (Hebr.); Irit Keynan, *Holocaust Survivors and the Emissaries from Palestine: Germany 1945-1948.* Tel Aviv 1996 (Hebr.); David Engel, *Between Liberation and Flight: Holocaust Survivors in Poland and the Struggle for Leadership, 1944-1946.* Tel Aviv 1996 (Hebr.); Anita Shapira, »The *Yishuv* and the Survivors of the Holocaust«, in: *Studies in Zionism,* Vol. 7, No. 2 (Autumn 1986); dies., »Historiography and Memory: Latrun 1948«, in: *Jewish Social Studies,* New Series, Vol. 3, No. 1 (Fall 1996).

4   Vgl. Anita Shapira, »Politics and Collective Memory: The Debate over the ›New Historians‹ in Israel«, in: *History and Memory: Studies in Representation of the Past,* Vol. 7, No. 1 (Spring/Summer 1995), S. 17-23.

5   Vgl. z. B. Zertal, *From Catastrophe,* S. 417-420; Segev, *The Seventh Million,* S. 104-110; Yablonka, *Foreign Brethren,* S. 62-70.

6   Shapira, »The *Yishuv*«, S. 280.

7   Zertal, *From Catastrophe,* S. 420-421.

8   Yablonka, *Foreign Brethren,* S. 79-109.

9   Vgl. z. B. Yehuda Braginsky, *A People Striving to the Shore.* Tel Aviv 1965 (Hebr.), S. 378.

10 Zertal, *From Catastrophe,* S. 273-300.

11 Vgl. Amnon Raz-Krakotzkins Theorie, zitiert nach Shapira, »Politics and Collective Memory«, S. 23-29.

12 Keynan, *Holocaust Survivors,* S. 80-81.

13 Dina Porat, *An Entangled Leadership: The Yishuv and the Holocaust, 1942-1945.* Tel Aviv 1986 (Hebr.), S. 62-67.

14 Vgl. Hava Eshkoli (Wagman), *Silence: Mapai and the Holocaust 1939-1942.* Jerusalem 1994 (Hebr.), S. 375-377.

15 Vgl. Porat, *An Entangled Leadership,* S. 70. Kornianskys Memoiren finden sich in Moshe Bassok (Hg.), *The Young Chalutz.* Ein Harod 1944 (Hebr.), S. 399-407; die Memoiren von Hershkowitz sind unter dem Titel *Wanderings and Underground* 1945 bei Ein Harod erschienen.

16 Dina Porat, »The Encounter Between Ruzka Korczak and the *Yishuv's* Leadership 1944-1946« (Hebr.), in: *Yalkut Moreshet* 52 (1992), S. 9-33.

17 Keynan, *Holocaust Survivors,* S. 85.

18 Shapira, »The *Yishuv*«, S. 290-293; Keynan, *Holocaust Survivors,* S. 101-109.

19 Anita Shapira, *Land and Power, the Zionist Resort to Force, 1881-1948.* New York und Oxford 1992, S. 330-332.

20 Memorandum von Yitzhak Zuckerman, Warschau, März 1944, in: *Documents on the Holocaust.* Hg. v. Yitzhak Arad u.a. Jerusalem 1978 (Hebr.), S. 221-222.

21 Ebd., S. 344-346.

22 Irit Keynan, »Between Hope and Fear: Emissaries from Palestine in the DP-Camps in Germany, 1945«, in: Anita Shapira (Hg.), *Ha'apala: Studies in the History of Illegal Immigration into Palestine, 1934-1948.* Tel Aviv 1990, S. 222; Minutes of Mapai Seretariat, 11.9.1945; Labor Party Archives, Bet Berl, Section 2, File 24/45, S. 4.

23 Vgl. Anita Shapira, »Native Sons«, in: Yehuda Reinharz, Anita Shapira, *Essential Papers in Zionism*. New York 1996, S. 799-802.

24 Keynan, *Holocaust Survivors*, S. 21-22.

25 Ebd., S. 151-152.

26 Vgl. Anita Shapira, *The Holocaust and World War II as Components in the Yishuv Identity until 1948*. Im Druck, Indiana University Press.

27 Ya'akov Malka, *The Attitude of Menahem Begin and Yisrael Eldad to the Holocaust*. Erscheint in Kürze. Tel Aviv University.

28 Fishel Sneerson, »The Wondrous Image of the Surviving Remnant«, in: *Education*, 1949 (Hebr.); Keynan, *Holocaust Survivors*, S. 37-39; Keynan, »Between Hope and Fear«, S. 211-229.

29 Shapira, »The *Yishuv*«, S. 281-301.

30 Ebd., S. 281-283; David Engel, *Between Liberation and Flight*, S. 64-89.

31 Report of Chaim Hoffmann-Yahil , o.J., in: Moreshet Archives, Giv'at Chaviva, D.2.440 (Photo vom H'apala Project, Tel Aviv, 13.7(31)-132).

32 Aussage von Moshe Beisky in: *Jewish Liberators and Survivors Meet in the Wake of WW II*. Hagana Archive. Tel Aviv 1993 (Hebr.), S. 28.

33 Irit Keynan, »The Surviving Remnant – Olim or Immigrants?«, in: *Iyunim Betekumat Yisrael*, 1 (1991) (Hebr.), S. 343-358.

34 Ebd.

35 Shapira, »Latrun«; und dies., »The Holocaust: Private Memory, Public Memory«, in: *Zmanim*, Vol. 14, No. 57 (Winter 1996-1997), S. 4-13.

36 Karl Mannheim, »Das Problem der Generationen«, in: ders., *Wissenssoziologie: Auswahl aus dem Werk*. Eingel. und hg. von Kurt-H. Wolff. Berlin u. Neuwied: Luchterhand, 1964, S. 544ff.

Schicksalhafte Begegnung – Israel und die Holocaust-Überlebenden

Idith Zertal

Eine neue Lesart zweier kanonischer Texte, die mit dem historischen Ereignis der Gründung des Staates Israels verbunden sind – »My Sister on the Beach« von Yitzhak Sadeh[1] und »Page of Michael« von Nathan Alterman[2] – soll mir dazu dienen, die verborgene Bedeutung der schicksalhaften Begegnung zwischen dem Holocaust und seinen Überlebenden und dem jüdisch-zionistischen nationalen Gemeinwesen (*Jischuw*), das später den Staat Israel bilden sollte, zu entziffern. Zwischen 1945 und 1951 nahm die zionistisch-israelische Gemeinschaft, die 1945 nicht mehr als 650.000 Juden zählte, über eine Viertelmillion Holocaust-Überlebende auf.[3] Obwohl der Zustrom von Neuankömmlingen, die sich in Lebenserfahrung, kulturellem und psychischem Ballast wie im Aussehen von dem aufnehmenden Kollektiv so grundlegend unterschieden, das Profil dieser Gemeinschaft für immer veränderte, obwohl der Holocaust zum wirkungsmächtigsten Argument für das zionistische Ziel eines jüdischen Staats[4] und zum »zentralen Mythos der gegenwärtigen *civil religion* Israels«[5] werden sollte, und obwohl sich der neue Staat im geistigen wie im politisch-materiellen Sinne als Erbe der Holocaust-Opfer verstand, wurden sowohl das historische Ereignis selbst als auch die Überlebenden, also die unmittelbaren Träger der Erinnerung, im ersten Jahrzehnt der »staatlichen«[6] Phase fast völlig verdrängt und aus dem öffentlichen Diskurs und der offiziellen Sphäre ausgeschlossen. Es war eine Zeit für Helden, nicht für Opfer.[7] Es schien, als hätten die führenden Personen des neuen Staates, die Gestalter der nationalen politischen Kultur, einen solchen Schrecken vor der möglichen verheerenden Wir-

145

kung dieser Opfer/Überlebenden auf die durch die zionistische Revolution gefährdeten Seelen gehabt, daß sie alles taten, um das zionistische Ethos von der abstoßenden jüngsten Vergangenheit zu lösen.

Die vom zionistisch-israelischen Establishment inspirierten Jahrestage, offiziellen Publikationen, Literatur und Geschichtsschreibung sowie die Schulbücher rückten praktisch ausschließlich die Ghettokämpfer und Partisanen in den Mittelpunkt. Diese wurden als Blutsbrüder in die lange Ahnenreihe der neuen zionistischen Helden aufgenommen, die von der zum Mythos erhobenen historischen Schlacht von Tel Hai (1920) bis zum Unabhängigkeitskrieg (1948) reichte, und ließen sich so für eine einzige, allumfassende säkulare Liturgie des zionistischen Heroismus vereinnahmen.[8] Die Holocaust-Überlebenden dagegen mußten zur Bewahrung des Andenkens ihrer verlorenen Familien, ihrer eigenen schreckerfüllten Erinnerungen und ihrer kulturellen Traditionen fast verstohlen alternative Formen des Gedenkens entwickeln, die denn auch auf individueller wie auf kommunaler Ebene florierten.[9]

Die ersten zionistischen Reaktionen auf die Begegnung mit den Holocaust-Überlebenden – unmittelbar vor Ort, noch in Europa, direkt nach Kriegsende – waren, allgemein gesehen, geprägt von Bestürzung, Ekel, Abscheu und verächtlicher Kritik. Nur wenige unter den ersten zionistischen Emissären waren in der Lage, den letzten überlebenden Opfern der beispiellosen Naziverbrechen aufrichtiges, hochherziges Mitgefühl entgegenzubringen, wie zum Beispiel der junge Soldat, der aufschrie: »Muß es so sein, daß italienische Nonnen mehr Mitleid mit unseren Brüdern haben als wir, das Volk Israels?«[10] Oder ein anderer, der – im Unterschied zu seinen Kameraden, die so schnell wie möglich zurück nach Palästina wollten – sich entschloß, in Europa zu bleiben und meinte: »Wir sind nicht verbrannt worden wie die Millionen. Sollen wir jetzt unserer letzten Kraft entsagen (...) und an ihrer zukünftigen Saat verzweifeln?«[11] Dermaßen wirkungsvoll und erfolgreich war das über Generationen hinweg dominierende zionistische Ideologiekonzept der »Negation der Diaspora«.[12] Die zionistischen Dokumente aus dieser Zeit – Briefe, Berichte, Protokolle, politische und journalistische Schriften – sind denn auch voll von herabsetzenden Äußerungen über die neu entdeckten jüdischen Opfer. »Ich hielt sie zuerst für Tiere«, steht in einem Bericht.[13] »Was *uns* (Hervorhebung von mir, d. Verf.) geblieben ist, war nicht der beste Teil der Juden. Der bessere Teil unseres Volkes wurde als erster vernichtet«, schrieb ein jüdischer Journalist aus Palästina 1945 nach einem Besuch der DP-Camps in Deutschland.[14] Und noch vier Jahre später, also kaum unter dem Einfluß eines Schocks, der dem ersten unmittelbaren Kontakt mit den Resten der Lagerinsassen zuzuschreiben wäre, konnte Ben Gurion über die Überlebenden in einer Rede vor dem Zentralkommitee seiner politischen Partei sagen:

»Das waren Menschen, die nicht hätten überleben können, wenn sie nicht gewesen wären, wie sie waren – schlecht, hart und egoistisch (...) ihre Erfahrungen haben ihrer Seele alles Positive entzogen.«[15]
»Unsere Haltung den Überlebenden gegenüber war nicht nur von humanitären Motiven geprägt, sondern vor allem von der Einschätzung der Rolle, die sie in unserem Kampf spielen konnten (...)«,

räumte mehr als dreißig Jahre später der Mann ein, der den Ausschuß für die jüdischen Flüchtlinge in den Camps leitete.

»Für uns waren die Überlebenden und Eretz Israel (das Land Israel) keine Einheit, wir legten den Schwerpunkt vielmehr auf die große psychische und physische Mühe, die die Überlebenden auf sich nehmen sollten, um mit uns vereint zu werden. Wir bauten die israelische Erfahrung und den neuen israelischen Menschen als Antithese zur Diaspora-Erfahrung und zum Diaspora-Menschen auf.«[16]

Doch die beiden Texte, die ich in diesem Aufsatz analysieren will, unterscheiden sich davon, nicht so sehr in ihrer tieferen, verborgenen Bedeutung und der relativ unbewußten Botschaft, die sie vermitteln, sondern weil sie einer anderen Textgattung zugehören, einem großen Publikum zugänglich waren und langanhaltenden Einfluß hatten. Beide wurden von prominenten Mitgliedern der politischen Machtelite ihrer Zeit geschrieben: General Yitzhak Sadeh war Gründer und erster Befehlshaber der legendären Kampftruppen *Palmach*, Vorläufer der Kampfeinheiten der israelischen Armee; Nathan Alterman zählt zu den geachtetsten Dichtern der ersten Phase nach der Staatsgründung, galt als »poetisches Sprachrohr des nationalen Konsenses«;[17] er galt als eine Art poetisches Alter ego von Ben Gurion, dem pater patriae. Beide Texte gehören zum grundlegenden Erzählkanon der zionistischen Erneuerung und waren für die Bildung der kollektiven israelischen Identität in den ersten Jahrzehnten konstitutiv. Ich lese diese Texte hier nicht als literarische Illustrationen der Geschichte, sondern als historische Dokumente, als textuelle Repräsentationen des Historischen an sich – als textuelle Repräsentation der Vergangenheitsrealität, durch die diese Vergangenheitsrealität vermittelt und zugänglich wird. Ich lese diese Texte wie jedes andere historische Dokument »mit Argwohn«, in der Annahme, daß alle Texte Spuren von etwas enthalten, dessen sich der Autor nicht bewußt ist, Spuren des Verdrängten, des Ausgelöschten, Spuren dessen, was nicht gesagt werden will oder gar unsagbar ist.

Beide Texte beschreiben die unmittelbare physische Begegnung der Menschen in Eretz Israel mit den Überlebenden/Flüchtlingen aus dem Exil bei deren Ankunft (bzw. Abstieg oder, zionistisch gesprochen, ihrem Aufstieg, »*Alija*«) an den Küsten »ihres« Landes. Das konkrete wie symbolische Absteigen – oder Aufsteigen –, das in beiden Texten beschrieben wird, die Ankunft mit Hilfe der Bewohner des Landes, Körper an Körper, diese in Dichtung und Prosa eingeschriebenen »Nächte des Abstiegs« zählen zu den zentralen Motiven der zionistisch-israelischen Mythologie. Deshalb mag auch eine neue Lesart, eine Dekonstruktion dieser Texte viele Erkenntnisse bieten.

Zunächst stelle ich Yitzhak Sadehs Liebeserklärung an die ankommenden jüdischen Flüchtlinge vor, »My Sister on the Beach« (mit einigen notwendigen Kürzungen):

»Dunkel. Auf nassem Sand steht meine Schwester vor mir: schmutzig, in Lumpen, ihr Haar ungekämmt. Barfüßig, das Haupt gebeugt. Schluchzend steht sie dort.
Ich weiß. Ihr Fleisch trägt das Brandzeichen: ›Nur für Offiziere.‹
Meine Schwester schluchzt und sagt:
Kamerad, warum bin ich hier? Warum wurde ich hergebracht? Bin ich es wert, daß junge und gesunde Männer ihr Leben für mich einsetzen? Nein, in dieser Welt gibt es keinen Platz für mich. Ich sollte nicht am Leben sein.
Ich umarme meine Schwester, umarme ihre Schultern und sage:
Es gibt einen Platz für dich auf der Welt, meine Schwester, einen einzigen, einen besonderen Platz. Hier, in diesem unserem Lande, sollst du leben, meine Schwester. Schwarz bist du, denn Todesqualen haben dich verbrannt, aber gar lieblich bist du für mich, schöner als alle Schönheit, heiliger als alle Heiligkeit (...)
Ich weiß: Übeltäter haben sie mißbraucht und unfruchtbar gemacht. Sie schluchzt und sagt: Kamerad, warum bin ich hier? (...)
Ich umarme meine Schwester, umarme ihre Schultern und sage: (...) Deine Füße sind die Straße der Todesqualen gegangen, und heute nacht bist du in dein Haus gekommen, und hier bei uns ist dein Erbe. Wir lieben dich, meine Schwester. Du trägst alle

Herrlichkeit der Mutterschaft in dir, alle Schönheit der Weiblichkeit. Dir gilt unsere Liebe, unsere Schwester wirst du sein, unsere Braut, unsere Mutter.

Vor diesen meinen Schwestern knie ich, werfe ich mich nieder, wälze mich im Staub ihrer Füße. Und wenn ich aufstehe, meinen Leib aufrichte, mein Haupt erhebe, spüre ich und weiß:

Für diese Schwestern – bin ich stark.

Für diese Schwestern – bin ich mutig.

Für diese Schwestern – werde ich auch grausam sein.

Für euch alles. Alles.«[18]

So spricht Sadeh, Gründervater der israelischen Streitkräfte, dessen junge Soldaten/Schüler die jüdischen Flüchtlinge auf ihren Schultern »trugen«, zu einem jungen Flüchtlingsmädchen, das gerade an die Küste des Heimatlandes gelandet ist. Dieser Sermon wurde erstmals in den späten vierziger Jahren in der *Palmach*-Zeitschrift veröffentlicht, als die illegale jüdische Einwanderung nach Palästina auf ihrem Höhepunkt war. Aber was sagen Sadehs Worte wirklich, an wen sind sie gerichtet, wer spricht über wen? Wer steht in jener Nacht am Strand und sieht wen an?

Ich möchte zuerst die so symbolisch überfrachtete binäre Gegenüberstellung in Sadehs Text betrachten, also das, was an den Küsten des Landes Israel mit wem konfrontiert wird. Auf der einen Seite steht eine Gruppe junger *Palmach*-Soldaten mit ihrem Kommandeur, auf der anderen ein einzelnes Flüchtlingsmädchen. Eine Gruppe von Männern steht vor einer einzelnen Frau; im Lande geborene Israelis stehen vor einem ausländischen, vertriebenen Mädchen; starke, gesunde junge Männer stehen einer geschlagenen, beschmutzten, weinenden Frau gegenüber; männliche Macht im Plural konfrontiert mit weiblicher Schwäche im Singular; kurz: der starke, eingewurzelte, mutige israelische Zionismus steht vor einer geschlagenen, verzweifelnden Diaspora, die den Tod herbeisehnt; ein Zionismus als Diskurs von Männlichkeit und Macht, aufgebaut auf der Basis der jüdischen Katastrophe und aus ihr heraus gebildet. »Für diese Schwestern bin ich stark (...) bin ich mutig (...) werde ich auch grausam sein.« Und wer spricht nun in dieser Nacht am Strand zu wem? Auf den ersten Blick richten sich Sadehs Worte an das fremde Flüchtlingsmädchen, sollen ihm sagen, daß es auf der Schwelle seines Hauses geliebt, bewundert und ersehnt wird, unseres und ihres Hauses, denn »heute nacht bist du in dein Haus gekommen«.

Aber so einfach, wie es scheint, läßt sich das Objekt in Sadehs Text nicht identifizieren. Er enthält einen rhetorischen Trick. Die Liebe und das Mitgefühl, das Sadeh formuliert, sind in Wirklichkeit nicht an das Flüchtlingsmädchen gerichtet und können gar nicht an das Flüchtlingsmädchen gerichtet sein, allein schon deshalb, weil es die Sprache des Sprechers gar nicht versteht. Anders ausgedrückt: es handelt sich nicht, wie es auf den ersten Blick scheint und wie es der Titel und die Form der Anrede suggeriert, um eine Rede, die die Grenze zwischen dem »Ich« und dem »Anderen«, zwischen dem *Jischuw* und der Diaspora, zwischen den jungen Männern Israels mit ihrem Kommandeur und der Flüchtlings-»Schwester« überwindet, sondern um eine interne Mobilisierungsrede für den *Jischuw*. Die Kämpfer, die jungen Bewohner des Landes, die ihre Flüchtlings-»Schwester« empfangen und auf ihren Schultern tragen sollen, sind das angesprochene Publikum ihres Kommandeurs, um sie geht es, nicht um das Flüchtlingsmädchen. Dieser Kunstgriff, der imaginäre Appell an einen imaginären Adressaten, der den Appell an den wirklichen Adressaten verdeckt, hält sich in den Grenzen dichterischer Taktiken und ist Bestandteil der poetischen Freiheit des Dichters. Es fragt sich nun, welche Botschaft Sadehs pädagogische, homiletische Rede vermittelt. Was erzählt er seinen jungen Soldaten über das einsame Mädchen, das am Strand steht, »schmutzig, in Lumpen (...), schluchzend«? Was sollen sie über das Mädchen erfahren, über es wissen, um es zu lieben, sich vor ihm niederzuwerfen, sich im Staub seiner Füße zu wälzen? Wenn es wirklich so ersehnt und geliebt ist, warum weint das Mädchen dann?

In seiner Position und Autorität als Befehlshaber und Pädagoge kennt Yitzhak Sadeh die Antwort (»Ich weiß«), und er legt sie dem Flüchtlingsmädchen selbst in den Mund:

»Warum bin ich hier? Warum haben sie mich hergebracht? Bin ich es wert, daß junge und gesunde Männer ihr Leben für mich einsetzen? Nein, in dieser Welt gibt es keinen Platz für mich. Ich sollte nicht am Leben sein.«

Das also ist die Gleichung: die »jungen und gesunden« Männer Israels setzen ihr Leben für einen Menschen ein, der nicht glaubt, eines solchen Opfers würdig zu sein, für ein Mädchen, das keinen Platz auf der Welt hat, das Leben nicht verdient. Die offenen und die verdeckten

Botschaften eines solchen Textes müssen genauer betrachtet werden, denn sie enthalten, auch im historischen Sinne, einige dubiose Behauptungen. Es waren nicht die jungen israelischen Männer, die bei diesen illegalen Einwanderungsaktionen ihr Leben riskierten (kein einziger von ihnen ist bei diesen Einsätzen ums Leben gekommen), sondern die Flüchtlinge selbst (von denen 13 umkamen und Hunderte verletzt wurden).[19] Problematischer ist aber die Bedeutung der Worte, die Sadeh dem Flüchtlingsmädchen in den Mund legt: »Warum haben sie mich hergebracht? Bin ich es wert (...)?«, und das, was sie über den Sprecher selbst aussagen, nicht über das Mädchen. Yitzhak Sadeh behauptet zu »wissen«, was das Flüchtlingsmädchen denkt. Das Mädchen, das hier für alle Flüchtlinge steht, die den Holocaust durch- und überlebt haben, glaubt, kein Recht auf Leben zu haben. Sie glaubt darüber hinaus, das Leben der jungen und gesunden Männer Israels um eines gescheiterten und wertlosen Lebens wie des ihren willen nicht aufs Spiel setzen zu dürfen. In seiner Rolle als allwissender und allmächtiger Erzähler schreibt Sadeh diese Behauptungen dem Mädchen zu und fungiert demnach als Vermittler: er vermittelt seinen Schülern die Rede des Mädchens, er gibt ihm, das immer noch keine Sprache hat, immer noch ohne Stimme ist, stumm, die Worte. Dem Anschein nach gesteht er ihr das Recht auf direkte Rede zu: er zitiert sie, er läßt sie in der ersten Person sprechen. Aber in Wirklichkeit kennt Sadeh nicht die Gedanken des Mädchens, sondern nur seine eigenen. Er, Sadeh, vermittelt nicht zwischen dem Mädchen und seinen Männern, sondern beutet es aus und benutzt es für die Vermittlung zwischen sich und ihnen. Das ist es, was hier geschieht. Die Vermittlung, die hier stattfindet, geht nicht in die erwartete, sondern genau in die entgegengesetzte Richtung. Nicht das Mädchen spricht, ob in eigenen Worten oder durch die seinen; der Sprecher ist Yitzhak Sadeh, und das Mädchen am Strand vermittelt zwischen ihm und seinen Männern. Beide Stimmen des Textes gehören also Sadeh. Er fragt und er antwortet.

Die weitere Dekonstruktion des Textes zeigt, daß schon die rhetorischen Fragen, die der Flüchtling, vermittelt durch Sadeh, scheinbar stellt, eine – wenn auch unbewußte – Gegenaussage zu der Bravour des Textes, zu der von ihm beleuchteten Seite enthalten, die ja an sich schon wegen ihrer rhetorischen Übertreibung und ihrer bombastischen Bewunderung suspekt ist. Aber Sadeh beläßt es nicht dabei. Er gibt seinen »jungen und gesunden« Männern eine weitere Information, eine Information, die für seine Lektion in Liebe und Mitgefühl absolut überflüssig, ganz und gar unnötig ist. Diese fast nebenbei in den Text eingefügte knappe Information, die in Sadehs Lobgesang auf das arme jüdische Mädchen kurz aufblitzt, wirft ein Schlaglicht auf das, was er seinen Soldaten tatsächlich »sagt«. Er versieht den Körper des Mädchens mit einem Zeichen. Er präsentiert ihre Unvollkommenheit, legt ihre befleckte Weiblichkeit bloß, um sie so von den gesunden und vollkommenen Söhnen des Landes zu unterscheiden. Aber er gibt sich nicht damit zufrieden, daß sie von Todesqualen gemartert bzw. von Übeltätern mißbraucht und unfruchtbar gemacht wurde. Von Anfang an berichtet er seinen jungen Männern präzise von dem beispiellosen Schrecken, dem ultimativen Entsetzen: »Ihr Fleisch trägt das Brandzeichen: ›Nur für Offiziere.‹« Jetzt ist es geschehen. Dem jüdischen Mädchen, das den Horror des Holocaust überlebte und die Heimat erreichte, wird hier noch einmal Gewalt angetan für all das Leiden, das es bereits erfahren hat. Der zusätzliche Schlag ist der fragende, brandmarkende, verächtliche, aufdringliche Blick auf das Flüchtlingsmädchen, der es zeichnet, in ein angeeignetes Objekt verwandelt, sein Innerstes beschlagnahmt. Es ist ein urteilender Blick, der den Körper, die Einschreibungen in den Körper und selbst das innerste Sanktum des Körpers liest. Der Akt des Sehens ist hier nicht länger ein physiologisches Konzept, sondern ein von Ideologie und Kultur durchtränkter Blick. Und es ist Israel selbst, das diese Verletzung zufügt. Der Körper des Mädchens wird in seinem eigenen »Haus« geplündert, seine Würde geschändet.

Damit sagt Sadehs verborgener Text – damaligem populärem Sprachgebrauch entsprechend – nicht mehr und nicht weniger, als daß das Mädchen deshalb am Leben blieb, den Holocaust überlebte (und Palästina erreichte), weil es die Integrität und Reinheit seines Körpers nicht verteidigt, weil sein (jüdischer) Körper sich (Nazi-)Offizieren hingegeben hatte. Seine Unreinheit, seine Befleckung war seine Fahrkarte ins Leben. Dieses jüdische Flüchtlingsmädchen hat so keinerlei Chance mehr. Es ist auf allen Ebenen geschlagen: durch das Gesetz des Landes Israel verdammt und besudelt durch das männliche Gesetz Sadehs, des symbolischen Schöpfers der neuen israelischen Männlichkeit. Allein schon die Tatsache ihres Überlebens, ihres Weiterlebens nach dem Holocaust, legt ein beschämendes Zeugnis ihres doppelten Verrats ab: des Verrats an sich selbst, an ihrem Körper, und des Verrats an ihrem Volk durch die Hingabe ihres Körpers an (Nazi-)Offiziere. Wie wir aber derselben inneren Logik entnehmen können, hätte die Verteidigung ihres weiblichen Körpers, ihres jüdischen Körpers, dessen völlige Zerstörung bewirkt. Damit lautet die implizite Bedeutung von Sadehs Predigt: Die Überlebenden, die jetzt in Israel ankommen und sagen, sie seien des Lebens nicht wert, sagen die unausgesprochene Wahrheit. Sie haben überlebt, weil sie Seele und Körper in irgendeiner Form verkauften und besudelten. Die aufrechten, anständigen Juden dagegen, die ihren Körper nicht verkauften und ihre körperliche und geistige Integrität bewahrten, wurden zerstört, ausgelöscht, gehörten nicht zu denjenigen, die aus dem Abgrund zurückkehrten. Aus den tiefen Schichten des Textes taucht also das vom zionistisch-israelischen Kollektiv gesprochene moralische Urteil auf, das späterhin die Grundlage des hegemonialen Diskurses der israelischen Gesellschaft über die Holocaust-Überlebenden, die an ihre Tore klopften, bildete. Dieses Urteil, das bezeugt, wie unbegreiflich der totale Schrecken des Holocaust und die totale Hilflosigkeit seiner Opfer für all diejenigen blieb, die nicht »dort« waren, ist zweischneidig und doppeldeutig: Überlebt hat nur, wer sich irgendeiner moralischen Sünde schuldig machte, die ihn rettete. Freigesprochen werden aber auch die nicht, die nicht überlebten, da sie nach zionistischen Maßstäben »wie die Lämmer zur Schlachtbank« gingen. Bei ihrer Ankunft »zu Hause«, im Moment ihrer Erlösung, sind die Überlebenden damit erneut geschlagen. Wieder sind sie Opfer. Das sagt Yitzhak Sadehs Text. Das sagt sein Subtext.

Auch Nathan Altermans Gedicht »Page of Michael« beschreibt eine »Nacht des Abstiegs«. Und wie bei Sadehs Homilie, wenn auch in anderer Form, enthält dieser Text ebenfalls eine gegenläufige Botschaft und ermöglicht andere als die akzeptierten kanonischen Lesarten. Hier nun zwei Strophen aus Altermans Gedicht:

»(...) In der Nacht des Ausbootens, unter dem Blick der Sterne,
während wir die Ankommenden durchs Dunkel tragen, ihr Leben auf unserem
Rücken,

153

spüren wir die Furcht in ihrem Atem und das Stöhnen ihrer elenden und verbannten Körper,
aber auch ihre Hand an unserer Kehle.

Das Volk wird sich mehren in diesem Land. Nicht als Sekte von Konvertiten werden seine Massen einwandern. Sondern ein Krieg zwischen zweien, unsichtbar, zügellos, wird sich durchziehen wie ein Faden, von außen und von innen, und entscheiden, ob der Mühlstein das Korn oder das Korn den Mühlstein zermahlt.«[20]

Die Begegnung in dieser »Nacht des Abstiegs«, die Altermans Gedicht (das sehr viel umfangreicher ist) beschreibt, ist notwendig eine Begegnung des konkreten, physischen Kontakts, der körperlichen Berührung. Und doch enthält das Gedicht keinen einzigen Blickkontakt zwischen dem Träger und seiner Bürde. Ist der Blick in Sadehs Text von Ideologie und Kultur durchtränkt, so gibt es hier überhaupt keinen Blick, kein Erkennen mehr. Die verhängnisvolle Distanz, der Abgrund zwischen Träger und Bürde läßt sich erst überbrücken, wenn die zionistische Hegemonie durchgesetzt ist.

»Für uns waren die Überlebenden und Eretz Israel (das Land Israel; d. Übers.) keine Einheit, wir legten den Schwerpunkt vielmehr auf die große psychische und physische Mühe, die die Überlebenden auf sich nehmen sollten, um mit uns vereint zu werden«,

sagte der Leiter der israelischen Kommission für die DP-Camps.[21] Alterman sagt, daß »sieben Riegel vom Tor gerissen werden« müssen, um einander erreichen zu können, um eine Berührung von Haut und Haut zu ermöglichen, »die Haut des von Peitschen gequälten (des Exilanten) – und die Haut seines Bruders, die rein geblieben ist (Israel)«.[22]
Diese Verse heben aber darüber hinaus auch sehr deutlich den Gegensatz und die gönnerhafte Unterscheidung zwischen Träger und Bürde, zwischen der starken, gesunden zionistischen Gemeinschaft und der elenden, leidenden Diaspora hervor. Während jedoch der Dichter beschreibt, wie Israels Schultern den verzagten Exilanten buchstäblich tragen, geschieht etwas Unerwartetes. Dem Vers wird eine andere Aussage eingegeben, eine Aussage, die das gängige Machtverhältnis zwischen dem zionistischen Kollektiv und der jüdischen Diaspora, zwischen Träger und Bürde in Frage stellt. In dieser Begeg-

nung von Unebenbürtigen sind überraschenderweise nicht die Schwachen, sondern die Starken bedroht. Die Präsenz der bislang negierten und verdrängten Diaspora, die jetzt hervorbricht, wenn auch nur als Objekt, das es zu tragen gilt, macht den starken, allmächtigen Israeli anfällig für Niederlage und Verheerung. Man spürt, wie der elende und verbannte Körper des Überlebenden mit seinem furchtsamen schweren Atem den Akt des Atmens, den fundamentalen, ursprünglichen Akt des Lebens in dem starken zionistischen Körper, der den Flüchtling auf dem Rücken trägt, zunächst bedroht und schließlich tatsächlich gefährdet (»aber auch ihre Hand an unserer Kehle«) und so eine große, geheimnisvolle Furcht auslöst. Im nächsten Vers wird die Bedrohung noch expliziter und schärfer. Zwischen dem Träger und der Bürde, dem Korn und dem Mühlstein, zwei sich gegenseitig ausschließenden Wesenheiten, die nicht gemeinsam existieren können, herrscht Krieg, ein echter Krieg auf Leben und Tod. Das Tragen der Flüchtlinge auf israelischen Schultern – weniger ein historischer als ein metaphorischer Akt, da von den fast 100.000 Überlebenden nur 3.000 zwischen 1945 und 1948 tatsächlich physisch an die israelische Küste getragen wurden – ist ein politisches Unternehmen, ein konstitutives Element in der Konstruktion des kollektiven nationalen Gedächtnisses, ein entscheidender, jedoch erschreckender Akt im großen Projekt der Gründung eines Staats aus der Zerstörung. Aber es ist trotzdem keine Begrüßung, die von bedingungsloser Liebe herrührt, keine Aufnahme aus echtem Mitleid, sondern ein Krieg, »unsichtbar, zügellos«, eine Begegnung von Leben überfrachtet mit potentiellem Tod.

Ich will den bekannten Aufsatz von Freud, »Das Unheimliche«,[23] heranziehen, um diese unerwartete, geheimnisvolle, allem Anschein nach paradoxe Furcht auszuloten, die der Kontakt zu dem elenden, geschlagenen Objekt, das er »auf den Schultern trägt«, in dem starken und gönnerhaften zionistisch-israelischen Subjekt hervorruft. In diesem Aufsatz beschäftigt sich Freud mit der brüchigen Grenze zwischen dem »Heimlichen« (dem Intimen, Nahen, dem gut und lange Bekannten) und dem Unheimlichen (dem Erschreckenden, Geheimnisvollen), mit der Gegenwart des einen im anderen und der Möglichkeit, die Grenzen zwischen ihnen niederzureißen.

»(...) (es) ist für uns am interessantesten«, schreibt Freud, »daß das Wörtchen heimlich unter den mehrfachen Nuancen seiner Bedeutung auch eine zeigt, in der es mit seinem Gegensatz unheimlich zusammenfällt. (...) Wir werden überhaupt daran gemahnt, daß dies Wort heimlich nicht eindeutig ist, sondern zwei Vorstellungskreisen zugehört (...) dem des Vertrauten, Behaglichen und dem des Versteckten, Verborgengehaltenen. Unheimlich sei nur als Gegensatz zur ersten Bedeutung, nicht auch zur zweiten gebräuchlich.«[24] Und weiter: »Also heimlich ist ein Wort, das seine Bedeutung nach einer Ambivalenz hin entwickelt, bis es endlich mit seinem Gegensatz unheimlich zusammenfällt.«[25]

Folgt man Freuds Definition des »Unheimlichen«, wird eine solche Angst dadurch hervorgerufen, daß man etwas begegnet, was paradoxerweise gleichzeitig fremd und vertraut, entfernt und nahe, völlig entfremdet und unbekannt und gleichzeitig merkwürdig kenntlich und bekannt ist. Diese Immanenz des Fremden im Vertrauten, des Fernen im Nahen wird als ethymologischer Beweis der psychoanalytischen Annahme aufgefaßt, wonach das bedrohliche Andere eine Version des Unheimlichen ist, die paradoxerweise von dem sehr Nahen, Intimen, der eigenen Psyche Zugehörigen ausgeht. Entsprechend wird diese geheimnisvolle Angst nicht durch Neues, plötzlich Geschehendes evoziert, sondern im Gegenteil durch etwas, was in der Vergangenheit einmal nahe und einem selbst zugehörig war, dann unter gewissen Umständen verdrängt und verborgen wurde und jetzt wieder auftaucht. »Das Unheimliche ist (...) das ehemals Heimische, Altvertraute. Die Vorsilbe ›un‹ an diesem Worte ist aber die Marke der Verdrängung.«[26] Was aber wäre der zionistischen Revolution so nah und vertraut, was hätte der israelische Zionismus – als Akteur dieser Revolution – verdrängen und in sich auszulöschen versuchen müssen, um »den Traum von Eretz Israel in die Wirklichkeit zu verwandeln«[27], wenn nicht die Diaspora, Kinderstube bzw., nach Gershom Scholem, sogar »Mutter« des Zionismus?[28] Und was könnte nun wieder an die Oberfläche steigen und sich in all seinem Elend dem zionistischen Kollektiv »aufdrängen«, wenn nicht die lange negierte und verdrängte Diaspora oder vielmehr das, was nach dem Holocaust davon übriggeblieben ist? Kurz: Es ist das Verborgene, das ungesehen bleiben sollte und jetzt plötzlich aus seinem Versteck kommt, das die große Angst evoziert, die durch die direkte Begegnung in diesen »Nächten des Abstiegs« erfahren wird.

156

Meine These lautet, daß die Begegnung zwischen der zionistisch-israelischen Gemeinschaft und der durch die Überlebenden repräsentierten Diaspora nach dem Holocaust, deren Tiefenstruktur sich in beiden hier analysierten Texten zeigt, tatsächlich jene unheimliche Wirkung produzierte, die nach Freud durch die Wiederkehr des Verdrängten, die Offenlegung des Unbewußten entsteht: Die Wiederkehr der Diaspora in ihrer Rolle als das Unbewußte des Zionismus. Dieser unheimliche Effekt steigerte sich noch, weil das wiederkehrende Verdrängte das Unbegreifliche und Unsagbare überlebt hatte und historische Prozesse zu einer zusätzlichen Entfremdung geführt hatten, unabhängig von psychischen Prozessen oder dem zionistischen Konzept der »Negation der Diaspora«. Dieses Entsetzen angesichts der Schrecken des Holocaust und der »lebenden Toten«, die aus seinem Abgrund emporstiegen, läßt vom Anbeginn der anhaltenden Konfrontation zwischen Israel und dem Holocaust eine Art verbotene Zone entstehen, einen geheiligten, fetischisierten Raum, der das Ereignis der Vernichtung der europäischen Juden umgibt. Die unvorstellbare Verheerung unterlag so einem ideologischen und politischen Tabuisierungsprozeß, wurde ritualisiert und geheiligt. Der totale Schrecken wird also durch irgendeine Form der Heiligkeit ersetzt. Das »Andere« des Schreckens, das der Logik des Lebens selbst fremd ist, das jede direkte Betrachtung, jedes Begreifen, jede Repräsentation und jede Erinnerung verhindert, wird in etwas angstvoll Geheiligtes verwandelt, dessen furchtbare numinose Macht so bedrohlich wie anziehend, so ehrfurchtgebietend wie potentiell gefährlich ist.

Diese unheimliche Wirkung der aus der Konfrontation mit dem Holocaust entstehenden Angst erklärt auch die Tatsache, daß die Begegnung in Sadehs Text wie in Altermans Gedicht im Dunkeln stattfindet.[29] Dabei geht es nicht nur um die Dunkelheit, die sich in den Kriegsjahren auf das jüdische Volk herabsenkte, oder um die Dunkelheit der »Nächte des Abstiegs«. In beiden Texten steht die Dunkelheit für den getrübten Blick, die Blindheit, das Nichterkennen, das diese Begegnung charakterisierte. Es ist dieser Selbstschutzmechanismus, den das zionistisch-israelische Kollektiv bei seiner Begegnung mit den Holocaust-Überlebenden aktivierte, so als ob der Schrecken des Holocaust nur in der Dunkelheit beobachtet oder erkannt werden könnte, also im Zustand des Nichtsehens, der Blindheit. Die israelische

Gesellschaft verhält sich bei ihrem ersten Kontakt zu den Überlebenden wie Perseus, der zum Schutz seines eigenen Lebens das schreckliche Haupt der Medusa nur im Spiegel des Schildes der Athene betrachtet, denn der direkte Anblick hätte ihn versteinert.[30] Eine andere Form der »Mobilisierung« gegen die lähmende Angst, die der Anblick der Holocaust-Überlebenden in ihr auslöste, stand der israelischen Gesellschaft anscheinend nicht zur Verfügung.

Man muß dabei freilich berücksichtigen, daß die Weltöffentlichkeit allgemein diese Menschen überhaupt nicht wollte. Jüdischen Flüchtlingen blieben in den Jahren nach dem zweiten Weltkrieg die meisten Länder verschlossen. Der einzige Ort, die einzige Gemeinschaft, die sie wollte und um ihre Aufnahme kämpfte, war das zionistisch-israelische Kollektiv (damals, bis zum Frühjahr 1948, noch kein souveräner Staat).[31] Das junge israelische Volk trug die Flüchtlinge tatsächlich an den Strand, wenn nicht auf seinen Schultern wie in dem Gedicht, dann doch auf andere Weise. Dennoch gab es im Verlauf dieser schicksalhaften Begegnung, so effektiv in politischer, so schmerzlich und erschreckend in menschlicher und psychologischer Hinsicht, keinerlei Blickkontakt, kein Hinsehen, kein Erkennen zwischen den Trägern und ihrer Bürde. Es gab wohl den »Blick« eines der beiden Beteiligten, der sich die Rolle eines Sehenden anmaßte, der sieht, was es scheinbar zu sehen gibt und vielleicht doch nicht gesehen werden kann. Der Akt der Heiligung und Ritualisierung bei gleichzeitiger Besudelung des »Anderen« aus der Diaspora, den Sadeh in seiner Predigt vollzieht, hatte tatsächlich die Funktion, ihn bzw. sie auszulöschen, indem er sie gerade nicht sieht, indem er nicht erkennt, daß sie anders sind, Gequälte, entsetzt und entsetzlich, deren Leiden in Körper und Seele eingeschrieben ist und die mit der Besudelung des reinen zionistischen Subjekts drohen. Der Sohn des Landes, der Bruder, der laut Alterman »rein geblieben ist«, schenkt dem »von der Peitsche Gequälten« aus der Diaspora »beim Aufdämmern des Lichts« keinen Trost, weil es kein Licht gibt, das die Begegnung zwischen ihnen erhellt, denn immer werden sie von der nächtlichen Dunkelheit verdeckt.

Möglicherweise konnte das zionistisch-israelische Kollektiv, das die Endlösung während ihrer Durchführung nicht »sehen« wollte und nicht bereit war, alle Ressourcen für eine große, unkalkulierte, wenn auch überwiegend hoffnungslose Rettungsaktion zu mobilisieren, die Begegnung nur in dieser Form vollziehen, um unter der überwältigenden Last von Schrecken und Trauer nicht zusammenzubrechen, um die Vision des jüdischen Staats nicht zu zerschlagen. Die Holocaust-Überlebenden und Israel begegneten sich in dieser »Nacht des Abstiegs« blicklos, blind, im »Dunkel«. Um die ultimative zionistische Befreiung – den jüdischen Staat – aus der ultimativen Katastrophe – dem Holocaust – zu verwirklichen, um, wie Ben Gurion zu sagen pflegte, aus der Katastrophe von Millionen die Erlösung von Millionen zu schmieden,[32] mußte das zionistische Kollektiv die Opfer der Katastrophe brandmarken, sie heiligen und in Objekte verwandeln, die getragen werden mußten. Den Opfern wiederum blieb keine Wahl, als sich als Teil dieses Kollektivs zu betrachten, als zu wünschen, ihm anzugehören. Auf diese Weise haben sie und das historische Ereignis des Holocaust die politische und historische Rolle gespielt, die das zionistische Drehbuch ihnen zuwies. Die zionistische »Trauerarbeit« für die jüdische Katastrophe aber steht immer noch aus.

Ich danke meinen Freunden Jeshajahu Weinberg und Moshe Zukkermann für ihre gründliche und erhellende Lektüre und Kommentierung. Die Verantwortung für den Text liegt jedoch allein bei mir.

Aus dem Englischen übersetzt von Irmgard Hölscher

Anmerkungen

1 Yitzhak Sadeh, »My Sister on the Beach«, in: Zerubavel Gilead (Hg.), *The Book of Palmach*. Vol. 1. Tel Aviv 1953, S. 725 (Hebr.).
2 Nathan Alterman, »Page of Michael«, in: *City of the Dove*. Tel Aviv 1972, S. 25-27 (Hebr.).
3 Moshe Sikron, *Immigration to Israel 1948 to 1953*. Jerusalem 1957, S. 16.
4 Vgl. Idith Zertal, *From Catastrophe to Power, 1944-1948*. Tel Aviv 1996 (Hebr.); erscheint in Kürze in Berkeley: University of California Press (1998).
5 Charles S. Liebman, Eliezer Don-Yehiya, *Civil Religion in Israel*. Berkeley 1983, S. 100.

6   Mit dem englischen Begriff »statist« (hier: staatlich) bezeichnen Liebman und Don-Yehiya die Phase nach der Gründung des Staates Israel.

7   So Alain Finkielkraut über die Nachkriegszeit; vgl. Finkielkraut, *La memoire vaine*. Paris 1989, S. 37.

8   Idith Zertal, »The Sacrified and the Sanctified – The Constitution of a National Martyrology«, in: *Zmanim*, Nr. 48, Frühjahr 1994, S. 26-45 (Hebr.).

9   Vgl. Judith Tydor Baumel, »›In everlasting Memory‹: Individual and Communal Holocaust Commemoration in Israel«, in: Robert Wistrich, David Ohana (Hg.), *The Shaping of Israeli Identity, Myth, Memory and Trauma*. London 1995, S. 146-170.

10 Brief von Hoffesh, Afikim, vom 8.12.1944.

11 Ben Asher an Nehamah und Elik, Sommer 1945, in: Yoav Gelber, *The Flag Bearers*. Vol. 3. Jerusalem 1983, S. 328 (Hebr.).

12 David Ben Gurion, »Di geula« und »Vas un vi asoy«, in: *Der Yiddisher Kampfer*, 1917, Bd. 39 bzw. 40 (Jiddisch).

13 Aussage von S. L., Department for Oral Documentation, Institute of Contemporary Jewry, Hebrew University of Jerusalem.

14 *Ha'aretz*, 28.9.1945.

15 David Ben Gurion, Mapai's Central Committee, 22.-23.7.1949, Labor Party Archives, 24/49.

16 Haim Hoffmann-Yachil, »The Work of the Palestinian Committee to the Survivors, 1945-1949«, in: *Moreshet*, 31. April 1981, S. 175 (Hebr.).

17 So beschreibt Dan Miron Altermans poetisch-politische Rolle. Vgl. D. Miron, *Facing the Silent Brother: Essays in the Poetry of the War of Independence*. Jerusalem 1992, S. 89 (Hebr.).

18 vgl. Sadeh, »My Sister«.

19 Bericht vom 23.7.1947, Haganah Archives 14/533; *The Book of the Haganah*. Vol. 3, Part 2, S. 1135-1179 (Hebr.).

20 Vgl. Alterman, »Page of Michael«.

21 Vgl. Hoffman-Yachil, »The Work«.

22 Vgl. Alterman, »Page of Michael«.

23 Sigmund Freud, »Das Unheimliche« (1919), in: ders., *Studienausgabe*, Bd. IV. Frankfurt am Main: S. Fischer Verlag, 1970, S. 241-274.

24 Ebd., S. 248.

25 Ebd., S. 250.

26 Ebd., S. 267.

27 Berl Katzenelson, »Wandering in the Diaspora« (o.J.), in: *Writings*. Vol. 7. 1948, S. 370.

28 So definiert Scholem die Diaspora im Gegensatz zum »Sohn«, der für den jüdischen Staat steht. Vgl. »Utopia Common to Us and the Diaspora ...«, 4.2.1956, in: *Something Else*. Tel Aviv 1989, S. 129-130. Scholem schreibt dort auch: »Das Jüdischsein der Israelis hat den Judaismus aus der Revolte gelöscht.«

29 Sadehs Text beginnt mit dem Wort »Dunkel«, und bei Alterman heißt es: »Während wir die Ankommenden durchs Dunkel tragen.«

30 Vgl. Anton Kaes, »History and Film: Public Memory in the Age of Electronic Dissemination«, in: *History and Memory*, Nr. 3, S. 117.
31 Vgl. Zertal, *From Catastrophe*.
32 David Ben Gurion, 25.10.1942, Ben Gurion Archives.

Jüdische Displaced Persons im deutschen Alltag

Eine Regionalstudie 1945 bis 1950

Angelika Eder

Zwischen 1945 und 1950 lebten Hunderttausende jüdischer DPs in der amerikanischen Besatzungszone Deutschlands in DP-Lagern oder deren Umgebung.[1] Ihre Anwesenheit und die Existenz der Lager gehörten zum Alltag im Nachkriegsdeutschland: Deutsche und Displaced Persons lebten für einige Jahre in derselben Stadt oder demselben Dorf. Einer dieser Schauplätze war Landsberg am Lech, eine kleine Kreisstadt in Oberbayern. Dort richteten Soldaten der *US Army* unmittelbar nach Besetzung der Stadt im Mai 1945 in einer ehemaligen Wehrmachtskaserne ein DP-Lager ein, in dem schließlich bis 1950 jüdische DPs lebten. Anhand dieses überschaubaren Rahmens wird im folgenden der Frage nach »Begegnung« zwischen Deutschen und jüdischen DPs nachgegangen, wobei die deutsche Wahrnehmung der DPs untersucht und Möglichkeiten individueller Kontakte betrachtet werden. Im Vorfeld wird das Landsberger DP-Lager in den Gesamtzusammenhang der Geschichte der DPs eingeordnet und kurz beschrieben.

Zu den ersten Bewohnern des Landsberger DP-Camps in der Saarburg-Kaserne gehörten u.a. ehemalige Zwangsarbeiter aus Frankreich, Polen und der Sowjetunion, die in und um Landsberg in Landwirtschaft und Rüstungsindustrie eingesetzt worden waren. Von Anfang an befanden sich in diesem Lager auch jüdische Displaced Persons, die in den ersten Wochen wohl hauptsächlich Überlebende des nahegelegenen KZ-Rüstungskomplexes Kaufering waren.[2]

Anfangs wurden jüdische Displaced Persons von den Westalliierten nach ihrer ursprünglichen Herkunft als Polen, Balten oder Ungarn definiert[3], während es für die jüdischen Überlebenden selbst eindeutig war, einer eigenen Gruppe anzugehören. Jacob Olejski, einer der ersten und wichtigsten Aktiven unter den Landsberger DPs, faßte diese Grundstimmung zusammen:

»Nein, wir sind keine Polen, trotzdem wir in Polen geboren sind; wir sind keine Litauer, wenn auch unsere Wiege einstmals in Litauen gestanden haben mag; wir sind keine Rumänen, wenn wir auch in Rumänien das Licht der Welt erblickt haben. Wir sind Juden!«[4]

Daraus leiteten sie die Notwendigkeit eines eigenen Status für jüdische DPs und dementsprechend gesonderte DP-Lager ab, und daraus ergab sich für die Mehrheit unter ihnen als einzige Zukunftsperspektive ein eigener jüdischer Staat, nachdem ihre alte Lebenswelt durch den Holocaust zerstört war und sie keine Heimat mehr hatten.

Die britische und amerikanische Strategie für den Umgang mit Displaced Persons blieb vorläufig die Repatriierung in die jeweiligen Heimatländer, wenngleich diese Haltung gegenüber einzelnen DP-Gruppen bereits im Sommer 1945 modifiziert wurde. Eine massive Änderung in der Haltung der amerikanischen Politik gegenüber jüdischen DPs bewirkte der sogenannte Harrison-Report, der Bericht eines amerikanischen Juristen an Präsident Truman, nachdem er im Juli 1945 DP-Lager in der US-Zone besichtigt hatte.[5] Nun wurden beschleunigt zivile Hilfsorganisationen in die DP-Lager gelassen und der militärische Charakter der Lager abgebaut. Jüdischen DPs wurde ein eigener Status und damit die Zusammenlegung in ausschließlich für sie bestimmte Camps zuerkannt.

Im Landsberger Lager wuchs die Zahl der jüdischen DPs, und rasch fingen sie an, sich zu organisieren. Bereits im Mai begannen einige von ihnen, eine Poliklinik im Lager einzurichten, im Juli formierte sich das erste jüdische Komitee und im August liefen die ersten handwerklichen Lehrgänge an.[6] Ende Mai 1945 veranstalteten jüdische DPs im nahegelegenen Kloster St. Ottilien ein Konzert, um die Außenwelt auf sich und ihr Schicksal aufmerksam zu machen.[7] Hier wie bei den anderen Aktivitäten übernahm die kleine Gruppe litauischer Juden Initiative und Organisation.[8]

Bis September 1945 sank die Zahl der nichtjüdischen DPs durch die Repatriierungen auf 1233, die der jüdischen stieg auf über 5200.[9]

Gründe für das rasche Anwachsen der Gruppe jüdischer DPs war die Anziehungskraft einer Gemeinschaft, die zudem Neuigkeiten über vermißte Freunde und Angehörige versprach.[10] Gerade die Suche nach Familienmitgliedern war treibende Kraft beim Aufbau eines Netzwerks jüdischer DPs. Der amerikanische Militärrabbiner Abraham Klausner ließ deshalb in einer Landsberger Druckerei im Juni 1945 Listen mit den Namen überlebender Juden drucken.[11] Der Titel des ersten Bandes, ein Wort aus der Bibel, sollte den jüdischen DPs ihren Namen und damit auch die Umschreibung einer kollektiven Identität geben: *She'erith Hapletah* – der »Rest der Geretteten«.[12]

Bedingt durch die Folgen des Harrison-Reports wie auch die Konzentration jüdischer DPs in Landsberg, ihren frühen Organisationsgrad und den Glücksfall eines fähigen engagierten US-Lagerkommandanten, Irving Heymont[13], wurde das Landsberger DP-Lager am 4.11.1945 offiziell zum *jidiszn center*, zu einem Camp ausschließlich für jüdische DPs, das schließlich bis zum 1.11.1950 bestehen sollte. Bereits im September 1945 waren die letzten nichtjüdischen DPs in andere Lager verlegt worden, am 8. Oktober erschien in phonetischem Jiddisch die erste Nummer der *Landsberger Lager-Cajtung*.[14] Ein gewähltes Lagerkomitee organisierte zusammen mit der UN-Organisation UNRRA (United Nations Relief and Rehabilitation Administration) die Selbstverwaltung des Lagerlebens, unterstützt von zivilen Hilfsorganisationen wie beispielsweise dem *American Jewish Joint Distribution Committee*.[15]

Landsberg als eines der ersten großen Lager für jüdische DPs mit einer sich intern bereits im Sommer 1945 entwickelnden Selbstverwaltung diente mit seiner Infrastruktur als Vorbild für die anderen Lager jüdischer DPs, die nach und nach in der amerikanischen Zone eingerichtet wurden. Aus dem Landsberger Lagerkomitee kamen wichtige Impulse für die zonenweite Organisation jüdischer DPs, das *Centralkomitee für die befreiten Juden in der Amerikanischen Zone* mit Sitz in München. Insbesondere als Bildungsstätte hatte das Landsberger Camp Vorbildcharakter für andere jüdische DP-Lager. Neben schulischen Bildungsangeboten gehörten kulturelle Angebote wie Theater, eine kleine Bibliothek und Sport sowie die berufliche Ausbildung in sogenannten *fachszuln* dazu. In diesen Kursen, die Jacob Olejski mit Hilfe der ORT aufbaute[16], wurden handwerkliche und technische Berufe unterrichtet. Neben Elektrikern, Handwerkern und Schneidern wurden z.B. auch Zahntechniker ausgebildet, um die Autonomie des Lagers zu verbessern. In Kibbutzim und *hachsharot*, die meist außerhalb Landsbergs untergebracht waren, wurden junge Landwirte auf die Arbeit in Palästina vorbereitet.[17] Immer wieder wurde in der *Landsberger Lager-Cajtung*, später *Jidisze Cajtung*, zur Teilnahme an Lehrgängen aufgerufen, damit die Zeit im Lager sinnvoll zur Vorbereitung auf die Zukunft genutzt würde.

Das anfangs marginale Problem der jüdischen DPs[18] veränderte sich ab Winter 1945/46 durch den Zustrom osteuropäischer Juden. Sie kamen vor allem aus Polen, wo sie die Judenverfolgung versteckt, als Partisanen oder als zeitweilige Flüchtlinge in der Sowjetunion überlebt hatten – oder sie hatten versucht, nach Polen zurückzukehren und dort niemanden mehr vorgefunden oder waren vor den Nachkriegspogromen geflüchtet.[19] Die Bezeichnung für diese vielfach spontane Fluchtbewegung *Brichah* (hebräisch: Flucht) war gleichzeitig der Name der zionistischen Flüchtlingsorganisation, die diese Flüchtlingsströme unterstützte und steuerte.[20] Landsberg als eines der ersten jüdischen Camps mit funktionierender Infrastruktur hatte als »Haltestelle dieser modernen Untergrundeisenbahn«, wie Heymont es beschrieb, für jüdische Flüchtlinge große Anziehungskraft.[21] Diese sogenannten *infiltrees* verschärften die Ende 1945 gerade erst abgebaute Überfüllung in der ursprünglich für 2500 Personen gebauten Kaserne erneut, in der bis zum Oktober 1946 immer etwa 5000, teilweise sogar über 6000 Menschen untergebracht waren.

Allmählich wurden neue Camps für jüdische DPs in der amerikanischen Zone eingerichtet, so daß Landsberg nur mehr eines von vielen *jidisze centers* war, das zudem durch die allmähliche Zentralisierung der Aktivitäten jüdischer DPs an Rolle und Bedeutung verlor. Waren im Dezember 1945 noch ein Drittel der insgesamt gut 18.000 jüdischen DPs der amerikanischen Zone im Landsberger Lager, so betrug der Anteil im Juni 1946 nurmehr 5,6% der inzwischen über 97.000. 1947 lebten gerade mal 2% der etwa 167.000 jüdischen Flüchtlinge in Landsberg.[22] Im Monat der Staatsgründung Israels, im Mai 1948, lag die Zahl der im Lager Gemeldeten erstmals unter viertausend. Bei der Schließung im November 1950 befanden sich noch 1096 DPs in der Saarburg-Kaserne, die – nun als »Heimatlose Ausländer«

unter bundesdeutscher Verwaltung – nach Föhrenwald gebracht wurden, das als letztes dieser Lager bis 1957 bestand.[23] Insgesamt durchliefen ca. 23.000 Menschen das DP-Camp Landsberg.

Dieses Lager befand sich in einer deutschen Stadt mit anfangs 11.000, später etwa 15.000 Einwohnern. Bis 1939 hatten hier einige deutsche Juden gelebt, doch hatte es anders als in vielen Orten des benachbarten Schwaben in Landsberg nie eine jüdische Kultusgemeinde gegeben.[24] Neben der Präsenz der amerikanischen Besatzungsmacht, dem Zustrom von deutschen Vertriebenen und der Existenz des amerikanischen Kriegsverbrechergefängnisses sah sich Landsberg in den ersten Jahren nach dem Krieg mit der Anwesenheit von Tausenden jüdischer DPs konfrontiert. Diese lebten in der Kaserne und in beschlagnahmten Häusern nahebei, aber auch privat mitten in der Stadt.

Fragt man heute nach der Anwesenheit jüdischer Displaced Persons, werden sie als eine der großen Belastungen der Nachkriegszeit geschildert, die rückschauend für manche wesentlich schlimmer war als die Jahre vor 1945: »Erst als Ende April 1945 alliierte Truppen einzogen, wurde Landsberg vom Krieg eingeholt und es begann für viele Landsberger Bürger ein Leidensweg«, schrieb eine Landsbergerin an Irving Heymont, als dieser 1989 die Gedenktafel an das DP-Lager in Landsberg anbrachte.[25] Was für die Kauferinger KZ-Häftlinge »Befreiung« war, sehen manche Landsberger heute noch als »Umsturz«.[26] Jüdische DPs und Deutsche lebten zur selben Zeit in der gleichen Stadt, dennoch scheinen sie – folgt man Darstellungen der jeweiligen Seite – in verschiedenen Welten gelebt und Vorgänge anders erlebt zu haben.

Offiziell spielte die deutsche Umgebung für das Leben der *She'erith Hapletah* keine Rolle. Unter der Obhut von amerikanischer Armee und internationalen Hilfsorganisationen spielte sich der Alltag im Lager ohne Bezug zur deutschen Umwelt ab. In den Aktivitäten der führenden DPs des Lagers wie auch in den Artikeln der *Lager-Cajtung* zeigte sich das Bestreben nach Autonomie in einem als exterritoriale Enklave verstandenen Provisorium. Man wartete auf Einlaß in die neue Heimat und hoffte, Deutschland so schnell wie möglich verlassen zu können. So hatten Belange der Stadt Landsberg oder gar Kontakte zu Deutschen in Stellungnahmen der DPs keinen Raum. Vor allem anfangs wären Kontakte wegen der Abgeschlossenheit des

Lagers, die bei aller Problematik der symbolischen Reproduktion einer Ghetto-Situation wiederum Schutz bot, auch nicht möglich gewesen.[27] Dennoch verließen mehrere hundert jüdische DPs den Schutz des Lagers und der Versorgung dort und suchten sich außerhalb der für DPs beschlagnahmten Räumlichkeiten privat Quartier in der Stadt.[28] Sie wie auch einige deutsche Juden lebten als Untermieter und Nachbarn mitten in Landsberg. Einige versuchten auch, kleine Läden und Werkstätten in Landsberg zu eröffnen. Sie waren eine Art »Grenzgänger« zwischen zwei Welten, der jüdischen Welt der *She'erith Hapletah* im DP-Lager und der deutschen Welt, der Stadt Landsberg.[29] Ihre Freizeit dürften sie vorrangig mit jüdischen Freunden und Verwandten verbracht haben[30], doch hatten sie durch ihre Wohn- und Arbeitssituation im Alltag häufig mit Deutschen zu tun. Ihre Motive und näheren Lebensumstände sind weder aus den Quellen der *She'erith Hapletah* noch denen der Stadt Landsberg zu belegen, da sie sich nicht geäußert haben und ihr Schritt auf der Suche nach normaler Privatheit wohl beiden Seiten nicht willkommen war.

Wie sich Landsberger erinnern, waren es vor allem die Aktiven unter den DPs, die rasch das Lager zu verlassen suchten.[31] Sie mußten sich wegen Wohnraum an städtische Stellen wenden, doch suchten sich manche DPs auch auf eigene Faust eine Unterkunft in der Stadt.[32] Auf dem angespannten Wohnungsmarkt traten sie in Konkurrenz zu deutschen Flüchtlingen aus dem Osten, noch anwesenden Evakuierten aus den Großstädten und einheimischen »Besatzungsvertriebenen«, deren Wohnungen für die amerikanische Armee oder die Ansprüche des DP-Lagers beschlagnahmt worden waren. Hierbei läßt sich eine klare Hierarchie in der »Beliebtheit« von Zwangseinquartierungen feststellen: für »eigene Leute« rückte man am ehesten zusammen, dann kamen deutsche Evakuierte und Vertriebene, während die in der Statistiksprache jener Zeit als *Ausländer und deutsche Juden* bezeichnete Gruppe als Untermieter und Nachbarn am wenigsten willkommen war.[33] Andererseits zahlten jüdische Mieter oft besser als mittellose Vertriebene, was die Stadt mißbilligte, da dieser Wettbewerb unter Umgehung der Wohnraumvermittlung die Wohnungsnot eher noch vergrößerte.[34] Bei der privaten Wohnungssuche von DPs sah man wie bei offiziellen Beschlagnahmungen für Belange der UNRRA und der DPs auf städtischer Seite eigentlich nicht ein, warum nicht alle DPs im Lager unterzubringen waren: »Die Einwohnerschaft vertritt die Ansicht, daß die Unterbringung der bisherigen Inwohner im Zederbräu doch bei einigermaßen gutem Willen im DP-Lager möglich gewesen wäre.«[35]

Bei ihren Bemühungen um wirtschaftliche Selbständigkeit begegneten die jüdischen DPs der Abwehrhaltung der Landsberger Geschäftsleute und Handwerker. Da bis 1948 in der amerikanischen Zone keine Gewerbefreiheit herrschte, hatten Innungen und Handwerkskammern durch die notwendige *Bedürfnisprüfung* für einen neu beantragten Betrieb oder ein Geschäft großen Einfluß auf den Erfolg eines Gewerbeantrags.[36] Dies spürten vor allem Ortsfremde, also auch DPs und Flüchtlinge. Auch der Nachweis der Qualifikation, die dem Standard der deutschen Meisterprüfung entsprechen sollte, wurde von einheimischen Handwerkern geprüft. Waren die entsprechenden Papiere nicht beizubringen, mußte eine Eignungsprüfung abgelegt werden. Es mutet überraschend an, daß sich einige jüdische DPs tatsächlich dieser Situation aussetzten und in Landsberg eine Prüfung vor einer deutschen Kammer ablegten. So legte unter anderem ein Mützenmacher die Eignungsprüfung vor der Landsberger Innung mit Erfolg ab, die Prüfungsleistung eines Kürschners wurde hingegen von der Handwerkskammer nicht anerkannt.[37]

Eine weitere Hürde auf dem Weg zur wirtschaftlichen Selbständigkeit war die Suche nach geeigneten Geschäfts- und Werkstatträumen. Einige der ehemals Verfolgten erhoben begründeten Anspruch auf zwischenzeitliche Nutzung von Räumen und Betrieben früher aktiver Nationalsozialisten, dem in der Regel bei Erfüllung der Zulassungsvoraussetzungen auch stattgegeben wurde. »10 Juden konnten schon wieder ein Geschäft gründen«, schrieb dazu der spätere Landrat Müller-Hahl in seiner Heimatgeschichte 1983.[38] Einheimische Geschäftsleute sahen sich wegen der Bevorzugung der DPs durch Interventionen des *Staatskommissariats für rassisch, religiös und politisch Verfolgte* und die angeblich bessere Versorgung jüdischer Geschäfte mit den in den Nachkriegsjahren knappen Rohstoffen und Waren benachteiligt: »Die Bekleidungsinnung bemängelt, daß Judengeschäfte auf Grund ihrer Sonderausweise z. B. die so raren Futterstoffe erhalten, während der Handwerksmeister damit nicht beliefert werden kann.«[39] Bei vielen Landsbergern scheint die Erinnerung an Geschäfte und Werkstätten jüdischer DPs nicht mehr vorhanden, doch kam bei dieser Frage den meisten der Schwarzhandel in den Sinn, der offenbar gern und besonders den Juden angelastet wird. Wie unter anderem die Genehmigung für das Anbringen eines Firmenschildes zeigt, müssen die Läden der DPs jedoch für alle sichtbar gewesen sein.[40]

In einigen Fällen ist die konkrete Zusammenarbeit zwischen Deutschen und Juden belegt, so finden wir inner- und außerhalb des Lagers deutsche Arbeitskräfte, die von UNRRA bzw. IRO und individuell von DPs angestellt worden waren. In der Stadt lebende DPs beschäftigten Deutsche sowohl in Geschäften als auch privat, beispielsweise als Haushaltshilfe oder Kindermädchen.[41] Im DP-Lager arbeiteten Deutsche für einzelne Familien und auch offiziell für die Verwaltung des Lagers. 1947 leitete beispielsweise der spätere Direktor der Landsberger Berufsschule, Florian Albrich, das »elektrische Zentrum« der ORT-Fachschule im Lager.[42] Deutsche, die zur Arbeit ins Lager kamen – regelmäßig oder beispielsweise für eine Reparatur im Auftrag der Stadt –, erhielten für den Zutritt einen Ausweis oder einmaligen Passierschein.[43]

Aus der Tätigkeit als Krankenschwester oder Dienstmädchen ergaben sich für deutsche Mädchen und Frauen auch nähere Bekanntschaften zu männlichen jüdischen DPs. Hatte die deutsche Gesellschaft nach dem Krieg einen deutlichen Frauenüberschuß, so war das demographische Verhältnis bei den jüdischen DPs umgekehrt: laut Leo Srole, UNRRA-Mitarbeiter in Landsberg, kamen 1945 und 1946 auf eine Frau zwei Männer.[44] In einigen Fällen führten die Kontakte zu Eheschließungen und gemeinsamen Kindern, trotz der Ablehnung engerer Verbindungen sowohl auf seiten der *She'erith Hapletah* als auch der deutschen Bevölkerung.[45]

Weitere Begegnungen im Landsberger Alltag ergaben sich aus der medizinischen Betreuung von DP-Patienten durch deutsche Ärzte und Pflegepersonal im städtischen Krankenhaus und vereinzelt auch im Lager. Landsberger Juristen schließlich stellten für DPs Papiere aus, meist aufgrund von eidesstattlichen Erklärungen, die die jüdischen DPs für die Ausstellung von Ersatzdokumenten für ihre in Krieg und KZ verlorengegangenen Urkunden abgeben mußten, wobei von den DPs dieselben Gebühren wie von deutschen Staatsangehörigen verlangt wurden.[46]

Nicht nur die in der Stadt lebenden Juden hatten öfter mit Vertretern der Landsberger Stadtverwaltung zu tun: Besonders auf dem Standesamt kam es zu zahlreichen Begegnungen zwischen DPs und deutschen Beamten und Angestellten. Hier wurden die für die Einwanderung der DPs beispielsweise nach Kanada oder Australien notwendigen Urkunden ausgestellt und hier wurden die Geburten, Eheschließungen und Sterbefälle der DPs registriert. Noch heute kann ein in Landsberg als DP-Kind Geborener seine Geburtsurkunde einsehen. Allein zwischen 1945 und 1949 sind 643 Kinder jüdischer DPs in Landsberg zur Welt gekommen – weit mehr als auf deutscher Seite[47]

Beziehungen zwischen Stadt und Lager ergaben sich auch aus der Zusammenarbeit der Feuerwehren und zwischen Stadt- und DP-Polizei.[48] So gab es gemeinsame Anstrengungen, den Schwarzmarkt in Landsberg einzudämmen, und gegenseitige Unterstützung der Arbeit: Bei der Aufklärung eines Raubmords an einem DP arbeiteten sie ebenso zusammen wie bei der Festnahme von mutmaßlichen Tätern eines Raubüberfalls, deren einen die DP-Polizei schließlich im Lager verhaftete.[49] Doch lassen sich nur hier, beim gemeinsamen Interesse der Problemlösung und Gefahrenreduzierung, Ansätze sachlich-pragmatischer Kooperation finden. Ansonsten blieb der offizielle Umgang der städtischen Administration mit den Vertretern des Lagers sehr formell und vielfach verkrampft, wie Unsicherheiten – »Kann von den DPs Eintrittspreis gefordert werden?« – und Schwierigkeiten, die DPs in den Akten zu benennen, zeigen.[50] Hierbei kam es auch zu grotesken Kontinuitäten, wie die Aktenmappe mit der Aufschrift »Judenfrage 1935–1946« zeigt, die neben Dokumenten nationalsozialistischer Judenpolitik auch Schriftwechsel aus dem Jahr 1946 zwischen DP-Lagerkomitee und Landsberger Stadtverwaltung enthält.[51]

Am 1. Dezember 1948 kam es schließlich zur ersten und einzigen Besichtigung des DP-Lagers durch Vertreter der Stadt, veranlaßt vom Direktor der Landsberger Militärregierung. Früher wäre ein Besuch von jüdischer Seite wohl nicht erwünscht gewesen, doch sucht man in den Akten auch vergeblich nach einem entsprechenden Wunsch von seiten der Landsberger, die drangvolle Enge und die schwierigen Lebensbedingungen im DP-Lager einmal näher kennenlernen zu wollen. Das Protokoll dieses Besuchs, an dem die Bürgermeister und Stadträte, Behördenleiter, Vertreter der Polizei, Flüchtlingsobleute und der katholische Stadtpfarrer teilnahmen, zeigt das Bild vom Lager im Kontrast zum Vorgefundenen: »Wir hatten keine Vorstellung von dem Fleiß und der Arbeitsintensität dieser Leute«, wird Oberbürgermeister Thoma zitiert.[52] Und weiter: »Dann haben wir auch gesehen, daß die Ungeziefer-Gefahr nicht in dem erschreckenden Maße besteht.« Langfristig hatte diese Besichtigung keine Wirkung auf die bereits existierenden Vorurteile und Klischees vom DP-Lager und seinen Bewohnern.

Insgesamt gab es also eine Reihe von Möglichkeiten des alltäglichen Kontakts zwischen DPs und Landsbergern. In der Erinnerung der Deutschen haben jedoch individuelle Begegnungen mit jüdischen DPs als Nachbarn, Arbeitgeber oder Kunden wenig Raum: Hier haben sich vielmehr Ablehnungsmuster verfestigt, die das Bild »von denen im Lager« auf negative Stereotypen und einige Schlagworte reduzieren. Basis für diese Wahrnehmung ist die Abgeschlossenheit des Lagers, das von der Besatzungsmacht versorgt wurde und Deutschen nicht zugänglich war. So konnten Vorurteile über das Leben in der Kaserne, ergänzt und vermischt mit persönlich Erlebtem und konkreten Zwischenfällen, entstehen und sich verselbständigen.

Die erste Wahrnehmung der DPs durch die Landsberger war der Strom von »zehntausend DPs«, der sich aus dem KZ direkt in die westlich des Lechs gelegenen Stadtteile ergossen haben soll.[53] Diese überhöhten Zahlenangaben stehen in deutlichem Gegensatz zu späteren Aussagen der Stadtverwaltung, in denen sie die Zahlen der in den Kauferinger KZs ermordeten Juden immer nach unten korrigierte.[54] In zeitgenössischen Quellen wird auch nicht von »Überlebenden« oder »KZ-Häftlingen«, sondern von »Ausländern« gesprochen, womit schon früh der Zusammenhang zwischen ihrer Verschleppung und der Situation von DPs verschleiert wird. Die hohen Zahlen zur Beschreibung der »Massen« zeigen auch die Bedrohung, die von ihnen auszugehen schien.

Zahllose Gerüchte der Nachkriegszeit belegen, als wie bedrohlich die Anwesenheit Tausender »Fremder« empfunden wurde, beispielsweise die Meldung, achthundert DPs seien an einer Staustufe des Lech versammelt und drohten, das Wehr zu sprengen.[55] Bestätigt schien dieses allgemeine Gefühl der Bedrohung durch ein Ereignis im April 1946, das noch heute jedem Landsberger beim Stichwort »DP« einfällt.[56] Am Tag der ersten Kreistagswahl nach dem Krieg, dem »Weißen Sonntag«, zugleich Kommuniontag im katholischen Landsberg, waren aufgebrachte DPs auf die Straße gerannt, hatten alle zu greifenden Deutschen verprügelt, teilweise verletzt und größeren Sachschaden angerichtet. Auslöser für diesen Gewaltausbruch war das Gerücht, zwei verschwundene junge Kibbuznik seien von Deutschen entführt worden. Die Grundstimmung von Mißtrauen und ruheloser Unsicherheit der DPs war in Panik und Hysterie umgekippt. Seitdem kursierten auf Landsberger Seite bis in die achtziger Jahre Versionen, in denen von »Mord an Kommunionkindern« gesprochen wurde.[57]

Bei Kriegsende kam es in den letzten Apriltagen 1945 zu massiven Plünderungen durch eben befreite KZ-Häftlinge und Zwangsarbeiter, aber auch Soldaten und Einheimische, die sich bei den »großen Nazis« oder bloß den Nachbarn Vorräte und Gegenstände nahmen. Die tradierte Lokalgeschichte weiß jedoch nur von Plünderungen durch »Ausländer« und stellt eine etwaige Berechtigung für eine Bereicherung der KZ-Insassen und Fremdarbeiter an ihren ehemaligen Arbeitsplätzen nicht in Betracht. Unterstützt wird das Bild von den umherziehenden Massen, die sich alles genommen haben sollen, durch die vor allem anfangs sehr hohe Fluktuation im DP-Lager, dessen Belegung sich erst allmählich konsolidierte.

Einige Landsberger meinen sich sogar an eine – mehrtägige, wie manche glauben – »Plünderungserlaubnis« für die DPs durch die Amerikaner zu erinnern. Dies kann sich nur auf Beschlagnahmungsvorgänge am 3. Oktober 1945 in unmittelbarer Nähe des Lagers beziehen, in deren Verlauf es zu Plünderungen gekommen war, nachdem die Deutschen ohne Vorankündigung ihre Häuser räumen mußten und begannen, ihren gesamten Hausrat mitzunehmen. Durch Mundpropaganda angelockt, waren jüdische DPs gekommen, um zuzusehen, wie diesmal Deutsche aus ihren Häusern vertrieben wurden;[58] schließlich griffen sie ein, wenn Deutsche ihrer Meinung nach zuviel einpacken wollten.

Dieser Zwischenfall, der vor allem durch Ungeschicklichkeiten auf Seiten der Amerikaner hervorgerufen worden war, wie Irving Hey-

Juden verlassen Gasse in Kowner Ghetto, 12.1.1942

Deutsche verlassen Gasse »wos wert cugetijlt
cum jidiszn hejmloznlager in Landsberg«, 3.10.1945
Beide abgedruckt in: *Landsberger Lager-Cajtung*,
Nr. 2/20.10.45; Stadtarchiv Landsberg am Lech

mont selbst kritisch anmerkte[59], konnte bei oberflächlicher Betrachtung als »genehmigte Plünderung« gesehen werden. Doch sollte weder 1945 noch später »die Stadt den Juden zum Plündern freigegeben werden«[60], und nach kürzester Zeit hatten amerikanische Soldaten die Situation wieder unter Kontrolle gebracht.

Bei diesem Vorgang wie auch allgemein bei Beschlagnahmungen sind die »maßlosen Ansprüche« der DPs im Gedächtnis geblieben.[61] In den ersten Wochen und Monaten wurden vor allem Möbel und andere Gegenstände für die Ausstattung des Lagers und Kleidung für die DPs requiriert. Um die Überfüllung im Lager abzubauen, wurden – wie bereits erwähnt – auch an das Lager angrenzende Häuser beschlagnahmt. Für die jeweilig betroffenen Landsberger war der zeitweilige Verlust ihrer Häuser und Gegenstände bitter, denn in der Umsetzung trafen notwendige Ansprüche des DP-Lagers einige überproportional hart. Als die DPs nach ihrem lang ersehnten Wegzug Häuser und Möbel schließlich verschmutzt und ramponiert zurückließen, war die Meinung von der »polnischen Wirtschaft« bestätigt.[62]

Freiwillige Gaben für die Überlebenden des Holocaust scheint es nicht gegeben zu haben; auch ist nicht überliefert, daß die Überlassung von requirierten Gegenständen als persönliche Hilfeleistung an sie verstanden worden wäre. Bis auf eine Kleidersammlung im Mai 1945 zugunsten KZ-Überlebender – für die es eine schriftliche Bestätigung gab, die gegen weitere Plünderungen geholfen haben soll – wurde in den Folgejahren nur noch für »eigene Leute« gespendet: für die »Besatzungsgeschädigten« und deutsche Flüchtlinge.[63]

Zu den vermeintlich hohen Ansprüchen der DPs kam ihre bevorzugte Versorgung mit Lebensmitteln durch die Besatzungsmacht und internationale Hilfsorganisationen. Man wußte von den höheren Kalorienzuteilungen für DPs und man sah – in den Worten des Historikers Frank Stern – »den Lebensmitteltransport, der durch die Stadt fuhr und den man erst im DP-Lager entlud«.[64] Beides – erlebt in der Zeit des Mangels – führte zum Bild vom »Leben im Überfluß«, das die DPs genossen haben sollen.[65] K. C. Hulme, UNRRA-Mitarbeiterin im Lager Wildflecken, spottete in ihren Erinnerungen darüber: »Centered in a continent of hunger, Wildflecken rose up before German eyes like a magic mountain made of sugar and spam, of margarine and jam, bearing forests of cigarettes (...) and carpeted with vitaminized chocolate bars.«[66]

In unmittelbarem Zusammenhang mit der vermeintlich üppigen Versorgung, die die jüdischen DPs genossen, steht ihre vermeintlich immens hohe Präsenz im Schwarzmarktgeschäft, wobei dieses Bild ebenso für die polnischen und andere Displaced Persons in der deutschen Erinnerung verankert ist.[67] Unterstützt durch den Umstand, daß weder deutsche Polizei das DP-Lager betreten durfte noch DPs deutscher Gerichtsbarkeit unterstanden, gediehen Geschichten von den »großen Händlern« im Lager. Kein Zeitzeuge erwähnte, daß z.B. deutsche Landwirte beim Verkauf von Kühen an DPs ein gutes Geschäft machten; gesehen wurde nur das Rind, das im Lager verschwand. Hier ist eine Vermengung jüdischer Stereotype – »die haben ja mit allem gehandelt«[68] – mit Neid und realen Tatsachen zu finden. Als der endgültige Weggang der DPs näherrückte, konstatierte die Landsberger Militärregierung Besorgnis bei den Geschäftsleuten, die durch den Weggang geschäftliche Einbußen und schwierigere Warenbeschaffung befürchteten.[69]

Unstimmigkeiten über die Vorgehensweise bei der Bekämpfung des Schwarzmarkt-Problems zeigen die Interdependenz der Beziehungen zwischen den drei beteiligten Gruppen: Deutsche, jüdische DPs und Amerikaner. Frank Stern schlägt zur Beschreibung dieser Abhängigkeiten das Modell eines *historischen Dreiecks* vor: Die Annäherung zweier Parteien schwächt beider Beziehungen zur dritten.[70] Je länger die Befreiung der KZ-Überlebenden zurücklag, die Erinnerung der Zustände, aus denen die amerikanischen Soldaten sie befreit hatten, verblaßte und neue Soldaten ohne diese Erfahrungen nach Europa kamen, desto häufiger wandten sich GIs lieber den »adretten Deutschen« als den jüdischen Überlebenden zu.[71] Der Direktor der amerikanischen Militärregierung, der die besten Beziehungen zur Landsberger Bevölkerung hatte, war auch derjenige, der den DPs verbieten wollte, Decken aus dem Lager mitzunehmen, damit sie diese nicht verkaufen könnten.[72] Zahlen der Landsberger Militärregierung zeigen die Relationen: Im ersten Quartal 1947 waren 20 Prozent der festgestellten Verbrechen inklusive Schwarzmarktdelikten von DPs begangen worden, im Jahresbericht 1946/47 betrug der Anteil der von DPs begangenen Straftaten gar nur acht Prozent.[73] Rabbi Bernstein,

1948 der amerikanische *Advisor on Jewish Affairs* für die Militärver-
waltung, erklärte die Wahrnehmung der Rolle jüdischer DPs auf dem
Schwarzmarkt damit: »because they were segregated into special communities where their activities seemed to be conducted in a goldfish
bowl, their share of ›operators‹ made them particularly vulnerable to
the charge of black marketing.«[74]

Je weiter das Kriegsende zurücklag, desto lauter wurden die Stimmen derer, die die DPs fortwünschten, wobei nicht nur die Mieter
und Besitzer beschlagnahmter Häuser auf raschen Auszug und Auswanderung der DPs hofften. Bei der Lagerbesichtigung im Dezember
1948 war deshalb für die städtischen Vertreter ein wichtiges Ergebnis
die Feststellung, daß für die »baldige Auswanderung (der DPs; A. E.)
alle Vorbereitungen im Gange seien.«[75] Auf ihren Wegzug hofften
sicher auch die Lobbyisten deutscher Flüchtlinge, da sie auf dem Wohnungsmarkt miteinander konkurrierten, wobei den DPs häufig vorgeworfen wurde, sie seien keine »echten« Flüchtlinge, da sie ja in ihre
Heimat hätten zurückkehren können.[76] Mit der Schließung des Lagers
im November 1950 war für die Landsberger das DP-Problem »gelöst«.

Trotz individueller Begegnungen war das DP-Lager eine »Insel« in
einer deutschen Stadt geblieben, das Leben der *She'erith Hapletah* und
das Leben der deutschen Nachkriegsgesellschaft liefen parallel, ohne
sich zu berühren. Die DPs können sich an diese Jahre in Landsberg
sehr wohl erinnern, während auf deutscher Seite mit dem Weggang der
DPs auch jede Erinnerung an ihre Anwesenheit verschwunden zu sein
scheint. Seit 1955 wurde das Gebäude wieder als Kaserne genutzt, und
nichts wies auf die fünf Jahre, als in Landsberg jüdische DPs eine eigene
Lebenswelt aufgebaut hatten, hin. Erst die 1989 von Irving Heymont
angeregte und finanzierte Gedenktafel am Eingang des früheren DP-
Lagers und die deutsche Übersetzung seiner Briefe aus dem Herbst
1945 durch zwei Angehörige der Bundeswehr änderten dies.[77] Die
Bilder vom Schwarzmarkt, dem »Weißen Sonntag« im April 1946 und
der »üppigen Versorgung« waren in den Köpfen geblieben, nicht jedoch die Erinnerung an private Kontakte und das Leben der DPs
selbst, in das die Landsberger – wie hier aufgezeigt wurde – mehr Einblick hatten nehmen können, als die tradierte Lokalgeschichte weiß.

Anmerkungen

In diesem Aufsatz stelle ich einige Ergebnisse meiner Dissertation vor. Die Arbeit wurde Anfang des Jahres an der Universität Hamburg unter dem Titel *Jüdische Displaced Persons im Nachkriegsdeutschland. Das Beispiel Landsberg am Lech 1945-1950* angenommen und soll noch dieses Jahr erscheinen.

1   1947 erreichte die Zahl jüdischer DPs in der amerikanischen Zone mit ca. 160.000 ihren Höchststand. Durch die hohe Fluktuation wird die Gesamtzahl derer, die vorübergehend als DPs in Deutschland lebten, höher gewesen sein. Vgl. Zahlen bei: Wolfgang Jacobmeyer, *Vom Zwangsarbeiter zum Heimatlosen Ausländer: Die Displaced Persons in Westdeutschland 1945-1951.* Göttingen: Vandenhoeck & Ruprecht, 1985, S. 122. Jacqueline Dewell Giere, *Wir sind unterwegs, aber nicht in der Wüste: Erziehung und Kultur in den jüdischen Displaced Persons-Lagern der amerikanischen Zone im Nachkriegsdeutschland 1945-1949.* (Diss.) Frankfurt am Main 1993, S. 102-104 und 108-113.

2   Dieses Dachauer KZ-Außenkommando war 1944 mit insgesamt vermutlich elf Lagern zur Verwirklichung des Rüstungsprojekts »Ringeltaube« errichtet worden. Seine Häftlinge waren nach nationalsozialistischer Definition Juden gewesen und mehrheitlich aus Osteuropa verschleppt worden. Dazu grundlegend: Edith Raim, *Die Dachauer KZ-Außenkommandos Kaufering und Mühldorf: Rüstungsbauten und Zwangsarbeit im letzten Kriegsjahr 1944/45.* Landsberg am Lech: Landsberger Verlagsanstalt, 1992.

3   Abraham J. Peck, »Befreit und erneut in Lagern: Jüdische DPs«, in: Walter H. Pehle (Hg.), *Der Judenpogrom 1938: Von der ›Reichskristallnacht‹ zum Völkermord.* Frankfurt am Main: Fischer Taschenbuch, 1988, S. 201-212.

4   Jacob Olejski, *Die große Enttäuschung.* Rede, gehalten am 24.8.1945 auf der Friedens-Siegeskundgebung der ehemaligen jüdischen politischen Häftlinge in Landsberg am Lech. o.O., o.J. (Privatdruck), S. 4, Archiv des Instituts für Zeitgeschichte (IfZ), München.

5   Dazu ausführlich: Leonard Dinnerstein, *America and the Survivors of the Holocaust.* New York: Columbia University Press, 1982, S. 34ff. Der Bericht Harrisons ist im von Wolfgang Jacobmeyer zusammengestellten Aktenbestand zu DPs: Earl G. Harrison, »Report to the President« (August 1945), in: Bestand Jacobmeyer, IfZ Fi 01.06, S. 131-141.

6   Vgl. Jahresrückblick des Lagerkomitees in: *Landsberger Lager-Cajtung* 12/31.12.1945 und 1/8.1.1946.

7   Das Benediktinerkloster St. Ottilien war 1941 aufgelöst und als Wehrmachtslazarett eingerichtet worden. Ende April 1945 hatten Überlebende eines Kauferinger »Evakuierungszuges« dort verletzte Juden hingebracht und richteten mit amerikanischer Hilfe dort schließlich ein DP-Krankenhaus ein, das bis 1948 bestand. Dazu u.a.: Judah Nadich, *Eisenhower and the Jews.* New York: Twayne Publishers, 1953, S. 84f. und 154f. Juliane Wetzel, »»Mir szeinen doh‹: München und Umgebung als Zuflucht von Überlebenden des Holocaust 1945-1948«, in: Mar-

tin Broszat u.a. (Hg.), *Von Stalingrad zur Währungsreform: Zur Sozialgeschichte des Umbruchs in Deutschland.* München: Oldenbourg, 1988, S. 338.

8 Neben dem bereits erwähnten Jacob Olejski gehörten dazu unter anderen die Ärzte Zalman Grinberg und Salomon Nabriski, der erste Chefredakteur der *Landsberger Lager-Cajtung,* Rudolf Valsonok, und der spätere Präsident des Lagerkomitees, der Jurist Samuel Gringauz, der später auch Vorsitzender des Rates der befreiten Juden in der Amerikanischen Zone war.

9 OMGBY 10/83 – 3/5, Historical report, 1.10.1945, Bayerisches Hauptstaatsarchiv, München. (OMGBY – Office of Military Government, Bavaria)

10 Ein Beispiel für diese intensive Suche nach Angehörigen und Freunden: Jakob Bresler wurde von seiner Cousine im DP-Lager Feldafing entdeckt und mit nach Landsberg genommen. J. Bresler, *Du sollst nicht mehr Jakob heißen: Kindheit in Ghetto und KZ. Dokumentation einer Sprachlosigkeit.* Wien: Orac, 1988, S. 165f.

11 Yehuda Bauer, *Out of the Ashes: The Impact of American Jews on Post-Holocaust European Jewry.* Oxford: Pergamon Press, 1989, S. 94.

12 Aus dem Buch der Chroniken, bezogen auf dic Juden, die dem Exil in babylonischer Gefangenschaft entgangen waren. Juliane Wetzel, *Jüdisches Leben in München 1945-1951: Durchgangsstation oder Wiederaufbau?* München: Kommisionsverlag UNI-Druck, 1987, S. X (Miscellanea Bavarica Monacensia, Bd. 135).

13 Irving Heymont war von September bis November 1945 als Major der amerikanischen Armee für das Landsberger DP-Lager verantwortlich. Die Briefe an seine Frau aus dieser Zeit liegen veröffentlicht vor: *Among the Survivors of the Holocaust – 1945: The Landsberg DP Camp Letters of Major Irving Heymont.* Cincinnati 1982 (Monographs of the American Jewish Archives No. 10). Zur Einweihung der von Irving Heymont gestifteten Erinnerungsplakette am Eingang des heute wieder als Kaserne genutzten Komplexes wurden die Briefe auch auf Deutsch herausgegeben: *Bei den Überlebenden des Holocaust – 1945: Landsberger Briefe des Majors Irving Heymont.* Landsberg 1989. Oberst Schmitz und Oberstleutnant Stürmer von der Bundeswehr besorgten die deutsche Übersetzung, aus der hier zitiert wird.

14 *Landsberger Lager-Cajtung. Arojsgegebn fun komitet fun gewezene jidisze politisze gefangene.* Ab Nr. 44/29.10.1946 erschien sie als *Jidisze Cajtung. Algemeine Nacjonale Cajtung. Gewidmet di interesn fun der Szejris – Haplejto in Dajcland.* Die letzte Nummer erschien im Juli 1948. Zur *Landsberger Lager-Cajtung* und der Presse der jüdischen DPs allgemein: Giere, *Wir sind unterwegs,* S. 239ff.

15 Zur Arbeit des *Joint* und anderer Hilfsorganisationen: Angelika Königseder, Juliane Wetzel, *Lebensmut im Wartesaal: Die jüdischen DPs (Displaced Persons) im Nachkriegsdeutschland.* Frankfurt am Main: Fischer Taschenbuch, 1994.

16 Die 1880 als *Obščestvo rasprostranenja truda* [Gesellschaft zur Förderung des Handwerks] in St. Petersburg gegründete Organisation hatte 1922 einen amerikanischen Ableger bekommen: »Organization for Rehabilitation through Training«. Olejski war schon in Litauen Direktor der ORT gewesen. Samuel Gringauz, »ORT: Geschichte. Programm. Leistung«, in: *Jüdische Rundschau.* Heft 13/14, Juni 1947.

17 Singular: *hachshara*, Bezeichnung für eine landwirtschaftliche Ausbildungsstätte. Vgl. zu Kibbutzim und hachsharot in Landsberg: Heymont (25.9.1945), S. 18.

18 Vermutlich hatten 50.000 bis 60.000 Juden den Holocaust überlebt, von denen in den ersten Wochen nach der Befreiung etwa 20.000 starben. Das sind die am häufigsten genannten Schätzungen, vgl. Wolfgang Jacobmeyer, »Jüdische Überlebende als ›Displaced Persons‹: Untersuchungen zur Besatzungspolitik in den deutschen Westzonen und zur Zuwanderung osteuropäischer Juden 1945-1947«, in: *Geschichte und Gesellschaft*, Jg. 9, H. 3 (1983), S. 421. Vgl. auch höhere Zahlenangaben bei Jon Bridgman, *The End of the Holocaust: The Liberation of the Camps*. London: Batsford, 1990, S. 13 und 57.

19 Beispielhafte Einzelschicksale finden sich u.a. bei: Samuel Pisar, *Das Blut der Hoffnung*. Reinbek bei Hamburg: Rowohlt, 1979, S. 100f. Bernard Goldstein, *»Die Sterne sind Zeugen«: Der bewaffnete Aufstand im Warschauer Ghetto. Bericht eines der Anführer*. 2. Aufl., Freiburg i. Breisgau: Ahriman, 1994 (Reihe: Unerwünschte Bücher zum Faschismus; Nr. 3), S. 219ff. Peck, »Befreit und erneut in Lagern«, S. 205.

20 Das Standardwerk zu *Brichah* ist immer noch: Yehuda Bauer, *Flight and Rescue: Brichah*. New York: Random House, 1970.

21 Heymont (14.11.1945), S. 92.

22 Michael Marrus, *The Unwanted: European Refugees in the Twentieth Century*. New York, Oxford: Oxford University Press, 1985, S. 335.

23 Zu Föhrenwald: Königseder, Wetzel, *Lebensmut im Wartesaal*.

24 Israel Schwierz, *Steinerne Zeugnisse jüdischen Lebens in Bayern: Eine Dokumentation*. München: Bayerische Landeszentrale für politische Bildungsarbeit, 1988, S. 305.

25 Offener Brief einer Landsbergerin an Heymont, 7.9.1989, Privatarchiv Heymont.

26 Begriff aus den Interviews C, D, I und L. Die zur Ergänzung der schriftlichen Quellen geführten Zeitzeugeninterviews mit achtzehn damaligen Bürgerinnen und Bürgern der Stadt Landsberg wurden zwischen März und November 1992 geführt. Sie wurden nicht mitgeschnitten und die Namen der Zeitzeugen werden verschlüsselt wiedergegeben. Allgemeiner zur Begriffswahl der Deutschen: Michael Brenner, »Wider den Mythos der ›Stunde Null‹ – Kontinuitäten im innerjüdischen Bewußtsein und deutsch-jüdischen Verhältnis nach 1945«, in: *Menora. Jahrbuch für deutsch-jüdische Geschichte 1992*. Bd. 3, S. 166, und: Christian Meier, *Vierzig Jahre nach Auschwitz: Deutsche Geschichtserinnerung heute*. 2. Aufl., München: Beck, 1988, S. 64f.

27 Wolfgang Kraushaar, »Philipp Auerbach und die jüdischen Displaced Persons (DP): Zur Virulenz des Antisemitismus in den Gründerjahren der Bundesrepublik Deutschland«, unveröffentlichtes Manuskript, Hamburg, 1992, S. 22. (Gekürzt erschienen in: Helmut Schreier, Matthias Heyl (Hg.), *Die Gegenwart der Shoah: Zur Aktualität des Mordes an den europäischen Juden*. Hamburg: Krämer, 1994, S. 195-217).

28 Wie beispielsweise Samuel Pisar, vgl. sein autobiographisches Buch *Das Blut der Hoffnung*, S. 94 und 101f.

29 Der Begriff stammt von Anton Jakob Weinberger, Offenbach.
30 Abraham S. Hyman, *The Undefeated*. Jerusalem: Gefen Publishing House, 1993, S. 345.
31 Interviews F, O, P und Q. Auch: Heymont (2.10.1945), S. 32 und S. 58 (18.10.1945).
32 Wohnungszuweisung an jüdische Mieter durch Städtisches Wohnungsamt, 22.10.1946, Gewerbeanträge Bd. M, Nr. 3, 822, Stadtarchiv Landsberg am Lech. Anlage 2 zu Brief Bürgermeister an Innenministerium, 29.1.1947: »Im Stadtgebiet sind zur Zeit rund 1000 DP (...) gemeldet. Da diese Meldungen nie voll der Tatsache entsprechen, darf auf eine Zahl von rund 1200 gerechnet werden.« 064/1, Stadtarchiv Landsberg am Lech.
33 Als das einer Familie zugewiesene Zimmer vom Wohnungsinhaber nicht freigemacht wurde, drohte der Leiter des Wohnungsamtes mit der Einquartierung einer jüdischen Familie. Interview J.
34 Brief Stadtrat Eberth an Staatskommissar Aumer, 28.11.1945, IfZ Fi 01.80, S. 85: Juden bieten Geld an oder versprechen Nahrungsmittel, um Zimmer in der Stadt zu bekommen. »Die Gefahr der Durchsetzung der Stadt durch die Juden ist nicht nur bedingt durch die Juden allein, sondern durch unsere eigenen Leute selbst, die ihre unbenutzten Zimmer unter Umgehung des Wohnungsamtes an die Israeliten weitergeben.« Auch ein Mitarbeiter der Stadtverwaltung erinnert sich: jüdische Mieter zahlten gut, Interview E. Bürgermeister und Stadtrat distanzierten sich von Eberths Schreiben, nachdem dies unter der Überschrift »Di sziler fun Julius Streicher in landsberger magistrat« in der *Landsberger Lager-Cajtung* veröffentlicht worden war, Nr. 11/21.12.1945; Stellungnahme Stadtrat in Nr. 2/18.1.1946.
35 Dieses Beispiel aus: Wochenbericht der Landsberger Stadtverwaltung, 29.10.1947, 070/03, Stadtarchiv Landsberg am Lech.
36 Christoph Boyer, »›Deutsche Handwerksordnung‹ oder ›zügellose Gewerbefreiheit‹: Das Handwerk zwischen Kriegswirtschaft und Wirtschaftswunder«, in: Broszat (Hg.), *Von Stalingrad zur Währungsreform*, S. 438ff. Vgl. die Gewerbeakten 822, Bde. A–Z, im Stadtarchiv Landsberg am Lech
37 Eignungsprüfung Mützenmacher Fiszman vor der Kürschner-, Hut- und Schuhmacher-Innung, 24.2.1948. Prüfung Kürschner Frydman, Oktober 1948. Stadtarchiv Landsberg am Lech, Akt 822, Band F, Nr. 7 und 14.
38 Bernd Müller-Hahl, *Landsberg nach 1918: Schicksale unserer Heimat*. Landsberg am Lech: Landsberger Verlagsanstalt, 1983, S. 186. Ähnlich: »Besonders bedrückend wirkt die Absicht der Verpachtung von Geschäftsbetrieben an Ausländer«. So ein Kommentar des städtischen Berichterstatters zur Genehmigung von Geschäften von DPs. Wochenbericht 20.2.1947, 070/3, Stadtarchiv Landsberg am Lech. Zu der Wahrnehmung, Juden hätten oft nur »abgestaubt« (ein Zitat aus Interview A): Frank Stern, *Im Anfang war Auschwitz: Antisemitismus und Philosemitismus im deutschen Nachkrieg*. Gerlingen: Bleicher, 1991, S. 77 (Schriftenreihe des Instituts für Deutsche Geschichte der Universität Tel Aviv).
39 Monatsbericht für Januar 1949, 022/1A. Stadtarchiv Landsberg am Lech.

40 Stadtrat an Akiba Koschitzky, 4.2.1948, 822, Bd. K, Nr. 18, Stadtarchiv Landsberg am Lech.

41 OMGBY 10/83 – 3/5, Annual report, 26.6.1946, S. 38, Bayerisches Hauptstaatsarchiv, München.

42 Er war der erste deutsche Lehrer der ORT-Schule, ORT-Festbroschüre August 1947, S. 26, OMGUS 5/309 – 1/21 – 22, Blatt 3, IfZ.

43 Vgl. Vordrucke von 1946, YIVO DPG (DP-Collection Germany) folder 836, und von 1949, YIVO DPG folder 860, Bestand Zentrum für Antisemitismusforschung, Berlin.

44 Leo Srole, »Why the DPs can't wait: Proposing an International Plan of Rescue«, in: *Commentary*, Vol. 3, No. 1 (1947), S. 15.

45 Für Landsberg ist dies in einigen Fällen überliefert, z.B. waren zwischen 1.4.1949 und 31.3.1950 sechs der insgesamt 279 beim Standesamt der Stadt gemeldeten Ehen Verbindungen zwischen deutschen Frauen und DP-Männern, 153 waren DP-Ehen. Verwaltungsbericht für diesen Zeitraum, 022/6A, Stadtarchiv Landsberg am Lech. Giere, *Wir sind unterwegs*, S. 169: Bis 1950 kam es zu mindestens 1000 Ehen zwischen (jüdischen) DPs und Deutschen.
Die ablehnende Haltung findet sich u.a. in Artikeln der *Jidiszen Cajtung*, z.B. 28/15.4.1947 und 91/9.12.1947. Bei einer Allensbach-Umfrage von 1949 lehnten 70% der Befragten eine Heirat mit einem Mädchen/Mann jüdischer Abstammung ab. Hier zitiert nach Werner Bergmann, »Die Reaktion auf den Holocaust in Westdeutschland von 1945 bis 1989«, in: *Geschichte in Wissenschaft und Unterricht*, Jg. 43, H. 6 (1992), S. 329f.

46 Vgl. eidesstattliche Erklärungen, 063/1 und 063/2, Stadtarchiv Landsberg am Lech.

47 Der »Babyboom« der jüdischen DPs ist vielfach belegt. Zahlen für Landsberg: Brief der Stadtverwaltung an Regierung von Oberbayern, 27.7.1950, 063/5, Stadtarchiv Landsberg am Lech.

48 Die Lagerfeuerwehr half bei einem Brand in der Stadt, umgekehrt kam die städtische Feuerwehr zu Löscharbeiten ins Lager, Polizeibericht 3.4.1947 und Lagebericht 16.-22.4. 1947, 070/2, Stadtarchiv Landsberg am Lech.

49 Beispiele der Zusammenarbeit: OMGBY 10/83 – 3/5, Historical report, 3.9.1946, S. 2f., Bayerisches Hauptstaatsarchiv, München. (Ebd. S. 4: Festnahme eines deutschen Schwarzhändlers im DP-Lager.) Polizeibericht 14.1.1947 (zum Raubmord an Chaim Weingarten), 070/2. Monatsbericht für März 1949, 022/1A. Wochenbericht 5.7.1949 (zur Festnahme im Lager), 070/3. Stadtarchiv Landsberg am Lech.

50 Handschriftliche Notizen eines städtischen Verwaltungsangestellten zur Instandsetzung des Freibads, Sommer 1947, 070/1. Stadtarchiv Landsberg am Lech. Die Bezeichnungen in den Akten schwanken zwischen »jüdischen Mitbürgern«, »Juden«, »Israeliten« und »ihren Stammesbrüdern«.

51 064/1, Stadtarchiv Landsberg am Lech. Vgl. auch die Untersuchungen zu Bausingen von Franziska Becker und Urs Jeggle, »Im Dorf erzählen – vor Gericht bezeugen: Zur inneren Logik von Sagen und Aussagen über NS-Gewalt gegen Juden«, in: Arno Herzig, Ina Lorenz (Hg.) in Zusammenarbeit mit Saskia Rohde,

Verdrängung und Vernichtung der Juden unter dem Nationalsozialismus. Hamburg: Christians, 1992, S. 323.

52 Protokoll der Besichtigung vom 1.12.1948, 064/2, Stadtarchiv Landsberg am Lech.

53 Ein Beispiel für völlig überzogene Zahlenangaben in einer Darstellung des langjährigen Landsberger Landrats: Bernd Müller-Hahl, *Zwischen Ammersee und Lech: Eine Landschaft voll Harmonie und Frieden.* 2. Aufl., Landsberg: Landsberger Verlagsanstalt, 1974, S. 28.

54 Der Streit um die Zahlen spielte sich hauptsächlich zwischen Paul Winkelmayer, dem Schriftführer der *Landsberger Nachrichten*, und Philipp Auerbach, dem bisherigen Staatskommissar, nun Generalanwalt für Wiedergutmachung, ab; vgl. Briefwechsel Januar 1949, 064/2, Stadtarchiv Landsberg am Lech.

55 OMGBY 10/83 – 3/5, Historical report, 7.11.1946, S. 6, Bayerisches Hauptstaatsarchiv, München.

56 Wenn bei den Interviews die Rede auf die DPs kam, wurde dieses Ereignis meist als erstes genannt. Als die Landsberger Historikerin Edith Raim 1993 für die Lokalzeitung einen Artikel über den 28.4.1946 schrieb, wurde dieser völlig gekürzt und damit verzerrt abgedruckt. E. Raim, »Aufruhr in Landsberg«, 9seitiges Manuskript o.O. (Landsberg am Lech), o.J. (1993); Brief E. Raim an das *Landsberger Tagblatt*, 17.5.1993.

57 Volker Gold, »Wer kann öffentlich helfen? Zur möglichen Wirksamkeit von Interventionsmodellen bei öffentlichen Auseinandersetzungen um die deutsche NS-Vergangenheit (eine Fallstudie)«, in: Siegfried Höfling, Willi Butollo (Hg.), *Psychologie für Menschenwürde und Lebensqualität.* Bd. 3, München: Deutscher Psychologen-Verlag, 1989, S. 332.

58 Vgl. die Gegenüberstellung von einer Aufnahme vom 3.10.1945 mit einem Photo von 1942, auf dem Juden eine Straße im Ghetto von Kovno räumen müssen. *Landsberger Lager-Cajtung* 2/20.10.1945.

59 Heymont (4.10.1945), S. 33-37.

60 Zitat aus Gespräch mit R. N., 21.2.1985, aus: Schülerwettbewerb Deutsche Geschichte (Körber-Stiftung), Wettbewerb 1984/85: Alltag im Nachkriegsdeutschland, Arbeit Bayern 46: *Vergangenheit ist Gegenwart: Landsberg 1945 ...*, Bd. 1, S. 77. Das Zitat bezieht sich konkret auf die Vorgänge vom 28.4.1946; ähnliche Belege für diese Grundstimmung finden sich auch für 1945, vgl. z. B. bei Heymont (4.10.1945), S. 34.

61 Interview G: »alles haben die beansprucht«.

62 Interviews K und L. Hier wurde auch von »dreckigen DPs« gesprochen.

63 Interviews C, D und G. Zur Rechtfertigung der Spenden nur für deutsche Flüchtlinge hieß es im *Landsberger Amtsblatt* vom 30.11.1946: diese wollten sich hier schließlich »eine neue Heimat zimmern«.

64 Stern, *Im Anfang war Auschwitz*, S. 81.

65 Interview A.

66 K. C. Hulme, *The Wild Place.* Boston: Little, Brown, 1953, S. 125.

67 Vgl. u.a. die Fortschreibung der Vorurteile bei Willi A. Boelcke, *Der Schwarzmarkt 1945-1948: Vom Überleben nach dem Kriege.* Braunschweig: Westermann, 1985, z. B. S. 73.

68 Interview K.
69 OMGBY 10/66 – 3/41, Intelligence report Landsberg, 17.5.1949, Bayerisches Hauptstaatsarchiv, München.
70 Frank Stern, »The Historic Triangle: Occupiers, Germans and Jews in Postwar Germany«, in: *Tel Aviver Jahrbuch für Geschichte*, Bd. XIX (1990), S. 47-76.
71 Dazu unter anderem: Leonard Dinnerstein, »The U.S. Army and the Jews: Policies Toward The Displaced Persons After World War II«, in: *American Jewish History*, Vol. 68 (1979), S. 353-366. Leo Srole, »Why the DPs can't wait«, S. 22.
72 Heymont (15.11.1945), S. 96.
73 OMGBY 10/83 – 3/5, Historical report 1.1.-31.3.1947, chapter 13; Annual report, Juni 1947, S. 16. Bayerisches Hauptstaatsarchiv, München. Vgl. allgemeinere Vergleichszahlen bei Jacobmeyer, *Vom Zwangsarbeiter*, S. 214 und 48ff.
74 Philip S. Bernstein, »Displaced Persons«, in: *American Jewish Yearbook*, Vol. 49 (1947-48), Philadelphia, S. 527. Jacobmeyer spricht vom Effekt der »lupenartigen Vergrößerung« ihrer Präsenz bei der verzerrten Wahrnehmung der DP-Kriminalität, ders., *Vom Zwangsarbeiter*, S. 215.
75 Monatsbericht für Dezember 1948, 022/1A, Stadtarchiv Landsberg am Lech.
76 Zur »Konkurrenz« auf dem Wohnungsmarkt: Karl-Maria Haertle, »Die Wohnungssituation der Heimatvertriebenen und Flüchtlinge«, in: *Integration und Neubeginn: Dokumentation über die Leistungen des Freistaates Bayern und des Bundes zur Eingliederung der Wirtschaftsbetriebe der Vertriebenen und Flüchtlinge und deren Beitrag zur wirtschaftlichen Entwicklung des Landes*. Hg. v. Friedrich Prinz im Auftrag des Bayerischen Staatsministeriums für Arbeit und Sozialordnung, Bd. 1: Texte und Anmerkungen. München 1984, bes. S. 279ff. Ein Beispiel für den Vorwurf: Wilhelm Rentrop, *Requisitionen, Besatzungsschäden und ihre Bezahlung*. Stuttgart: Schäffer, 1950, S. 48.
77 Die Tafel wurde im September 1989 feierlich enthüllt. Im 1995 erschienenen Katalog zur Fotoausstellung »Ein Ort wie jeder andere« ist ein großer Abschnitt zu Landsberger DPs: Martin Paulus, Edith Raim, Gerhard Zelger (Hg.), *Ein Ort wie jeder andere: Bilder aus einer deutschen Kleinstadt. Landsberg 1923-1958*. Reinbek bei Hamburg: Rowohlt, 1995.

Literatur

Adorno, Theodor W.: »Schuld und Abwehr«, in: ders.: *Soziologische Schriften II. Zweite Hälfte*. (Gesammelte Schriften, Bd. 9.2), Frankfurt am Main: Suhrkamp, 1975. (Erstveröffentlichung als Teil von Friedrich Pollock (Bearb.): *Gruppenexperiment: Ein Studienbericht*. Frankfurt am Main: Suhrkamp, 1955)
Bauer, Yehuda: *Flight and Rescue: Brichah*. New York: Random House, 1970.
ders.: *Out of the Ashes: The Impact of American Jews on Post-Holocaust European Jewry*. Oxford: Pergamon Press, 1989.
Becker, Franziska / Jeggle, Utze: »Im Dorf erzählen – vor Gericht bezeugen: Zur inneren Logik von Sagen und Aussagen über NS-Gewalt gegen Juden«, in: Arno

Herzig, Ina Lorenz (Hg.) in Zusammenarbeit mit Saskia Rohde, *Verdrängung und Vernichtung der Juden unter dem Nationalsozialismus.* Hamburg: Christians, 1992, S. 311-332.

Benz, Wolfgang: »Die Verfolgung und Vernichtung der Juden im Bewußtsein der Deutschen«, in: Peter Freimark, Alice Jankowski, Ina S. Lorenz (Hg.), *Juden in Deutschland: Emanzipation, Integration, Verfolgung und Vernichtung. 25 Jahre Institut für die Geschichte der deutschen Juden Hamburg.* Hamburg: Christians, 1991, S. 435-449.

Bergmann, Werner: »Die Reaktion auf den Holocaust in Westdeutschland von 1945 bis 1989«, in: *Geschichte in Wissenschaft und Unterricht,* Jg. 43, H. 6 (1992), S. 327-350.

Bernstein, Philip S.: »Displaced Persons«, in: *American Jewish Yearbook,* Vol. 49 (1947-48), Philadelphia 1948, S. 520-533.

Boyer, Christoph: »›Deutsche Handwerksordnung‹ oder ›zügellose Gewerbefreiheit‹: Das Handwerk zwischen Kriegswirtschaft und Wirtschaftswunder«, in: Martin Broszat, Klaus-Dietmar Henke, Hans Woller (Hg.), *Von Stalingrad zur Währungsreform: Zur Sozialgeschichte des Umbruchs in Deutschland.* München: Oldenbourg 1988, S. 427-467.

Brenner, Michael: »Wider den Mythos der ›Stunde Null‹ – Kontinuitäten im innerjüdischen Bewußtsein und deutsch-jüdischen Verhältnis nach 1945«, in: *Menora. Jahrbuch für deutsch-jüdische Geschichte 1992.* Bd. 3, München, Zürich: Piper, 1992, S. 155-181.

Bresler, J.(akob): *Du sollst nicht mehr Jakob heißen: Kindheit in Ghetto und KZ: Dokumentation einer Sprachlosigkeit.* Wien: Orac, 1988.

Bridgman, Jon: *The End of the Holocaust: The Liberation of the Camps.* London: Batsford, 1990.

Dinnerstein, Leonard: »German Attitudes toward the Jewish Displaced Persons (1945-1950)«, in: Hans L. Trefousse (Hg.), *Germany and America: Essays on Problems of International Relations and Immigration.* New York: Brooklyn College Press, 1980, S. 241-247.

ders.: *America and the Survivors of the Holocaust.* New York: Columbia University Press, 1982.

ders.: »The U.S.Army and the Jews: Policies Toward The Displaced Persons After World War II«, in: *American Jewish History,* Vol. 68 (1979), S. 353-366.

Giere, Jacqueline Dewell: *Wir sind unterwegs, aber nicht in der Wüste. Mir sajnen unterwegs, ober nischt in midber: Erziehung und Kultur in den jüdischen Displaced Persons-Lagern der amerikanischen Zone im Nachkriegsdeutschland 1945-1949.* Frankfurt am Main: Dissertationsdruck, 1993.

Gold, Volker: »Wer kann öffentlich helfen? Zur möglichen Wirksamkeit von Interventionsmodellen bei öffentlichen Auseinandersetzungen um die deutsche NS-Vergangenheit (eine Fallstudie)«, in: Siegfried Höfling, Willi Butollo (Hg.), *Psychologie für Menschenwürde und Lebensqualität.* Bd. 3, München: Deutscher Psychologen-Verlag, 1989, S. 329-341.

Goldstein, Bernard: »*Die Sterne sind Zeugen*«: *Der bewaffnete Aufstand im Warschauer Ghetto: Bericht eines der Anführer*. 2. Aufl., Freiburg i. Breisgau: Ahriman, 1994 (Reihe: Unerwünschte Bücher zum Faschismus; Nr. 3).

Goschler, Constantin: »The attitude towards jews in Bavaria after the Second World War«, in: *Leo Baeck Institute Year Book*, Vol. 36 (1991), S. 443-458.

Gringauz, Samuel: »ORT: Geschichte. Programm. Leistung«, in: *Jüdische Rundschau*, H. 13/14 (Juni 1947).

Haertle, Karl-Maria: »Die Wohnungssituation der Heimatvertriebenen und Flüchtlinge«, in: *Integration und Neubeginn: Dokumentation über die Leistungen des Freistaates Bayern und des Bundes zur Eingliederung der Wirtschaftsbetriebe der Vertriebenen und Flüchtlinge und deren Beitrag zur wirtschaftlichen Entwicklung des Landes*. Hg. v. Friedrich Prinz im Auftrag des Bayerischen Staatsministeriums für Arbeit und Sozialordnung, Bd. 1: Texte und Anmerkungen. München, 1984, S. 271-315.

Heymont, Irving: *Bei den Überlebenden des Holocaust – 1945: Landsberger Briefe des Majors Irving Heymont*. Landsberg am Lech 1989. (Originalausgabe: *Among the Survivors of the Holocaust – 1945. The Landsberg DP Camp Letters of Major Irving Heymont, United States Army*. Cincinnati 1982 (Monographs of the American Jewish Archives No. 10).

Hulme, Kathryn Cavarly: *The Wild Place (Lager Wildflecken)*. Boston: Little, Brown, 1953.

Hyman, Abraham S.: *The Undefeated*. Jerusalem: Gefen Publishing House, 1993.

Jacobmeyer, Wolfgang: *Vom Zwangsarbeiter zum Heimatlosen Ausländer: Die Displaced Persons in Westdeutschland 1945–1951*. Göttingen: Vandenhoeck & Ruprecht, 1985 (Kritische Studien zur Geschichtswissenschaft).

ders.: »Jüdische Überlebende als ›Displaced Persons‹: Untersuchungen zur Besatzungspolitik in den deutschen Westzonen und zur Zuwanderung osteuropäischer Juden 1945-1947«, in: *Geschichte und Gesellschaft*, 9. Jg., H. 3 (1983), S. 421-452.

Königseder, Angelika / Juliane Wetzel: *Lebensmut im Wartesaal: Die jüdischen DPs (Displaced Persons) im Nachkriegsdeutschland*. Frankfurt am Main: Fischer Taschenbuch, 1994.

Kraushaar, Wolfgang: »Philipp Auerbach und die jüdischen ›Displaced Persons‹ (DPs): Zur Virulenz des Antisemitismus in den Gründerjahren der Bundesrepublik Deutschland«. Ms., 36 S., Hamburg 1992. (Gekürzt erschienen in: Helmut Schreier / Matthias Heyl (Hg.), *Die Gegenwart der Shoah: Zur Aktualität des Mordes an den europäischen Juden*. Hamburg: Krämer, 1994, S. 195-217; sowie in: *Menora. Jahrbuch für deutsch-jüdische Geschichte 1995*. Bd. 6. München, Zürich: Piper, 1995, S. 319-343.

Marcuse, Harold: »Das ehemalige Konzentrationslager Dachau: Der mühevolle Weg zur Gedenkstätte 1945–1968«, in: *Dachauer Hefte*, Nr. 6 (1990), S. 182-205.

ders.: *Nazi crimes and identity in West Germany: collective memories of the Dachau concentration camp. 1945–1990*. Diss. University of Michigan, 1992.

Marrus, Michael R.: *The Unwanted: European Refugees in the Twentieth Century.* New York, Oxford: Oxford University Press, 1985.

Meier, Christian: *Vierzig Jahre nach Auschwitz: Deutsche Geschichtserinnerung heute.* 2. erw. Aufl., München: Beck, 1990.

Nadich, Judah: *Eisenhower and the Jews.* New York: Twayne Publishers, 1953.

Niethammer, Lutz: »Juden und Russen im Gedächtnis der Deutschen«, in: Walter H. Pehle (Hg.), *Der historische Ort des Nationalsozialismus: Annäherungen.* Frankfurt am Main: Fischer Taschenbuch, 1990, S. 114-134.

Paulus, Martin / Raim, Edith / Zelger, Gerhard (Hrsg.): *Ein Ort wie jeder andere: Bilder aus einer deutschen Kleinstadt: Landsberg 1923-1958.* Reinbek bei Hamburg: Rowohlt, 1995.

Peck, Abraham J.: »Befreit und erneut in Lagern: Jüdische DPs. Statt eines Epilogs«, in: Walter H. Pehle (Hg.), *Der Judenpogrom 1938: Von der ›Reichskristallnacht‹ zum Völkermord.* Frankfurt am Main: Fischer Taschenbuch, 1988, S. 201-212.

Pisar, Samuel: *Das Blut der Hoffnung.* Reinbek bei Hamburg: Rowohlt, 1979.

Raim, Edith: *Die Dachauer KZ-Außenkommandos Kaufering und Mühldorf: Rüstungsbauten und Zwangsarbeit im letzten Kriegsjahr 1944/45.* (Diss. München 1991) Landsberg am Lech: Landsberger Verlagsanstalt, 1992.

Rentrop, Wilhelm: *Requisitionen, Besatzungsschäden und ihre Bezahlung.* Stuttgart: Schäffer, 1950.

Schwierz, Israel: *Steinerne Zeugnisse jüdischen Lebens in Bayern: Eine Dokumentation.* München: Bayerische Landeszentrale für politische Bildungsarbeit, 1988.

Srole, Leo: »Why the DP's Can't Wait: Proposing an International Plan of Rescue«, in: *Commentary*, Vol. 3, No. 1 (1947), S. 13-24.

Stepien, Stanislaus: *Der alteingesessene Fremde: Ehemalige Zwangsarbeiter in Westdeutschland.* Frankfurt am Main, New York: Campus, 1989.

Stern, Frank: »The Historic Triangle: Occupiers, Germans and Jews in Post War Germany«, in: *Tel Aviver Jahrbuch für deutsche Geschichte.* Bd. XIX (1990), S. 47-76.

ders.: *Im Anfang war Auschwitz: Antisemitismus und Philosemitismus im deutschen Nachkrieg.* Gerlingen: Bleicher, 1991 (Schriftenreihe des Instituts für Deutsche Geschichte der Universität Tel Aviv, Bd. 14).

Wetzel, Juliane: *Jüdisches Leben in München 1945–1951: Durchgangsstation oder Wiederaufbau?* München: Kommissionsverlag UNI-Druck, 1987 (Miscellanea Bavarica Monacensia, Bd. 135).

dies.: »›Mir szeinen doh‹: München und Umgebung als Zuflucht von Überlebenden des Holocaust 1945–1948«, in: Martin Broszat, Klaus-Dietmar Henke, Hans Woller (Hg.), *Von Stalingrad zur Währungsreform: Zur Sozialgeschichte des Umbruchs in Deutschland.* München: Oldenbourg, 1988, S. 327-364.

Wyman, Mark: *DP: Europe's Displaced Persons, 1945–1951.* Philadelphia: The Balch Institute Press, 1989.

Durchgangsstation Berlin

Jüdische Displaced Persons 1945-1948

Angelika Königseder

Berlin nimmt in der Geschichte der jüdischen Displaced Persons (DPs) eine besondere Stellung ein. Durch die Viermächteverwaltung der Stadt traf die unterschiedliche DP-Politik der Besatzungsmächte hier auf engstem Raum aufeinander und verhinderte einheitliche und konsequente Entscheidungen. Die USA betrieben in Berlin eine Politik des Abwartens und Reagierens, anders als in ihrer Besatzungszone in Süddeutschland, in der die meisten jüdischen DPs lebten. Dort hatte sich seit dem Spätsommer 1945 eine liberale DP-Politik durchgesetzt, was im wesentlichen eine Folge des sog. Harrison-Berichts war.[1] Earl G. Harrison, ehemaliger US-Kommissar für Einwanderung, hatte im Sommer 1945 im Auftrag des amerikanischen Außenministeriums die Situation in den jüdischen DP-Lagern untersucht und war zu dem Ergebnis gekommen, daß die befreiten Juden unter katastrophalen Umständen in den Lagern lebten. Wesentliche Folgen des Berichts waren neben der Verbesserung der Ernährung, Kleidung und Unterkünfte die Anerkennung als jüdische Verfolgte, nicht als Angehörige irgendeines Staates, und damit verbunden die Tatsache, daß ab diesem Zeitpunkt Lager ausschließlich für jüdische DPs eingerichtet wurden, in denen auf die speziellen Bedürfnisse der Holocaust-Überlebenden Rücksicht genommen werden konnte. Politische Brisanz erhielt der Harrison-Bericht durch seine Forderung nach 100.000 zusätzlichen Einwanderungszertifikaten für Palästina. Damit wurde erstmals den zionistischen Forderungen der jüdischen DPs Gehör verschafft und die weitgehende Öffnung der Grenzen Palästinas als eine Lösung des jüdischen Flüchtlingsproblems angemahnt.

189

Der amerikanische Präsident Truman stellte sich hinter die Forderung Harrisons und empfahl der Mandatsmacht Großbritannien am 31. August 1945, 100.000 Juden die Einreise nach Palästina zu gestatten. Dies war der Kernpunkt einer länger währenden britisch-amerikanischen Auseinandersetzung, die sich auch in der unterschiedlichen Behandlung der jüdischen DPs in den jeweiligen Zonen manifestierte. Die Briten wollten klar zwischen den in Europa ausharrenden befreiten Juden und der Palästinafrage trennen und beschlossen die Beibehaltung der 1500 monatlich zugelassenen Einwanderungszertifikate. Sie befürchteten Sabotage-Aktionen von arabischer Seite, falls die Einwanderungszahlen für Juden erhöht würden. Hintergrund dieser Überlegungen war die britische Angst, nach dem Schwinden des Einflusses in Indien auch eine Schwächung der Position im Nahen Osten hinnehmen zu müssen. Auf der vermeintlich schwächeren, also der jüdischen Seite, rechnete Großbritannien mit weniger Widerstand. Sofort nach Bekanntwerden der ablehnenden britischen Haltung begannen in Palästina jedoch jüdische Terror-Aktionen gegen britische Einrichtungen und damit der lange und heftige Kampf um die Öffnung der Tore Palästinas für die Juden, der sein Ende mit der Gründung des Staates Israel im Mai 1948 fand.

Die Verstimmung zwischen Großbritannien und den USA ließ die britische DP-Politik nicht unberührt. Juden sollten unter keinen Umständen bevorzugt behandelt und nicht als eine eigene Gruppe von DPs, sondern lediglich unter ihrer entsprechenden Nationalität anerkannt werden. Ein Memorandum aus dem Büro des britischen Stabschefs lieferte die – wahrscheinlich als Vorwand benutzte – Begründung für diese Verweigerungshaltung:

»Wir beabsichtigen nicht, die NS-Ideologie, Juden seien eine eigene Rasse, zu übernehmen. Wie alle anderen Religionsgemeinschaften sollen Juden ihrer Nationalität entsprechend und nicht als Angehörige einer Rasse oder Religion behandelt werden.«[2]

Deutliche Unterschiede zwischen britischer und amerikanischer DP-Politik zeigten sich bei der Aufnahme von Juden aus Polen und anderen Staaten Osteuropas, die nach Kriegsende wegen der katastrophalen wirtschaftlichen Bedingungen, vor allem jedoch wegen des wiederauflebenden, oftmals gewalttätigen Antisemitismus aus ihrer Heimat flüchteten. Während sie in der US-Zone als DPs anerkannt wurden und damit die mit diesem Status verbundenen Privilegien genossen, verweigerten die Briten ihre Aufnahme in die in ihrer Besatzungszone gelegenen DP-Lager. Die Berichte von der schwierigen Situation der Juden in Polen und den antisemitischen Ausschreitungen werteten sie als zionistische Greuelmärchen, die jeder Grundlage entbehrten. Bei den zionistisch orientierten DPs, deren wesentliche Forderung die unbeschränkte Aufnahme in Palästina war, stieß die restriktive britische Palästina-Politik auf vehementen Widerstand. Keinesfalls waren sie damit einverstanden, die Politik im Nahen Osten von der DP-Politik zu trennen – im Gegenteil: ihrer Meinung nach mußten sie eng miteinander verknüpft werden. Der Tiefpunkt der Beziehungen zwischen Großbritannien und den jüdischen DPs war während der Exodus-Affäre im Sommer 1947 erreicht, als die Briten ein jüdisches Flüchtlingsschiff vor den Ufern Palästinas zur Rückkehr nach Deutschland zwangen.[3]

Die Sowjetunion als dritte Besatzungsmacht verfolgte eine völlig andere Politik. Sie weigerte sich, den jüdischen Überlebenden einen besonderen Status zuzusprechen. Ihr Ziel als Besatzungsmacht war die Umstrukturierung der Gesellschaft; die während des Nationalsozialismus verfolgten Kommunisten sollten nun die politische Führung übernehmen. Damit galt die Gruppe der Verfolgten als rehabilitiert und eine besondere Fürsorge als überflüssig. Folglich sahen sich die Sowjets auch nicht genötigt, DP-Lager in ihrer Zone einzurichten. Die Überlebenden sollten entweder repatriiert werden oder sich in die antifaschistische Gesellschaftsordnung einfügen.

Die französische Besatzungsmacht spielte in der jüdischen DP-Geschichte eine Nebenrolle, da sich in ihrer Besatzungszone nur wenige hundert jüdische Überlebende aufhielten. Sie stand den Problemen und Zielen der DPs zwar wohlwollend gegenüber, besaß aber zu wenig Gewicht, um wesentlichen Einfluß zu nehmen.

Die skizzierte unterschiedliche DP-Politik der vier Besatzungsmächte machte ein gemeinsames Vorgehen in Berlin schwierig, wenn nicht gar unmöglich. Vor allem die Amerikaner drängten auf Entscheidungen, an denen alle vier Staaten beteiligt waren und folglich auch Verantwortung übernehmen mußten. Zahlreiche Sitzungen mit endlosen Diskussionen brachten jedoch nur wenige oder gar keine

Ergebnisse. Seit Herbst 1945 erreichten aber immer mehr Juden aus Polen Berlin.

Gelenkt wurde der Flüchtlingsstrom von der im Untergrund agierenden jüdischen Fluchthilfeorganisation *Brichah*, die Transportkapazitäten bereitstellte und Möglichkeiten für illegale Grenzübertritte schuf. Sie operierte seit Sommer 1945 im wesentlichen auf zwei Hauptflüchtlingsrouten, zum einen über Nachod, Bratislava, Wien, Linz oder Salzburg in die amerikanische Besatzungszone Deutschlands und zum anderen über Stettin in den amerikanischen Sektor Berlins. Die Mehrzahl wählte die erstgenannte Route, dennoch erreichten bereits bis November 1945 etwa 7000 Juden aus Polen Berlin,[4] von August bis November 1946, also nach dem Pogrom von Kielce, kamen gar 16.000 jüdische Flüchtlinge in die Stadt.[5] Berlin bot sich wegen der geographischen Nähe zu Polen, aber auch wegen des riesigen Flüchtlingszugs von vertriebenen Deutschen, der genaue Kontrollen an der Grenze unmöglich machte, als Ziel an.[6]

Ende November 1945 schleuste die *Brichah* täglich etwa 250 jüdische Flüchtlinge in die Stadt. Die wenigen Notunterkünfte, die die Berliner Jüdische Gemeinde in der Rykestraße 53, in der Iranischen Straße 3 und in der Oranienburger Straße 31 bereitstellte, waren bald restlos überbelegt. Die Versorgung war völlig unzureichend, und die hygienischen Bedingungen waren besorgniserregend.[7]

Zu diesem Zeitpunkt hatte sich in der amerikanischen Besatzungszone bereits die liberale Politik der offenen Grenzen durchgesetzt, die die Aufnahme der Flüchtlinge in die bestehenden DP-Lager gestattete. In Berlin weigerte sich die amerikanische Militärregierung jedoch, ein Lager in ihrem Sektor zu errichten, da sie befürchtete, daß ihr Zuständigkeitsbereich dadurch eine magnetische Anziehungskraft entfalten würde und sie die alleinige Last tragen müßte. Unterstützung erfuhren die Flüchtlinge von den Franzosen, die in ihrem Sektor in Wittenau am Eichborndamm 140-148 auf dem Gelände der unter treuhänderischer Verwaltung stehenden »Deutschen Waffen- und Munitionsfabriken AG, Werk Borsigwalde« einen Wohnblock zur Verfügung stellten, in dem am 1. Dezember 1945 das DP-Lager Wittenau eröffnet wurde, das etwa 500 Menschen Platz bot. Eine Woche später übernahm die Berliner Jüdische Gemeinde die Leitung des Lagers.[8] Analog zur Politik in ihrer Besatzungszone lehnten die Sowjets die Errichtung von DP-Lagern in ihrem Stadtsektor ab. Die Briten weigerten sich ebenfalls, das Problem anzuerkennen, und werteten die Berichte über die antisemitischen Ausschreitungen in Polen als zionistische Propaganda, denen kein Gehör geschenkt werden sollte.

Um die Jahreswende 1945/46 eskalierte die Situation. Ein tragendes Moment für das Gelingen der *Brichah* war das Weiterschleusen der jüdischen DPs aus der Stadt. Nur wenn wieder Raum in den Lagern bereitstand, konnten neue Flüchtlinge auf den Weg gebracht werden. Bis Dezember 1945 erreichten 5000 Juden, häufig als deutsche Heimatvertriebene getarnt, von Berlin aus die westlichen Besatzungszonen. Meist wurden sie mit Transporten der Welthilfsorganisation UNRRA *(United Nations Relief and Rehabilitation Administration)* – wie die nichtjüdischen DPs – in das Lager Hesslingen in der britischen Besatzungszone gebracht, von wo aus viele das DP-Lager Bergen-Belsen zu erreichen versuchten. Belsen-Hohne, wie das DP-Lager offiziell hieß, befand sich in den ehemaligen Lagern II, III und IV des KZ Bergen-Belsen und war das größte Lager für jüdische DPs in Deutschland. Dort war ein *Brichah*-Mitglied für die Flüchtlinge zuständig. Von Belsen oder Hesslingen aus zogen sie mit Zügen oder Lastwagen weiter in die DP-Lager in der amerikanischen Besatzungszone.[9]

Am 5. Dezember 1945 gaben die Briten jedoch bekannt, daß sie diese Flucht nicht mehr tolerieren und den Zonen-Übergang bei Helmstedt für Juden schließen würden. Als Reaktion darauf verboten auch die Amerikaner den weiteren Zuzug von Juden aus Berlin in ihre Besatzungszone. Ende Dezember schleuste die *Brichah* aber täglich zwischen 250 und 300 Juden in die Stadt Berlin. Im Dezember 1945 und Januar 1946 wurde die nördliche Route über Stettin nach Berlin zum wichtigsten Fluchtweg aus Polen. Da die Fortsetzung der Flucht aus Berlin kaum mehr möglich war, hatte sich die Zahl der jüdischen Flüchtlinge in der Stadt in wenigen Tagen auf 5000 erhöht.[10] Die Situation für diese Menschen gestaltete sich immer unerträglicher; da ein gemeinsames Vorgehen der vier Besatzungsmächte wegen der grundsätzlichen Differenzen in der DP-Politik nicht möglich war, mußten die Amerikaner schließlich reagieren. Monate nachdem die amerikanische Besatzungszone bereits zu einem sicheren Hafen für die jüdischen Flüchtlinge geworden war, eröffnete die US-Militärbehörde am 12. Januar 1946 an der Potsdamer Chaussee 87-91 in Zehlendorf das Lager Düppel Center. Bemerkenswert daran ist, daß in letzter Konsequenz die sowjetische Militärregierung diese Entscheidung erzwungen hatte. Sie hatte am 4. Januar damit gedroht, alle 2500 Juden, die in ihrem Sektor lebten, binnen 48 Stunden in ein Lager nach Prenzlau zu schicken. Die Betroffenen befürchteten, daß sie von dort aus in ihre Heimatländer deportiert werden sollten, und die meisten flüchteten deshalb in den amerikanischen Stadtsektor. Die Unterbringungsmöglichkeiten waren jedoch völlig unzureichend, und deshalb gaben die Amerikaner ihren Widerstand nach einigen Tagen auf und stellten Düppel Center zur Verfügung.[11] In dem Barackenlager konnten etwa 3500 Flüchtlinge untergebracht werden.

Die Errichtung von Düppel Center verhalf der *Brichah* zu einer wichtigen Operationbasis.[12] Bis zum Herbst 1946 blieb der Durchgangscharakter Schlachtensees, wie Düppel Center von den DPs genannt wurde, im wesentlichen erhalten; damit unterschied sich dieses Lager von anderen vergleichbaren im restlichen Deutschland, die zwar durch den verstärkten Zustrom von Juden aus Osteuropa im Laufe des Jahres an ihre Kapazitätsgrenzen stießen, aber nicht mit der ständigen Fluktuation ihrer Bewohner zu kämpfen hatten.

Von Dezember 1945 bis März 1946 flüchteten mit Hilfe der *Brichah* 8.000 Juden von Stettin nach Berlin. Für die Weiterfahrt aus der Stadt mußten jedoch seit dem 5. Dezember 1945, als die Briten den Grenzübergang bei Helmstedt für Juden schlossen, neue Routen gefunden werden. In den folgenden Wochen brachte die *Brichah* viele Flüchtlinge über Weferlingen oder Helmstedt (an der sowjetisch-britischen Zonengrenze gelegen) nach Hannover und von dort in die US-Zone. Ende März deckten die Sowjets jedoch diese Route, die auch von vielen Deutschen benutzt wurde, auf; die Sowjets wollten zwar hauptsächlich den illegalen Grenzübertritt der Deutschen verhindern, trafen damit aber auch die *Brichah*. Etwa 4000 Juden hatten die Route bis zu diesem Zeitpunkt passiert.

Nun mußte die *Brichah* wiederum neue Wege finden, um die jüdischen DPs aus Berlin in die US-Zone zu bringen und damit im Düppel Center Platz für neue Flüchtlinge aus Polen zu schaffen. Es gelang ihr, am offiziellen Grenzübergang in Heiligenstadt, südlich von Göttingen, zwei mit falschen Papieren ausgestattete angebliche Vertreter der Organisation »Opfer des Faschismus«[13] einzuschleusen. In der Folge gab die *Brichah* in Heiligenstadt ihre Flüchtlinge als Deutsche aus, die nach Westdeutschland wollten und dafür von den beiden »Vertretern« der »Opfer des Faschismus« die erforderlichen Dokumente erhielten. Von Anfang April bis 30. Juni 1946, als die Rückführung von Deutschen von einer Zone in eine andere verboten wurde, erreichten auf diesem Weg 5000 Juden Hannover, von denen die meisten nach zwei bis drei Tagen Aufenthalt in kleinen Gruppen in die amerikanische Besatzungszone weiterzogen.[14] Die amerikanische Militärregierung weigerte sich zu diesem Zeitpunkt, Transporte von DPs aus Düppel Center direkt in die US-Zone zuzulassen, weil sie befürchtete, daß dies als Anreiz für weitere Fluchtbewegungen nach Berlin dienen könnte.[15] Da ihr aber kaum entgangen sein konnte, daß trotz dieses Verbotes Tausende von jüdischen DPs Berlin verließen, scheint sie die Operationen der *Brichah* stillschweigend toleriert zu haben. Möglicherweise hoffte sie, daß sich das jüdische Flüchtlingsproblem in Berlin auf diese Weise lösen würde.[16]

An anderen Stellen waren es die sowjetischen Behörden, die die Fluchtwege durch ihre Kontrollen immer wieder abschnitten oder Fluchthelfer verhafteten. Dies zwang die *Brichah*, neue Fluchtwege zu Fuß, in Zügen, per Boot oder in LKWs der Post zu finden. Die alte Route per LKW von Stettin nach Berlin sollte sich jedoch trotz aller Schwierigkeiten als die sicherste und kostengünstigste erweisen. Die *Brichah* arbeitete mittlerweile mit ihren eigenen LKWs, um nicht mehr auf die sowjetischen Fahrzeuge und Fahrer zurückgreifen zu müssen. Anfang Juni wurden jedoch einige dieser LKWs aufgegriffen; gleichzeitig auftretende finanzielle Engpässe zwangen die *Brichah*, ihre Operationen in Stettin zu reduzieren. Zusätzlich wurde die Arbeit der *Brichah* erschwert durch den Befehl des Kommandierenden Generals in Berlin, General Keating, keine weiteren UNRRA-Transporte aus der Stadt zu genehmigen.[17] Deshalb brachte die *Brichah* vom 10. Juni bis zur dritten Juliwoche 1946 keine Flüchtlinge nach Berlin.[18] Bis zu diesem Zeitpunkt hatte Düppel Center 9408 polnische Juden, meist aus Stettin kommend, betreut.[19]

Am 4. Juli 1946 hatten die Bewohner der polnischen Stadt Kielce, durch die Verbreitung einer Ritualmordlegende motiviert, 42 jüdische Bewohner ermordet. Infolge der sprunghaft angestiegenen Flüchtlingszahlen wegen dieses Pogroms nahm die *Brichah* am 20. Juli die LKW-Route von Stettin nach Berlin wieder auf, und binnen kürzester Zeit war Düppel mit etwa 5.000 Bewohnern restlos überfüllt.[20] Anfang Juli hatte die amerikanische Militärregierung zwar die Weiterreise von täglich 50 Personen zur Familienzusammenführung oder im Krankheitsfall genehmigt, als der Flüchtlingsstrom jedoch weiter anschwoll, widerrief sie Ende des Monats diese Erlaubnis, um keinen weiteren Anreiz für die Stettin-Berlin-Route zu bieten, andererseits aber auch, weil keine Unterbringungsmöglichkeiten in der US-Zone mehr bestanden.[21] Als jedoch Ende Juli täglich etwa 300 Juden Düppel erreichten und sich die Lebensbedingungen dort dramatisch verschlechterten, mußte die amerikanische Militärregierung erneut reagieren.[22]

Bereits im Juni hatte es Überlegungen gegeben, entweder ein neues Lager in Berlin einzurichten oder die Flüchtlinge zu konzentrieren und in organisierten Transporten in die US-Zone zu schaffen.[23] Da die Lager in Süddeutschland jedoch keine freien Kapazitäten mehr besaßen, übergab die US-Armee der UNRRA am 26. Juli 1946[24] schließlich das Lager Mariendorf/Bialik Center in der Eisenacherstraße 39 in Tempelhof, das von den äußeren Bedingungen her eines der besten DP-Lager in Deutschland war. Drei große, 1931 erbaute und mit Zentralheizung ausgestattete Wohnblocks boten Platz für etwa 3.000 Menschen.[25] Bereits Anfang August fanden 2.600 Juden in Mariendorf Zuflucht, und weiterhin erreichten täglich etwa 200 bis 300 Flüchtlinge Berlin.[26]

Damit stieß aber auch das neu eingerichtete Lager rasch an seine Kapazitätsgrenzen. Allein während der letzten beiden Augustwochen schleuste die *Brichah* 4.000 jüdische Flüchtlinge in die Stadt[27], was die Hilfsorganisationen zu Überlegungen hinsichtlich der Eröffnung eines weiteren DP-Lagers veranlaßte.[28] Mariendorf war mit 4.200 Einwohnern[29] überfüllt; sechs bis acht Personen mußten sich ein Zimmer teilen.[30]

Am 15. September 1946 kam die *Brichah*-Operation Stettin–Berlin praktisch zum Erliegen. An diesem Tag brachten die Sowjets drei LKWs mit Flüchtlingen auf und inhaftierten diese. Nach zähen Verhandlungen gaben sie Fahrer, Flüchtlinge und LKWs zwar wieder frei, die *Brichah*-Mitglieder wurden jedoch zu langjährigen Haftstrafen in Sibirien verurteilt. Die Sowjets wollten das gesamte *Brichah*-Kommando aufdecken und entließen deshalb jüdische Flüchtlinge mit der Auflage, ihnen die Struktur und Verantwortlichen der Organisation offenzulegen. Obwohl dies nicht gelang, reduzierte die *Brichah* ihre Aktivitäten erheblich und beschloß Anfang November 1946, keine jüdischen Flüchtlinge mehr über Stettin nach Berlin zu bringen.[31]

Von August bis November 1946 waren jedoch etwa 16.000 Juden über diese Route aus Polen geflohen. Da die Weiterreise über Heiligenstadt in die britische Besatzungszone seit Ende Juni von den Briten verhindert wurde, die Lager aber immer voller wurden, erhielt die UNRRA schließlich von den Amerikanern die Erlaubnis, Flüchtlinge mit LKWs direkt in die US-Zone zu bringen. Bevorzugt sollten TB-Kranke und Schwangere, für die in der US-Zone bessere Versorgungsmöglichkeiten existierten, DPs, die dort Familienangehörige besaßen, Kinder unter 16 Jahren, Technik-Studenten und Personen, die Interesse an landwirtschaftlichen Ausbildungsstätten und anderen in Berlin nicht angebotenen Berufsausbildungskursen zeigten, evakuiert werden.[32] Von Ende August bis November verließen auf diese Weise 8000 jüdische DPs, 2000 Kinder und 300 Kranke Berlin.[33]

Nachdem bis zu dem Zwischenfall im September 1946 etwa 32.000 Juden Berlin passiert hatten, veränderte sich der Charakter der Berliner DP-Lager nun grundlegend. Als die Beendigung der Stettin-Operation der *Brichah* Auswirkung zeigte, stoppte die amerikanische Militärregierung alle weiteren Transporte in ihre Besatzungszone, da die Lager dort keine Aufnahmekapazitäten mehr hatten.[34] Die *Brichah* fand zwar immer wieder Wege, um auch 1947 einzelne DPs aus Berlin zu schleusen. Die Dimension war aber keinesfalls mehr mit den gewaltigen Migrationsbewegungen des Vorjahres zu vergleichen. Die US-Armee genehmigte in regelmäßigem Abstand die Ausreise von Kindern und Kranken, die einer speziellen Versorgung bedurften. Bei den Kindertransporten bemühte sich die *Brichah*, möglichst viele Begleitpersonen mitzuschicken, die Krankentransporte fuhren restlos überfüllt aus Berlin ab.[35]

Die Berliner Lager dienten nun nicht länger als Durchgangsstation auf dem Weg in die amerikanische Besatzungszone, sondern glichen sich den dort bestehenden Lagern an.[36] Düppel Center und Mariendorf entwickelten, distanziert von der deutschen Umwelt, eine eigene

Gesellschaft, die alle Lebensbereiche wie Politik, Verwaltung, Polizeiwesen, Gerichtsbarkeit, Kultur, Erziehung, Berufsausbildung und Presse umfaßte, ohne jedoch das Ziel einer möglichst raschen Auswanderung aus Deutschland aufzugeben.

Nur wenige konnten dieses Vorhaben allerdings von Berlin aus in die Tat umsetzen, da wiederum die politische Entwicklung in der Stadt die Situation der jüdischen DPs dramatisch beeinflußte. Die sowjetische Blockade der Stadt vom 24. Juni 1948 bis 12. Mai 1949 ließ einen Fortbestand der Lager in Berlin nicht mehr sinnvoll erscheinen. Seit Januar 1948 hatte es immer wieder »technische Störungen« auf den Verbindungsstrecken zwischen Berlin und den westlichen Besatzungszonen gegeben, und am 20. März hatte der sowjetische Militärgouverneur Marschall Sokolowskij mit dem Verlassen des Alliierten Kontrollrats die Viermächteverwaltung Deutschlands de facto beendet. Die Verschärfung der Situation in Berlin durch die wachsenden Zufahrtsbehinderungen veranlaßten den amerikanischen Militärgouverneur General Clay in der ersten Juniwoche 1948, sein Einverständnis für die Schließung von Düppel Center und Mariendorf zu geben. Sobald die Verlegung durchgeführt werden konnte, sollte sich die »Jewish Agency for Palestine« um die Bereitstellung von Zügen oder Lastwagen bemühen, da eine reguläre Abfahrt per Zug aus der Stadt bereits nicht mehr möglich war, General Clay selbst sich vor den Sowjets jedoch nicht die Blöße geben wollte, diese um die Bereitstellung von Transportmöglichkeiten zur Evakuierung der DPs bitten zu müssen.[37]

Die Verhängung der totalen Blockade Berlins zu Wasser und zu Lande durch die Sowjets am 24. Juni 1948 veränderte die Situation nochmals. General Clay befürchtete, daß die Evakuierung der DPs als ein Signal für den Beginn der Kapitulation Berlins verstanden werden könnte. Obwohl er diesen Eindruck unter keinen Umständen vermitteln wollte, entschied er sich am 19. Juli 1948 anders.[38] Um die Zahl der in Berlin zu Versorgenden zu reduzieren, sollten die Flugzeuge der »Operation Vittles«, die die abgesperrte Stadt vollständig aus der Luft versorgten, auf ihren Rückflügen die jüdischen DPs evakuieren.[39]

Am Abend des 21. Juli erfuhren die DPs, daß die Auflösung der Lager und ihre Evakuierung in die amerikanische Besatzungszone in zwei Tagen beginnen sollte. Obwohl sie diese überraschende Möglichkeit, die abgeriegelte Stadt zu verlassen, grundsätzlich begrüßten, da das Gefühl des Eingesperrt-Seins bei vielen Überlebenden Angstzustände hervorgerufen hatte[40], war die erste Reaktion ablehnend. Der vorgesehene Zeitraum schien ihnen viel zu kurz, um ihr Gepäck und die anderen Besitztümer, die sich im Laufe der DP-Lagerzeit angesammelt hatten, zu ordnen oder zu veräußern.[41] Auch kranke und damit nicht transportfähige Familienangehörige stellten ein Problem dar. Zudem war es »keine Kleinigkeit, wieder nur um eine Etappe ›verpflanzt‹ zu werden und das Endziel, für die meisten Palästina, noch immer in der Ferne zu sehen«, wie das »Jüdische Gemeindeblatt für die Britische Zone« kommentierte.[42] Die erste Aufregung legte sich durch den Besuch und die verständnisvollen Worte und Erklärungen von William Haber, des damaligen *Advisor on Jewish Affairs* bei der amerikanischen Armee, und von Major Walker von der *DP Section* der amerikanischen Militärregierung. Allen wurde zugesagt, sie dürften 100 Kilogramm Gepäck mit sich führen und ihren Evakuierungstag innerhalb des vorgegebenen Zeitraums selbst bestimmen.

Inoffiziell erhielten die Lagerbewohner zudem die Erlaubnis, ihren persönlichen Besitz zu veräußern, ohne daß die Polizei eingreifen würde. Auf dem Platz vor den Toren von Düppel-Schlachtensee entstand hierbei eine gefährliche Situation. Viele Deutsche hatten über Radio und Zeitungen von dieser Einkaufsgelegenheit erfahren und strömten zum Lager. In dem herrschenden Chaos wurde ein Jude von einem deutschen Polizisten angeschossen, und nur die Anwesenheit und besonnene Reaktion von William Haber, Major Walker und anderen Verantwortlichen konnten massive Ausschreitungen zwischen jüdischen DPs und deutscher Polizei verhindern. Die herbeigerufene amerikanische Militärpolizei hielt die deutschen Polizisten auf Distanz und hinderte die Käufer am Betreten des Lagers. Der Verkauf der persönlichen Gegenstände der jüdischen DPs ging weiter.[43]

Die Evakuierung begann am 23. Juli 1948, als 127 jüdische DPs um 4.30 Uhr morgens zum Flughafen Tempelhof gebracht und in Gruppen von etwa 35 Personen aus Berlin nach Frankfurt am Main ausgeflogen wurden. Bis 16. August hatten 5536 jüdische DPs Berlin verlassen.[44]

Lediglich etwa 150 DPs entschieden sich dafür, in Berlin zu bleiben. Die meisten wollten ihre gerade aufgebauten Geschäfte nicht aufgeben, einige wenige wehrten sich aber auch gegen eine Evakuierung per Flugzeug. Vorübergehend wurden sie in dem allgemeinen DP-Lager am Teltower Damm untergebracht. Etwa 200 DPs kehrten bis Ende August aus geschäftlichen Gründen wieder nach Berlin zurück.[45] Im November 1948 vermutete die amerikanisch-jüdische Hilfsorganisation *Joint* »mehrere hundert Rückkehrer« in Berlin.[46] Als freiwillig in Berlin Gebliebene hatten sie keinerlei Ansprüche mehr auf Unterstützung durch Hilfsorganisationen[47], und die Jüdische Gemeinde sah sich durch einige der Rückkehrer in eine schwierige Situation gebracht. Der von ihnen offen betriebene Handel am Kurfürstendamm erregte in der deutschen Presse Mißfallen, und die Gemeinde befürchtete dadurch ein Anwachsen des Antisemitismus.[48] Sie wollte deshalb den ehemaligen Lagerbewohnern die Mitgliedschaft in der Gemeinde verwehren; dem stand jedoch – soweit die DPs offiziell polizeilich registriert waren – die Gemeindesatzung entgegen. Unterstützung von der Gemeinde erhielten sie aber in Absprache mit den Hilfsorganisationen nicht.[49]

Im Gegensatz zur amerikanischen Militärregierung, die den nicht evakuierungswilligen DPs den Verbleib in Berlin gestattete, gewährten die französischen Besatzer diese Option nicht. Alle Bewohner Wittenaus und die jüdischen DPs, die außerhalb des Lagers im französischen Sektor lebten, sollten im Spätsommer 1948 in die französische Besatzungszone gebracht werden.[50] Erste Überlegungen der französischen Militärregierung, Wittenau zu schließen, hatte es bereits Ende Juli 1946 gegeben. Da das Lager aber als erste Anlaufstation der Flüchtlinge eine wichtige Rolle für die *Brichah* spielte, setzte sich der Direktor für die Aufrechterhaltung ein[51], und bis zum Sommer 1948 blieb die Existenz Wittenaus gesichert. Am 10. August 1948 erging ein Aufruf an die DPs, sich für eine Evakuierung in die französische Besatzungszone registrieren zu lassen.[52] Einen Monat später gab die französische Militärregierung bekannt, daß die Evakuierung am 12. September stattfinden sollte.[53] 180 Lagerbewohner und etwa 40 DPs, die in Privatquartieren im französischen Sektor lebten, wurden mit amerikanischen Flugzeugen von Tempelhof nach Frankfurt am Main geflogen.[54]

Der Versorgungsoffizier des *Joint* in Frankfurt begleitete die DPs mit dem Zug von Frankfurt bis nach Kornwestheim, 20 Kilometer von Stuttgart entfernt, und wurde dort von Maxwell Kaufman, dem *Senior Area Representative* des AJDC, abgelöst. Allerdings hatte niemand ausreichende Vorbereitungen für die Versorgung der Berliner DPs getroffen. Seit dem Abflug in Tempelhof hatten sie keine Mahlzeit erhalten, im Zug stand nicht einmal Wasser bereit. Die sanitären Bedingungen waren außerdem sehr mangelhaft. Als der Zug mit stundenlanger Verspätung den Bestimmungsort Kißlegg (zwischen Memmingen und Lindau gelegen) erreichte, erfuhren sie von dem verantwortlichen französischen Offizier, daß das dortige Lager keinesfalls 215 Menschen aufnehmen könnte, er hätte lediglich mit 95 gerechnet. Das ehemalige Lager für deutsche Kriegsgefangene würde im Augenblick renoviert und stünde frühestens in einer Woche zur Verfügung.

Nach einer Besichtigung des Lagers beschlossen die DPs, Kißlegg zu boykottieren und im Zug auf die Bereitstellung besserer Unterkünfte zu warten. In den Holzbaracken gab es nur 100 Betten ohne Matratzen, kein fließendes Wasser und kein Licht. Am folgenden Tag begannen die DPs einen Hungerstreik, um ihren Forderungen Nachdruck zu verleihen. Am dritten Tag schließlich erklärten sich die französischen Behörden bereit, den DPs zwei weitere Lager zur Verfügung zu stellen. Nachdem eine Abordnung die neuen Lager besichtigt und für akzeptabel befunden hatte, verließen die jüdischen DPs am 16. September, also vier Tage nach ihrem Aufbruch in Berlin, den Zug. Eine Gruppe wurde im Lager Jordanbad bei Biberach untergebracht, eine andere in Lindau, und die restlichen DPs blieben in Kißlegg. Nur der Anwesenheit und Unterstützung des AJDC, das von München mit Lastwagen Decken und Nahrung herbeigeschafft hatte, war es zu verdanken, daß die Situation nicht weiter eskalierte.[55]

Wer Berlin nicht verlassen wollte, versuchte im amerikanischen oder britischen Sektor eine Unterkunft zu finden, da die französische Militärregierung den zurückgebliebenen DPs keine Aufenthaltsgenehmigung in ihrem Sektor mehr gewährte.[56]

Die ehemaligen Berliner DPs aus dem amerikanischen Sektor wurden per Bahn von Frankfurt aus auf etwa 20 jüdische DP-Lager in der amerikanischen Besatzungszone verteilt[57] und konnten dort ohne größere Probleme integriert werden.[58]

Anmerkungen

Dieser Aufsatz basiert auf der Dissertation der Autorin, die 1996 am Fachbereich 1 der Technischen Universität Berlin angenommen wurde und im Herbst 1997 im Metropol Verlag, Berlin, erscheinen wird.

1 Dazu ausführlich: Angelika Königseder, Juliane Wetzel, *Lebensmut im Wartesaal: Die jüdischen DPs (Displaced Persons) im Nachkriegsdeutschland.* Frankfurt am Main: Fischer Taschenbuch, 1994, S. 35ff.

2 Memorandum von Maj. Gen. R. H. Dewing an den Staatssekretär im Kriegsministerium. Zit. nach Yehuda Bauer, *Flight and Rescue: Brichah.* New York: Random, 1970, S. 71.

3 Königseder, Wetzel, *Lebensmut im Wartesaal,* S. 208ff.

4 Bauer, *Flight and Rescue,* S. 130.

5 ders., *Out of the Ashes: The Impact of American Jews on Post-Holocaust European Jewry.* Oxford: Pergamon Press, 1989, S. 129.

6 YIVO-Institute, New York, DP Camps Germany (DPG) folder 1633. Eli Rock, Henry S. Levy, Quarterly, Report, Berlin Office, A.J.D.C., 1. März 1946 – 1. Juni 1946, S. 17f.

7 YIVO Leo W. Schwarz Papers (LWSP) folder 63. Philip Skorneck, AJDC Director for Berlin, an Capt. Vlcek, Welfare Section, OMGUS. Subject: Conditions of Jewish People in Berlin, 6. Dezember 1945.

8 *Undser Lebn. Zeitung von den befreiten Jidn in Berlin,* 25. August 1946, S. 24.

9 Institut für Zeitgeschichte (IfZ), München, Fi 01.77. UNRRA, Central Headquarters for Germany, an Chief of Operations, Germany. Subject: Observations on the Problem of Jewish Infiltrees, 18. Januar 1946; Bauer, *Flight and Rescue,* S. 133.

10 Bauer, *Flight and Rescue,* S. 134.

11 YIVO LWSP folder 516. Philip Skorneck, Report on Berlin, 21. Februar 1946, S. 9f.

12 Grundlegend zum folgenden: Bauer, *Flight and Rescue,* S. 137ff.; Interview mit Nathan Milgrom, Berlin.

13 Am 14. Juni 1945 gründete sich in Berlin der Hauptausschuß der »Opfer des Faschismus« (OdF). Auseinandersetzungen, wer als Verfolgter anerkannt werden sollte und damit Anspruch auf bevorzugte soziale Fürsorge hatte, prägten die ersten Jahre. Vor allem die politischen Widerstandskämpfer beanspruchten eine Führungsrolle und reagierten distanziert auf die Forderungen der rassisch Verfolgten. Olaf Groehler, »SED, VVN und Juden in der sowjetischen Besatzungszone Deutschlands (1945-1949)«, in: *Jahrbuch für Antisemitismusforschung,* Jg. 3 (1994), S. 282ff.

14 IfZ Fi 01.90. UNRRA, H.E. Greenfield, Protective Officer, Hannover Region, an Director Hannover Region, UNRRA H.Q. Subject: Unauthorised Movement of Jews to U.S. Zone, 5. Juli 1946.

15 OMGUS AGTS 19/12. HQ U.S. Forces, European Theater, Office of the Chief

of Staff. H.R. Bull, Major General, GSC, Chief of Staff, to Commanding General, United States Headquarters, Berlin District, US Army. Subject: Request for Authority to Move Excess Resident Population of Düppel Center Camp for Polish Jews, 25. April 1946. In ihrem täglichen Bericht meldete die PoW & DP Division des OMGUS am 28. Mai 1946: »There is no official movement out of the Düppel Camp.« IfZ Fi 01.55. OMGUS, PoW & DP Division, Daily Journal, 28. Mai 1946.

16 Bauer, *Flight and Rescue*, S. 138.
17 YIVO DPG folder 1633. Rock, Levy, Quarterly Report, 1. März – 1. Juni 1946, S. 13.
18 Bauer, *Flight and Rescue*, S. 140ff.
19 OMGUS AG 1945-46/88/4. James P. Abbott, Lt.Col. GSC an Director, PW & DP Division, Office of Military Government for Germany (U.S.), U.S. Army. Subject: United Nations Displaced Persons Assembly Centers in Berlin, 9. Juli 1946, S. 3.
20 Bauer, *Flight and Rescue*, S. 237.
21 OMGUS AG 1945-46/88/4. James P. Abbott an Director, PW & DP Division, S. 4; IfZ Fi 01.86. UNRRA Monthly Narrative Report, Germany, Juli 1946, S. 7; ebd. Fi 01.95. UNRRA DP Monthly Report, 31. Juli 1946, S. 8.
22 YIVO LWSP folder 53. AJDC Berlin Report, Juni–Juli 1946, S. 2.
23 IfZ Fi 01.86. UNRRA Monthly Narrative Report, Germany, Juni 1946, S. 13.
24 The Central Zionist Archives, Jerusalem A 361/46. Zeitungsausschnitt »200 Jews Flee Daily to Berlin From Poland« von Marie-Anne Greenough.
25 YIVO LWSP folder 53. AJDC Berlin Report, Juni–Juli 1946, S. 2.
26 IfZ Fi 01.56. OMGUS, PoW & DP Division, Daily Journal, 6. August 1946.
27 Bauer, *Flight and Rescue*, S. 237.
28 YIVO LWSP folder 53. AJDC Berlin Report, Juni–Juli 1946, S. 3.
29 IfZ Fi 01.56. OMGUS, PoW & DP Division, Notes for Daily Journal, 28. August 1946.
30 *Der Weg. Zeitschrift für Fragen des Judentums*, 6. September 1946.
31 Bauer, *Flight and Rescue*, S. 237f.
32 The Central Archives for the History of the Jewish People, Jerusalem Inv. 6939. Emanuel Rackman, Chaplain (Major), U.S.A., Aide, an Colonel S.R. Mickelsen, Assistant Chief of Staff, G-5. Subject: Basis for Movement of Infiltrees from Berlin, 15. August 1946.
33 Bauer, *Flight and Rescue*, S. 239; OMGUS POLAD 756/6. OMGUS, Signed McNarney. Subject: Transfer of Jews from Berlin District to US Zone Germany, 10. August 1946.
34 YIVO LWSP folder 54. AJDC Digest of Report, 1. Oktober–31. Dezember 1946, S. 2.
35 The Hebrew University Jerusalem, Oral History Division. Interview mit Rabbi Mayer Abramowitz, S. 18f.
36 YIVO LWSP folder 2. Country Directors' Conference, Bulletin Nr. 18. Address of Mr. Henry Levy, Berlin, 3. Februar 1947.

37 YIVO LWSP folder 75. William Haber, Advisor on Jewish Affairs, an Meir Grossman, Director of Department of Overseas Relations, American Jewish Conference, 10. Juni 1948, S. 5.
38 OMGUS AG 1948/144/1. C.K. Gailey, Brigadier General, GSC, Chief of Staff, an Major General C.B. Magruder, Deputy Chief of Staff, HQ European Command, Heidelberg, U.S. Army, Berlin, 19. Juli 1948.
39 YIVO LWSP folder 75. William Haber, Advisor on Jewish Affairs, an Abram Rothfeld, Acting Executive Secretary, American Jewish Conference, 31. August 1948, S. 6.
40 Ebd. LWSP folder 523. AJDC Welfare Report, Juni 1948, S. 1.
41 Ebd. LWSP folder 516. Samuel L. Haber an Herbert Katzki, AJDC Paris. Berlin Operation, 1. August 1948.
42 *Jüdisches Gemeindeblatt für die Britische Zone*, 11. August 1948.
43 YIVO LWSP folder 523. AJDC Berlin, Report for the Month of July 1948, S. 6ff.
44 Ebd., S. 8; YIVO LWSP folder 523. AJDC Berlin, Welfare Report, Juli 1948, S. 3ff.; YIVO LWSP folder 75. William Haber an Abram Rothfeld, 31. August 1948, S. 6; *Jüdisches Gemeindeblatt*, 11. August 1948, S. 5.
45 YIVO LWSP folder 75. William Haber an Abram Rothfeld, 31. August 1948, S. 6f.; IfZ Fi 01.96. Weekly staff conference, 3. August 1948, S. 9.
46 YIVO LWSP folder 523. AJDC Berlin, Report for the Month of November 1948, S. 1.
47 YIVO LWSP folder 523. AJDC Berlin, Report for the Month of August 1948, S. 1; ebd. AJDC Berlin, Welfare Report, September 1948, S. 1.
48 YIVO LWSP folder 523. AJDC Berlin, Report for the Month of September 1948, S. 7.
49 YIVO LWSP folder 523. AJDC Berlin, Report for the Month of October 1948, S. 5.
50 YIVO LWSP folder 523. AJDC Berlin, Report for the Month of July 1948, S. 9.
51 YIVO LWSP folder 53. AJDC Berlin, Report Juni–Juli 1946, S. 4f.
52 YIVO LWSP folder 523. AJDC Berlin, Report for the Month of August 1948, S. 1.
53 YIVO LWSP folder 523. AJDC Berlin, Report for the Month of September 1948, S. 1.
54 YIVO LWSP folder 523. AJDC Berlin, Welfare Report, September 1948, S. 1.
55 YIVO LWSP folder 516. Maxwell Kaufman, Senior Area Representative, Report on Transport of Berlin Jews September 12th 1948 from Stuttgart to Kisslegg French Zone, Germany, 19. September 1948; YIVO LWSP folder 523. AJDC Berlin, Report for the Month of September 1948, S. 1; YIVO LWSP folder 45. AJDC Munich, Headquarters U.S. Zone of Germany. Report on Activities in the U.S. Zone of Germany during the Month of September 1948, S. 2.
56 YIVO LWSP folder 523. AJDC Berlin, Report for the Month of August 1948, S. 2.
57 YIVO LWSP folder 516. Samuel L. Haber an Herbert Katzki, 1. August 1948; YIVO LWSP folder 45. AJDC Munich, Headquarters U.S. Zone of Germany.

Report on Activities in the U.S. Zone of Germany during the Month of July 1948, S. 1.

58 OMGUS AG 1948/144/4. William Haber, Advisor on Jewish Affairs to the Commander in Chief, General Lucius D. Clay. Subject: Report on Certain Aspects of Jewish DP Problems in the US Zone, Germany and Austria, 6. Oktober 1948, S. 11.

Brichah: Fluchtwege durch Österreich

Thomas Albrich

Aus geographischen, aber auch aus politischen Gründen spielte das vierfach besetzte Österreich in den Jahren nach 1945 eine entscheidende Rolle als Drehscheibe und wichtigstes Transitland des jüdischen Exodus aus Osteuropa. Einerseits war es als östlichster Vorposten der Westalliierten und als Knotenpunkt der Routen nach Italien und Deutschland das erste Ziel der Flüchtlinge, andererseits hatten die Briten – vor dem Hintergrund des Palästinaproblems – in Österreich die erste Chance einer direkten Bekämpfung dieser größten illegal organisierten Fluchtbewegung der Nachkriegszeit. Aufgrund der britischen Blockade der Wege ans Mittelmeer, der wachsenden Aussichtslosigkeit, nach Palästina zu gelangen, und der gleichzeitigen Asylpolitik der amerikanischen Besatzungsmacht schien für die Mehrheit der Flüchtlinge die Weiterreise nach Deutschland die günstigste Option. Während Österreich bis zur Staatsgründung Israels ein reines Durchzugsgebiet mit einer zu Deutschland vergleichsweise geringen Zahl jüdischer DPs blieb, entwickelte sich die US-Zone in Deutschland bald zum »Wartesaal« und vorläufigen Endpunkt der Flucht.[1]

Im Zuge des Exodus trafen schon im Sommer 1945 die ersten jüdischen Flüchtlinge aus Polen und Ungarn in Österreich ein. Nach dem Pogrom von Kielce im Juli 1946 setzte eine panische Massenflucht von fast 100.000 Juden aus Polen nach Westen ein. Dem »polnischen Exodus« folgte dann 1947 als dritte Welle die »Hungerflucht« von rund 30.000 rumänischen Juden durch Ungarn nach Österreich.[2] Bevor der Eiserne Vorhang praktisch undurchdringbar wurde, flüchteten 1948/49 noch Tausende ungarische Juden nach Österreich.[3]

1. Befreiung: Repatriierung und spontaner Zug zum Mittelmeer

In den ersten Wochen nach Kriegsende verliefen die Hauptrouten der jüdischen Migration durch Österreich vorerst von West nach Ost und ab Juni zunehmend auch von Nord nach Süd. Unmittelbar nach der Befreiung kehrten Tausende Überlebende, hauptsächlich Juden ungarischer Herkunft, aus Deutschland durch Österreich in ihre Heimat zurück. Erste Anlaufstelle war Wien, wo bereits ab Mitte Mai ein vom *American Jewish Joint Distribution Committee (Joint)* Budapest geleitetes Auffanglager für durchreisende ungarische und andere osteuropäische Juden bestand. Schon zu diesem Zeitpunkt war den Beteiligten klar, daß Wien nicht nur für die Repatriierungen nach Osten, sondern auch für die wachsende jüdische Migration nach Westen zur zentralen Anlaufstelle werden würde.[4]

Im Chaos der ersten Nachkriegswochen führten auch die Nord-Süd-Fluchtrouten durch Österreich: Von Bayern und Salzburg durch das bis Juli noch amerikanisch besetzte Tirol Richtung Mittelmeer und von Oberösterreich durch die britische Besatzungszone in Kärnten ebenfalls nach Italien. Gerade aus Oberösterreich, wo schätzungsweise 20.000 bis 25.000 jüdische Häftlinge aus dem KZ Mauthausen und seinen Nebenlagern Ebensee, Gusen und Gunskirchen befreit worden waren, versuchten viele unmittelbar nach ihrer Befreiung nach Italien zu gelangen.[5] An der italienischen Grenze bei Tarvis war anfangs zufällig die *Jewish Brigade* für die Grenzkontrolle verantwortlich, deren Soldaten bis zu ihrer Verlegung nach Belgien im Juli 1945 den ersten spontanen Strom jüdischer Flüchtlinge nach Italien leiteten. Angeblich erreichten in diesem Zeitraum 8000 jüdische DPs mit Hilfe der Brigade Italien.[6]

Nachdem die Mehrheit der in Österreich befreiten Juden im Sommer 1945 im Zuge der alliierten Repatriierungsmaßnahmen in ihre Heimat zurückgekehrt waren und die erste spontane Auswanderungswelle Richtung Italien verebbt war, entspannte sich bis Anfang August 1945 in den Westzonen Österreichs die Lage der jüdischen DPs. Dann zeigte sich aber, daß diese Entspannung nur von kurzer Dauer war, da die meisten DPs über kurz oder lang auf ihrem Weg nach Palästina wieder illegal nach Österreich zurückkehrten. Diesen Flüchtlingen kamen die Verhältnisse in den westlichen Besatzungszonen Österreichs sehr entgegen. Die aufwendige DP-Organisation der Westalliierten und die Tätigkeit internationaler jüdischer Hilfsorganisationen bildeten die materielle, die Lagerkomitees die organisatorische Grundlage zum Aufbau einer geheimen Fluchthilfe zur illegalen Auswanderung aus Osteuropa nach Palästina.[7] Begünstigt wurde diese Entwicklung nicht zuletzt durch das spezielle Verhältnis, das sich seit Ende 1945 zwischen der US-Armee, dem *Joint* und dem jüdischen Untergrund, der *Brichah*, entwickelte.

2. Die erste Fluchtwelle: Herbst 1945 bis Frühsommer 1946

Ab Spätherbst 1945 standen dann die wichtigsten DP-Lager in Österreich unter Kontrolle der jüdischen Fluchthilfeorganisation *Brichah*. »Brichah« stand sowohl für »Fluchtbewegung« als auch für die Organisation, deren Aufgabe es war, jüdische Flüchtlinge kostenlos aus Osteuropa nach Palästina zu schleusen. Die *Brichah* war überall entlang des Weges bezüglich Nachschub und Operationen mit offiziellen Hilfsorganisationen – wie dem *Joint* in der Tschechoslowakei und in Österreich oder dem Zentralkomitee der befreiten Juden in der US-Zone in Deutschland – verbunden. Die Organisation und die Methoden des illegalen Grenzübertritts paßten sich immer wieder flexibel den Gegenmaßnahmen der Besatzungsmächte sowie staatlicher Behörden von Polen bis Italien an. In strategisch günstigen DP-Lagern entlang des Weges bestanden die kleinsten operativen Einheiten, die sogenannten »Punkte« (*Nekuda*). Allein in Österreich arbeiteten bis Ende 1948 etwa 150 Leute in 25 »Punkten« für die *Brichah*. Sie besetzten die Schlüsselpositionen in den jüdischen DP-Lagern, waren Verbindungsoffiziere zu den Behörden, arbeiteten als Fahrer und Transportbegleiter oder beschäftigten sich mit der Beschaffung von echten, manipulierten oder gefälschten Dokumenten für die Flüchtlinge.[8] Seit der Ankunft von »Arthur« Pier (Asher Ben Nathan) aus Palästina im November 1945 stand die *Brichah* in Österreich unter einheitlichem Kommando.[9]

Durch Bestechung sowjetischer Grenzsoldaten gelang es der *Brichah* sehr rasch, ein effizientes System des illegalen Grenzübertritts nach Österreich zu entwickeln. Die Hauptfluchtrouten aus Osteuropa durch Österreich führten im Sommer und Herbst 1945 aus Ungarn entweder nach Wien oder direkt durch die britische Zone Richtung Italien.[10] Am Knotenpunkt Wien entstand bereits im August 1945 als Zusammenschluß verschiedener nationaler Hilfskomitees unter offizieller Beteiligung der Stadt Wien das »Internationale Komitee für durchreisende jüdische KZ-ler und Flüchtlinge« (IK), das künftig nichts anderes als die legale Fassade der *Brichah* in Wien war.[11] Von hier aus gingen die jüdischen Flüchtlinge im Sommer 1945 entweder in die US-Zone nach Linz oder in die britische Zone nach Graz.[12]

Die zweite Route aus Ungarn führte an Wien vorbei durch die britische Besatzungszone in der Steiermark und Kärnten direkt nach Italien. Nach den immer energischeren britischen Gegenmaßnahmen verlor gegen Jahresende diese Direktroute nach Italien für die *Brichah* immer mehr an Attraktivität. Ab Jahresende 1945 ging der wachsende Strom der Flüchtlinge aus Osteuropa über Bratislava nach Wien und von dort in die US-Besatzungszone nach Oberösterreich und Salzburg. Hier teilten sich dann die Wege: entweder über die Grenze in die US-Zone nach Deutschland oder durch die französische Besatzungszone in Tirol nach Italien. Auch diese zweite Route nach Süden, auf der die *Brichah* bis zum Herbst 1945 Tausende Überlebende aus Salzburg illegal nach Südtirol bringen konnte, verlor im Winter zunehmend an Bedeutung.[13] Ein Hauptgrund dafür war der Umstand, daß die Briten bis Jahresende praktisch die gesamte Südgrenze Österreichs von der Steiermark bis nach Tirol unter Kontrolle hatten und den jüdischen Flüchtlingen den Weg zum Mittelmeer sperrten.[14] Zwischen November 1945 und Mai 1946 konnte die *Brichah* nur noch ein Fünftel der in Salzburg eintreffenden Flüchtlinge durch die französische Zone nach Italien schmuggeln.[15] Der Großteil der Neuankömmlinge mußte in einem der DP-Lager in Bayern überwintern.

Die nach Veröffentlichung des *Harrison-Reports* privilegierte Behandlung der jüdischen DPs und die erklärte Asylpolitik der Amerikaner erhöhte zudem die Anziehungskraft der US-Zone: Die DP-Lager waren weit besser ausgestattet als in der britischen und französischen Zone, die Rationen höher, jüdische Hilfsorganisationen konnten ungehindert arbeiten, und die *Brichah* hatte die Lager unter Kontrolle.[16]

Nachdem jedoch im Oktober diese neuen und besseren Lager in Linz und Salzburg eröffnet worden waren, versuchte die US-Armee den unkontrollierten Zuzug neuer Flüchtlinge zu verhindern. Anfang November 1945 wurde der Vertreter des *Joint* in Österreich, James P. Rice, von General Foster Tate, *Deputy Chief of Staff* der US-Armee in Österreich, zu einer Konferenz nach Wien beordert. Tate erklärte, daß es notwendig werden könnte, Juden, die illegal die Zonengrenze überschritten, einzusperren. Die Armee wäre nicht in der Lage, die bereits überbelegten neuen Lager noch weiter zu vergrößern. Am 25. November wurde dann tatsächlich drei Eisenbahnzügen mit 450 jüdischen Flüchtlingen die Einreise in die US-Zone verweigert.[17] Daraufhin organisierte die *Brichah* auf Anordnung Asher Ben Nathans Demonstrationen und Unruhen in der US-Zone. Der *Brichah*-Kommandant forderte von den US-Besatzungsbehörden in Wien freie Einreise für jüdische Flüchtlinge in die US-Zone, ansonsten müsse die Armee auf Juden schießen.[18] Kurz nach Kriegsende war es undenkbar, daß ein amerikanischer General auf Juden schießen ließ. Die US-Armee war sicher nicht bereit, »to kill Jews at the border«.[19] Das wußte auch die *Brichah*.

In Krisengesprächen mit dem US-Oberkommandierenden, General Mark Clark, und General Tate konnte Joseph Schwartz, der europäische Direktor des *Joint*, die Militärs von den wahren Fluchtgründen und der Entschlossenheit der polnischen Juden überzeugen. Die Reaktion der US-Armee war trotzdem überraschend: General Tate legte wenig später den Vertretern des *Joint* die neue inoffizielle Politik dar. Die US-Armee stellte Transitlager in Wien, Linz und Salzburg mit minimaler, aber ausreichender Verpflegung zur Verfügung. Im Gegenzug erwartete die Armee, daß die Transitflüchtlinge nicht in die neuerrichteten permanenten Lager einsickerten und daß der Transit ohne eine Überbelegung der Transitlager und daraus resultierende Schwierigkeiten erfolgte. Nach Gesprächen mit den Führern der *Brichah* in Wien akzeptierte Schwartz diese Regelung. In einem weiteren Schritt stimmte General Tate zu, den Flüchtlingen für den Transit von Wien in die US-Zone sogar offizielle Papiere auszustellen. Gleichzeitig verpflichtete sich die *Brichah*, für den illegalen Weitertransport der wöchentlich etwa 500 bis 600 Neuankömmlinge nach Deutschland oder Italien zu sorgen.[20] Dieses inoffizielle Abkommen bedeutete nichts anderes als den Auftrag der US-Armee an die *Brichah*, die Flüchtlinge nur durch die US-Zone in Österreich durchzuschleusen und nach kürzester Zeit entweder nach Deutschland oder durch die französische Zone nach Italien zu schmuggeln. Die US-Armee wußte, daß dies legal nicht möglich war. Offiziell hatten die US-Behörden natürlich keine Ahnung, wohin die Flüchtlinge verschwanden. Diesem Umstand trugen auch die monatlichen Berichte des US-Oberkommandierenden Rechnung, in denen zwar regelmäßig eine Statistik der Neuankömmlinge veröffentlicht wurde, nicht jedoch, wohin sie abreisten.[21]

Die Abwicklung der ganzen Operation verlief im Winter 1945/46 relativ klaglos. Die Aufenthaltsdauer für die Flüchtlinge in der US-Zone Österreichs war mit 72 Stunden recht kurz, obwohl monatlich zwischen 2000 und 3000 Personen durchgeschleust werden mußten. Aus Wien wurden immer so viele Juden mit »halbgefälschten« Transportpapieren mit der Eisenbahn durch die Sowjetzone in die US-Zone nach Enns und meist schon am nächsten Tag mit Lastwagen nach Salzburg transportiert, wie gleichzeitig von dort mit Hilfe der *Brichah* illegal nach Deutschland oder Italien weitergereist waren. Die Transportpapiere wurden nach jeder Fahrt zurückgegeben und erneut verwendet. Reiste eine Gruppe ab, erhielt der nächste Transport in Wien die Genehmigung zur Abreise nach Enns und Salzburg.[22] Damit blieb wenigstens theoretisch die Zahl der Flüchtlinge in der US-Zone konstant.

Diese Operation erfolgte eindeutig ohne Wissen und gegen die Interessen der US-Besatzungsbehörden in Deutschland und wurde vom *Joint* finanziert, der spätestens seit Ende 1945 mit Billigung und Wissen der *United States Forces in Austria* (USFA) als legaler Arm und Finanzier des jüdischen Untergrundes in Österreich fungierte. In einem Bericht vom März 1946 hieß es zur Zusammenarbeit zwischen *Joint* und *Brichah* in Österreich: »(...) our work as unofficial liaison for the Army with Brichat [sic] has been a vital factor in aiding this historic movement.«[23]

Dieser Tatbestand war sogar Journalisten bekannt, da die Armee sehr bereitwillig Auskunft über diesen sogenannten »Grünen Plan«

zur möglichst reibungslosen Durchschleusung der Juden nach Deutschland gab.[24] Die US-Armee in Österreich arbeitete somit ab November 1945 inoffiziell mit den Organisatoren des Exodus, der *Brichah*, zusammen, organisierte gemeinsam mit dem jüdischen Untergrund den Transfer der Flüchtlinge von Wien in die US-Zone und ergriff auch keinerlei Maßnahmen gegen deren »illegale« Weiterreise.

Die letzten Zweifel an der Zusammenarbeit mit der *Brichah* beseitigte dann Ende April 1946 General Clark persönlich anläßlich einer Pressekonferenz für ausgesuchte amerikanische Journalisten, als er bestätigte, daß monatlich etwa 2000 jüdische DPs aus dem Osten durch die amerikanische Zone kämen. Die US-Armee würde sie in die Transitlager transportieren, von wo sie nach Palästina oder andere Länder weiterzögen. Obwohl die US-Zone offiziell geschlossen sei, gäbe es kein Mittel, diesen Transit zu stoppen. Daher würden die US-Behörden eng mit den beteiligten Organisationen wie dem *Joint* und dem Internationalen Roten Kreuz zusammenarbeiten, um die Flüchtlinge unterzubringen und ihre Weiterreise zu arrangieren.[25] Der US-Armee in Salzburg war das nächste Etappenziel klar: »Jews leaving Division Area are in transit to Germany. Destination beyond there is unknown.«[26]

Die US-Armee in Deutschland protestierte scharf gegen diese Praxis, gab es doch zwischen der 3. US-Armee in Bayern und USFA keinerlei offizielle Koordination dieser Transporte. Inoffiziell wurde die illegale Einreise nach Bayern jedoch vom kommandierenden General der 3. US-Armee, General Lucian Truscott, akzeptiert, der den Vertretern des *Joint* und dem *Advisor on Jewish Affairs* mitteilte, daß in Bayern entsprechende Lager für »infiltrees« (Behördenbezeichnung für die ab 1946 aus Osteuropa einreisenden jüdischen Flüchtlinge) zur Verfügung stünden. Wichtig für die nach Deutschland geschleusten Neuankömmlinge war, daß ihnen ab Mitte Februar 1946 in der US-Zone in Deutschland als Verfolgte DP-Status zuerkannt wurde. Damit hatten sie ein Anrecht auf Unterkunft, Kleidung und Verpflegung.

Von November 1945 bis Mai 1946 trafen monatlich etwa 5000 bis 6000 jüdische Flüchtlinge in der US-Zone in Deutschland ein. Außer über Österreich gelangten Flüchtlinge aus Polen auch über Berlin oder direkt aus der Tschechoslowakei über Pilsen in die Lager in Bayern. Von diesen Neuankömmlingen reisten anfangs etwa ein Viertel illegal aus Österreich ein. Im Juni betrug der Zuwachs bereits mindestens 10.000, die Hälfte davon war über Salzburg nach Bayern gelangt. Damit befanden sich bereits 80.000 jüdische DPs in der US-Zone Deutschlands und noch mehr wurden erwartet.[27]

Angesichts der dort bereits bestehenden Schwierigkeiten wurde im Juni die Schließung der Zonengrenzen ernsthaft erwogen. Nach Ansicht von Rabbi Philip S. Bernstein, Berater für jüdische Angelegenheiten bei General McNarney, war dies unnotwendig, unklug und inhuman. Die Flüchtlinge könnten nur mit Gewaltanwendung an der Einreise gehindert werden. In diesem Falle wäre die US-Armee gezwungen, »to shoot down thousands of Jews or even worse, because of shortage of American personnel, it would call upon German guards to do this.«[28] Die Reaktion der Weltöffentlichkeit wäre ein Desaster für die USA und die Streitkräfte geworden. Statt dessen bereitete sich die Armee nach Empfehlung Bernsteins schon Ende Juni auf die Aufnahme von weiteren 40.000 bis 50.000 jüdischen »infiltrees« bis Herbst vor. Gleichzeitig wurden nach Veröffentlichung des Berichts des *Anglo-American Committee of Inquiry* schon im Juni 1946 Pläne zum Transport der DPs aus Deutschland nach Palästina ausgearbeitet. Ende Juni war die Armee bereit. »Studies have been made and plans have been formulated by which the movement will be expedited without delay whenever the green light is given.«[29] Die illegale Ausreise aus Bayern konnte gerade ein Fünftel der Neuzugänge kompensieren. Nur rund 13.000 Flüchtlinge gelangten 1946 mit Hilfe der *Brichah* nach Italien[30], eine unbekannte Zahl wurde von der *Brichah* aus der US-Zone über Saarbrücken, Metz und Paris nach Marseille gebracht, wo ebenfalls Schiffe nach Palästina warteten.[31]

3. Der »polnische Exodus« 1946

Die Situation verschärfte sich im Sommer 1946 dramatisch, als innerhalb weniger Monate fast 100.000 jüdische Flüchtlinge, hauptsächlich aus Polen, in Österreich eintrafen.[32] Anlaß für den überstürzten Aufbruch war ein furchtbarer Pogrom in Kielce, der Anfang Juli 1946 über 40 Tote gefordert hatte. Die US-Botschaft in Warschau erwartete nun die Auswanderung aller polnischen Juden Richtung US-Zone.[33] In der Folge flüchteten täglich Tausende Juden illegal durch die Tschechoslowakei nach Österreich. Die Hauptfluchtroute aus Polen führte über Nachod mit der Eisenbahn nach Bratislava, von dort nach Wien und über Linz und Salzburg in die DP-Lager der US-Zone Deutschlands. Eine relativ kleine Zahl von Flüchtlingen kam über die risikoreichere Route über Stettin nach Berlin. Daneben existierte noch eine Vielzahl weiterer Routen und Grenzübergänge, die bei Bedarf immer wieder flexibel gewechselt wurden.[34]

Die Route durch die Tschechoslowakei war fest in Hand der *Brichah*, wobei sich im Hauptstützpunkt Bratislava die Bahntransporte aus Nachod und aus Ungarn mit den durch die Slowakei angekommenen Gruppen trafen. Von hier aus wurde der Weitertransport nach Wien organisiert. Im Juli gingen 17.900 durch Nachod, im August 32.400, im September 15.700, im Oktober 5700 und im November noch 2000. Der Versuch, General McNarney zur Aufnahme der Flüchtlinge in die US-Zone auf direktem Weg von Nachod über Asch zu bewegen, scheiterte. Diese weit billigere Lösung wäre einer Einladung in die US-Zone Deutschlands gleichgekommen, was die Amerikaner verhindern wollten. Allerdings waren sie auch nach dem Pogrom von Kielce bereit, der nun einsetzenden Massenflucht über Österreich nach Deutschland keinen Widerstand entgegenzusetzen. Die Eisenbahnfahrt von der polnischen Grenze nach Bratislava dauerte zwischen 14 und 36 Stunden, mit einem kurzen nächtlichen Aufenthalt zur Verpflegung am Bahnhof in Brünn. Ingesamt kamen zwischen Juli und November 90.000 Juden aus Polen durch die Tschechoslowakei auf ihrem Weg nach Österreich in Bratislava an, das gleichzeitig auch knapp 14.000 Juden aus Ungarn als Sprungbrett nach Wien diente.[35]

In Wien stellte die US-Armee Unterkünfte, Basisrationen und Transportmittel zur Verfügung, der *Joint* half mit Zusatzrationen und Kleidung.[36] Obwohl die tschechoslowakische Regierung ebenso wie jüdische Hilfsorganisationen den durchziehenden Flüchtlingen half, trafen die meisten Juden in teilweise schockierender körperlicher Verfassung in Wien ein. Viele von ihnen waren auf ihrem Weg von Grenzsoldaten und professionellen Fluchthelfern ihrer letzten Habseligkeiten beraubt worden. Entsprechend der offiziellen Politik des

State Department, die Grenzen der US-Zone für Verfolgte offenzuhalten, hinderte die US-Armee die Flüchtlinge nicht an der Einreise. Allerdings überforderte die enorme Zahl der täglich neu eintreffenden Flüchtlinge sowohl die alliierten Behörden als auch die privaten Hilfsorganisationen. Die US-Armee mußte laufend Flüchtlinge aus Wien in provisorische Transitlager in der US-Zone transferieren. Im Juli trafen knapp 15.000 in Wien ein und wurden nach einer durchschnittlichen Aufenthaltsdauer von 72 Stunden nach Enns, Linz und Salzburg gebracht.[37] Allein in der ersten Augustwoche erreichten weitere 10.000 jüdische Flüchtlinge Wien.[38] Insgesamt wurden in Wien im August im Vergleich zum Vormonat mehr als doppelt so viele Neuflüchtlinge registriert, viermal mehr als noch im Juni 1946. Die durchschnittliche Belegung der Wiener Lager konnte auf unter 1500 Personen täglich gehalten werden, da die Neuankömmlinge nun innerhalb von nur 36 Stunden in die Zone transferiert wurden.[39]

Der illegale Weitertransport nach Deutschland oder Italien war organisatorisch nicht mehr zu bewältigen, wodurch das bisher funktionierende Durchschleusungssystem der *Brichah* zusammenbrach und die Flüchtlinge sich in der US-Zone Österreichs stauten. Zudem war der Weg nach Italien gesperrt, und die amerikanischen Behörden in Bayern ließen nur eine geringe Zahl einreisen.[40] Auch hier waren die Lager überfüllt, und neue konnten nicht schnell genug eröffnet werden. Der Massenzustrom nach dem Pogrom von Kielce zwang dann die US-Armee in Deutschland zur Eröffnung von 38 neuen Lagern in der Zone. Ein Teil davon waren reine Auffang- und Durchgangslager in Grenznähe, wie in Landshut und Cham, aber auch neue permanente DP-Lager.[41] General McNarney wollte seine Zone für den weiteren Zuzug schließen und betonte, daß die Armee aufgrund der gesteigerten Zuwanderung von Juden aus Osteuropa enorme Summen zur Betreuung der Flüchtlinge aufzuwenden habe. Die monatlichen Kosten für beide Zonen in Deutschland und Österreich: eine Million Dollar für Ernährung, etwa 700.000 Dollar für Kleidung, zusammen mit anderen Kosten fast genau zwei Millionen Dollar nur für die jüdischen Flüchtlinge. Bis September, so McNarney, müßte außer den 25.000 außerhalb der Lager lebenden jüdischen DPs eine Gesamtzahl von 110.000 jüdischen Flüchtlingen in der US-Zone erwartet werden. Dies wäre die absolut größte zu verkraftende Zahl in der Zone. Er empfahl daher die Schließung der Zonengrenze ab dem 1. September 1946 für alle aus Osteuropa fliehenden Juden, zudem die Schließung der Interzonengrenzen zur britischen und französischen Zone in Deutschland, da sich Juden dort in keinerlei Gefahr befänden.[42] Nach Krisensitzungen in Washington und Interventionen einflußreicher Senatoren direkt beim Präsidenten konnten die jüdischen Organisationen Ende Juli die Gefahr der Schließung der US-Zone für jüdische Flüchtlinge aus dem Osten abwenden.[43]

Der britische Druck führte allerdings am 6. August 1946 zur öffentlichen Erklärung McNarneys, daß »all organized movement of Jewish refugees will be turned back from the American zones of Germany and Austria in the future ... [the] United States had never adopted a policy of the American zone being a station on the way to Palestine or any other place«.[44] Obwohl McNarney die Zone trotzdem nicht schloß, wurde er von jüdischen Organisationen schärfstens angegriffen. Zur Klarstellung erklärte er dann am 21. August, daß er keine organisierten Gruppen – darunter wurden Gruppen mit über 100 Personen verstanden – in seine Zone einreisen lasse und keine Flüchtlinge aus der britischen und französischen Zone akzeptieren werde. Ansonsten blieben die Grenzen offen.[45]

Aufgrund der angespannten Lage in Österreich wollten die Amerikaner im Sommer und Herbst 1946 die Flüchtlinge so rasch wie möglich außer Landes bringen, um einerseits Platz für die von ihnen erwarteten weiteren 100.000 Juden zu schaffen und andererseits die befürchteten antisemitischen Ausschreitungen der österreichischen Bevölkerung zu verhindern. Dabei verfolgten sie eine Doppelstrategie zur Aufrechterhaltung ihrer Asylpolitik: Einerseits handelten sie mit der Regierung in Prag eine Kontingentierung der täglich einreisenden Flüchtlinge aus, andererseits versuchten sie, Aufnahmeländer für die jüdischen DPs aus ihrer Zone zu finden. In Polen wurde von der amerikanischen Botschaft darüber verhandelt, die Ausreise zu limitieren. Mit der Tschechoslowakei kam man überein, die Durchreise auf 800 Juden täglich zu beschränken, während sich die Suche nach Aufnahmeländern nicht so erfolgreich gestaltete. Italien lehnte unter britischem Druck ab, nur die US-Zone in Deutschland erklärte sich zur Übernahme jüdischer DPs aus Österreich bereit.[46] Auch über die Führung des *Joint* versuchte General Clark Anfang August 1946,

Flüchtlinge von seiner Zone in Österreich abzuhalten. Er schlug vor, der *Joint* möge seinen Einfluß geltend machen und die Flüchtlinge dazu bewegen, den direkten Weg aus der Tschechoslowakei über Asch in die US-Zone Deutschlands zu nehmen und nicht über Österreich zu reisen.[47]

Zur kurzfristigen Entspannung der Lage in Deutschland hatte General Mark Clark General McNarney Anfang August zugesagt, die Quote für seine Zone von 5000 auf 30.000 zu erhöhen. Die US-Armee in Deutschland verpflichtete sich, nach Erreichen dieser Höchstzahl überzählige Flüchtlinge in ihre Zone zu übernehmen, was ab Mitte August auch geschah.[48] Die Leute aus den Transitlagern in Linz und Salzburg wurden in geschlossene Güterwaggons verladen und, begleitet von Wachpersonal der Armee, nach Deutschland gebracht. Ab dem 14. August transferierte die US-Armee nach einem genauen Fahrplan über 33.000 Flüchtlinge mit 36 Eisenbahntransporten aus Österreich in die US-Zone nach Deutschland.[49] Weitere 7000 schleuste die *Brichah* im selben Zeitraum illegal nach Deutschland.[50]

Nachdem 15.000 der insgesamt 19.000 Neuflüchtlinge im September nach Deutschland transferiert wurden[51], erreichten im Oktober gerade noch 3600 Flüchtlinge Wien.[52] Im Oktober wurden dann die Transporte nach Deutschland eingestellt, um Unterkünfte für die bereits in der Zone lebenden DPs sowie für weitere Transporte zu schaffen. Insgesamt transferierte die Armee nach Angaben der US-Besatzungsbehörden in Österreich zwischen Juni und November 1946 über 44.000 jüdische Flüchtlinge nach Deutschland. Wie viele der 22.000, die im selben Zeitraum die US-Zone Österreichs illegal verlassen hatten, ebenfalls nach Deutschland gingen, ist kaum zu klären.[53] Bis Mitte November 1946 hatten jedenfalls 111.000 Juden Zuflucht in der amerikanischen Zone in Deutschland gefunden.[54] Von den offiziell rund 95.000 jüdischen Flüchtlingen aus Polen und noch weiteren 14.000 aus Ungarn, die im Laufe des Jahres nach Österreich gekommen waren, lebten Ende 1946 noch 30.000 in der US-Zone Österreichs. Mindestens 75.000 waren legal oder illegal aus Österreich nach Deutschland gelangt, nur 5500 konnte die *Brichah* illegal nach Italien schleusen.[55] Am Ende dieser Massenflucht befanden sich 180.000 jüdische DPs in Deutschland und Österreich.[56]

4. Der »rumänische Exodus« 1947

Angesichts der seit Anfang 1947 in London und Moskau laufenden Verhandlungen zum österreichischen Staatsvertrag, bei deren positivem Abschluß die alliierten Truppen innerhalb von 90 Tagen abzuziehen hatten, bestand beim *Joint* die einhellige Ansicht, daß der Abzug der amerikanischen Truppen »would have dire consequences for the Jewish refugees in Austria if they were compelled to remain«. Die Lösung schien die Evakuierung aller jüdischen DPs nach Deutschland zu sein, wogegen das US-Oberkommando in Deutschland erfolgreich opponierte.[57] Schon Anfang April 1947 war das Thema erledigt: Das State Department erklärte, der Transfer sei »not contemplated as an immediate or emergency problem.« Erst nach Ratifizierung des österreichischen Staatsvertrages und dem damit zusammenhängenden Abzug der alliierten Truppen müsse man sich diesem Problem widmen.[58]

All diese Überlegungen erfolgten vor dem realen Hintergrund des sich abzeichnenden Rückzugs der US-Armee aus der Flüchtlingsbetreuung, die mit ihrem Abzug aus Österreich während des am 1. Juli 1947 beginnenden Fiskaljahres rechnete und daher keine Mittel für die weitere Ernährung der 22.000 jüdischen Transitflüchtlinge in ihrer Zone einplante.[59]

Inmitten dieser militärischen Planungen begann im Frühjahr 1947 die »Hungerflucht« von rund 30.000 rumänischen Juden durch Ungarn nach Österreich.[60] Die Hoffnungen der ab April nach einem meist sechswöchigen entbehrungsreichen Fußmarsch durch Ungarn halbverhungert in Wien eintreffenden Flüchtlinge auf ein besseres Leben wurden bitter enttäuscht. Aufgrund unglücklicher Umstände waren sie erneut Hunger, Not und Krankheit ausgesetzt. Keiner wollte sie, und niemand war offiziell für sie verantwortlich. Mit Stichtag 21. April hatte die US-Armee ihre bisherige Asylpolitik gegenüber jüdischen Flüchtlingen aufgegeben und die Wiener Transitlager geschlossen. Zudem stellte Ende Juni 1947 auch noch die UNRRA ihre Tätigkeit in Österreich und Deutschland ein[61], obgleich die neue UN-Flüchtlingsorganisation, die IRO, ihre Aktivitäten noch nicht aufgenommen hatte. In dieser Situation weigerten sich sowohl die Alliierten als auch die österreichische Bundesregierung konsequent, die Verantwortung für die neuen Flüchtlinge zu übernehmen. Daran konnten auch überfüllte Quartiere in Wien und das dadurch hervorgerufene Gesundheitsrisiko nichts ändern. Druck auf die US-Regierung, so befürchteten die jüdischen Organisationen, könnte zur Schließung der österreichischen Grenzen führen, was unbedingt vermieden werden sollte.[62] Mitverantwortlich für diese Zustände war die von der sowjetischen Besatzungsmacht verfügte Transitsperre durch ihre Zone, womit der Weitertransport der Flüchtlinge aus Wien unmöglich wurde. Nachdem sich die Lage weiter verschlechtert hatte – Mitte August stauten sich bereits über 9000 Flüchtlinge aus Rumänien in Wien – erklärte sich die österreichische Regierung bereit, ab dem 18. August den Flüchtlingen Rationen zukommen zu lassen.[63] Die Sowjets stimmten dem Transfer durch ihre Zone an jeden beliebigen Ort Österreichs zu. Nun verzögerten die US-Behörden die Aufnahme der Flüchtlinge in ihre Zone und hofften auf positive Reaktionen der anderen drei Besatzungsmächte auf ihren Gegenvorschlag, die Flüchtlinge proportional auf alle vier Zonen zu verteilen.[64] Im September wurde der Vorschlag im Alliierten Rat abgelehnt.

Zwischen April und November 1947 überquerten 19.000 Flüchtlinge die rumänisch-ungarische Grenze auf ihrem Weg nach Österreich. Die Ungarn legalisierten den Transit zwar nicht, unternahmen aber auch nichts gegen die Einreise und den Weitertransport durch die *Brichah* nach Wien.[65] In Wien registrierten die Behörden allerdings 26.000 Neuflüchtlinge und weitere in der britischen Zone Österreichs. Daher müssen sich auch wieder rund 7000 ungarische Juden dieser Flucht angeschlossen haben.[66] Auch aus Polen konnte die *Brichah* – seit Ende Februar 1947 nur noch illegal – bis Jahresende rund 9300 Personen, etwa zehn Prozent der noch verbliebenen jüdischen Bevölkerung, außer Landes bringen.[67] Ein Teil davon erreichte Deutschland wiederum über den Umweg durch Österreich.

Nicht nur in Wien, auch in der US-Zone selbst war die Lage im Sommer 1947 gespannt. Gegen den Widerstand der Flüchtlinge begann die Armee aufgrund der durch illegale Abwanderung ständig sinkenden Zahl der Lagerbewohner, einzelne Lager zu schließen. Trotz aller Spannungen zeigten die »alteingesessenen« DPs große Solidarität mit den ab August in die Zone eingeschmuggelten rumänischen Juden. Die *Brichah* setzte ihr im Vorjahr erprobtes Durchschleusungssystem wieder ein: Die Plätze der illegal aus der Zone nach Deutschland oder Italien weitertransportierten polnischen Juden wurden nun von rumänischen Juden aus Wien eingenommen. Da offiziell keine neuen DPs aufgenommen wurden, bekamen die Neuankömmlinge keine Rationen. Teilweise mit Wissen der US-Armee unterlief die *Brichah* diese Regelung, indem einfach die Rationen der bereits illegal abgewanderten DPs angefordert und an die Neuankömmlinge verteilt wurden.[68]

Im Herbst 1947 wußte der CIC (*Counter Intelligence Corps*) in Deutschland, daß die *Brichah* hauptsächlich durch Spenden aus den USA finanziert wurde, daß der *Joint* die *Brichah* und den Exodus mit allen Mitteln unterstützte und daß Wien der zentrale Umschlagplatz für alle aus Osteuropa eintreffenden illegalen Transporte war. In Wien wurden die Flüchtlinge verpflegt und mit Papieren, Lebensmitteln und Geld für die Weiterreise ausgestattet. Die Hauptroute in die US-Zone in Deutschland führte 1947 aus Wien über Salzburg, Rosenheim, München.[69] Die normale Methode beim Grenzübertritt nach Deutschland war, eine offizielle Transitgenehmigung für eine Gruppe von Salzburg über deutsches Territorium nach Saalfelden in Österreich zu bekommen. Einmal über der Grenze, gingen die Transporte zu einem Lager in der Gegend von Bad Reichenhall. Die Flüchtlinge erhielten in Bad Reichenhall gefälschte Papiere und wurden anschließend auf verschiedene DP-Lager der US-Zone Deutschlands aufgeteilt. Wurden Fahrer bei diesen Umwegen angehalten, erklärten sie, sich verfahren zu haben. Aus der US-Zone ging die illegale Weiterreise über Straßburg teils nach Bordeaux, meist jedoch Richtung französische Mittelmeerküste nach Marseille, dem Terminal für die Schiffspassage nach Palästina.[70] Bis weit ins Jahr 1948 waren in Frankreich monatlich zwischen 1500 und 2000 Neuankömmlinge zu verzeichnen.[71]

Wie schon im Vorjahr stellte der direkte Weg aus Österreich nach Italien für die Mehrheit der Flüchtlinge keine realistische Option dar. Im Frühjahr 1947 konnte die *Brichah* zwar noch einige aufsehenerregende Transporte nach Südtirol bringen, danach ergriff die französische Besatzungsmacht drastische Gegenmaßnahmen und machte den Transit jüdischer Flüchtlinge via Nordtirol nach Südtirol nahezu unmöglich. Dies zwang die *Brichah*, für junge Flüchtlinge im Sommer auf eine echte Notroute auszuweichen: den über 2600 m hohen Alpenübergang direkt aus der US-Zone über die Krimmler-Tauern ins Südtiroler Ahrntal. Bis zum Herbst wurden immer wieder Gruppen von 300 bis 400 Flüchtlingen über die Berge nach Südtirol geschickt. Im Ahrntal warteten bereits Lastwagen zum sofortigen Weitertransport der Flüchtlinge in ein Mailänder Transitlager. Auf diese Weise gelangten etwa 5000 Flüchtlinge zu den Schiffen am Mittelmeer.[72] Während des ganzen Jahres 1947 erreichten jedoch sicher weniger als 15.000 Flüchtlinge Italien.[73]

Die große Mehrheit der rund 35.000 bis Jahresende illegal aus Österreich abgewanderten jüdischen Flüchtlinge erreichte wieder nur das nächste Etappenziel, ein DP-Lager in Deutschland. Dorthin sollten nach Vorschlag des nunmehrigen US-Oberkommandierenden in Österreich, General Geoffrey Keyes, umgehend alle DPs transferiert werden. Im November 1947 bat er das *War Department* in Washington vergeblich um Erlaubnis für eine Evakuierung aller alliierten DPs, nicht nur der jüdischen, aus Österreich nach Deutschland, mit der Begründung, daß er im DP-Problem das Haupthindernis für den Abschluß des österreichischen Staatsvertrages sehe. Die DPs müßten Österreich beim Abzug der US-Armee sowieso verlassen, und es sei daher besser, sie jetzt in einer ordentlichen Manier in Deutschland anzusiedeln als »in a panicky, chaotic movement later«. General Clay verwehrte sich gegen das Ansinnen und erklärte, daß es weit ernstere Hindernisse für den Staatsvertrag als das DP-Problem gebe und zudem die Wahrscheinlichkeit eines raschen Abzuges amerikanischer Truppen aus Österreich gering sei.[74]

Mit dem Teilungsbeschluß der UNO für Palästina Ende November entstand eine neue Lage. Ein Ende des jüdischen DP-Problems war absehbar. Obwohl aufgrund verschärfter Grenzkontrollen in Rumänien und Ungarn der Flüchtlingsstrom im Winter 1947/48 versiegte, besserte sich die katastrophale Lage der jüdischen Flüchtlinge kaum. Angesichts dieser Verhältnisse ist es nicht verwunderlich, daß sogar während des Winters Tausende illegal Richtung Deutschland abwanderten, wodurch bis zur Staatsgründung Israels im Mai 1948 die Zahl der jüdischen DPs in der US-Zone in Österreich erstmals seit dem Frühjahr 1946 wieder unter 20.000 sank. Zum Zeitpunkt der Staatsgründung Israels lebten immer noch rund 165.000 jüdische DPs in Deutschland, Österreich und Italien.[75]

5. Das Ende des jüdischen Flüchtlingsproblems: Bilanz

Die Staatsgründung Israels veränderte natürlich auch die Lage der jüdischen DPs in Österreich: Auch für sie gab es nun erstmals eine echte Perspektive. Das zermürbende Warten in den DP-Lagern hatte viele mangels Alternativen vor dem Mai 1948 zu »Zionisten wider Willen« gemacht, die versuchten, illegal nach Palästina zu gelangen. Für die Mehrheit, rund 120.000, endete die Reise allerdings schon im nächsten »Etappenziel«, einem DP-Lager in Deutschland.[76] Nach Italien, dem Ausgangspunkt für die illegale Schiffspassage Richtung Palästina, konnte die *Brichah* vor der Gründung des Staates Israel höchstens 40.000 Juden schleusen, die Hälfte davon aus Österreich. Eine unbekannte Zahl hatte die Küste auf eigene Faust erreicht.[77]

Eine zahlenmäßige Gesamtbilanz des jüdischen Exodus durch Österreich läßt sich aufgrund der besonderen Schwierigkeiten bei der statistischen Erfassung der Flüchtlinge nur sehr schwer ziehen. Nach amerikanischen Angaben wurden von September 1945 bis April 1950 allein in der US-Zone Österreichs 193.500 jüdische Flüchtlinge registriert.[78] Die als realistisch zu bezeichnenden Gesamtzahlen für Österreich bewegen sich ohne die im Mai 1945 Befreiten zwischen 220.000 und 250.000. Wesentlich höhere Zahlen gaben die Israelis im Sommer 1950 bekannt: Demnach waren seit Kriegsende 300.000 Juden aus Ost- und Südosteuropa – oder ungefähr ein Drittel der jüdischen Bevölkerung dieser Länder – auf ihrem Weg nach Palästina und später Israel durch Österreich gekommen.[79]

Anmerkungen

1   Zu Deutschland vgl. Angelika Königseder, Juliane Wetzel, *Lebensmut im Wartesaal: Die jüdischen DPs (Displaced Persons) im Nachkriegsdeutschland*. Frankfurt am Main: Fischer Taschenbuch, 1994.

2   Zum jüdischen DP-Problem in Österreich vor der Staatsgründung Israels vgl. Thomas Albrich, *Exodus durch Österreich: Die jüdischen Flüchtlinge 1945-1948*. Innsbruck: Haymon, 1987 (Innsbrucker Forschungen zur Zeitgeschichte 1).

3   Zum »ungarischen Exodus« vgl. Thomas Albrich, »Zwischenstation des Exodus: Jüdische DPs und Flüchtlinge nach dem Zweiten Weltkrieg«, in: Gernot

Heiss, Oliver Rathkolb (Hg.), *Asylland wider Willen: Flüchtlinge in Österreich im europäischen Kontext seit 1914*. Wien: Jugend und Volk, 1995, S. 122-139, hier S. 131-133.

4 Minutes of a meeting to set up a Central Committee for transient Jewish Ex-internees and refugees on 21 August 1945 at Vienna, 10/8 Strudelhofgasse. American Jewish Archives (AJA), Cincinnati, WJCP, H 42/Austria 1945.

5 Zur Lage im Sommer 1945 vgl. Albrich, *Exodus durch Österreich*, S. 18-36.

6 Bernard M. Casper, *With the Jewish Brigade*. London 1947, S. 62 und 83.

7 Intelligence Organisation ACA (BE), Unauthorised Movement of Jewish DPs, 19.1.1946. Public Record Office (PRO), London, FO 371/57687/WR 521.

8 Zur Brichah vgl. u. a. Yehuda Bauer, *Flight and Rescue: Brichah*. New York: Random House, 1970; Ephraim Dekel, *B'riha: Flight to the Homeland*. New York: Herzl Press, 1973; Aba Gefen, *Unholy Alliance*. Jerusalem: Tal, 1973.

9 Dazu vgl. Asher Ben Nathan, »Von Wien nach Wien«, in: Joanna Nittenberg (Hg.) in Zusammenarbeit mit Anton Pelinka und Robert S. Wistrich, *Wandlungen und Brüche: Von Herzls »Welt« zur »Illustrierten Neuen Welt« 1897-1997*. Wien: Edition INW, 1997, S. 243-256.

10 Zur ersten Fluchtwelle bis zum Frühsommer 1946 vgl. Albrich, *Exodus durch Österreich*, S. 37-97.

11 Zu den Anfängen der Brichah in Österreich vgl. Yehuda Bauer, *Out of the Ashes: The Impact of American Jews on Post-Holocaust European Jewry*. Oxford: Pergamon Press, 1989, S. 65f. und 102.

12 Brichah, Geheimer Lagebericht, o. D. [Frühjahr 1946]. PRO, FO 945/732/17 B.

13 ACA (BE), Telegramm an FO, 12.12.1945. PRO, FO 371/51129/WR 3804.

14 Zu den britischen Gegenmaßnahmen vgl. Albrich, *Exodus durch Österreich*, S. 54-67.

15 Etwa 2300, vgl. Bauer, *Out of the Ashes*, S. 103.

16 James D. Rice, AJDC Austria, Six Months Report of JDC Activities in the American Zone of Austria from Sept. 1, 1945 to Feb. 28, 1946 (confidential), 15.3.1946. Archives of the American Jewish Joint Distribution Committee (AJDC), New York, AR 4564/197.

17 Dekel, *B'riha*, S. 137.

18 Zu diesen Verhandlungen vgl. auch Bauer, *Out of the Ashes*, S. 102.

19 Königseder, Wetzel, *Lebensmut im Wartesaal*, S. 52f.; Samuel Herman, former Regional Director for UNRRA in XII Corps Area, Eastern Military District of U.S. Zone, Germany, Memorandum on the Jews in Germany, Dezember 1945. Central Zionist Archives (CZA), Jerusalem, C 7/3.

20 James P. Rice, The Brichat [sic] or Aliyah Bet (confidential), 1.3.1946. AJDC, AR 4564/197.

21 United States Military Government for Austria, Report of the United States Commissioner, no. 1 (November 1945) – no. 18 (April 1947). Ab no. 19 (Mai 1947): Report of the United States High Commissioner.

22 Brichah, Geheimer Lagebericht, o. D. [Frühjahr 1946]. PRO, FO 945/73217 B; Dekel, *B'riha*, S. 140.

23 James D. Rice, AJDC Austria, Six Months Report of JDC Activities in the American Zone of Austria from Sept. 1, 1945 to Feb. 28, 1946 (confidential), 15.3.1946. AJDC, AR 4564/197.
24 Hal Lehrman, »Austria: Way-station of Exodus. Pages from a Correspondent's Notebook«, in: Commentary, Vol. 2, No. 6 (1946), S. 570.
25 Protokoll abgedruckt bei: Günter Bischof, »Mark W. Clark und die Aprilkrise 1946: Das erste Jahr des amerikanischen Hochkommissars in Österreich«, in: Zeitgeschichte, Jg. 13, H. 7 (1986), S. 246ff.
26 Major Otis P. Gray an Commanding General, USFA, Report on Jewish Situation in Upper Austria, 14.2.1946. AJDC, AR 4564/161.
27 Königseder, Wetzel, Lebensmut im Wartesaal, S. 53.
28 Rabbi Philip S. Bernstein, Advisor on Jewish Affairs, an I. Kenen, American Jewish Conference, 28.6.1946. CZA, C7/3; Bauer, Out of the Ashes, S. 103.
29 Rabbi Philip S. Bernstein, Advisor on Jewish Affairs, an I. Kenen, American Jewish Conference, 29.6.1946. CZA, C7/3.
30 Bauer, Out of the Ashes, S. 246f.
31 CIC, Report on the Jewish Underground in Germany (secret), August 1947. National Archives (NA), Washington, RG 260, U.S. Occupation HQs, OMGUS HQs, Adjutant General's Office, Security Classified Intelligence Reports 1945-1949, box 732.
32 Zum »polnischen Exodus« vgl. Albrich, Exodus durch Österreich, S. 98-145.
33 Lane, US-Botschafter in Warschau, Telegramm an Byrnes, Secretary of State, 15.7.1946. Foreign Relations of the United States (FRUS), 1946, vol. VI, S. 478ff.
34 Bauer, Out of the Ashes, S. 82 und 87f.
35 Zur Brichah in der Tschechoslowakei vgl. Bauer, Out of the Ashes, S. 105-111.
36 New York Times, 30.7.1946.
37 Report of the US-Commissioner 9 (Juli 1946), S. 225.
38 Acheson, Acting Secretary of State, Telegramm an Key, US-Botschaft Rom, 14.8.1946. FRUS, 1946, vol. V, S. 179f.
39 Report of the US-Commissioner 10 (August 1946), S. 213.
40 Erhardt, US Political Adviser for Austria, Telegramm an Byrnes, Secretary of State, 3.8.1946. FRUS, 1946, vol. V, S. 175f.
41 Königseder, Wetzel, Lebensmut im Wartesaal, S. 53f.
42 C. Irving Dwork and Leon Kubowitzky (confidential), 22.7.1946. AJA, WJCP, B 29/7.
43 David R. Wahl an Meir Grossman (strictly confidential), 26.7.1946. AJDC, AR 4564/3597.
44 Zit. nach Bauer, Out of the Ashes, S. 115.
45 Ebd.
46 Albrich, Exodus durch Österreich, S. 113-120.
47 Bauer, Out of the Ashes, S. 116f.
48 Final Report to the Honorable Kenneth C. Royall, Secretary of the Army, from Rabbi Philip S. Bernstein, Advisor on Jewish Affairs to Commander in Chief, EUCOM, and Commanding General, USFA, May 1946 to August, 1947. CZA, C 7/3; Bauer, Out of the Ashes, S. 116.

49 Leo W. Schwarz, U.S. Zone Director, Summary Analysis of AJDC Program in the U.S. Zone of Occupation, Germany, 13.1.1947. CZA, C7/277.
50 Bauer, *Out of the Ashes*, S. 116.
51 Report of the US-Commissioner 11 (September 1946), S. 36 und 213.
52 Report of the US-Commissioner 12 (Oktober 1946), S. 42, 47 und 227.
53 Albrich, *Exodus durch Österreich*, S. 203.
54 Königseder, Wetzel, *Lebensmut im Wartesaal*, S. 47.
55 Bauer, *Out of the Ashes*, S. 131.
56 Final Report to Honorable Kenneth C. Royall, Secretary of the Army, from Rabbi Philip S. Bernstein, Advisor on Jewish Affairs to Commander in Chief, EUCOM, and Commanding General, USFA, May 1946 to August, 1947. CZA, C 7/3.
57 J. S. Silber, JDC Chief Austrian Operations, an Joseph Schwartz, Paris, 21.3.1947. AJDC, AR 4564/197.
58 Louis E. Spiegler, Washington, an Leon Kubowitzky, New York, 7.4.1947. AJA, WJCP, D 60/20.
59 J. S. Silber, JDC Chief Austrian Operations, an Joseph Schwartz, Paris, 21.3.1947. AJDC, AR 4564/197.
60 Zu den Hintergründen und Motiven siehe AJDC Executive Committee Meeting, 22.4 1948. AJDC, AR 4564/3902; von der Befreiung bis 1947 vgl. Bauer, *Out of the Ashes*, S. 148-152.
61 Königseder, Wetzel, *Lebensmut im Wartesaal*, S. 68.
62 Boris M. Joffe, AJDC, Post-April 21, 1947 Infiltrees in Austria. Synopsis of action in the U.S. (confidential), 24.6.1947. AJDC, AR 4564/197.
63 Minutes of JDC Staff Meeting, 15.8.1947. AJDC, AR 4564/3454.
64 Minutes of JDC Staff Meeting, 22.8.1947. AJDC, AR 4564/3454.
65 Bauer, *Out of the Ashes*, S. 140 und 233f.
66 Report of the US-High Commissioner 32 (Juni 1948), S. 81.
67 Bauer, *Out of the Ashes*, S. 160.
68 Zum »rumänischen Exodus« vgl. ausführlich Albrich, *Exodus durch Österreich*, S. 146-179.
69 Herman H. Kroh, Special Agent CIC, HQs CIC Region I, 970th CIC Detachment European Command, an Director of Military Government, Land Wuerttemberg/Baden (secret), 24.9.1947. NA, RG 260, U.S. Occupation HQs, OMGUS HQs, Adjutant General's Office, Security Classified Intelligence Reports 1945-1949, box 732.
70 CIC, Report on the Jewish Underground in Germany (secret), August 1947. Ebd.
71 Bauer, *Out of the Ashes*, S. 238.
72 Albrich, *Exodus durch Österreich*, S. 165-168.
73 Bauer, *Out of the Ashes*, S. 247.
74 Louis E. Levinthal, Advisor on Jewish Affairs, an Meir Grossman, 19.11.1947. AJDC, AR 4564/3597.
75 Bauer, *Out of the Ashes*, S. 271.

76 Rund 76.000 hatten die US-Zone in Österreich vor Mai 1948 illegal verlassen, weitere 45.000 waren im Sommer 1946 von den US-Behörden in die amerikanische Zone in Deutschland transferiert worden; vgl. Albrich, *Exodus durch Österreich*, S. 203.

77 Dekel, *B'richa*, S. 156.

78 Vienna an Foreign Office, 20.5.1950. PRO, FO 371/87397/WR 681.

79 *Austrian Information*, Published by Information Department of the Austrian Consulate General, vol. III, Nr. 11, 5. 9. 1950, S. 2. AJA, WJC B 73/XCIX.

Literatur

Albrich, Thomas: *Exodus durch Österreich: Die jüdischen Flüchtlinge 1945-1948*. Innsbruck: Haymon, 1987 (Innsbrucker Forschungen zur Zeitgeschichte 1).

Bauer, Yehuda: *Flight and Rescue: Brichah*. New York: Random House, 1970.

ders.: *Out of the Ashes: The Impact of American Jews on Post-Holocaust European Jewry*. Oxford: Pergamon Press, 1989.

Dekel, Ephraim: *B'riha: Flight to the Homeland*. New York: Herzl Press, 1973.

Gefen, Aba: *Unholy Alliance*. Jerusalem: Y. Tal, 1973.

Königseder, Angelika / Wetzel, Juliane: *Lebensmut im Wartesaal: Die jüdischen DPs (Displaced Persons) im Nachkriegsdeutschland*. Frankfurt am Main: Fischer Taschenbuch, 1994.

Elemente der Subjektwerdung

Jüdische DPs in historischem Kontext

Dan Diner

Die Geschiche der jüdischen Displaced Persons mag als Gegenstand der historischen Forschung in mancherlei Hinsicht randständig anmuten.[1] Ein solches Urteil dürfte freilich nur dann gerechtfertigt erscheinen, wenn Lage und Schicksal der DPs isoliert betrachtet werden. Öffnet man indes die Perspektive, ordnet man den marginal anmutenden Gegenstand dem angemessenen übergreifenden historischen Zusammenhang zu, dann dürfte seine volle Bedeutung für die jüdische Zeitgeschichte offenbar werden. Im historischen Kontext gelesen entpuppt sich die Geschichte der DPs nämlich als Prisma zum Verständnis der zentralen Entwicklungen jüdischer Geschichte schlechthin – vornehmlich der jüdischen Migrationsgeschichte[2], wie sie vor allem im letzten Drittel des 19. Jahrhunderts an Wucht zunahm, bis hin zu Fragen der Staatsangehörigkeit und der Nationalität sowie den großen Fragen der internationalen Politik im 20. Jahrhundert. Kurz – anhand des Schicksals der DPs reflektiert sich also zweierlei: die Plausibilität eines primär migrationsgeschichtlichen Zugriffs auf die moderne jüdische Geschichte wird hier methodisch ebenso evident, wie sich ihre letztendliche Territorialisierung in der Geschichte der israelischen Staatsgründung vor solchem Hintergrund in einem gänzlich neuen Licht zu zeigen vermag. Die Geschichte der DPs steht also für weitaus mehr als für sich allein. Sie steht recht eigentlich für eine Revision der neueren jüdischen Geschichte überhaupt.

Von einer derart paradigmatischen Bedeutung der DPs für die jüdische Geschichtsschreibung der neueren und neuesten Zeit ist dieser

Beitrag angeleitet. Ein solcher Zugriff ist notwendigerweise weiträumig angelegt. Dabei wird von drei signifikanten Ereignissen ausgegangen, die in den Jahren 1945, 1946 und 1947 ihre Wirkung taten: dem *Harrison-Report*, dem Pogrom von Kielce und dem anglo-amerikanischen *Inquiry Committee on Palestine*. Alle drei Vorgänge sind mit dem unmittelbaren Schicksal der DPs verbunden, als sie gleichermaßen in jene historischen Räume hineinführen, in denen sich die Vorgeschichte dessen staut, was in der unmittelbaren Nachkriegszeit für Juden in Europa und im Orient relevant zu werden beginnt: ihre Subjektwerdung als Nation. Der *Harrison-Bericht*, der Pogrom von Kielce ebenso wie die Voraussetzungen und Umstände des *Inquiry Committee* nehmen für die jüdische Migrationsgeschichte des 19. und 20. Jahrhunderts wie ihrer Territorialisierung in der Tat paradigmatischen Charakter an. Dieser Bedeutung gilt dieser Beitrag.

Beginnen wir mit dem *Harrison-Report* vom August 1945, der sich mit den Zuständen in den Auffanglagern befaßt – vornehmlich mit der Lage der jüdischen DPs.[3] Die historische Bedeutung dieses Berichts liegt vornehmlich darin, daß zum ersten Male in einem entscheidungsrelevanten amerikanischen Dokument ein unmittelbarer Zusammenhang, ein politischer Nexus zwischen dem Schicksal überlebender Juden in Europa und der Palästinafrage in einer Weise hergestellt wird, die in der Tat folgenreich werden sollte. Eigentlich handelt es sich um ein Dokument der Territorialisierung und Nationalisierung der jüdischen Flüchtlingsfrage. Zugleich veränderte dieses Papier den Status der sich in der amerikanischen Besatzungszone aufhaltenden DPs in dramatischer Weise.[4] Denn zum ersten Male wurden Juden in einem offiziellen Dokument sowie in einer international folgenreichen Weise als nationales Kollektiv definiert und auch als solches behandelt. Und gerade darin findet die *direkt* auf die jüdische Staatsgründung zulaufende Vorgeschichte ihren unmittelbaren Ausdruck.

Neben der Darlegung von Wirkung und Bedeutung des *Harrison-Reports* wird von einer anderen Tendenz die Rede sein, in der sich vor allen Dingen eben jene Relevanz der DPs als Paradigma für das Verständnis von moderner jüdischer Geschichte spiegelt. Dabei wird es sich um die Wirkung des klassischen ostmitteleuropäischen Antisemitismus handeln – vornehmlich um seine polnische Variante.[5] Ausbrüche dieses traditionellen Antisemitismus in der unmittelbaren Nachkriegszeit brachten es mit sich, daß über die anfänglich auf deutschem Boden sich aufhaltenden jüdischen Überlebenden hinaus noch hunderttausende Juden aus Osteuropa in die westlichen, vornehmlich aber in die US-amerikanische Besatzungszone flüchteten. Konkret ist hier vom Pogrom von Kielce im Juli 1946 die Rede, der eine gewaltige Flüchtlingsbewegung anstieß und dem aus historischer Perspektive so etwas wie eine Hebelwirkung für die spätere jüdische Staatsgründung zuwächst.[6] Die Umstände des Pogroms wiederum führen uns gleichsam über das konkrete Ereignis hinaus zurück in die Zwischenkriegszeit mit ihren chronischen Minderheitenproblemen in den ethnische Homogenität anstrebenden Nationalstaaten Ostmitteleuropas.[7] Es mag in der Tat paradox anmuten: Obschon sich der Pogrom von Kielce in der unmittelbaren Nachkriegszeit ereignete, stehen eher die 20er und 30er Jahre für jenes politische und soziale Milieu, aus dem heraus der Pogrom von Kielce erwachsen war. Kielce bedeutet mithin weniger eine Fortzeugung jener Geschichte, die den Juden in Polen in den Jahren 1939 bis 1945 von deutscher Hand widerfuhr, als eine Verlängerung dessen, was als traditioneller Volksantisemitismus in Verbindung mit der Nationalitätenfrage in den Kontext ostmitteleuropäischer Geschichte gehört – dies freilich vor dem Hintergrund des Holocaust.

Zur migrationsrelevanten grundlegenden Neudefinition der Juden als *Kollektiv*, als Nationalität, wie sie durch ganz praktische Anregungen im *Harrison-Report* geschah und durch eine Anweisung Trumans realisiert wurde, wie auch zum parallelen Wiederaufleben des ostmitteleuropäischen Volksantisemitismus in der unmittelbaren Nachkriegszeit gesellt sich ein weiterer Umstand hinzu, mittels dessen die Bedeutung der DPs historisch zu ventilieren wäre. Hier ist vom anglo-amerikanischen *Inquiry Committee* die Rede, das sich mit der Zukunft Palästinas befaßte. Interessant für unseren Zusammenhang, aber auch darüber hinaus, ist die geschichtliche Bedeutung der britischen und US-amerikanischen Kooperation die Zukunft Palästinas betreffend deshalb, weil hier die weiträumigen internationalen Bedingungen offenkundig werden, die die Staatsgründung Israels möglich machen sollten: eine Art *translatio imperii britannici* auf die Vereinigten Staaten in einer Region, die im 19. Jahrhundert den Raum der Orientalischen Frage absteckte – jenes kulturgeographischen und geopolitischen Kontextes, in dem sich England und Rußland traditionell in kontinuierlicher Rivalität gegenüberstanden. In der Tat werden die Vereinigten Staaten bei einem kurzen Auflodern dieses Gegensatzes in der unmittelbaren Nachkriegszeit in die Nachfolgeschaft Britanniens in der Levante wie dem Vorderen Orient hineingezogen. Ihr welthistorisch bedeutendstes Ergebnis war im übrigen die im März 1947 verkündete Truman-Doktrin – eine Nebenwirkung dieser Tendenz war auch die Staatsgründung Israels.[8]

Wie greifen nun alle drei Aspekte ineinander? Wie verhält es sich mit der im *Harrison-Bericht* erfolgten Definition der jüdischen Überlebenden und der nachfolgenden Flüchtlinge aus Osteuropa als Kollektiv, dem Wiederaufleben des klassischen ostmitteleuropäischen Antisemitismus, wie er im Pogrom von Kielce aufflammt, sowie einer, wenn auch zeitlich begrenzten Renaissance der Orientalischen Frage, die in der Übertragung der Vorherrschaft Britanniens auf die USA münden soll?

Beginnen wir mit dem *Harrison-Bericht*, in dem unter anderem davon die Rede ist, 100.000 jüdische DPs nach Palästina zu verbringen – eine Zahl im übrigen, die mancherlei Fiktives für sich hat und eher auf ein sich dahinter verbergendes politisches Programm verweist.[9] Denn damals, im August 1945, hielten sich bei weitem weniger als 100.000 Juden in den von den Westalliierten besetzten Zonen auf. Wichtiger als jene durchaus fiktive und damit politisch anmutende Zahl war jene in der Tat als historisch neu zu erachtende Definition der Juden als Kollektiv. Doch handelt es sich bei einer solchen These, hier seien Juden erstmalig in einer höchst relevanten Weise als Kollektiv bezeichnet worden, nicht um eine grobe Überzeichnung? Waren Juden bzw. waren Ansprüche jüdischer Organisationen, der zionistischen etwa, nicht längst als völkerrechtlich wirksam anerkannt worden? Muß nicht eine so bedeutende Deklaration wie die Balfour-Erklärung von 1917 als eine international wirksame Urkunde jüdischer Kollektivität verstanden werden?

In der Tat: Die Realität einer jüdischen Kollektivität hat in der einen oder anderen Weise bereits in der Vergangenheit Anerkennung gefunden. Und dennoch stellen die Formulierungen des *Harrison-Reports* eine qualitative Neuerung dar – und dies nicht alleine aus dem damals durchaus relevanten Grunde, daß diese Erklärung von den

USA ausging. Um die Bedeutung des *Harrison-Berichts* und der in ihm eingeschlossenen Qualifizierung der Juden als Kollektiv ermessen zu können, ist es nötig, diesen Report historisch zu kontextuieren.

Der Kontext des *Harrison-Berichts* läßt sich auf zweierlei Ebene bestimmen: Zum einen gilt es die *unmittelbaren* Umstände zu bedenken, die dazu führten, die Juden als Kollektiv zu definieren und daraus praktische Folgerungen zu verbinden. Zum anderen gilt es jene Umstände zu eruieren, die nicht unmittelbar aus dem Bericht hervorgehen, sondern eher in weitere Vergangenheiten zurückführen – vornehmlich die Geschichte der jüdischen Migrationsbewegung, das, was in unserem Zusammenhang als der »große« Kontext zu verstehen wäre.

Doch zuerst der »kleine« Kontext – der Kontext jener Situation also, die Harrison und seine Kommission in den DP-Lagern vorgefunden hatte. Harrison erachtete in seinem Bericht nämlich den Umstand als unerträglich, daß die jüdischen Opfer des deutschen Nationalsozialismus zusammen mit ehemaligen Nazi-Kollaborateuren gemeinsame Lager zu teilen hatten. Daß es zu einer solchen Praxis überhaupt kommen konnte, lag an der Politik der Westalliierten, Juden nicht als *Juden* im Sinne einer Nationalität anzuerkennen, sondern ausschließlich als eine Religionsgemeinschaft. Religionsgemeinschaften wiederum stellten der westlichen Tradition nach keine staatsrechtlich relevanten Kollektive dar. Als einzige Grundlage einer rechtlichen Qualifizierung galt die Staatsangehörigkeit. Insofern schien es in hohem Maße selbstverständlich, die jüdischen Nazi-Opfer allein auf Basis ihrer Staatsangehörigkeit (englisch: *Nationality*) zu definieren und sie auch mit Ukrainern, Litauern, Letten und anderen als Nazi-Kollaborateuren ausgewiesenen Personengruppen, die aus naheliegenden Gründen eine Repatriierung ablehnten, auf der Grundlage eben jener Staatsangehörigkeit gemeinsam unterzubringen. Gerade diesen Umstand aber erachtete Harrison nunmehr als unerträglich. Sein Bericht plädierte also mit Nachdruck für die Errichtung von ausschließlich Juden vorbehaltenen Unterkünften. Das Prinzip der Staatsangehörigkeit nach westlichem Verständnis fand sich durch diese Vorschläge also durchbrochen – und dies mit der durchaus nachvollziehbaren Begründung der jüngst erfahrenen jüdischen Leidensgeschichte – dem Holocaust.

Nicht nur für sich – auch für andere stellten die Juden nunmehr so etwas dar wie eine politisch relevante Körperschaft, und dies mit allen daran geknüpften Folgerungen, zumal die den praktischen Bedürfnissen geschuldete Konzentrierung von Juden in eigens für sie etablierten Unterkünften und Lagern es erst möglich machen sollte, sich jüdischer- und erst recht zionistischerseits, dieser Menschen auch politisch anzunehmen. Eine Faktizität mit erheblichen Konsequenzen.

Um diese auf den ersten Blick wenig dramatisch anmutende Entscheidung in ihrer historischen Bedeutung ermessen zu können, ist es nötig, sich der Frage anzunehmen, wie und warum Juden alleine ihrer jeweiligen Staatsangehörigkeit nach, nicht jedoch ihrer Religion oder gar eines vornehmlich im Osten Europas denkbaren Selbstverständnis als Nationalität wegen, qualifiziert worden waren – und dies gerade dort, wo zuförderst im ausgehenden 19. Jahrhundert und in der Zwischenkriegszeit jüdisches Schicksal sich an der Frage der Migration bzw. der Immigration entschied. Kurz: Nachdem die Vereinigten Staaten in den 20er Jahren eine nationale Kontingentierung der Einwanderer nach Staatsangehörigkeit festgelegt hatten – die sogenannten Quoten –, war es Juden einzig und allein auf eben jener Grundlage möglich, in die USA zu gelangen. Als Juden konnten sie einen derartigen Anspruch nicht formulieren. Eine solche Entscheidung, Quoten allein auf Basis von Staatsangehörigkeit zu gewähren, beruhte für die potentiellen Einwanderer auf einem dramatischen Paradox insofern, als sich eine derartige Bestimmung für Juden notwendig negativ auswirken mußte, zumal sie ja nicht ihrer Staatsangehörigkeit, sondern ihrer ethnischen oder religiösen Zugehörigkeit wegen von eben jenen Staaten, denen sie doch zugehörten, drangsaliert und verfolgt wurden.[10]

Nach 1945, nach Verfolgung und Vernichtung von Juden als Juden und eben nicht als Staatsangehörige dieses oder jenes politischen Gemeinwesens, konnte – trotz aller westlichen Tradition, genau davon abzusehen – die Bedeutung des ethnischen Moments nicht mehr einfach blindlings ignoriert werden. Britische Einwände, eine Definition von Juden als Juden bedeute eine Kapitulation vor nazi-deutschen Definitionen, auf Rasse und Herkunft beruhend, nahm sich angesichts der zur Realität gewordenen Massenvernichtung wie eine Karikatur dessen aus, was einmal zu den Grundprinzipien westlicher Zivilisation gehörte: daß Staatsangehörigkeit ethnische oder religiöse Zugehörigkeit zu neutralisieren habe. Die damals durchaus gängige und heute in der historischen Literatur immer noch strapazierte Erklärung, die Briten hätten sich über den Versuch, die DPs allein über Staatsangehörigkeit und nicht mittels ihrer Volkszugehörigkeit zu definieren, doch nur bemüht, sich die jüdischen Heimatlosen vom Halse bzw. aus Palästina herauszuhalten, mag durchaus auch ihr Gewicht gehabt haben, greift aber als Generalerklärung zu kurz. Es war eben jenes zivilisierte westliche Verständnis, Personen über Staatsangehörigkeit und nicht über Herkunft zu definieren, das es des Holocaust wegen einmal auszusetzen galt. Schließlich sollte den jüdischen DPs als einer spezifischen Gruppe mit einem besonderen Schicksal entsprochen werden. Dies möglich gemacht zu haben, ist das historische Verdienst des *Harrison-Berichts*.[11]

Um die gewaltige Veränderung ermessen zu können, die von jener bedeutungslos anmutenden Entscheidung ausging, Juden als Juden und nicht als Angehörige der jeweiligen Staaten zu behandeln, ist ein historischer Rückgriff geboten. Dieser historische Rückgriff mag die politischen wie ideengeschichtlichen Katarakte veranschaulichen, an denen sich der Fluß der jüdischen Geschichte brach, bis die Juden migrationsrelevant als besondere Volksgruppe qualifiziert worden waren – und dabei sei erinnert: dies einzig und allein der von den Nazis an den Juden begangenen Verbrechen wegen.

Anzuknüpfen gilt es an den Debatten und Beschlüssen der Pariser Friedenskonferenzen von 1919.[12] Damals verhandelten die alliierten und assoziierten Mächte über die Zukunft Europas, um sie schließlich festzulegen. Schon damals stellte sich eine den Umständen des Jahres 1945 im Prinzip durchaus ähnlich gelagerte Frage: Sollten den Juden als einer Minorität par excellence, aber auch anderen nationalen Minderheiten in den neuen, erweiterten und restituierten Staaten Ostmitteleuropas kollektive Rechte gewährt werden – Rechte jenseits von Individualrechten, wie sie im Gleichheitsprinzip der Staatsangehörigkeit angelegt sind? Es waren nicht zuletzt die Vertreter der US-amerikanischen jüdischen Organisationen, die übrigens ganz im Unterschied zu den Vertretern der Juden Großbritanniens und Frankreichs in Paris Minderheitenrechten das Wort redeten. Daß die Vertreter des amerikanischen Judentums derartige Vorstellungen zu entwickeln bestrebt waren, wo doch jene Bestrebungen nach Kollektivrechten in einer erheblichen Dissonanz zur jüdisch-amerikanischen Tradition des 19. Jahrhunderts standen, in der allein Individualrechte groß geschrieben wurden, bedarf in der Tat einer Erklärung. Diese wiederum steht mit jener Einwanderungswelle in Verbindung, die zur Jahrhundertwende nach Amerika strebte – darunter eine erhebliche Zahl von Juden, vornehmlich aus Osteuropa, aus Rumänien und dem russischen Zarenreich.[13]

Diese als *Second Immigration* gekennzeichnete Einwanderung in die USA unterschied sich von ihrem Selbstverständnis her erheblich von den inzwischen eingesessenen Juden. Während diese deutschstämmigen Juden, ihrer Emanzipations- und Akkulturationsgeschichte wegen, in der Gewährung voller Bürgerrechte wie in der individuellen Gleichstellung die Erfüllung ihrer Emanzipationsbestrebungen erkannten, waren den osteuropäischen jüdischen Einwanderern neben der bürgerlichen Gleichstellung auch andere Formen der Zuordnung wichtig. Zwar suchten sie hierfür keine rechtliche Absicherung in den Vereinigten Staaten – ein Begehren, das ihrer Integration zweifellos entgegengestanden hätte. Es reichte schon aus, ihre kollektiven Bedürfnisse in der Sphäre des kulturellen sowie der sozialen und religiösen Lebensform zu realisieren – also im Bereich des Privaten. Die Sphäre der Politik blieb im »Lande der Freien und Gleichen« ohnehin von allen Attributen der Zugehörigkeit neutralisiert.[14] Was die Bestrebungen von Teilen des amerikanischen Judentums ihrer Brüder in Europa zuliebe jedoch betrifft, machten sich zunehmend Tendenzen deutlich, sich nicht allein mit der Garantie von Individualrechten zu begnügen, sondern auch Kollektivrechte einzufordern. Angesichts des Weltkrieges wurden seitens des amerikanischen Judentums bzw. seitens der vornehmlich aus Osteuropa stammenden Juden in den USA zunehmend der Wunsch laut, bei einer zukünftigen Friedenskonferenz eben solche Forderungen zu erheben: Individualrechte *wie* kollektive Rechte.

Jüdische Organisationen, wie der in der Endphase des Weltkrieges nach langen und komplizierten Verhandlungen 1918 gegründete *American Jewish Congress,* formulierten alsbald Prinzipien, die auf eine Garantie von nationalen Minderheitenrechten in den neuen Staaten Ostmitteleuropas hinausliefen. Die amerikanische Verhandlungsdelegation in Paris, ja Woodrow Wilson persönlich nahm sich anfänglich solcher weitreichender Forderungen an.[15]

Die Einwirkung amerikanischer Juden auf ihre Regierung im Sinne ihrer rechtlosen bzw. ungleich behandelten Glaubensbrüder in Osteuropa wies 1919 bereits eine lange Tradition auf. Etwa seit der Mitte des 19. Jahrhunderts waren sie neben deutschen, französischen und englischen Juden bestrebt gewesen, das Los der Juden im Zarenreich, mehr noch in Rumänien – dort, wo die Juden gleichsam als »Fremde« behandelt wurden – zu lindern. Vor allem ging es ihnen darum, für die dortigen Juden Staatsbürgerrechte zu erwirken. Von den Juden als Minderheit mit Kollektivrechten war damals jedenfalls noch nicht die Rede gewesen. Obwohl die USA nicht zu den Signatarmächten des Berliner Kongresses 1878 gehörten, als Rumänien in Artikel 44 der Kongressakte die Gleichbehandlung aller seiner Einwohner ohne Unterschied der Religion als Bedingung der rumänischen Unabhängigkeit auferlegt wurde, intervenierte die US-Regierung u.a. zugunsten der Juden Rumäniens.[16]

Im Jahre 1919 konnten sich die USA also schon auf eine gewisse Tradition der Intervention in die »inneren Angelegenheiten« anderer Staaten insoweit berufen fühlen, als die Verweigerung der Gleichbehandlung in Ländern wie Rumänien eine Auswanderung vornehmlich in die USA nach sich zog – eine Auswanderung von Bevölkerungsschichten, die sozial wie von ihrem Bildungsstand her jener *Second Immigration* nicht gerade das beste Leumundszeugnis ausstellten. Kurz: Die Frage nach der Gleichbehandlung bestimmter Bevölkerungsgruppen in Europa und der Einwanderung in die USA stand durchaus in einem engen kausalen Zusammenhang, der erstmalig ein wirkliches Interesse der Vereinigten Staaten an den europäischen Angelegenheiten auf sich zog.

Mit dieser Erfahrung des ausgehenden 19. Jahrhunderts ausgestattet, waren nun die Vertreter Amerikas bemüht, in Paris auch Kollektivrechte für nationale Minderheiten in den neuentstandenen Staaten Ostmitteleuropas durchzusetzen. Wie immer auch dieser Versuch im einzelnen ausgegangen sein mag und welche Rechte für die Juden der neuen und erweiterten Staaten in Paris stipuliert worden waren – wichtig für den Zusammenhang des unterschiedlichen Selbstverständnisses jüdischer Emanzipation im Westen und im Osten ist jedenfalls der Umstand, daß die jüdischen Vertreter aus England und Frankreich in Paris sich den Absichten der amerikanischen Juden widersetzten. Die Vertreter der englischen und französischen Juden befürchteten nämlich, daß eine *kollektive* Definition der Juden ihre doch so mühsam errungene Emanzipation als Engländer und Franzosen unterminieren könnte.

Die Vertreter der neuen und erweiterten Staaten wiederum – vor allem Polens und Rumäniens – verwahrten sich Eingriffe in ihre Verfassungen, die Minderheiten Kollektivrechte zusprachen – sahen sich letztendlich jedoch außerstande, dem Willen der Alliierten zu trotzen.[17] Jedenfalls war ihre Politik in der Zwischenkriegszeit darauf gerichtet gewesen, sich jener Kautelen zu entledigen, in denen nationalen Minderheiten – bei weitem nicht nur Juden – Rechte jenseits der bürgerlichen Gleichstellung gewährt worden waren. Der Druck vor allem auf die polnische Delegation in Paris 1919, ethnischen Nichtpolen Minderheitenrechte zu gewähren, war seitens der Alliierten auch deshalb so stark gewesen, weil Polen wie Rumänien territorial über Gebühr erweitert worden waren.[18]

Neben dieser prinzipiellen Haltung, die sich bereits im Verlaufe des Krieges unter amerikanischen Juden ausgebildet hatte, war es zu Vorkommnissen gekommen, die sich auf die öffentliche Meinung im Westen wenig zu Gunsten des restituierten polnischen Staates auswirkten: Im Jahre 1918 und im Gefolge der bolschewistischen Revolution in Rußland verübten Polen nämlich Pogrome gegen Juden.[19] Daß Juden in Polen mit dem Bolschewismus in Verbindung gebracht worden waren, steht dabei weniger mit etwaigen sozialrevolutionären Tendenzen im polnischen Judentum in Verbindung. Weit eher standen diese Gewalttaten in Zusammenhang mit der in Polen vorherrschenden Auffassung, Juden identifizierten sich aus kulturellen Gründen entweder mit Deutschland, vornehmlich aber mit Rußland – also mit den beiden übrig gebliebenen ehemaligen Teilungsmächten. Zuweilen war sogar von den Juden als der »vierten Teilungsmacht« die Rede. Aus der Perspektive der Zeit nach 1945 betrachtet, nahmen die 1918 begangenen Pogrome von Lemberg und Kielce das später erfolgende Schlüsselereignis moderner jüdischer Geschichte gleichsam voraus: den Pogrom von Kielce vom Sommer 1946, welcher zur jüdischen

Massenflucht aus Osteuropa in die westlichen Besatzungszonen Deutschlands und Österreichs führen sollte.[20]

Während die alliierten und assoziierten Mächte 1919 in Paris den Juden in den aus dem Weltkrieg neu hervorgegangenen Staaten Kollektivrechte im Sinne eines Minderheitenschutzes, wenn auch nur in einem geringem Maße, zu garantieren vermochten, sollte der migrationsrechtliche Aspekt außen vor bleiben. Bald darauf, als die Vereinigten Staaten die Einwanderung massiv zu drosseln begannen und eben jene nationalen Quotierungen festlegten, von denen schon die Rede war, wurden Juden und andere Minderheiten, für die nur kurz zuvor ein besonderer Schutz in den Staaten ihrer Herkunft erwirkt worden war, als solche nicht berücksichtigt.[21] Während die Vereinten Staaten also bereit und auch in der Lage waren, den osteuropäischen Staaten Minderheitenrechte zum Schutze anderer Nationalitäten auf den jeweiligen Territorien aufzuerlegen, waren ihre Einwanderungsbestimmungen allein auf die Staatsangehörigkeit des jeweiligen Emigranten festgelegt. Das heißt, Juden, die Polen zu verlassen wünschten, um in die USA einzuwandern, waren gehalten, dies als *Polen* zu tun und eben nicht als *Juden*. Und dies auch dann, wenn ihre Emigration jener ethnischen oder religiösen Zugehörigkeit wegen verursacht worden war. Kurz: Juden und andere Minderheiten in jenen ethnisch heterogenen Nationalstaaten waren aus emigrationsrechtlichen Gründen und den damit verbundenen nationalen Quotierungen an die Staatsangehörigkeit jener Länder gebunden, die sie zu verlassen beabsichtigten. Migrationsrechtlich galt die Nationalität im Sinne der Staatsangehörigkeit, nicht die Volkszugehörigkeit.[22]

Zu einer regelrechten Katastrophe weitete sich das Emigrationsproblem aus, als in Deutschland die Nazis an die Macht gelangten. Vor allem in den späten 30er Jahren nimmt der Auswanderungsdruck durch die eingeleitete Politik der Vertreibung dramatische Ausmaße an. Hierfür ist die Konferenz von Evian im Sommer 1938 paradigmatisch.[23]

Auffällig an der vom amerikanischen Präsidenten Roosevelt initiierten Konferenz, die mit dem Ziel ausgerichtet worden war, für verfolgte Juden Aufnahme in Länder der westlichen Hemisphäre zu erwirken, war der erstaunliche Umstand, daß in der von den USA ausgesprochenen Einladung vermieden worden war, die potentiellen

Flüchtlinge bzw. Immigranten als Juden zu bezeichnen. Stattdessen hieß es euphemistisch: *Conference on political refugees from Germany and Austria.* Von Juden war also keine Rede.[24]

Der Sinn einer solchen verdeckten Denominierung war der Umstand, daß die Veranstalter der Konferenz auf alle Fälle den Eindruck zu vermeiden suchten, hier werde die Auswanderung von Juden propagiert, bzw. hier würden sich für manche Länder schier unbegrenzte Möglichkeiten eröffnen, sich ihrer jüdischen Bevölkerung oder zumindest Teile von ihr zu entledigen. Eine Immigrationspolitik, die darauf abgezielt hätte, Juden als Juden aufzunehmen, würde – so war vermutet worden – sich wie eine Aufforderung auf Staaten wie Polen und Rumänien auswirken, den Druck auf ihre jeweiligen jüdischen Bevölkerungen noch zu erhöhen, um sie loszuwerden.[25] Und weil die Flüchtlingskonferenz einzig und allein darauf gerichtet war, den Juden aus Österreich und erst in zweiter Linie jenen aus Deutschland eine Einwanderungsperspektive zu eröffnen, wurden die aus rassischen Gründen verfolgten als *political refugees* tituliert.

Wie auch immer: Die Konferenz von *Evian* führte zu keinerlei relevanten Beschlüssen hinsichtlich einer Aufnahme jüdischer Flüchtlinge in Ländern der westlichen Hemisphäre. Auch die Vereinigten Staaten konnten sich nicht entschließen, ihre restriktiven immigrationsrechtlichen Bestimmungen zu revidieren. Vor allem war nicht die Rede davon, Juden als *Juden* die Einwanderung zu ermöglichen. Sie blieben an ihre jeweiligen Staatsangehörigkeiten gebunden und damit an die nationale Zuordnung der Quotierungen. Und dies auch dann, wenn – wie geschehen – es gerade die Regierungen dieser Staaten waren, die Juden drangsalierten.

Vor solchem historischen Hintergrund erst wird die Bedeutung des *Harrison-Reports* vom August 1945 wirklich erkennbar. Daß die Vereinigten Staaten bzw. ihre Organe Juden auf deutschem Boden nun vornehmlich ihrer Leiden wegen als eine besondere Volksgruppe anzuerkennen gewillt waren und dieser Gruppe nunmehr die Möglichkeit zu einer migrationsrelevanten Selbstorganisation eingeräumt wurde, von der aus politisches Handeln überhaupt erst denkbar war, kann mit Fug und Recht als ein herausragender Umschlagpunkt jüdischer Geschichte erachtet werden. Dies vor allem dann, wenn die jüdische Frage als drängende *Flüchtlingsfrage* mit der Frage Palästinas direkt und in territorialer Absicht verknüpft wurde. Ohne die Selbstorganisation in eigenen Lagern, hervorgegangen aus einer physischen Konzentration von Juden an einem Ort, hätten die DPs niemals zu einem derartigen Hebel der zionistischen Palästinapolitik werden können. Insofern stellen sie die kausale Verbindung des Jahres 1948 mit dem Jahre 1945 her.

Neben der Frage der Definition, der Frage nach der kollektiven Bestimmung von Juden in ihrer migrationspolitischen Anerkennung durch die Vereinigten Staaten, wie sie im *Harrison-Bericht* aufgenommen und darüber hinaus territorial auf Palästina ausgerichtet wurde, erhebt sich ein weiterer Komplex, anhand dessen die historische Bedeutung der DPs zum Verständnis der neueren jüdischen Geschichte deutlich wird: die Frage nach der überstürzten Migration aus dem osteuropäischen Raum unmittelbar nach Kriegsende. Der Hinweis nämlich, daß es sich bei den DPs um Überlebende des nationalsozialistischen Holocaust an den Juden gehandelt habe, ist bekanntlich nur beschränkt zutreffend. Bei der Mehrheit der DPs handelte es sich vornehmlich um jüdische Menschen, die vor der nazistischen Bedrohung in das Innere der Sowjetunion geflohen oder dorthin evakuiert worden waren und nach Kriegsende bestrebt waren, als Repatriierte in ihre Heimatländer zurückzukehren.[26] Diese Rückkehr erwies sich bald als herbe Enttäuschung. In ihrer ehemaligen Heimat, vor allem aber in Polen, trafen sie auf die abweisende bis feindselige Haltung einer Bevölkerung, die in der Rückkehr der dem Holocaust Entronnenen eine Gefährdung der Besitzverhältnisse erblickte, wie sie sich in der Zeit der deutschen Besatzung bzw. nach der Befreiung eingestellt hatten. Viele ethnische Polen hatten sich zurückgelassenen jüdischen Eigentums bemächtigt, jüdische Wohnungen und Häuser in Besitz genommen. Diese wieder aufzugeben waren die meisten nicht bereit. Verbunden mit traditionellen antisemitischen Ressentiments entluden sich diese Reibungen in einer Welle von Pogromen und anderen judenfeindlichen Aktionen – bis hin zu jenem denkwürdigen und historisch einschneidenden Pogrom von Kielce im Sommer 1946.

Dieser Pogrom ist in vielfacher Hinsicht Gegenstand historischer Abhandlungen gewesen.[27] Wie immer auch die konkreten Umstände gewesen sein mögen, die zu jenem antijüdischen Gewaltausbruch führten – der Pogrom von Kielce gilt als Fanal des jüdischen Exodus aus Ostmitteleuropa in der frühen Nachkriegszeit. Obwohl sich jene Ereignisse unmittelbar nach Ende des Krieges abspielten, sind sie ihres langfristigen Hintergrundes und der historischen Systematik nach recht eigentlich den Umständen und Lagen der Minderheiten- und Nationalitätenkonflikte der Zwischenkriegszeit zuzuordnen. Im nationalistisch eingefärbten polnischen Bewußtsein war ja die jüdische Bevölkerung pejorativ zur »vierten Teilungsmacht« mutiert worden. Die vornehmlich auf das letzte Drittel des 19. Jahrhunderts zurückführenden Bindungen eines Teiles der jüdischen Bevölkerung an die rußländische Kultur wurde xenophobisch als Verrat perzipiert; später wurde eine vermeintliche Anhängerschaft der Bolschewiki insinuiert. Im polnischen Bewußtsein verschmolzen Russen und Bolschewisten zu einem dem polnischen Gemeinwesen feindlich gegenüberstehenden Komplex, als dessen Agenten die Juden ausgemacht wurden.[28] Der Pogrom von Kielce ist also eher diesem Kontext beizuordnen als den Wirren der Nachkriegszeit. Mehr noch: Hier ist geradezu eine Fortzeugung jener Pogrome zu erkennen, wie sie bereits 1918 auf polnischem Boden begangen wurden. Und die in die US-amerikanische Besatzungszone Deutschlands als dem östlichsten Bereich des Westens einströmenden Juden sind durchaus als Ausdruck jener Migration zu verstehen, wie sie schon im ausgehenden 19. Jahrhundert auf Amerika gerichtet gewesen war – angefacht freilich von der traumatisierenden Erfahrung des Holocaust und mit dem signifikanten Unterschied, daß seit den Feststellungen des *Harrison-Reports* Juden nicht mehr als Einzelne, als Individuen betrachtet wurden, sondern im Sinne kollektiver Zuordnung. Die *Brichah*, die organisierte Fluchtbewegung der Juden aus Osteuropa, war durch die im *Harrison-Bericht* angelegte und von Truman ausgesprochene Verfügung, Juden als Juden und damit kollektiv und national zu definieren, in enormer Weise erleichtert worden. Erst als *nationales* Projekt konnte sie die ihr eigene und historisch überlieferte politische Dynamik und Wucht entfalten, die offensichtlich dazu nötig war, um sich nicht nur als Flüchtlingsbewegung gleichsam historisch notgedrungen nach Westen zu ergießen. Vielmehr konnte eine ideologisch recht agnostische jüdische Bevölkerung auf dieser Grundlage die voluntaristisch introjizierte zionistische Wende nach Palästina hin verhältnismäßig leicht verkraften.[29]

Auch diese zionistische Wende der jüdischen Flüchtlingsbewegung nach Westen hin, vornehmlich in die amerikanisch besetzte Zone Deutschlands und Österreichs, hätte aber kaum jene als historisch zu qualifizierenden politischen Folgen nach sich zu ziehen vermocht, an deren Ende die Staatsgründung Israels stand, wenn nicht auch die großräumigen politischen Umstände einen solchen Verlauf begünstigt hätten. Derartig erleichternde Umstände lassen sich an der Etablierung und Wirkung des anglo-amerikanischen *Inquiry Committee for Palestine* ablesen.[30] Die aus Briten und Amerikanern zusammengestellte Kommission sollte sich über zweierlei Vorgänge informieren, die im Grunde genommen durchaus getrennte Problembereiche miteinander verschmolzen: Über den politischen Willen der DPs und über die Lage in Palästina. Allein schon eine derartige Kombination mußte den zionistischen Bestrebungen entgegenkommen. Schließlich war es jüdisch-nationales Programm, der Flüchtlingsfrage in Europa eine bestimmte Stoßrichtung zu geben.[31]

In der Tat stellt sich neben der kollektiven bzw. nationalen Definition der Juden als Juden – wie im *Harrison-Bericht* vorgeschlagen und zur amerikanischen Politik den jüdischen DPs gegenüber erhoben –, neben dem Wiederaufflackern des traditionellen osteuropäischen Antisemitismus mit dem Höhepunkt des Pogrom von Kielce eine dritte Dimension ein, die als internationale Konstellation jener Tage charakterisiert worden war. Es handelt sich offenkundig um einen Aspekt jenes welthistorischen Übergangs der aus dem 19. Jahrhundert fortdauernden britischen Dominanz in der Region der Levante wie des Nahen Ostens auf die Vereinigten Staaten von Amerika – eine *translatio imperii britannici* auf die USA, ein Vorgang, der wohl mit der Erklärung der welthistorischen Truman-Doktrin vom März 1947 als abgeschlossen gelten kann.

Hier reagierten die Vereinigten Staaten anstelle Englands auf ein sowjetisches Ansinnen, das – vor dem Hintergrund des traditionellen britisch-russischen Gegensatzes im Verlauf des 19. Jahrhunderts – an die als *Orientalische Frage* bekannte Rivalität beider Mächte erinnerte.[32] Es ging dabei konkret um das sowjetische Beharren in Nordiran, um territoriale Forderungen im Bereich des Transkaukasus gegenüber der Türkei und um den Anspruch, die Meerengenverträge von 1936 zu revidieren, also um den Zugang vom Schwarzen Meer zum Mittelmeer.[33] Darüber hinaus war die kommunistische Seite im griechischen Bürgerkrieg mit der Sowjetunion in Verbindung gebracht worden.[34] Dieses Bündel von Ereignissen ließ Amerika in der Region nun massiv auftreten. Und damit wurden die USA nicht nur zu *dem* entscheidenden Faktor hinsichtlich der DPs in Europa, sondern auch zur Adresse der jüdischen Forderungen in und auf Palästina. Wie im Jahre 1919, als die US-amerikanischen jüdischen Organisationen hinsichtlich der jüdischen wie auch anderen Minderheitenfragen in Ostmitteleuropa führend aktiv wurden, um bald darauf ihren Einfluß auf die europäischen Vorgänge mit dem Rückzug der USA vom alten Kontinent 1920 wieder einzubüßen, betraten sie nach 1945 erneut und nun in einem viel entscheidenderen Maße die politische Bühne.[35] Dies vor allem auch deshalb, weil Großbritannien aus dem Weltkrieg erheblich geschwächt hervorging.

Das *Inquiry Committee* stellt also einen handfesten Niederschlag dessen dar, was als Übergang der Führerschaft von England auf Amerika bezeichnet worden war. Nimmt man obendrein zur Kenntnis, daß sich das amerikanische Judentum zunehmend als politische Kraft formierte und die bis dahin fühlbaren antisemitischen Tendenzen in Amerika im Abklingen begriffen waren, dann wird deutlich, daß die Bedingungen der Staatsgründung Israels sowohl mit der weltpolitischen Ablösung Englands durch die USA in Verbindung stehen – und dies speziell im Bereich der vormaligen Orientalischen Frage –, als auch als Folge des zunehmenden Einwirkens der amerikanischen Juden auf die US-Innenpolitik als Ausdruck *ethnischer* Politik zu verstehen sind. Die Nachkommen der *Second Immigration* hatten in die Politik gefunden – und diese politische Einwirkung nutzten sie im Sinne der jüdischen Staatsgründung in Palästina.

Das *Inquiry Committee* war dabei anfänglich ein Mittel der britischen Politik gewesen, mit dem Ziel, die Vereinigten Staaten in die nahöstlichen Gefilde zu ziehen, um einiges von der drückenden finanziellen Last wie der politischen Verantwortung auf die USA zu übertragen – und dies dergestalt, daß Großbritannien von Amerika nicht gänzlich abgelöst werden sollte. Die Rolle eines Partners hatte sich England allemal ausbedungen.[36] Daß eine solche Strategie im Falle Palästinas außer Kontrolle geriet und vornehmlich das amerikanische Judentum über die Mechanismen der US-Innenpolitik auch Einfluß auf diesen jüdischen Aspekt der amerikanischen Außenpolitik gewann, war schließlich eine logische Folge jener welthistorischen Machtübertragung innerhalb der angelsächsischen Nationen.[37]

Den für diese dramatische Phase jüdischer Zeitgeschichte signifikanten Faktor wiederum stellten die jüdischen DPs in Europa dar, in der amerikanisch besetzten Zone Deutschlands, vor allem aber in Bayern. Es mag anmuten wie eine maßlose Übertreibung – aber so gesehen bahnte sich die unmittelbare Gründung des Staates Israel in Süddeutschland an – eine Staatsgründung, in der sich gleichsam alle Elemente der modernen jüdischen Geschichte handlungsrelevant miteinander verknüpften: der klassische Antisemitismus osteuropäischer Prägung; die moralische Wucht des Holocaust; sowie die weltpolitische Zeitenwende, jene Übertragung von Großbritannien auf die USA, die erst jenen historischen Freiraum eröffnete, in den sich jene zur nationalen Frage verdichtende Flüchtlingsfrage ergoß.

Anmerkungen

Dieser Beitrag geht zurück auf einen Vortrag im Rahmen der Internationalen Konferenz zur Lage und Lebenswelt der jüdischen Displaced Persons 1945–1949 vom 19.–21.7.1995 in München.

1   Über Leben und Lebensbedingungen der DPs in den westlichen Besatzungszonen siehe Angelika Königseder, Juliane Wetzel, *Leben im Wartesaal: Die jüdischen DPs (Displaced Persons) im Nachkriegsdeutschland.* Frankfurt am Main: Fischer Taschenbuch, 1994. Allgemein siehe Wolfgang Jacobmeyer, *Vom Zwangsarbeiter zum Heimatlosen Ausländer: Die Displaced Persons in Westdeutschland 1945–1951.* Göttingen: Vandenhoeck & Ruprecht, 1985.

2   Ronald Sanders, *Shores of Refuge: A Hundered Years of Jewish Emigration.* New York 1988.

3   Robert H. Abzug, *Inside the Vicious Heart: Americans and the Liberation of Nazi Concentration Camps.* New York, Oxford 1985; Leonard Dinnerstein, *America and the Survivors of the Holocaust.* New York: Columbia University Press, 1982; Gemma Mae Newman, *Earl G. Harrison and the DP Controversy. A Case Study in Social Action.* Diss. Phil., Temple University 1973 (Microfilm); *The DP Story.* The Final Report of the United States Displaced Persons Commission. Washington 1952.

4 Judah Nadich, *Eisenhower and the Jews*. New York: Twayne, 1953; Philip S. Bernstein, »Status of Jewish DP's«, in: *Department of State Bulletin*, 16 (29. June 1947), S. 1308-1311.

5 Yisrael Gutman, »Polish Antisemitism between the Wars: An Overview«, in: *The Jews of Poland between two World Wars*. Ed. by Yisrael Gutman u.a. Hanover und London 1989, S. 97-108; Ezra Mendelsohn, »Jewish Politics in Interwar Poland: An Overview«, in: Yisrael Gutman u.a.l, ebd., S. 9-19; David Schaary, »The Romanian Authorities and the Jewish Communities in Romania between the Two World Wars«, in: Avraham Greenbaum (Ed.), *Minority Problems in Eastern Europe between the World Wars*. Jerusalem 1988, S. 89-95.

6 Dazu allgemein Marc Hillel, *Le Massacre des Survivants, en Pologne ares l'holocauste 1945–1947*. Paris 1985.

7 Oscar I. Janowsky, *The Jews and the Minority Rights 1898–1919*. New York 1966; Kurt Stillschweig, *Die Juden Osteuropas in den Minderheitenverträgen*. Berlin 1936; Pewel Korzec, »Polen und der Minderheitenschutzvertrag 1919–1934«, in: *Jahrbücher für Geschichte Osteuropas*, N.F., Vol. 22 (1975), S. 515-555.

8 Michael J. Cohen, *Palestine and the Great Powers 1945–1948*. New Jersey 1982; Amikam Nachmani, *Great Power Discord in Palestine: The Anglo-American Committee of Inquiry into the Problems of European Jewry and Palestine, 1945–46*. London 1987; Barry Rubin, *The Great Powers in the Middle East 1941–1947: The Road to Cold War*. London 1980; Roger William Louis, *The British Empire in the Middle East, 1945–1950: Arab Nationalism, the United States, and Postwar Imperialism*. Oxford 1984; Konrad W. Watrin, *Machtwechsel im Nahen Osten: Großbritanniens Niedergang und der Aufstieg der Vereinigten Staaten 1941–1947*. Frankfurt am Main, New York 1989.

9 Zur Frage der 100.000 siehe Christopher Sykes, *Kreuzwege nach Israel: Die Vorgeschichte des jüdischen Staates*. München: Beck, 1967, S. 289-344.

10 Dazu allgemein: Joshua A. Fishman (Ed.), *Studies on Polish Jewry 1919–1939: The interplay of Social, Economic, and Political Factors in the Struggle of a Minority for its Existence*. New York 1974.

11 Für eine allgemeine Darstellung siehe Yehuda Bauer, »Zionism, the Holocaust, and the Road to Israel«, in: ders., *The Jewish Emergence from Powerlessness*. Toronto 1979, S. 41-84.

12 Immer noch die beste Studie zu diesem Gegenstand: Erwin Viefhaus, *Die Minderheitenfragen und die Entstehung der Minderheitenschutzverträge auf der Pariser Friedenskonferenz 1919*. Würzburg 1960.

13 Joseph Berkowitz, *La Question des Israelites en Roumanie*. Paris 1923, S. 678-730; zur US-amerikanischen Politik den Fragen jüdischer Rechte gegenüber Cyrus Adler, Aaron M. Margalith, *With Firmness in the Right: American Diplomacy Action Affecting Jews, 1840–1945*. New York 1946, zur rumänischen Frage S. 99-139, zur russischen Frage S. 171-298.

14 Zur innerjüdischen Diskussion in Amerika, siehe *Report of Proceedings of the American Jewish Congress*, Philadelphia 1918; einen Überblick gibt Gary D.

Best, *To Free a People: American Jewish Leaders and the Jewish Problem in Eastern Europe, 1890–1914*. Westport/Conn., London 1982.

15 David Hunter Miller, *The Drafting of the Convenant*. 2 Bde. New York und London 1928; Frank W. Brecher, *Reluctant Ally: United States Policy Toward the Jews from Wilson to Roosevelt*. New York 1991.

16 Josef Meisl, *Die Durchführung des Artikels 44 des Berliner Vertrages in Rumänien und die europäische Diplomatie*. Berlin 1925.

17 Kay Lundgreen-Nielsen, *The Polish Problem at the Peace Conference: A Study of the Great Powers and the Poles 1918–1919*. Odense 1979.

18 Piotr S. Wandycz, *The United States and Poland*. Cambridge/Mass. 1980.

19 Josef Bendow, *Der Lemberger Judenpogrom*. Wien, Brünn 1919; Leon Chasanowitsch, *Die polnischen Judenpogrome im November und Dezember 1919: Tatsachen und Dokumente*. Stockholm 1919; umfassend dazu siehe auch Frank Golczewski, *Polnisch-Jüdische Beziehungen 1881–1922*. Wiesbaden 1981.

20 Yehuda Bauer, *Flight and Rescue: Brichah*. New York 1970; Josef Banas, *The Scapegoats: The Exodus of the Remnants of Polish Jewry*. London 1979.

21 Oscar I. Janowsky, *People at Bay: The Jewish Problem in East-Central Europe*. London 1938.

22 Zum Kontext siehe: Sheldon Spear, »The United States and the Persecution of the Jews in Germany, 1933–1939«, in: *Jewish Social Studies*, Vol. 30 (1969), S. 215-242.

23 Siehe dazu Dan Diner, »Die Katastrophe vor der Katastrophe«, in: Dirk Blasius, Dan Diner (Hg.), *Zerbrochene Geschichte: Leben und Selbstverständnis der Juden in Deutschland*. Frankfurt am Main: Fischer Taschenbuch, 1991, S. 138–160.

24 Salomon Adler-Rudel, »The Evian Conference on the Refugee Question«, in: *Leo Baeck Institute. Yearbook* Vol. 13 (1968), S. 235-273.

25 Michael Mashberg, »American Diplomacy and the Jewish Refugees«, in: *Yivo Annual of Jewish Social Science*, Vol. 15 (1974), S. 339-365; Henry L. Feingold, *The Politics of Rescue: The Roosevelt Administration and the Holocaust, 1938–1945*. New Brunswick, 1970; Ralph Weingartens instruktive Studie mit problematischem Titel, *Die Hilfeleistung der westlichen Welt bei der Endlösung der deutschen Judenfrage: Das Intergovernmental Committee on Political Refugees, 1938–1939*. Bern 1981.

26 Yosef Litvak, »Polish-Jewish Refugees Repatriated from the Soviet Union to Poland at the End of the Second World War and Afterwards«, in: Norman Davies, Anthony Polansky (Ed.), *Jews in Eastern Poland and the USSR, 1939–1946*. London 1991, S. 227-239.

27 Vgl. Klaus-Peter Friedrich, »Das Pogrom von Kielce am 4. Juli 1946«, in: *Zeitschrift für Ostmitteleuropaforschung NF*, Jg. 45, H. 3 (1996), S.411-421 und ders., »Antijüdische Gewalt nach dem Holocaust: Zu einigen Aspekten des Judenpogroms von Kielce«, in: *Jahrbuch für Antisemitismusforschung*, Bd. 6. Hrsg. von Wolfgang Benz. Frankfurt am Main, New York: Campus, 1997. S. 115-147.

28 Emanuel Melzer, »The Polish Authorities and the Jewish Question: 1930–1939«, in: Avraham Greenbaum (Ed.), *Minority Problems in Eastern Europe between World Wars*. Jerusalem 1988, S. 77-81.

29 Anita Shapira, »The Yishuv and the Survivors of the Holocaust«, in: *Studies in Zionism*, Vol. 7 (1986), S. 277-301.

30 Miriam Joyce Haron, *Anglo-American Relations and the Question of Palestine 1945–1947*. Phil. Diss., Fordham University 1979.

31 Idith Zertal, »Verlorene Seelen: Die DP's und die israelische Staatsgründung«, in: *Babylon*, H. 5 (1989), S. 88-103.

32 Gordon Martel, »The Meaning of Power: Rethinking the Decline and Fall of Great Britain«, in: *International History Review*, Vol. 13 (1991), S. 751-783; Bruce J. Everson, »Truman, Palestine and the Cold War«, in: *Middle Eastern Studies*, Vol. 28 (1992) S. 120-156.

33 Kuross Samii, »Truman against Stalin in Iran: A Tale of three Messages«, in: *Middle Eastern Studies*, Vol. 23 (1987), S. 95-107.

34 Thanasis D. Sfikas, »The People at the Top can do These Things, which Others can't Do: Winston Churchill and the Greeks, 1940–1945«, in: *Journal of Contemporary History*, Vol. 26 (1991), S. 307-332; Robert Frazier, *Anglo-American Relations with Greece: The Coming of Cold War, 1942–1947*.

35 Yehuda Bauer, *Out of the Ashes: The Impact of American Jews on Post-Holocaust European Jews*. Oxford 1989; John Snetsinger, *Truman, the Jewish Vote, and the Creation of Israel*. Stanford 1974.

36 William Roger Louis, Robert W. Stookey (Ed.), *The End of the Palestine Mandate*. Austin 1986; Michael J. Cohen, *Truman and the Jews*. Berkeley 1990.

37 Zvi Ganin, *Truman: American Jewry, and Israel, 1945–1948*. New York, London 1979.

Talmuddrucke im Nachkriegsdeutschland

Peter Honigmann

Jeschiwot

Es gibt heute keinen Ort in Deutschland, an dem systematisch Talmud gelernt wird. Man muß Archivstudien treiben, um die Spuren der letzten Jeschiwot zu finden. Man braucht dabei nicht bis zur Breuer Jeschiwa zurückzugehen, die 1939 von Frankfurt am Main nach New York auswanderte.[1] In den unmittelbaren Nachkriegsjahren gab es in Deutschland mehr als 20 Jeschiwot. Dort lernten die Überlebenden der Shoah. Die westlichen Alliierten zählten Ende 1945 in ihren Besatzungszonen etwa 50.000 befreite Juden. Nach dem Pogrom von Kielce im Sommer 1946 kamen noch mehr als 100.000 Flüchtlinge aus Polen hinzu.[2] Diese Überlebenden hatten nicht vor, sich auf Dauer in Deutschland einzurichten. Bis zu ihrer Weiterwanderung vergingen jedoch mehrere Jahre. In der Zwischenzeit lebten sie in sogenannten *Displaced Persons Camps*, und dort entstanden auch die Jeschiwot. Gegründet und geleitet wurden sie von Rabbinern aus Ungarn, Polen oder Litauen, die sich zufällig in dem einen oder anderen Lager befanden. Die meisten Jeschiwot entstanden in Süddeutschland, in Bayern, Württemberg und Hessen. Diese geographische Verteilung ergab sich unabhängig von deutsch-jüdischen Traditionen, sie ist das Ergebnis der unterschiedlichen Politik der Besatzungsmächte. Die Amerikaner haben in ihrer Besatzungszone Juden wesentlich bereitwilliger aufgenommen als die Engländer. Ende 1946 waren in der amerikanischen Zone mehr als 140.000 jüdische DPs registriert, während in der britischen Zone nur etwa 20.000 gezählt wurden. Das wichtigste Zentrum in der englischen Zone war das DP-Lager Bergen-Belsen. Dort gab es 1947 eine Jeschiwa mit 110 Bachurim.[3] In Berichten über die amerikanische Zone werden größere Jeschiwot in Aschau, Föhrenwald, Pocking, Windsheim und Zeilsheim genannt. An der Lubawitscher Jeschiwa in Pocking sollen 1947 etwa 300 Bachurim gelernt haben. Jeschiwot mit geringeren Schülerzahlen haben noch in den DP-Lagern Bamberg, Bensheim, Dieburg, Eichstätt, Feldafing, Heidenheim, Krumbach, Landsberg, Leipheim, Rochelle, Ulm, Windischbergdorf und Wetzlar bestanden. An manchen Orten wie etwa Pocking oder Windsheim existierten sogar zwei Jeschiwot nebeneinander. Für 1947 ergibt sich eine Gesamtzahl von mehr als 1500 Bachurim.[4]

Für die Betreuung dieser Jeschiwot sorgten mehrere Organisationen gleichzeitig. Bereits im Herbst 1945 hatte die amerikanische Armee die Stelle eines *Advisors on Jewish Affairs* eingerichtet. Entscheidend geprägt wurde dieses Amt von dem New Yorker Reformrabbiner Philip S. Bernstein, der es von Mai 1946 bis August 1947 innehatte. Dem gegenüber stand die Selbstorganisation der jüdischen DPs. Sowohl in der amerikanischen als auch in der englischen Besatzungszone bildeten sich unmittelbar nach der Befreiung sogenannte *Zentralkomitees der befreiten Juden*. Sie existierten von 1945 bis 1951. Beide Zentralkomitees verfügten über eigene Rabbinate. Zum Rabbinat der amerikanischen Zone, das sich den Namen *Agudat Harabanim* gegeben hatte, gehörten zeitweise 87 Rabbiner.[5] An seiner Spitze stand Raw Samuel Abba Snieg aus Kowno, der 1945 bei Dachau befreit worden war.[6] Zwischen den DP-Selbstorganisationen und den Besatzungsmächten operierten noch zwei amerikanisch-jüdische Hilfsorganisationen, der *Joint* und der *Vaad Hatzala*. Der *Vaad Hatzala*, zu deutsch Rettungskomitee, ist 1939 von der *Union of Orthodox Rabbis of the United States and Canada* gegründet worden. Er war im Nachkriegsdeutschland von 1945 bis 1951 größtenteils unter Leitung von Rabbi Nathan Baruch tätig. Über wesentlich umfangreichere Mittel verfügte das *American Joint Distribution Committee* (AJDC), kurz *Joint* genannt. Diese Organisation, die bereits seit 1914 bestand, hatte ihre europäische Zentrale in Paris. Für die amerikanische Besatzungszone in Deutschland war seit April 1946 Leo W. Schwarz zuständig. Dieser Name ist insofern von Bedeutung, als Schwarz aus seiner

Amtszeit eine umfangreiche Sammlung von Unterlagen hinterlassen hat, die heute eine der wichtigsten Quellen für die Erforschung der jüdischen DP-Geschichte darstellen.[7] Schwarz blieb nur etwa ein Jahr im Amt, ihm folgte Samuel L. Haber als *Joint*-Verantwortlicher in Deutschland. Der *Joint* hatte verschiedene Abteilungen, u.a. eine Abteilung für Religiöse Angelegenheiten, die in den ersten Jahren von Rabbi Alexander Rosenberg und später von Rabbi Shlomo Shapiro geleitet wurde.

Das Depot in Offenbach

Eine der vordringlichsten Aufgaben auf religiösem Gebiet, um deren Erfüllung sich alle erwähnten Organisationen und Funktionsträger in den ersten Nachkriegsjahren bemühten, war die Bereitstellung von talmudischer Literatur. Die Situation war katastrophal und wurde als noch katastrophaler empfunden. Die aus den Konzentrationslagern befreiten Rabbiner hatten die Erfahrung gemacht, daß die Ermordung jüdischer Menschen durch die Vernichtung jüdischer Schriften begleitet wurde.[8] Die praktische Unmöglichkeit, bald nach der Befreiung wieder in den Besitz rabbinischer Literatur zu kommen, bedurfte deshalb keiner weiteren Erklärung. Erst relativ spät wurde in den DP-Lagern bekannt, daß die Nazis auch jüdische Bücher in großen Mengen geraubt und an einigen zentralen Plätzen gesammelt hatten. Und es dauerte nochmals eine Weile, bis einige Exemplare davon in die Hände der DP-Rabbis gelangten.

Die Geschichte dieser nationalsozialistischen Sammlungen kann hier nur kurz angedeutet werden.[9] 1941 war in Frankfurt am Main das *Institut zur Erforschung der Judenfrage* gegründet worden. Es unterstand unmittelbar Reichsleiter Alfred Rosenberg. Schon etwas früher, im Jahre 1936, war in München eine *Forschungsabteilung Judenfrage* als Zweigstelle des *Reichsinstituts für Geschichte des neuen Deutschland* eingerichtet worden. Diese Neugründungen hatten einen großen Bedarf an jüdischen Büchern. In Berlin befand sich außerdem die Zentralbibliothek der Gestapo.[10] Dort bestand großes Interesse an einer aussagekräftigen sogenannten Gegnerdokumentation. Neben den eigentlichen Informations- und Propagandazielen hatte man vor allem in Berlin und in Frankfurt den Ehrgeiz, jeweils die größte Judaica-Bibliothek aller Zeiten aufzubauen. Für diese und noch einige andere Nazi-Einrichtungen wurden im gesamten deutsch besetzten Europa systematisch jüdische Buchbestände beschlagnahmt. In Berlin waren an die 3 Millionen jüdische Bücher zusammengetragen worden. Ein Teil davon ging im letzten Kriegsjahr bei Bombardierungen oder im Zusammenhang mit der Auslagerung wieder verloren. In Frankfurt am Main schätzte die amerikanische Armee Ende 1945 die Zahl der geraubten jüdischen Bücher auf 3-4 Millionen. Als zentrale Sammelstelle ist nach dem Krieg ein Depot in Offenbach eingerichtet worden. Unter Aufsicht der Armee begann man, identifizierbare Bibliotheken an ihre ursprünglichen Eigentümer zurückzugeben. So gelangte etwa die Bibliothek der *Alliance Israélite* recht bald nach Paris zurück. Es blieben in Offenbach aber unübersehbare Mengen von Büchern, bei denen kein Eigentümer mehr feststellbar war. Im November 1945 schlug der *Joint* vor, aus diesem Restbestand geeignete Titel auszuwählen und für den Aufbau von Bibliotheken in DP-Lagern zu nutzen. Die Literatur wurde nicht nur zum Studium, sondern auch als Grundlage für halachische Entscheidungen benötigt. Ohne die einschlägigen Werke zu konsultieren, konnte z.B. kein Get ausgestellt werden.[11] Im Januar 1946 lag dann die Genehmigung der Militärregierung zur Freigabe von 25.000 Bänden vor. Die Auswahl wurde im wesentlichen vom Leiter der Erziehungs- und Kulturabteilung des *Joint*, Koppel S. Pinson, besorgt. Bis zur endgültigen Verschickung in die DP-Camps verging dann nochmals ein halbes Jahr.

In einem Bericht vom Juni 1946 beschreibt Pinson die Zusammensetzung der von ihm zusammengestellten Lagerbibliotheken.[12] An erster Stelle nennt er rabbinische Literatur und beginnt seine Aufzählung mit »One large Vilna Shas and one or more small sets«. In der Verteilerliste werden neben dem Rabbinat in München mehrere Orte genannt, an denen es bereits damals oder kurze Zeit später Jeschiwot gab: Bamberg, Bergen-Belsen, Feldafing, Föhrenwald, Landsberg, Leipheim, Pocking und Zeilsheim. Die 25.000 Bücher aus dem Offenbacher Depot waren schnell verteilt. Sie konnten den Bedarf jedoch nur zu einem geringen Teil decken. Rabbi Rosenberg berichtet im August 1946, daß die Nachfrage ständig zunehme und daß man die Militärregierung um die Freigabe weiterer 25.000 Bände gebeten habe.[13]

Von diesen Quantitäten entfiel jeweils nur ein Bruchteil auf rabbinische Literatur. Ende 1948 heißt es in einem *Joint*-Bericht, daß wieder tausend Bände »of advanced Hebrew literature« aus dem Offenbacher Depot an Rabbiner und Jeschiwot der US-Zone verteilt worden seien.[14]

Bücher aus Übersee

Das Offenbacher Depot war nicht die einzige Quelle für rabbinische Literatur im Nachkriegsdeutschland. Daneben gab es noch zwei andere Wege, das Rabbinat und die Jeschiwot mit Sforim zu versorgen, die Einfuhr aus Übersee und der Neudruck im Land selbst. Ebenso wie die Verteilung der Offenbacher Bestände war das Herbeibringen von Büchern aus dem Ausland ein langwieriges und aufwendiges Unterfangen. In München traf der erste Transport aus Amerika nicht vor Juni 1946 ein.[15] Die ersten Bücher aus Palästina konnten dann im August 1947 verteilt werden.[16] Es ist heute schwer, genau festzustellen, welche Bücher wann von welcher Organisation in welchem Umfang in die DP-Lager gebracht wurden. Vor allem wurden wohl Schulbücher geschickt. Über die Versorgung mit talmudischer Literatur schrieben die Rabbiner Snieg und Rose im Sommer 1946: »Die Bücher aus Übersee kamen nicht schnell an, und wenn irgendein Buch eintraf, wurden ihm Hunderte Hände entgegengestreckt.«[17] Nach dieser Äußerung verging noch ein ganzes Jahr, bis mit der ersten Schiffsladung aus Palästina auch 1750 Talmudexemplare nach Deutschland kamen.[18] Gemeint sind dabei wahrscheinlich 1750 einzelne Bände, nicht komplette Sätze. Der Bedarf in den jüdischen DP-Lagern blieb immer noch groß. Rabbiner Shlomo Shapiro berichtet im Oktober 1947 z.B. über einen Besuch in der britischen Besatzungszone:

»The one Yechiva in the Zone [in Bergen Belsen] is in need of Talmuds, Schulchan Aruch and other Seforim. The Rabbis are inadequately supplied with the necessary basic library as Yoreh Deoh, Schulchan Aruch, Midrash, etc.«[19]

Um die langsame und insgesamt nicht ausreichende Versorgung der DP-Lager mit talmudischer Literatur aus dem Ausland zu erklären, kann man nur zum Teil auf die allgemeinen Transportschwierigkeiten verweisen. Es ist auf jeden Fall auch zu berücksichtigen, daß bis dahin weder die USA noch Palästina Zentren des hebräischen Buchdrucks waren. Bis zum Zweiten Weltkrieg hatten die jüdischen Gelehrten in den USA oder Palästina ihre Bücher vielmehr umgekehrt aus den traditionellen Druckorten in Europa bezogen, insbesondere aus Wilna. Der erste vollständige Nachdruck der großen Wilnaer Talmudausgabe erfolgte in den USA erst im Jahr 1944. Im Nachwort der Herausgeber heißt es (in deutscher Übersetzung):

»Die großen traditionellen Zentren in Europa wurden von unseren Todfeinden so gut wie vernichtet. Neben dem bedeutenden geistigen Zentrum in Eretz Israel entwickeln sich auch die Vereinigten Staaten von Amerika zu einem Zentrum. Und dieses neue Zentrum hat jetzt die Aufgabe, die Kette der Tradition fortzusetzen (...). Und der Druck des Talmuds ist ein deutliches Zeichen für diese Fortsetzung.«[20]

In Palästina wurde die Wilnaer Talmudausgabe zum ersten Mal zwischen 1948 und 1953 vollständig nachgedruckt. Aber auch diese neuen Ausgaben[21] konnten die Lücke nicht schnell genug schließen. Die Schiffsladungen mit Sforim fuhren in den ersten Nachkriegsjahren eher in entgegengesetzter Richtung. So wurden z.B. vom Zentralkomitee der polnischen Juden im Jahre 1947 erhalten gebliebene Sforim aus Warschau nach Palästina geschickt.[22] Auch aus Prag gelangten umfangreiche Buchbestände nach Palästina. Dies ist der Kontext, der verständlich macht, daß die verschiedenen Hilfsorganisationen zwar zahlreiche einzelne Exemplare nach Deutschland bringen konnten, aber insgesamt nicht in der Lage waren, den Literaturbedarf der Jeschiwot in seinem ganzen Umfang zu decken.

St. Ottilien

In dieser Situation wurde der Druck des Talmuds im Nachkriegsdeutschland zu einer praktischen Notwendigkeit. Gleichzeitig gestaltete er sich zu einem Ereignis von hohem Symbolwert. Es kam zu mehreren Teildrucken, und schließlich konnte sogar eine Gesamtausgabe realisiert werden. Die erste Vervielfältigung von zwei Massechtot erfolgte unmittelbar nach der Befreiung. Im Benediktinerkloster

St. Ottilien bei Landsberg in der Nähe von München war ein DP-Krankenhaus eingerichtet worden.[23] Zu den Überlebenden, die sich dort befanden, gehörten auch die Rabbiner Snieg und Rose[24] aus Kowno. Von dem Leiter der dem Kloster angeschlossenen Herder-Druckerei erfuhren sie, daß es im Kloster noch einige jüdische Bücher gab. So kamen sie in den Besitz eines vollkommen unbeschädigten Bandes der Wilnaer Talmudausgabe, der die Massechtot Nedarim und Kidduschin enthielt. Es entstand die Idee, diesen Band als Vorlage für einen fotomechanischen Nachdruck zu verwenden. Die DP-Rabbiner setzten sich mit dem amerikanischen *Vaad Hatzala* in Verbindung und konnten bei der Besatzungsarmee die Freigabe der erforderlichen Mittel für den Druck von 3000 Exemplaren erreichen.[25] Zuvor mußte Rabbiner Rosenberg vom *Joint* noch Bedenken der Abteilung für Erziehung und Kultur ausräumen. Es wurde befürchtet, daß der von dieser Abteilung geplante Druck von Schulbüchern in Anbetracht der großen Papierknappheit durch das Talmudprojekt gefährdet würde.[26]

Der Druck des Talmuds begann dann noch vor Rosch Haschana im Jahre 1945, zu Chanukka waren die Bände bereits verteilt, so jedenfalls erinnert sich Rabbiner Rose ein halbes Jahrhundert später.[27] Das von ihm gemeinsam mit Rabbiner Snieg verfaßte Vorwort ist allerdings auf Erew Schawuot 5706, d.h. auf Juni 1946 datiert. Der Druck wurde in St. Ottilien besorgt, die Clichés auf Zinkplatten sind zuvor von der Firma F. Bruckmann in München angefertigt worden[28], so daß auf dem Titelblatt sowohl München als auch St. Ottilien als Druckorte angegeben wurden. Als Herausgeber ist der *Vaad Agudat Harabanim*, d.h. der Rabbinische Rat der US-Zone, genannt, und es wird auch die Unterstützung durch den *Vaad Hatzala* erwähnt. Für die graphische Gestaltung des Titelblattes hat ein Künstler namens Rosenkrantz die Vorlage geliefert[29], auch er, ebenso wie die rabbinischen Herausgeber, ein Überlebender der Vernichtungslager. Auf der unteren Hälfte des Blattes wird ein von Stacheldraht umgebenes Konzentrationslager gezeigt, das jetzt leer und verlassen ist. Und auf der oberen Hälfte wurde die Zukunftshoffnung der DPs durch einen Sonnenaufgang über einer mit Palmen umsäumten orientalischen Stadt zum Ausdruck gebracht. Die graphische Botschaft wird durch eine Textzeile verstärkt: »Von Knechtschaft zur Befreiung, von Dunkelheit zum großen Licht.« Es fehlt der Forschung noch die Übersicht und die nötige Detailkenntnis, aber wahrscheinlich ist der Talmud aus St. Ottilien der erste Druck eines hebräischen Buches in Deutschland seit dem Ende der Nazi-Barbarei.[30]

Rabbiner Horowitz

Parallel zu den Rabbinern Snieg und Rose bemühte sich auch Rabbiner David Horowitz um den Druck eines Talmudbandes. Rabbiner Horowitz befand sich im DP-Lager Landsberg. Landsberg und St. Ottilien liegen unmittelbar nebeneinander. Und trotzdem scheinen die beiden Druckvorhaben unabhängig voneinander betrieben worden zu sein. Die Rabbiner Snieg und Rose aus St. Ottilien haben mit dem *Vaad Hatzala* zusammengearbeitet und Rabbiner David Horowitz mit dem *American Joint*. Der rabbinische Beauftragte des *Joint*, Alexander Rosenberg, konnte bereits im September 1945 bei der Militärregierung eine Druckerlaubnis für Rabbiner Horowitz erlangen.

Daraufhin setzte sich Rabbiner Horowitz mit der Graphischen Kunstanstalt Zientner GmbH in Augsburg in Verbindung, und es gelang ihm, dort 1000 Exemplare der Massechet Baba Metzia drucken zu lassen.[31] Als Zeitangabe für die Herausgabe findet sich auf dem Titelblatt die hebräische Jahreszahl 5706. Demnach müßte der Band vor Herbst 1946 erschienen sein. Auf Veranlassung von Rabbiner Rosenberg vom *Joint* ist auf dem Titelblatt noch folgender Text in Englisch hinzugefügt worden:

»In grateful acknowledgement of the cooperation of the officers and enlisted men of the U.S. Army of Occupation presented to the Yeshiva students and scholars among the remnants of Israel in Germany by the American Jewish Joint Distribution Commitee.«[32]

Auf einer zweiten Seite ist in Hebräisch vermerkt worden, daß der Druck durch die Bemühungen von Rabbiner Horowitz zustande kam. Zur Sicherstellung der Finanzierung mußte Rabbiner Rosenberg jedoch erst einige Meinungsverschiedenheiten zwischen den *Joint*-Verantwortlichen in Deutschland und der Zentrale in New York überwinden. In seinem Bericht vom Juli 1946 heißt es wörtlich:

»On the publication of the Talmud, I was rebuffed by Herbert Katzky[33] and had to appeal to Dr. Schwarz for sanctioning the arrangements I made which I believe were very satisfactory from every point of view. It has given JDC the credit for publishing the first Hebrew book in Germany since Hitlerism came into power, and it has given JDC 1000 volumes to distribute among the students and scholars in the camps at a cost considerably less than what it would be in the States.«[34]

Rabbiner Rosenberg verweist hier sowohl auf den symbolischen Wert einer Talmudveröffentlichung im Nachkriegsdeutschland als auch auf den Kostenvorteil im Vergleich zu einem Druck in den USA. Beide Argumente machen erneut deutlich, weshalb man zur Versorgung der DPs mit rabbinischer Literatur stärker an Drucken in Deutschland orientiert war als an Importen aus Übersee.

Daf Hajomi

Die gleiche Politik wurde vom *Vaad Hatzala* verfolgt, allerdings mit geringerem Zögern bei den Verantwortlichen in Amerika. So kam es, daß die ersten Talmuddrucke im Nachkriegsdeutschland mit Unterstützung des *Vaad Hatzala* zustande kamen. Der Druck der zwei Massechtot Nedarim und Kidduschin in St. Ottilien erfolgte unmittelbar nach der Befreiung. Es war dies eine vorauseilende Pioniertat. Mit einem systematischen Publikationsprogramm[35] begann das Münchener *Vaad*-Büro erst ein Jahr später. Geleitet wurde dieses Programm von dem stellvertretenden *Vaad*-Direktor, Rabbiner Aviezer Burstein. Zuerst wurde das Gebetbuch in einer Auflage von 20.000 Exemplaren gedruckt. Es folgten der Chumasch, Tehillim, Megillat Esther, die Pessach Hagadah, aber auch rabbinische Werke wie etwa der Talmudkommentar Schagat Arje.[36]

Im Herbst 1947 begann man dann mit dem Druck mehrerer Talmudtraktate im handlichen A5-Format.[37] Diese Herausgabe war an dem praktischen Ziel des *Daf-Hajomi*-Programms orientiert. Nach einem bereits in den zwanziger Jahren beschlossenen einheitlichen Plan wurde jeden Tag ein bestimmtes Blatt der Gemara studiert. Am 21. September 1947 wurde in der Reihenfolge dieses Plans[38] weltweit mit der Massechet Taanit begonnen. Einen Monat später war die Massechet Megilla dran. Darauf folgten die Massechtot Moed Katan,

Chagiga und Jevamot. Und genau in dieser Aufeinanderfolge wurden vom *Vaad Hatzala* die Studienausgaben gedruckt. Als letzte bislang bekannte Ausgabe dieser Serie wurde die Massechet Ketubot gedruckt[39], die laut *Daf-Hajomi*-Plan im Mai 1948 gelernt wurde. Von einer Weiterführung dieses Editionsprogramms wurde wahrscheinlich abgesehen, als sich abzeichnete, daß die große Gesamtausgabe des Wilnaer Schass' tatsächlich zustande kommen würde.

Der Gesamtdruck in Heidelberg

Die Idee einer vollständigen Drucklegung des Talmuds auf deutschem Boden entstand unmittelbar nach der Befreiung. Die Initiative ging von den beiden Kownoer Rabbinern Snieg und Rose aus. Nachdem es ihnen gelungen war, in St. Ottilien die Massechtot Nedarim und Kidduschin in einer Auflage von 3000 Exemplaren zu drucken, begannen sie über den Gesamtdruck des Talmuds zu verhandeln. Bereits am 11. September 1946 unterzeichnete Rabbiner Snieg eine Vereinbarung mit dem *Joint*, in der festgelegt wurde, daß die *Agudat Harabanim* der U.S.-Zone als Herausgeber in Erscheinung tritt und der *American Joint* die Finanzierung übernimmt.[40] Für die Erteilung der Druckerlaubnis durch die amerikanische Militärregierung wollte Rabbiner Bernstein Sorge tragen. In einem Memorandum[41], das er dem Oberbefehlshaber General McNarney einreichte, machte sich der Reformrabbiner aus New York zu einem leidenschaftlichen Fürsprecher des Talmudprojekts. Sein Hauptargument war der Symbolwert. Die Nazis haben unzählige Exemplare dieses für die jüdische Tradition so grundlegenden Werkes vernichtet. Mit einem vollständigen Nachdruck in Deutschland würde die amerikanische Besatzungsarmee eine historische Tat vollbringen. Noch nie hat ein nichtjüdischer Herrscher den Talmud für die Juden gedruckt. Bisher wurde er von den Nichtjuden nur immer verbrannt. Praktische Gründe erwähnte er erst in zweiter Linie. So verwies er darauf, daß Talmudexemplare auch in Amerika eine Seltenheit sind. Die deutlichen Worte von Rabbiner Bernstein verfehlten nicht ihre Wirkung, zumal sie gut zu der damaligen Palästinapolitik der amerikanischen Regierung paßten. Da bislang noch keine Lösung für einen jüdischen Staat gefunden worden war, versuchte man, den in Europa durch Krieg und Verfolgung entwurzelten Juden zu helfen, sich erneut im Galut einzurichten. Und da kam das Projekt einer Talmudausgabe als Mittel zur Beruhigung ihrer Palästinahoffnungen gerade recht.[42]

Im Oktober 1946 fing die amerikanische Militärbürokratie an, ernsthaft über das Projekt nachzudenken. Von den Rabbinern war zunächst eine Auflage von 3000 beantragt worden, wahrscheinlich orientiert an dem ersten Druck in St. Ottilien. In Anbetracht der Papierknappheit erschien der Verwaltung eine solche Zahl weit übertrieben. Im Februar 1947 wurde dann endgültig mitgeteilt[43], daß mit den in Deutschland zur Verfügung stehenden Rohmaterialien lediglich 50 vollständige Sätze des Talmuds gedruckt werden dürften. Der Herstellung weiterer Exemplare werde zugestimmt, falls das dafür benötigte Papier durch amerikanisch-jüdische Organisationen geliefert werde. Jetzt war der *Joint* gefragt. Im Mai 1947 legte er sich auf die Finanzierung von 1000 Exemplaren der vollständigen Ausgabe fest.[44] Es galt nun, im kriegszerstörten Deutschland, und zwar insbesondere in der amerikanischen Besatzungszone, eine Firma zu finden, die 1050 Exemplare dieses insgesamt auf 19 Bände angelegten Werkes herstellen konnte. Der Druckauftrag wurde schließlich dem Winter-Verlag in Heidelberg erteilt. Lizenzträger war Lambert Schneider.[45]

Bevor mit dem Druck begonnen werden konnte, mußte noch ein anderes Problem gelöst werden. Das Rabbinat in München verfügte zwar inzwischen über verschiedene einzelne Massechtot, aber es fehlte ein vollständiges Exemplar als Vorlage für den fotomechanischen Nachdruck. Einige Bände hatte man auf einem Münchener Friedhof gefunden. Sie waren von einer Bücherverbrennung während der Kristallnacht übriggeblieben. Andere Bände hatte man aus der Schweiz und aus Frankreich erhalten. Aber eine geeignete Druckvorlage für eine neue Gesamtausgabe war auf diese Weise nicht zusammenzubringen. Schließlich ließ Rabbiner Shapiro vom *Joint* zwei vollständige Sätze aus New York bringen.[46]

Der erste Band war im Dezember 1948 fertig.[47] Aus technischen Gründen hatte man die Massechet Schabbat vorgezogen.[48] Das Titelblatt ähnelt dem Titelblatt von 1946, das damals für den Druck von zwei Massechtot in St. Ottilien konzipiert worden war: auf der unteren Bildhälfte ein Konzentrationslager und oben die aufgehende Sonne über Jerusalem. Man kann jedoch einige Unterschiede zwischen den beiden Titelblättern feststellen. Wurde das KZ 1946 als verlassener Ort dargestellt, so sind jetzt menschliche Gestalten hinzugefügt worden. Im Vordergrund sieht man zwei Häftlinge, die sich zu einem auf der Erde liegenden Dritten beugen. Auf dem Karren daneben liegen offensichtlich Leichen. Die Bildunterschrift dazu: »Arbeitslager in Deutschland während der Nazi-Zeit«. 1946 war der Karren auch schon im Bild, aber auf ihm befand sich Brennholz oder eine andere Substanz. Der Kommentar bezog sich damals nicht auf das Sterben, sondern auf das Überleben, es hieß (in wörtlicher Übersetzung): »Die Arbeitshütte, in der wir saßen und heimlich lernten und beteten.« Die Worte: »Fast wurde ich auf der Erde vernichtet, aber ich habe Deine Gebote nicht verlassen«, finden sich auf beiden Titelblättern.

Präsentation

Nachdem der erste Band der Gesamtausgabe vorlag, entwickelten die Rabbiner Pläne für eine weltweite Präsentation. Ein Exemplar sollte in New York dem Präsidenten der Vereinigten Staaten, Harry S. Truman, sowie den Generälen Eisenhower und McNarney durch Vertreter des *Joint* und Rabbiner Bernstein feierlich überreicht werden. In Deutschland war an eine Übergabe an General Clay aus Anlaß seiner Verabschiedung als US-Militärgouverneur gedacht. Und nach Israel wollten die Rabbiner Snieg und Shapiro persönlich fahren, um Präsident Chaim Weizmann und Oberrabbiner Isaak Herzog das erste Ergebnis dieses historischen Talmuddrucks vorzulegen.[49] Zur Verstärkung der Öffentlichkeitswirkung zog man in Erwägung, dieser Ausgabe auch einige Texte über die Geschichte ihrer Entstehung hinzuzufügen.[50] Raw Snieg beabsichtigte auf jeden Fall, eine Ausarbeitung des inzwischen nach New York zurückgekehrten Rabbiners Bernstein in diese Dokumentation mit aufzunehmen. Er dachte an einen Druck in englischer Sprache, der am Schluß der Massechet Berachot seinen Platz finden sollte, so daß Nichtjuden, die den Band in die Hand nehmen und ihn auf ihre Weise öffnen, den Text als erstes erblicken.

Doch dieses Projekt wurde offensichtlich fallengelassen, als sich herausstellte, daß die Unterstützung des *Joint* für eine weltweite Präsentation nicht zu erlangen war. Die internationale Situation hatte sich durch die Staatsgründung in Israel und die darauf folgenden Ereignisse so grundlegend verändert, daß mit einem Talmuddruck im Nachkriegsdeutschland kein großes Aufsehen mehr erregt werden konnte.[51] Und so kam es lediglich zu einer Übergabe an den Oberbefehlshaber der amerikanischen Streitkräfte in Deutschland, General Lucius D. Clay. Die Feier fand im Mai 1949 in Berlin statt.[52] Das hebräische Vorwort war jetzt nur durch eine kurze an die amerikanische Armee gerichtete Widmung in Englisch ergänzt worden.

Verteilung

Als der Druck der 1050 Exemplare nach zwei Jahren Arbeit im November 1950 abgeschlossen war[53], hatte der größte Teil der DPs Deutschland bereits verlassen. Was von Anfang an als editorisches Ereignis für die gesamte jüdische Welt geplant war, wurde es jetzt in einem sehr wörtlichen Sinne. In Deutschland verblieben nur 40 Exemplare.[54] Der größte Teil der Auflage wurde vom *Joint* an jüdische Gelehrte und Institutionen im Ausland verteilt. Allein 300 vollständige Sätze gelangten mit einer ersten großen Schiffsladung über Marseille nach Israel. Etliche Exemplare waren für die USA, Frankreich und Italien bestimmt. Einzelne Sätze wurden auch nach Süd-Afrika, Marokko, Tunesien, Ungarn, Norwegen und Schweden geschickt. Gerade in Amerika verlief die Verteilung nicht ganz ohne Reibung. Zahlreich waren die Personen, die einen Anteil am Zustandekommen der Drucklegung hatten. Der *Joint* wiederum erhoffte sich durch feierliche Übergaben an jüdische Gemeinden ein erhöhtes Spendenaufkommen. Aber der im Nachkriegsdeutschland gedruckte Talmud wurde nicht nur als symbolträchtiges Werk behandelt. Durch seine Verteilung konnten auch echte Versorgungslücken geschlossen werden. Selbst für Rabbiner war der Besitz einer vollständigen Talmudausgabe damals noch keine Selbstverständlichkeit.[55]

Nachauflage

Nachdem die in Heidelberg gedruckten Exemplare verteilt waren, rückten die Zinkplatten ins Blickfeld der beteiligten Rabbiner und

Organisationen. Ihre Herstellung war ursprünglich durch die amerikanische Armee finanziert worden, die damit 50 Exemplare des Talmuds druckte. Dann hatte der *Joint* die Platten zur Herstellung 1000 weiterer Exemplare übernommen.[56] Schließlich gab man die Platten den Rabbinern Snieg und Rose als den eigentlichen Initiatoren des Projekts. Insbesondere Rabbiner Snieg, dessen Gesundheitszustand sich sehr verschlechtert hatte und der inzwischen fast blind war, versprach sich von Nachauflagen eine gewisse Sicherheit für sein Alter. In einem Vertrag vom November 1950 schloß der *Joint* jedoch einen erneuten Druck in Deutschland ausdrücklich aus. Raw Snieg versuchte zwar trotzdem, auf verschiedenen Umwegen einen Nachdruck durch eine Firma in Düsseldorf zuwege zu bringen, ist damit aber gescheitert. 1954 begann dann das israelische Religionsministerium, sich für die Platten zu interessieren. Raw Snieg reagierte zurückhaltend. Obwohl er seinen israelischen Verhandlungspartner noch persönlich aus Kowno kannte, hatte er Bedenken, weil er Konflikte mit verschiedenen religiösen Parteien befürchtete, die nicht in der Regierung vertreten waren. Der *Joint* andererseits stand einem Nachdruck in Israel positiv gegenüber. 1956 stellte sich jedoch heraus, daß die Zinkplatten inzwischen fast unbenutzbar geworden waren. Nur noch etwa 200 Exemplare hätte man mit ihnen drucken können. Das aber hätte sich aus wirtschaftlichen Gründen nicht gelohnt. Der Heidelberger Talmuddruck von 1948 ist also trotz jahrelanger Bemühungen ohne Nachauflage geblieben.

Bibliophilie

Das letzte vollständige Exemplar aus den Lagerbeständen des Winter-Verlags ist 1988 durch Vermittlung von Naftali Bar-Giora Bamberger an eine Jeschiwa in Israel verkauft worden.[57] Die in Deutschland verbliebenen Exemplare findet man ohne allzu große Mühe in wissenschaftlichen Bibliotheken oder bei jüdischen Gemeinden. Die Heidelberger Hochschule für Jüdische Studien hat einen vollständigen Satz, das Kölner Martin Buber Institut und auch die Bibliothek der Jüdischen Gemeinde Berlin. Manche Exemplare befinden sich auch in Privatbesitz. Zum traditionellen Lernen werden sie alle nicht benutzt.

Der Talmud ist in Deutschland heute nur noch ein Objekt der Biblio-philie oder allenfalls Gegenstand wissenschaftlicher Betrachtungen. Die Wiederbelebung des Talmudlernens in den DP-Lagern blieb im Nachkriegsdeutschland eine ephemere Erscheinung. 1954 wurde in Fürth noch einmal der Versuch gemacht, alle traditionellen Kräfte in einer *Vereinigung für thoratreues Judentum* zusammenzuschließen.[58] Aber auch das hatte keinen Bestand. Die wenigen Menschen, die sich ernsthaft dem talmudischen Lernen widmen wollen, müssen Deutsch-land immer noch verlassen.

Anmerkungen

1 Yizhak Ahren, »Rabbiner Breuers Frankfurter Jeschiwa«, in: *Udim*, Bd. 14/15 (1990), S. 28-37.

2 Angelika Königseder, Juliane Wetzel, *Lebensmut im Wartesaal: Die jüdischen DPs (Displaced Persons) im Nachkriegsdeutschland.* Frankfurt am Main: Fischer Taschenbuch, 1994, S. 9, 10, 47.

3 Königseder, Wetzel, *Lebensmut im Wartesaal*, S. 190.

4 Rabbi Nathan Baruch, »Report of Vaad Hatzala activities and operations« vom 14.6.1947, S. 2, YIVO DPG, folder 1558. AJDC-Bericht vom April 1948, S. 24, YIVO LWSP, folder 45. Zu den in dieser Form immer wieder vorkommenden Quellenangaben sei folgendes bemerkt. Die Abkürzung YIVO DPG bedeutet, daß das erwähnte Dokument als Original im YIVO Institute for Jewish Re-search, New York, vorhanden ist. Es gehört dort zum Bestand »Displaced Per-sons Camps and Centers in Germany, 1945-1952« (Record Group No. 294.2). Der Bestand ist auf 116 Rollen verfilmt auch im Berliner Zentrum für Antisemi-tismusforschung zugänglich. Außerdem verwahrt das YIVO als Record Group No. 294.1 die etwas weniger umfangreichen »Leo W. Schwarz Papers, 1945-1949«. Hierfür wird die Abkürzung YIVO LWSP verwendet. Auch dieser Be-stand ist als Mikrofilmkopie (auf 48 Rollen) im Berliner Zentrum für Antisemi-tismusforschung benutzbar.

5 Die Zahl von 87 Rabbinern, die der *Agudat Harabanim* angehörten, findet sich in einem AJDC-Bericht vom 21. Jan. 1948, YIVO LWSP, folder 243. In der *Picto-rial Review: Vaad Hatzala Germany 1948* wird in einem vom 18. Dezember 1947 datierten Text allerdings nur die Zahl von 57 Rabbinern genannt.

6 Juliane Wetzel, *Jüdisches Leben in München 1945-1951: Durchgangsstation oder Wiederaufbau?* München: Kommissionsverlag UNI-Druck, 1987, S. 167, Anm. 74 (Miscellanea Bavarica Monacensia, Bd. 135).

7 YIVO Leo W. Schwarz Papers (s. a. die Erläuterung in Anm. 4).

8 Hebräisches Vorwort der Rabbiner Rose und Snieg zum Heidelberger Talmud-Druck 1948.

9 Werner Schochow, *Deutsch-Jüdische Geschichtswissenschaft: Eine Geschichte ihrer Organisationsformen unter besonderer Berücksichtigung der Fachbibliographie.* Diss., Philosophische Fakultät der Freien Universität Berlin, 1966, S. 151, 160ff.

10 Dr. Ernst Grumach, »Bericht über die Beschlagnahme und Behandlung der früheren jüdischen Bibliotheksbestände durch die Stapo-Dienststellen in den Jahren 33-45«, YIVO LWSP , folder 414.

11 [Rabbi Alexander Rosenberg], »Story of the Rothschild Library«, S. 1, YIVO LWSP, folder 249.

12 Koppel S. Pinson, »Report on jewish cultural treasures and their part in the educational program of the AJDC«, 13. Juni 1946, S. 9. YIVO LWSP, folder 414.

13 Bericht von Rabbi A. Rosenberg an den *Joint* Director der US-Zone, Leo W. Schwarz, für Juli/Aug. 1946, S. 10, YIVO LWSP, folder 23.

14 »AJDC Report on activities in the U.S. Zone of Germany during the months of October-December 1948«, S. 32, YIVO LWSP, folder 45.

15 Wetzel, *München*, S. 87.

16 Bericht über die Arbeit des *Board for Education and Culture*, etwa Okt. 1947, S. 6. YIVO LWSP, folder 416.

17 *Massechet Nedarim.* München, St. Ottilien 1946. Hebräisches Vorwort (München, Erew Schawuot 5706). Ein Exemplar dieser Ausgabe befindet sich im Besitz von Daniel Krochmalnik, Heidelberg.

18 AJDC-Bericht von Adolphine Eber-Friedman für Sep. 1947, S. 2, YIVO LWSP, folder 35.

19 Rabbi Solomon Shapiro, »Report of Visit to the British Zone October 16 to October 29«, S. 4, YIVO LWSP, folder 243.

20 Zitiert nach: Raphael N. N. Rabbinovicz, *Geschichte des Talmuddrucks* (Werk in Hebräisch). Jerusalem: Mossad Harav Kook, 1965, S. 192.

21 Rabbinovicz, *Geschichte des Talmuddrucks*, S. 192ff.

22 Ein entsprechender Vermerk in Jiddisch und in Hebräisch findet sich auf einem vorgedruckten Zettel, der in die Sforim eingeklebt wurde (s. z.B. ein Exemplar im Besitz von Raw Schlesinger, Strasbourg).

23 Königseder, Wetzel, *Lebensmut im Wartesaal*, S. 82.

24 Gerd Korman, »Survivors' Talmud and the U.S. Army«, in: *American Jewish History*, Jg 73, H. 1 (1983), S. 252-285, biographische Mitteilungen über die Rabbiner Snieg und Rose S. 263f.

25 AJDC-Bericht, Rabbi Rosenberg an Leo W. Schwarz, Jan. 1947, S. 2, YIVO LWSP, folder 28.

26 [Rabbi Alexander Rosenberg], »Publications in Germany«, S. 2, YIVO LWSP, folder 249.

27 Rabbi Shmuel Yaacov Rose, »For a Daf Gemoro«, in: *Jewish Tribune* (30.6.1994), S. 13.

28 Antrag von Rabbi Samuel A. Snieg an die Militärregierung, München, o.D., YIVO LWSP, folder 245.

29 Seine Name erscheint erst auf dem Titelblatt der Heidelberger Gesamtausgabe von 1948.

30 Siehe z.B. »List of Books Printed and Distributed«, YIVO DPG, folder 152. Die dort aufgeführten Publikationen sind datiert vom Juni 46 bis März 48. Als Herausgeber werden nur AJDC und *Board* genannt. Das *Vaad* Publikationsprogramm begann erst 1947, s. *Pictorial Review: Vaad Hatzala Germany 1948* und Rabbi Nathan Baruchs »Report of Vaad Hatzala activities and operations« vom 14. 6. 1947, S. 5, YIVO DPG, folder 1558.

31 Ein Exemplar dieses Talmudbandes befindet sich im Jüdischen Museum Franken in Fürth.

32 [Rabbi Alexander Rosenberg], »Publications in Germany«, S. 1, YIVO LWSP, folder 249.

33 Herbert Katzki war in der New Yorker AJDC-Zentrale für die gesamte Tätigkeit des AJDC in Deutschland verantwortlich, s. Königseder, Wetzel, *Lebensmut im Wartesaal*, S. 62.

34 [Rabbi Alexander Rosenberg], »Publications in Germany«, S. 3, YIVO LWSP, folder 249.

35 Abbildungen zahlreicher Titelblätter finden sich in der *Pictorial Review: Vaad Hatzala Germany 1948*.

36 «Religiöse Bücher neu aufgelegt«, in: *Neue Welt* (München), Jg. 2, Nr. 4 (22.1.1948), S. 6. Rabbi Nathan Baruch, »Report of Vaad Hatzala activities and operations« vom 14.6.1947, S. 5, YIVO DPG, folder 1558.

37 Siehe das auf Sep. 1947 datierte (hebräische) Vorwort zu der Ausgabe von *Massechet Megilla*. Exemplare dieser Massechet sowie der kurz davor veröffentlichten *Massechet Taanit* befinden sich im Heidelberger *Zentralarchiv zur Erforschung der Geschichte der Juden in Deutschland*. Sie gehören dort zum Bestand B. 3/8 und stammen aus dem *Kibutz Chofec Chaim* in Bad Nauheim.

38 Der *Daf-Hajomi*-Plan für diese Jahre ist z.B. der *Massechet Taanit* beigefügt.

39 Ein Exemplar dieser Ausgabe befindet sich im Besitz von Leibl Rosenberg, Nürnberg.

40 YIVO LWSP, folder 245.

41 Korman, »Survivors' Talmud«, S. 265ff.

42 Ebd., S. 252-260.

43 Ebd., S. 270.

44 Ebd., S. 271.

45 Gespräch mit Dr. Carl Winter am 28.1.1992.

46 Korman, »Survivors' Talmud«, S. 265.

47 Korman erwähnt, daß der Druck im November 1948 begann (Korman, »Survivors' Talmud«, S. 274). Und aus dem *Joint*-Bericht für die Zeit von Oktober bis Dezember 1948 (YIVO LWSP, folder 45) geht hervor, daß *Massechet Schabbat* bereits gedruckt vorlag.

48 Rabbi Shapiro an S. Tarshansky in der *Joint*-Zentrale New York, 9. Febr. 1949, YIVO LWSP, folder 251.

49 Shapiro an Tarshansky, 29.12.1948, YIVO LWSP, folder 251. *Joint*-Bericht für Okt.-Dez. 1948, S. 30, YIVO LWSP, folder 45.

50 Snieg an Bernstein, o.D. [Anfang 1949], YIVO LWSP, folder 270, Bl. 37.

51 Korman, »Survivors' Talmud«, S. 274.

52 Mitteilung des *Joint* vom 26.5.1949. YIVO LWSP, folder 53.
53 Korman, »Survivors' Talmud«, S. 276.
54 Ebd., S. 276.
55 Ebd., S. 279.
56 *Joint*-Bericht, o.D. [etwa 1948]. YIVO LWSP, folder 257. S. a. Korman, »Survivors' Talmud«, S. 280, 283.
57 Ernie Meyer, »Talmud from the Ashes«, in: *The Jerusalem Post* (12.10.1988), S. 5. Und Gespräch mit N. Bamberger am 8.1.1992.
58 Peter Honigmann, »Die Gründung der Vereinigung für Thoratreues Judentum 1954 in Fürth«, in: *Nachrichten für den jüdischen Bürger Fürths* (September 1994), S. 38-41.

Normalität als Kunstgriff

Zur Traditionsvermittlung jüdischer DP-Familien in Deutschland

Lena Inowlocki

1. Normalität als Kunstgriff und als Gewöhnlichkeitskonstruktion

Die polnisch-jüdische Filmregisseurin Wanda Jakubowska beschrieb in einem Interview zu ihrem achtzigsten Geburtstag im November 1987, wie sie die Arbeit an ihrem Film über Auschwitz, THE LAST STAGE, in dem Moment begann, in dem sie durch das Tor des Lagers getrieben wurde: Das Knarren des schweren Tors, dachte sie, würde einen »guten Ton« im Film abgeben.[1]

Im Angriffskrieg gegen die Sowjetunion filmten Soldaten mit ihrer von zu Hause mitgenommenen Schmalfilmkamera den »Alltag« an der Front; ihre Truppenkommandeure waren damit einverstanden. In dem Film MEIN KRIEG von Harriet Eder und Thomas Kufus (BRD 1989/90) werden sechs der damaligen Soldaten/Filmer interviewt. Ihr Alltagsverständnis haben sie größtenteils beibehalten, und zwar durch »Gewöhnlichkeitskonstruktionen«, die ihr Handeln im Krieg als ein »business as usual« ausweisen; beispielsweise als das eines Touristen, der es schätzt, daß er durch die Ostfront viele Länder gesehen hat, und nur bedauert, daß er nicht auch noch an die Westfront kam.

Durch eine Gewöhnlichkeitskonstruktion, wie sie auch der ehemalige Auschwitz-Kommandant Rudolf Höß in seiner Autobiographie durchhielt, indem er die Massenvernichtung in Kategorien einer professionellen Herausforderung beschrieb[2], wird die ungebrochene Kontinuität einer Alltagsnormalität behauptet, die es immer, auch im

Krieg, gegeben habe. Eine Infragestellung des eigenen Handelns wird auf diese Weise vermieden.

Die Regisseurin Wanda Jakubowska als Gefangene in Auschwitz reagierte, so kann angenommen werden, auf die Monstrosität dieses Ortes. Das Knarren des Tores transformierte sie in einen Filmton. Mit diesem Kunstgriff bezog sie sich auf die relative Normalität ihres professionellen Handelns, relativ zur Realität des Konzentrationslagers, die für den Moment der Fiktion des filmischen Dokumentierens vielleicht nicht mehr überwältigend schien.

Als die Wehrmachts-Soldaten nach dem verlorenen Krieg zurückkamen, fanden sie Trümmer vor, jedoch auch bald wieder funktionierende soziale und gesellschaftliche Strukturen. Es konnte darauf beharrt werden, der Nationalsozialismus sei ein geschichtlicher Irrläufer gewesen: dies vor allem, weil der Krieg verloren war. Die Bruchlosigkeit der Führungseliten in die neu entstandene Bundesrepublik hinein und die bald erfolgte Anerkennung der BRD als westlicher Bündnispartner unterstützten ein kollektives Orientierungsmuster der Rechtfertigung auch der persönlichen Biographien, das die Verstrickung in die Ausführung des Zivilisationsbruchs ausblendete.

Die Beispiele der Frontfilme einerseits und der imaginierten Regie eines Films in Auschwitz andererseits zeigen, wie sich Gewöhnlichkeitskonstruktionen unterscheiden von dem Kunstgriff auf brüchiger Basis, einer Als-ob-Konstruktion relativer Normalität. Durch Gewöhnlichkeitskonstruktionen wird implizit behauptet, daß das Leiden anderer nichts Besonderes sei, und die eigene Verantwortung für ihr Leiden wird abgewehrt (ein oft gehörtes Beispiel dafür ist: »Es war eben Krieg«). Eine moralische Perspektive auf die eigenen Handlungen wird – ebenfalls implizit – ausgeschlossen. Das eigene Handeln soll vielmehr durch dessen scheinbar objektive Notwendigkeit gerechtfertigt erscheinen. Hingegen stellt eine Als-ob-Konstruktion relativer Normalität eine Reaktion auf den Entzug der gewohnten Handlungsmöglichkeiten dar und auf die eigene Machtlosigkeit, die gewohnte Situation wiederherzustellen. Eine Fiktion von Handlungsmöglichkeit kann dadurch aufrechterhalten werden, daß der symbolische Charakter von Handlungen bewußter wird, und auch dadurch, daß das eigene Handeln moralisch beurteilt wird.

Gewöhnlichkeitskonstruktionen reichen nicht aus in einer Situation, in der es keinen Alltag mehr gibt, dessen grundlegende Unveränderbarkeit unterstellt werden kann. Der Normalitätsbruch durch die nationalsozialistische Verfolgung bedrohte das Weiterleben derjenigen, die entkamen. Wie weiterleben, wenn nahe und ferne Angehörige, Freunde und Bekannte ermordet waren, und nach dem, was selbst erlitten wurde? Und wo weiterleben, wenn es kein Zurück gab?

In Familien jüdischer Displaced Persons, die in der zweiten und dritten Generation in der Bundesrepublik leben, wird weiterhin an einer relativen Normalität gearbeitet. Dabei kommt es zu ungewöhnlichen, sogar paradoxen Erscheinungen; die jüdische Erziehung der Kinder wird beispielsweise als ein »Indoktrinieren« bezeichnet. Ein Fallbeispiel soll dies aufzeigen. Zunächst möchte ich jedoch kurz die Vorgehensweise dieser Untersuchung und deren interpretative Perspektive auf Traditionsvermittlung beschreiben.

2. Fragestellungen zu einer Traditionsvermittlung an die nächste Generation

Meine Fragestellung richtet sich auf Veränderungen von Traditionalität in drei Generationen von Frauen, von Großmüttern, Müttern und Töchtern, in Familien jüdischer Displaced Persons. Die ältere Generation dieser Familien war in osteuropäisch-jüdischen Milieus aufgewachsen, bevor diese Lebenswelten, und zwar die orthodoxen ebenso wie die assimilierten, durch die Nationalsozialisten vernichtet wurden. Der Verfolgung in Ghetto, Lager oder im Versteck ausgesetzt, entkamen sie dem Tod; viele ihrer Familienangehörigen, Freunde und Bekannten wurden jedoch ermordet. Nach der Befreiung kamen zwischen 150.000 und 250.000 Überlebende aus Osteuropa, insbesondere aus Polen, in die damalige Alliierte Zone. Als »jüdische Displaced Persons« warteten sie in DP-Camps auf Einreisevisa in die USA, in das damalige britische Mandatsgebiet Palästina oder in ein anderes Land, das sie aufnehmen würde. Ein kleiner Teil wanderte nicht aus, sondern zog nach Auflösung der DP-Lager in verschiedene Städte Westeuropas. Einige Familien versuchten noch lange, Auswanderungspläne zu realisieren, insbesondere diejenigen, die in der späteren Bundesrepublik wohnen blieben. Im

Fallbeispiel geht es um eine der Familien, die ihre Auswanderungspläne und -versuche schließlich aufgaben und heute mit Kindern und teilweise schon erwachsenen Enkeln in einer westdeutschen Stadt leben.

In Amstadt, wie diese Stadt hier heißt, wurden als einer von drei Städten anhand von biographischen Interviews in Familien Prozesse der Traditionsvermittlung untersucht. Bei den beiden anderen Städten handelt es sich um Amsterdam und um Antwerpen. Die größte jüdische Gemeinde der drei Orte besteht in Antwerpen; hier gibt es auch viele unterschiedliche kulturelle, soziale und religiöse Einrichtungen, darunter drei höhere Schulen, von relativ liberal bis streng orthodox. In der viel kleineren jüdischen Gemeinde Amsterdams wurde neben dem liberalen jüdischen Gymnasium außerdem noch eine orthodoxe höhere Schule gegründet. In Amstadt gibt es eine jüdische Grundschule, eine neue Orthodoxie wie in den beiden anderen Städten hat sich nicht entwickelt. Insofern stellt sich die Vermittlung jüdischen Wissens in Amstadt weniger als Alternative zwischen unterschiedlich orthodoxen Institutionen dar, sondern eher als eine individuelle Initiative zur Erhaltung von Zugehörigkeit, der vor dem Hintergrund des Lebens in Deutschland besondere Bedeutung und Verantwortung zukommt. In der Diskussion des Fallbeispiels wird auf den Vergleich der Traditionsvermittlung zwischen Amstadt, Antwerpen und Amsterdam zurückgekommen.

Die Fragestellung nach Gemeinsamkeiten, Kontinuitäten und Unterschieden von Traditionalität im Leben der drei Generationen gründete auf der überraschenden Beobachtung, daß in Antwerpen die jüngere Generation oftmals religiöser lebte als ihre Eltern und Großeltern. Wie die Analyse der biographischen Interviews und der Familiengespräche ergab, gewinnt Traditionalität, also mit welchen Normen und Werten gelebt und wie darüber kommuniziert wird, Gestalt in der Interaktion mehrerer Generationen, durch »Generationenarbeit«.[3]

Die Auseinandersetzungen mit Traditionalität innerhalb der eigenen Lebensgeschichte und zwischen den Generationen werden in den Interviews und in den Familiengesprächen teilweise explizit, teilweise implizit zur Verfolgung der älteren Familienangehörigen und zum Holocaust in Beziehung gesetzt. Bei der Interpretation der Interviews wurde darauf geachtet, in welcher Beziehung Traditionalität, Verfolgungserfahrungen und der Holocaust zueinander stehen. Dabei gibt es viele Anzeichen dafür, wie nachhaltig die Traumatisierung wirkt, wie wenig die Schwere des Erlebten in Worte gebracht werden kann und unter Aufwand von viel Energie immer wieder abgewehrt werden muß. In einigen Fällen schien es direkt unvermeidlich, den besonderen Nachdruck auf Traditionserhaltung und religiöse Erziehung der Kinder als Symptom der gleichzeitigen bewußten Nicht-Thematisierung der Verfolgungserfahrungen zu interpretieren. So sagte eine Frau, die kurz nach dem Krieg geboren war, ihr Mann sei als Kind in Bergen-Belsen gewesen, Gott sei Dank redeten sie nie darüber. Nachdrücklich vertrat sie außerdem die Notwendigkeit, daß ihre Kinder jüdische Geschichte lernten; die Verfolgung der älteren Familienangehörigen sollten sie hingegen als historische Gegebenheit zur Kenntnis nehmen und sich nicht weiter damit beschäftigen.

Mein erster interpretativer Impuls war, diese Äußerungen als Ausdruck von Verdrängungsprozessen im Zusammenhang der Traumatisierung zu verstehen. Prozesse der Übertragung in jüdischen Familien sind vor allem als Auswirkungen der Traumatisierung untersucht worden; dabei mußte gegenüber der allgemeinen Normalitätsbehauptung eines »Schlußstrichs« die Erkenntnis erst durchgesetzt werden, daß Leidensprozesse in Familien Verfolgter über mehrere Generationen andauern. Aus klinisch-psychoanalytischer Praxis wurden ab den 70er Jahren Fälle einer Übertragung der Traumatisierung durch die nationalsozialistische Verfolgung auf die Kinder- und Enkelgeneration beschrieben.[4] Die »Zweite Generation« wurde zum Begriff der Übertragung der elterlichen Traumatisierung.[5]

Die Untersuchungen zur Übertragung der Traumatisierung durch Verfolgung beziehen sich entsprechend den Fallanalysen, auf denen sie basieren, vor allem auf psychopathologische Auswirkungen. Diese sind, vorschnell verallgemeinert, zum Kennzeichen der »Zweiten Generation« geworden. Bereits in den 80er Jahren wandten sich Nachkommen der Verfolgten gegen diese Kategorisierung, durch die alle Handlungen als symptomatisch-pathologische gekennzeichnet scheinen. Die Aufgabe der Interpretation von Erfahrungsdarstellungen scheint mir darin zu liegen, einerseits Leidensprozesse als Auswirkungen der Verfolgung anzuerkennen, andererseits Handlungen, die möglicherweise Formen der Abwehr sein können, gegenüber einer Dominanz des Leidens in ihrer Eigenschaft als Lebensregungen zu verstehen, als ein Gegensteuern, durch das relative Normalität hergestellt werden kann. Pointiert formuliert hat dieses interpretative Paradigma Howard S. Becker: »Sociologists look for problems, people find solutions.« Damit wird nicht behauptet, daß Handlungen Probleme aus der Welt schaffen würden; erst über die Analyse von Handlungen als Lösungsversuchen, nicht über eine Vorab-Problemformulierung, erschließt sich jedoch das Besondere, Eigentümliche, Typische des Lösungsversuchs.

Gerade durch die interpretative Vorgehensweise stellt sich übrigens heraus, inwiefern sich Versuche zur Gestaltung einer lebbaren Realität unterscheiden von der Behauptung einer Normalitätskontinuität, wie sie die Leugnung der NS-Involvierung beinhaltet.[6]

In dieser Untersuchung zu drei Generationen in Familien jüdischer Displaced Persons werden die interviewten Familienmitglieder also nicht durch ihre Traumatisierung definiert, auch wenn es sich hierbei um eine zentrale Bedingung ihrer Erfahrungskonstitution handelt. Vielmehr wird gefragt, wie sich Traumatisierungserfahrungen zu anderem Erfahrungswissen verhalten und welches die Prozesse und Bedingungen der Erfahrungsübertragung sind.

Die biographieanalytische Vorgehensweise der Untersuchung rekonstruiert Alltagsverständnis so genau wie möglich aus der Sicht der Beteiligten, analysiert dabei jedoch Prozesse, die den Beteiligten nicht unbedingt bewußt und möglicherweise verborgen sind. Zur biographischen Bedeutung von »Traditionalität« werden die dominanten und rezessiven Erzähllinien der Erfahrungsdarstellung[7] analysiert, um herauszufinden, wie sich Prozeßstrukturen des biographischen Handlungsschemas zur Verlaufskurve des Erleidens verhalten. Biographische Sinngebung kann im Zuge eines kollektiven Handlungsmusters der neuen Orthodoxie beispielsweise in argumentativer Kontrastierung erscheinen gegenüber drohender Entwurzelung, persönlichem Versagen, Mangel an Loyalität. Die Wahrnehmung der Aufgabe der Traditionserhaltung kann beispielsweise als Einschränkung, als eigene Verlaufskurve erscheinen, in argumentativer Kontrastierung gegenüber den kollektiven Aufgaben der Traditionssicherung als Wunsch nach Befreiung, Veränderung.

Generationsspezifische Unterschiede zeigen sich insbesondere im Bereich der Formen und Inhalte der Vermittlung traditionellen und religiösen Wissens. Möglicherweise handelt es sich dabei auch um tiefgehende Veränderungen kulturellen Wissens und – damit zusammenhängend – sozialer Lebensformen. Mit einem Begriff aus der phänomenologischen Wissenssoziologie können die für die ältere Generation gültigen Praxis- und Vermittlungsformen als »Rezeptwissen« bezeichnet werden. Nach Alfred Schütz ist das nicht-explizierte Wissen der Traditionserhaltung als ein »Rezeptwissen« an das Weiterbestehen eines lokalen kulturellen Kontextes gebunden.[8] Nach der Zerstörung der sozialen und kulturellen Umwelt, nach Verfolgung, Displacement und Migration haben sich das Traditionswissen und dessen Vermittlung verändert, es sind unterschiedliche Lern- und Vermittlungszusammenhänge des Traditionswissens in jeder Generation herausgebildet worden. Für die jüngere Generation gibt es kaum noch eine »domestic religion«, wie Barbara Myerhoff die Traditionserhaltung für die ältere Generation so zutreffend beschrieben hat.[9] Durch die explizierte schulische Wissensvermittlung von Religion und Tradition sind veränderte Formen der Sinnkonstitution für Alltagshandlungen entstanden. Die Orthodoxie-Trends setzen sich an einigen Orten gegen habituelle Lebens- und Kulturstile durch.

Die biographischen Prozeßstrukturen der Verlaufskurve sowie der versuchten planvollen Handlung kennzeichnen auf besondere Weise die Situation der jüdischen Displaced Persons als »survivor migrants«.[10] Auf die langjährigen Auswanderungspläne und -versuche wird besonders von den Familienmitgliedern in Amstadt Bezug genommen. Wie wird vor dem Hintergrund des nicht realisierten Auswanderungsprojekts lebbare Realität gestaltet? Gibt es einen Bezug zu Erfahrungsinhalten der DP-Situation? Wie wird worüber miteinander in der Familie kommuniziert, was wird »lebbar« gemacht, welche Lebensbereiche werden als »sinnfähig« konstituiert im Unterschied zu den ausgesparten, nicht-kommunizierbaren?

3. Ein Fallbeispiel

Bei dem anschließenden Fallbeispiel handelt es sich um ein Interview mit der Tochter ehemaliger DPs. Sonia Wieder, wie sie hier heißt, wurde zu Beginn der 50er Jahre geboren. Ihre Eltern hatten sich in einem DP-Lager kennengelernt; sie kamen dorthin nach Ghetto und Konzentrationslager.

Auf meine Bitte, ihre Lebensgeschichte zu erzählen, beginnt Sonia Wieder wie folgt:

> *S. W.:* Also wenn ich die Geschichte meines Mannes höre der in Israel aufgewachsen ist habe ich das Gefühl daß man mir in Amstadt eigentlich meine eh eh Jugend genommen hat, ja, also ich bin in Amstadt in einem sogenannten in Anführungsstrichen »Ghetto« aufgewachsen. Meine Eltern kommen aus Polen wie Du weißt und sind also nach dem Krieg hier gewesen.[11]

Zu diesem Anfang einer biographischen Erzählung fällt auf, daß eine andere, bessere Jugend an einem anderen Ort der eigenen Lebensgeschichte kontrastiv gegenübergestellt wird. Frau Wieders Mann, auch er das Kind verfolgter osteuropäischer Juden, wuchs in Israel auf. Wie Frau Wieder an späterer Stelle erzählt, habe er eine unbeschwerte Jugend verbracht und unterhalte sich gerne darüber mit seinen Geschwistern. Die Lebenssituation während ihrer eigenen Jugendzeit in einem vorwiegend osteuropäisch-jüdischen Milieu in einer westdeutschen Stadt bezeichnet Frau Wieder hingegen als ein »Ghetto«. Für Lebensfreude und Experimentiermöglichkeiten sei dort kein Ort gewesen, die sozialen Beziehungen waren eingeschränkt:

> *S. W.:* Kontakt mit den anderen Kindern hatte ich, also Kontakt mit *jüdischen* Kindern *hatte* ich, wir hatten das Jugendzentrum Berggasse weißt Du kennst Du ja mit
> *Int.:* Mhm
> *S. W.:* ((gedehnt:)) deutschen Kindern eigentlich weniger, ja, also das war irgend wie so'n Tabu zuhause, eh, deutsche Freunde nach Hause zu bringen oder zu deutschen Freunden zu gehen, das war, irgendwie verpönt, nicht daß meine Eltern das ausdrücklich gesagt haben, man hat das irgendwie so, mitbekommen, ja.

Die Bezeichnung »Ghetto« wird hier zunächst dadurch erklärt, daß Frau Wieder entsprechend der Erwartung ihrer Eltern nur mit jüdischen Kindern befreundet war. Daß ihre Kindheit und Jugend unfrei und bedrückend verliefen, hat Frau Wieder bereits deutlich gemacht; daß sie den Ort ihrer Kindheit als »Ghetto« bezeichnet, legt außerdem nahe, daß es sich um eine aufgezwungene Lebensform handelt, die einerseits auf die Erwartung der Eltern zurückgeführt wird, andererseits auf die nationalsozialistische Verfolgung und deren Auswirkungen. Zwar lag es an ihren Eltern, daß sie ihre Jugend im »Ghetto« verbrachte; sie kann sie jedoch nicht dafür beschuldigen, ihr die Jugend genommen zu haben, da es ihnen nicht möglich war, an einem anderen Ort und anders als unter bedrückenden Umständen zu leben.

Auf der einen Seite erzählt Frau Wieder von ihrer Jugend vor dem Horizont einer »richtigen« Jugend, wie sie in Israel erlebt werden konnte. Auf der anderen Seite betont sie den Generationszusammenhang ihrer Jugendzeit im »Ghetto«. Hier zu Beginn des Interviews und auch wiederholt im weiteren Verlauf bezieht Frau Wieder mich, die Interviewerin, mit ein in die Lebenswelt, die sie beschreibt, und zwar viel nachdrücklicher als andere der interviewten Frauen, die ebenfalls annehmen können, daß mir einige der beschriebenen Orte und Personen bekannt sind. Diese Einbeziehung unterstützt, daß sie von einem gemeinsamen, kollektiven Schicksal ausgeht, das die Familien der ehemaligen Verfolgten und DPs miteinander teilen und das bestimmend ist für deren biographische Erfahrungshorizonte.

Auffallend an Sonia Wieders biographischer Erzählung, von der hier nur ein kleiner Ausschnitt dargestellt werden kann, ist, daß sie nach der Schilderung ihrer eingeschränkten Jugend von ihrer eigenen Lebensgeschichte nicht weiter erzählt, sondern kontrastiv dazu die »Selbstsicherheit« erwähnt, die ihre Tochter durch den Besuch einer jüdischen Schule bekommen habe:

> *S.W.:* Also meine Tochter zum Beispiel, die ging in eine jüdische Schule, und ich hab also auch ganz bewußt sie dahin geschickt damit sie eh weiß woher sie kommt, weil sie eben hier in Deutschland wohnt, ja weil wir eben hier in Deutschland wohnen. Und das hab ich zum Beispiel auch nicht, ich denk mir, man hätte, wenn man schon hier in Deutschland wohnt den Kindern jüdisches Selbstbewußtsein irgendwie geben müssen aber ich kann meinen Eltern auch keinen Vorwurf machen weil sie waren viel zu sehr beschäftigt sich eh, ein neues Leben aufzubauen, hörst Du? und ich denk mir daß, eh/ und ich bewundere meine Eltern dafür daß sie überhaupt den *Mut* hatten nach Auschwitz eh, überhaupt, eh, ein neues Leben sich eh, also überhaupt den Mut hatten, Kinder in die Welt zu setzen und eh, eh ein neues Leben zu beginnen. Ja und deshalb kann ich ihnen auch keinen Vorwurf machen.

Das »Ghetto« hatte Frau Wieder darauf zurückgeworfen, zu einem Kollektiv zu gehören, das durch seine Verfolgung und Erleidensgeschichte gekennzeichnet war. Gegenüber dieser negativen Identitätsbestimmung, die sie ihr zufolge in ihrer eigenen, persönlichen Entwicklung hinderte, sieht sie eine positive Bestimmung jüdischer Inhalte erst bei ihrer Tochter, die in einer viel größeren jüdischen Gruppe Gleichaltriger aufgewachsen sei als sie selbst früher und nicht wie sie damals als eines von sehr wenigen jüdischen Kindern auf eine deutsche Schule ging: während der 50er und 60er Jahre, in denen die manchmal schwierige Situation jüdischer Kinder nicht beachtet wurde.

Bereits zuvor hatte Frau Wieder von den mühsamen Existenzgründungsversuchen ihrer Eltern erzählt, von dem Mißlingen der Auswanderung nach Israel in ihrer Kindheit und der Zerrissenheit ihrer Eltern, ausgerechnet in Deutschland ein Auskommen zu suchen. Daran, wie Frau Wieder erzählt, wird deutlich, daß ihre eigene Geschichte für sie bestimmt ist durch die Leidenserfahrung ihrer Eltern, und zwar sowohl wegen ihrer Verfolgung als auch wegen ihrer schweren, mühevollen Existenzbedingungen in den Jahren danach.

Ihre eigene Lebensgeschichte sieht Sonia Wieder als charakterisiert und determiniert durch die Leidensgeschichte ihrer Eltern. Als biographische Prozeßstruktur zeichnet sich eine Verlaufskurve des Leidens und der Fremdbestimmung ab, die mit der nationalsozialistischen Verfolgung ihren Ausgang nahm und die seither die lebensgeschichtlichen Abläufe der Generation ihrer Eltern, ihrer eigenen Generation und teilweise auch derjenigen ihrer Kinder bestimmt. Auch viele Jahre nach dem Konzentrationslager sind die schwierigen Existenzbedingungen ihrer Eltern, Krankheit und Tod ihres Vaters, ihre eigene unglückliche, unfreie Kindheit und Jugend sowie die Tatsache, daß sie auch mit ihrer eigenen Familie immer noch in Deutschland lebt, Konsequenzen der Verfolgung, denen gegenüber sie sich machtlos fühlt. Da sie weiß, daß ihre Eltern einer unaussprechlich lastenden, andauernden Todesbedrohung ausgesetzt waren, ein Lebensgefühl der Normalität ihnen dadurch für immer fragwürdig wurde, kann sie zwar ihr eigenes Leiden auf das ihrer Eltern zurückführen, ihre Eltern jedoch nicht beschuldigen, keinen neuen, eigenbestimmten Anfang gefunden zu haben.

Der Dominanz der Verlaufskurvenerfahrung kann Frau Wieder nur dadurch etwas entgegensetzen, daß sie Gegenwirklichkeiten in Teilbereichen schafft oder auf deren unterstützende Wirkung setzt. Dazu gehört die Zeit, in der sich ihre Eltern im DP-Camp kennenlernten. Diese fällt in Sonia Wieders Darstellung aus der Leidenserfahrung zwischen Konzentrationslager und Existenzsorgen heraus, als eine kurze goldene Zeit, in der ihre Eltern noch jung waren und ihr Leben genießen konnten. Eine andere Gegenwirkung erwartet Frau Wieder von der Vermittlung »jüdischen Selbstbewußtseins« für ihre Kinder. Dazu zählt auch der Versuch, aus Enge und Isolierung herauszukommen, durch das Zulassen von Freundschaften ihrer Kinder mit nichtjüdischen Kindern. Zwar hätten ihre Kinder ihr eigenes Mißtrauen gegenüber Deutschen mitbekommen, sie könnten jedoch auch andere soziale Erfahrungen machen. Im Unterschied zu ihren Eltern früher habe sie nichts gegen Freundschaften ihrer Kinder mit nichtjüdischen deutschen Kindern, sie kämen zum Essen und zum Übernachten. Allerdings, schließt sie unmittelbar an, sie wüßte nicht, wie sie reagieren würde, wenn ihr Sohn eine deutsche Frau heiraten wollte, ihre Tochter einen deutschen Mann:

> S.W.: Vielleicht ist es dann, ich mein Du kannst eh, Du kannst Dich nicht absichern, nirgendwo. Es kann Dir passieren, daß Deine Tochter einen, einen Araber heiratet in Israel oder wenn Du nach Amerika gehst daß sie dann mit einem Farbigen kommt, ja. Ich weiß nicht ob, wie ich dann reagieren würde, ob ich den dann *eher* akzeptieren würde als einen Deutschen weil es ist immer noch ein Unterschied zwischen einem Deutschen oder einem Christen oder, was immer, ja? Aber ich denk mir das ist dann auch der Preis den ich dafür zahle daß ich hier eh, wohne in der Bundesrepublik.
> *Int.:* Ja, mhm
> S.W.: Ich mein ich versuch sie zu ((betont:)) indoktrinieren, das ist klar
> *Int.:* ((lacht))

Die von Frau Wieder angesprochenen Paradoxien und moralischen Dilemmata bezeichnen auf charakteristische Weise zentrale Bereiche ihrer eigenen Lebensgeschichte und der ihrer Familie. Indem sie versucht, die ghetto-ähnliche Situation für ihre Kinder aufzuheben, befürchtet sie gleichzeitig, ihre Tochter könnte einen deutschen, nichtjüdischen Mann heiraten. (Dabei erscheint ihr die Tochter gefährdeter als der Sohn, eine Ehe mit einem nicht-jüdischen Partner einzugehen; wahrscheinlich verursacht der Gedanke an einen nichtjüdischen deutschen Schwiegersohn besonderen Schmerz, da Männer eher als nationale Repräsentanten gelten sowie als weniger anpassungsbereit.) Eine Absicherung dagegen kann es nicht geben; sie versuche jedoch, ihre Tochter zu »indoktrinieren«, wie sie überraschend hinzufügt.

Einige Überlegungen dazu, was Frau Wieder damit anspricht, sollen hier folgen. Gegenüber dem »worst case scenario«, der Heirat mit einem deutschen Christen, soll der Versuch des Indoktrinierens folgendes beinhalten:

1. Eine Prävention ist nur dann einigermaßen gewährleistet, wenn die Tochter nicht nur Verboten Folge leisten soll, sondern selbst will, was normativ geboten ist;

2. eine normative Überzeugung ist nur möglich auf der Erfahrungs- und Wissensgrundlage eines gelebten, bewußten Judentums;

3. eine solche Erfahrungs- und Wissensgrundlage muß gegen die Bedingungen und Gegebenheiten der alltäglichen Lebenswelt geschaffen werden;

4. Erfahrung und Wissen des bewußt gelebten Judentums müssen für das eigene Leben gegen die gewöhnliche Alltagserfahrung relevant und handlungswirksam werden.

Es scheint, daß der Begriff des »Indoktrinierens« keine Übertreibung für diese Aufgaben ist. Allerdings ist verblüffend, daß Frau Wieder diesen Begriff für keinen allgemeinen Sachverhalt, sondern für ihre eigene Tochter gebraucht. Dabei wird der unerwartete Begriff von ihr als ein ungewöhnlicher gekennzeichnet, gerade indem sie ihn überraschend gebraucht und indem sie die Ungewöhnlichkeit durch Betonung hervorhebt. Mein Lachen daraufhin ist entsprechend halb befangen, halb befreit: Frau Wieder hat mir zu verstehen gegeben, daß sie sehr wohl weiß, daß ein Indoktrinierungsversuch all dem widerspricht, was eine offene und liebevolle Beziehung ausmacht.

Und doch soll die Tochter indoktriniert werden. Bemerkenswert ist dabei nicht der Vorgang der Indoktrination: die Erhaltung und Weitergabe zentraler Wissensbestände in der Diaspora ist nur als Neben-, Gegen-, Ergänzungswissen möglich und daher auf intensivierte Vermittlungs- und Lernformen angewiesen. Bemerkenswert ist, daß Frau Wieder auf dramatisch pointierte Weise durch diesen Begriff zu verstehen gibt, daß an die Notwendigkeit der Weitergabe des Wissens Paradoxien geknüpft sind. Der reflexive Begriffsgebrauch ist keine Eigenheit dieser Interviewpartnerin; auf vergleichbare Weise wird auch von anderen der interviewten Frauen von »Indoktrinieren« gesprochen bzw. von »Brainwashing«, wenn es um die Wissensvermittlung jüdischer Inhalte geht. Im Anschluß an das Fallbeispiel wird dies weiter ausgeführt. Zunächst jedoch zurück zum Interview mit Frau Wieder:

S.W.: Ich mein ich versuch sie zu ((betont:)) indoktrinieren, das ist klar
Int.: ((lacht))
S.W.: ganz bewußt, ich schick sie zum Ganzmann, der Ganzmann ist ein sehr religiöser Jude wie Du weißt, ja, und der einzige, dem ich das alles abnehme, seine Religiosität, weil bei den anderen hab ich das Gefühl das ist alles so oberflächlich eben, aber der Ganzmann ist ein Anachronismus, ja, und für mich symbolisiert es so das Schtetl, ja, und noch 'n paar Jahre wird's das nicht mehr geben, vielleicht in Israel, ja, in den Gegenden wo sehr viel religiöse Juden, *sehr* religiöse, orthodoxe leben, aber hier in Deutschland, ja, denk ich mir daß die Kinder das auch mitbekommen sollen, daß sie wissen, woher sie kommen, ich hab das bewußt nicht/ weil meine Eltern haben mich nicht dazu gepuscht, ja, und ich denke, daß das ganz wichtig ist, und der Ganzmann erzählt zum Beispiel/ gestern kam mein Sohn an und da hat ihm der Ganzmann erzählt, irgendwelche Fabeln, ja, jüdische Fabeln oder Märchen die ich überhaupt nicht kenne, ja? Also ich könnte ihm sowas überhaupt nicht vermitteln, ja? Und ich denke, das ist ganz gut, daß ich ihn dahin schicke. Und meine Tochter geht zu der Frau Ganzmann, die auch sehr religiös ist, die auch versucht, sie zu indoktrinieren, noch mehr als ich, ja, und manchmal gibt's dann auch eh, Probleme, ich mein bei meinem Sohn nicht, weil der ist schon vierzehn und da können sie nichts mehr machen, meine Tochter kommt dann auch an und sagt, wieso sind wir nicht kuscher, warum, ((atmet hörbar)) so Geschichten aber ich denk mir, daß ist mir so wichtig, daß ich sie trotz allem dahinschicke, ja, und ich denk mir, daß/ schau mal, wenn ich in die Synagoge gehe und dort sitze dann kann ich kaum lesen, ja, ich fühl mich wie ne Analphabetin, ja, und ich möchte, daß meine Kinder, wenn sie mal in die Synagoge gehen, daß sie lesen können, daß sie nicht da sitzen wie Analphabeten sondern daß sie wissen, was, was sie dawwenen [beten], und das ist sehr wichtig für mich.

Frau Wieder erklärt hier, wie ihre Kinder »indoktriniert« werden sollen, sie begründet ihren Entschluß und beschreibt auch ihre Ambivalenz gegenüber den Konsequenzen. Ihr Entschluß, ihre Kinder zum Ehepaar Ganzmann zu schicken, sei »ganz bewußt«, sie selbst sei von ihren Eltern nicht »gepuscht« worden, ihre Kinder sollen jedoch »wissen, woher sie kommen«. Das Herkunftswissen kann weder innerhalb der Familie überliefert werden, noch kann es im Lebensmilieu wie selbstverständlich aufgenommen werden; auch nicht auf der jüdischen Schule. Das Herkunftswissen des osteuropäischen orthodoxen Judentums gibt es nur als symbolische Erinnerung. Zwar haben sich seit den 70er Jahren in einigen westeuropäischen Städten, insbesondere in Antwerpen, Rückbezüge einer neuen Orthodoxie institutionalisiert, allerdings nicht in Amstadt. Frau Wieder ist darauf angewiesen, selbst ausfindig zu machen, wer Herkunftswissen vermitteln kann. Das Ehepaar Ganzmann repräsentiert auf gleichermaßen authentische wie auch anachronistische Weise den Habitus des Shtetl. Frau Wieders Kinder lernen mehr darüber als sie selbst, die durch ihre Eltern dem Traditionswissen eigentlich näher sein müßte. Es ist auch ein anderes als traditionelles Wissen, das die Kinder lernen: »jüdische Fabeln oder Märchen« werden stellvertretend erzählt für eine abgebrochene Kultur mündlicher Überlieferung. Das Verstehen der Gebete in der Synagoge, das Frau Wieder sich auch für sich selbst wünscht, besteht als Lernmöglichkeit für Frauen und Mädchen erst seit relativ kurzer Zeit.

Herkunftswissen würde in dieser Familie vor allem durch den weiteren Gebrauch der jiddischen Sprache bestehen; wie Frau Wieder »koscher« sagt, nämlich »kuscher«, auf Jiddisch, verweist auf die spezifische habituell-religiöse Lebenspraxis, die »domestic religion«[12], die es seit dem Einbruch der nationalsozialistischen Verfolgung in die Kindheit und Jugend ihrer Eltern nicht mehr gibt. Die von Frau Wieder »bewußt« gesuchten Bereiche jüdischen Wissens sollen vor allem die symbolische Erinnerung ermöglichen und kein neues Praktizieren des orthodoxen Judentums einleiten. Hier stößt sie natürlich gegen die Bemühungen des Ehepaars Ganzmann, aus ihren Kindern religiöse Juden zu machen. Wenn Frau Ganzmann versucht, ihre Tochter zu indoktrinieren, geht das für Frau Wieder schon zu weit: »kuscher« essen gehört in die Vergangenheit. Frau Wieder versucht, für ihre Kinder eine Enklave symbolischen Rückbezugs zu finden. Eine positive inhaltliche Bestimmung des Jüdisch-Seins gegenüber der negativen Identitätszuschreibung der Verfolgung soll den Wunsch ihrer Kinder unterstützen, Zugehörigkeit beizubehalten, insbesondere, indem sie Juden heiraten. Dieses »Minimalprogramm« ist auf Indoktrination angewiesen, genau genommen auf Gegen-Indoktrination gegenüber der Dominanz der nicht-jüdischen Milieus im Leben der Kinder. Herr und Frau Ganzmann sollen ein begrenztes Gegen-Milieu sichern helfen; ihrer religiösen Überzeugung entsprechend unternehmen sie jedoch Anstrengungen, aus der Enklave heraus die anderen Lebenswelten der Familie zu kolonialisieren.

Die enormen Widersprüche, die dadurch entstehen, daß Frau Wieder ihre Tochter zu Frau Ganzmann schickt, um dann von ihrer Tochter gefragt zu werden, warum sie zuhause nicht koscher essen, setzen Frau Wieder unter Druck. Sie versucht, die prekäre Situation einer begrenzten Indoktrination bestehen zu lassen, solange das möglich ist, auf der einen Seite gegen den Willen ihrer Kinder, die nur ihr zuliebe und weil »sie müssen«, zu diesem Unterricht gehen, und auf der anderen Seite gegen die Konflikte, die sich daraus ergeben, daß für die Ganzmanns aus ihren Kindern religiöse Juden werden sollen:

Int.: Das ist in der Synagoge, für Kinder, so paarmal in der Woche?
S.W.: Das ist, ja, paarmal in d/ er nimmt kein Geld dafür. Er macht das/ also, wir geben ihm da so 'ne Spende, für arme Leute, und er schickt uns auch permanent irgendwelche Leute, wir geben immer, weil, und das ist so wie der Cheder [osteuropäisch-jüdische Grundschule], er kommt dort, er muß sich lange Hosen anziehen, und sich a Käppel anziehn, und sitzt da und lernt.
Int.: Und die wollen das auch beide.
S.W.: Die wollen das *nicht*. ((lacht)) Die müssen. Weil er
Int.: ((lacht))
S.W.: geht auch, ich mein er ist/ für uns ist er radikal, ja, aber ich denk mir, daß, eh, wenn er nicht so wäre, würd ich ihn auch gar nicht dahin schicken weil er ist der einzige dem ich das so abnehme, er ist ein Mensch so wie, wie es im Talmud steht wie ein Mensch sein soll, ja? Bescheiden, das alles was wir nicht so sind, ja bescheiden, und, eh, er sagt immer die Wahrheit, ja, und er sammelt immer für arme Leute, ja, und Luxus ist überhaupt nicht wichtig und er lebt in einer Wohnung, so es fehlt nur noch die Ziege, ja, ((lacht)) weißt Du,
Int.: ((lacht))
S.W.: so wie in Poilen [Polen], und sie bringt immer meine Tochter, jedesmal wenn/ und sie machen das auch/ schau mal, mein Sohn war jahrelang beim Gross, er konnte nicht lesen. Danach hab ich ihn zum Ganzmann geschickt, und binnen einer Woche konnte er lesen, nicht daß er immer versteht, was er liest, aber er konnte lesen, ja, also die haben irgendwie so 'ne alte Methode scheinbar, den Kindern das beizubringen, aber sie klappt, ja, und wenn sie dahin kommen, kriegen sie erst mal alle 'nen Tee, und a Stickel Kichen, weißt Du, es ist also auch, so ein bißchen mit Liebe gemacht, mit mit mit mit Zuneigung, nicht so mit mit *nur* Lernen, ja, und dann kommen sie hier an und die Frau Ganzmann hat eingepackt Pakete, a Lekach (Kuchen), ((leichtes Lachen)) a Honigkichel, weißt Du, so Geschichten,
Int.: ((leichtes Lachen)) Ja
S.W.: ich mein, er geht auch auf die Nerven, er geht mir manchmal auch auf die Nerven, weil er verlangt, eh, eh, von meinem Sohn, eh manchmal Sachen die zuviel sind. Weißt Du er will aus ihm einen sehr religiösen Juden machen und das ist natürlich ein Konflikt, ja, das ist ein Konflikt, und eh, ich weiß nicht wie lang es

gut gehn wird, aber so lang es geht, so lang ich meinen Sohn noch so puschen kann denk ich mir, was er gelernt hat, hat er, ja, es wird ihm nicht verloren gehen, ja, und er wird sich immer im Nachhinein an ihn erinnern, ja und das ist so wie in den Geschichten von Bashevis Singer, ja, so, so, und das kann ich ihm nicht mehr vermitteln, weil ich das nicht mitbekommen hab hier in Deutschland, ja.

Was hier wie ein Zitat von »früher« eingeschoben wird, ist bei näherer Betrachtung eine nostalgische Substitution für das, was es in Wirklichkeit nicht gab. Das Lernen bei den Ganzmanns soll eine kollektiv- und familiengeschichtliche Kontinuität stiften. Dies wird deutlich, als Frau Wieder die Erzählungen von Isaac Bashevis Singer gleichsetzt mit dem, was war, und sie an die Leerstelle dessen rückt, wofür es in ihrer Familie kaum Worte gibt.

Eine einzelne Anekdote ist erzählbar, und die schließt Frau Wieder unmittelbar an:

S. W.: Meine Eltern waren/ mein Vater kommt aus 'ner sehr religiösen Familie, orthodox-religiösen Familie, sehr bekannt in K., ja, hm, als meine Großmutter heiratete, erzählte man, waren die Straßen so voll, in K., daß man mußte sie reintragen durchs Fenster. Also so 'ne bekannt/ berühmte Familie. Und als ich in Israel heiratete bin ich zum Rabbinat gegangen und dann haben sie gehört »N.«, also das ist mein Mädchenname, und dann haben sie sich gewundert was 'ne »N.« in Deutschland macht, ja ((lacht))
Int.: ((lacht))
S. W.: ja, aber nach dem Krieg ist das dann alles/ mein Vater war dann nicht mehr religiös, und meine Mutter kam aus 'ner ganz anderen Familie, und war soundso nicht religiös und kannte sich auch nicht aus wie hätte sie auch, ich mein man konnte ihr das garnicht vermitteln, sie ist mit zwölf Jahren oder zehn Jahren ist sie ins Ghetto gekommen und dann in in ins Lager, sie hat also ihre ganze Jugend/ wie hätte man ihr das beibringen können die Eltern sind dann auch gestorben. Und, eh, und sie hatte auch keine Zeit, und auch nicht den Kopf, das irgendwie/ und auch nicht das Bewußtsein, denk ich mir das irgendwie, zu sehen daß das wichtig ist, ja? und dann wurde das einfach laufen gelassen dann hatt ich 'ne sehr frühreife, eh eh Freundin, die von dem also überhaupt nichts hielt, und ich fand das ganz toll und ((lacht leicht)) hielt dann auch nichts davon. Und ich hab deswegen auch wenig mitbekommen, ja, von »Jüdischkeit«, in Anführungsstrichelchen, und ich denk mir *das* ist schon sehr wichtig daß die Kinder das mitbekommen, ja.

Selbst die Anekdote kann Frau Wieder nicht erzählen, ohne daß ihr sogleich schmerzhaft bewußt wird, daß ihr Mädchenname, der im israelischen Rabbinat Ansehen und Tradition bedeutet, gleichzeitig Anlaß gibt, sie rhetorisch zu fragen, wieso sie in Deutschland lebe. Der Versuch, sich auf eine Kontinuität zu beziehen, wirft sie auf ihr scheinbares Unvermögen dazu zurück.

Mit Patchwork – einer Anekdote über die Großmutter, Erzählungen von Singer, dem Unterricht der Ganzmanns – füllt Sonia Wieder die klaffenden Risse im Gewebe lebbarer und vermittelbarer Traditionalität und stiftet einen einigermaßen tragfähigen Zusammenhang.

4. Normalität als Kunstgriff oder künstliche Normalität?

Dieses Fallbeispiel wurde hier vorgestellt, weil es den Versuch dokumentiert, in einer in Deutschland lebenden ehemaligen DP-Familie für die jüngere Generation eine Art Kontinuität herzustellen, die die weitere Zugehörigkeit gewährleisten soll. Von den in Amstadt interviewten Familien wird insbesondere durch Frau Wieder versucht, ihre Kinder mit Traditionswissen durch dessen noch lebende Repräsentanten in Verbindung zu bringen. Sie ist nicht die einzige, die von Indoktrinieren spricht. Eine jüngere Frau, Anja, die sich vorstellte, wie sie ihr zukünftiges Kind erziehen würde, sagte:

> *Anja:* Mein Kind wird ja jüdisch *sein*, das ist ja klar und es bleibt ihm auch nichts anderes übrig aber, hm, ich möchte also schon, daß das Kind/ ich werde es nicht indoktrinieren, oder so, also nicht, daß ich das denk, das denkt wahrscheinlich keiner von sich.

Auf diese Überlegung folgt eine längere Abgrenzung gegenüber der Teilnahme an christlichen Feiertagen; wie Anja ihr Kind jedoch jüdisch aufwachsen lassen will, kann sie im einzelnen nicht ausführen. Sie geht davon aus, daß sie für ihr Kind mehr dafür unternehmen muß als ihre Eltern früher für sie. Ihre Eltern konnten Weihnachten mit deutschen Freunden mitfeiern; sie selbst müsse ein eindeutig jüdischeres Milieu herstellen.

Dieses sehr kurze Beispiel einer anderen Frau aus Amstadt soll zeigen, daß
– »indoktrinieren« keine ungebräuchliche Wortwahl im Zusammenhang der jüdischen Erziehung der Kinder darstellt,

– die moralische Problematik des »Indoktrinierens« deutlich gekennzeichnet ist,
– eine Alternative dazu nicht gesehen wird.

Kontrastiv zu dem Begriff des »Indoktrinierens« in Amstadt wird von mehreren interviewten Frauen der mittleren und der jüngeren Generation in Antwerpen und Amsterdam von »Brainwashing« gesprochen. Dies liegt nicht an den lokalen Sprachunterschieden, sondern an der Unterschiedlichkeit der sozialen Bedingungen für die Aufgabe der Traditionserhaltung und -weitergabe, wie sie auf besondere Weise von Frauen und Mädchen wahrgenommen wird. In den jüdischen Gemeinden von Antwerpen und Amsterdam gibt es institutionelle Möglichkeiten des jüdischen Unterrichts, die insbesondere für Mädchen weit über diejenigen hinausgehen, die ihre Mütter je hatten. Allerdings setzten das formale, explizierbare Lernen die gewohnheitsmäßigen Formen der habituellen Überlieferung außer Kraft – oder ruft, genauer gesagt, ins Bewußtsein, daß es eine Weitergabe der »domestic religion« nicht mehr gibt. So kommt es zu der paradoxen Intervention einer Mutter, die im Gespräch mit ihren Töchtern deren intensiven orthodoxen Unterricht, den sie aktiv unterstützt, überraschend als »Brainwashing« bezeichnet.[13] Auf vergleichbare Weise setzt sich eine junge Frau in Antwerpen damit auseinander, daß sie mehr »Jüdischkeit« lernen möchte, und ihr dies über einen »Brainwash« der Lubavicher möglich wird.[14]

»Indoktrinieren« und »Brainwashing« formulieren also auf ähnliche Weise die Paradoxien, die mit der heteronomen Form der Vermittlung zu tun haben, die in Kauf genommen wird, weil es keine andere Möglichkeit des Lernens gibt. Während »Brainwashing« die institutionalisierten Vermittlungsformen der neuen Orthodoxie anspricht und aus einer Binnenperspektive religiöser Zugehörigkeit kritisiert, scheint sich »Indoktrinieren« auf einen anderen Sachverhalt zu beziehen, und zwar auf eine Art Immunisierung gegenüber der dominanten Außenwelt. Insofern wäre es kein Zufall, daß gerade in Amstadt, wo die künftige Zugehörigkeit der Kinder als prekär angesehen wird, ein Bewußtsein der Notwendigkeit, diese Zugehörigkeit zu erhalten, als Doktrin eingeimpft werden soll. »Indoktrinieren« könnte als eine Erzeugung elementarer Bindungen zum Judentum gelten; »Brainwashing« wäre etwas für Fortgeschrittene, die genauer wissen sollen oder wollen, was das religiöse Judentum in der neuen Orthodoxie bedeutet.

Vielleicht wäre es dann nicht zufällig, daß nach dem radikalen Verlust jüdischer Lebensmilieus und -welten auch von »Indoktrinieren« die Rede war. Bei einem Besuch in einem DP-Lager kritisierte die amerikanische Pädagogin Marie Syrkin die einseitige Ausrichtung des Unterrichts auf Palästina als »zionistische Indoktrinierung«. Die Lehrer entgegneten ihr:

»Vielleicht ist es keine gute Pädagogik, wenn man nur eine Seite präsentiert, (...) aber wir können uns einen solchen Luxus nicht leisten. Die Kinder haben nichts, gar nichts. Wovon sollen wir ihnen erzählen – von den Segnungen Polens? Sie kennen sie. Oder von Visa für die USA? Sie bekommen keine. Die Landkarte von Eretz ist ihre einzige Rettung. (...) Indoktrinierung mag für normale Kinder in einer normalen Umgebung schlecht sein. Aber was ist an unserer Lage normal? (...) ›Oif a krumme fus past a krumme schu‹.«[15]

Auch in diesem Fall wird nicht etwa bestritten, daß indoktriniert würde: vielmehr wird moralisch argumentiert, warum es in dieser Situation nicht anders geht.

Ein Unterschied der früheren osteuropäisch-jüdischen Lebenswelt zum heutigen orthodoxen Lebensmilieu besteht darin, daß die Verantwortung für das Weiterbestehen des traditionellen und religiösen Zusammenhangs nicht auf eine derart ausgeprägte Weise bei Einzelnen lag wie gegenwärtig. Im früheren osteuropäisch-traditionellen Milieu gab es Raum für Unterschiede, für Entfernungen von der Tradition; man war persönlich nicht so gefordert. Auch in den DP-Lagern sorgte die unmittelbare, osteuropäisch-jüdische Umgebung für einen, wenn auch bewußt konstruierten und letztendlich nur vorübergehenden Kontakt zur Tradition. Der Appell der neuen Orthodoxie bezieht sich hingegen stark darauf, daß es nach der Shoa *zur ganz individuellen persönlichen Verpflichtung gehöre*, für das weitere Bestehen des Judentums zu sorgen.

Zum Orientierungsmuster der neuen Orthodoxie, das die persönliche Verfolgungserfahrung in den Hintergrund rückt, kontrastiert der Versuch, Erinnerung an Verfolgung auszuhalten und bewußt zu halten: doch wie kann dies Teil eines lebbaren Lebens sein? Der Übermittlungsauftrag insbesondere von Frauen an Kinder spiegelt diese Paradoxien wider.

Die Auswirkungen der nicht realisierten Auswanderung aus Deutschland prägen die Traditionsvermittlung. Die Textpassagen aus dem Interview mit Sonia Wieder, die die Traditionsvermittlung betreffen, enthalten weitaus mehr Konflikte als andere Teile des Interviews. Dies hängt mit der Fragestellung nach Bedeutung und Vermittlung von Traditionalität zusammen, da hierdurch gerade die Abwesenheit einer tragfähigen habituellen Praxis, wie sie eine »domestic religion« bietet, schmerzhaft bewußt wird. Andere, mehr auf die Gegenwart bezogene Lebensbereiche, von denen Frau Wieder erzählt, sind nicht vergleichbar belastet. Die Gestaltung einer lebbaren Realität, zu der auch das symbolische Erinnern der zerstörten Lebenswelt der osteuropäischen Juden gehört, überbrückt mit dem Kunstgriff einer paradoxen Konstruktion die abgebrochene Verbindung zwischen »Damals« und »Hier«.

Anmerkungen

Ich danke Fritz Schütze für die Entwicklung und Begleitung der Untersuchung. Den Mitgliedern der 1994/95 von Kurt Grünberg organisierten Arbeitsgruppe »Folgen der Nazi-Verfolgung« danke ich für die Besprechung des Interviewtranskripts des hier vorgestellten Fallbeispiels. Mein Dank gilt auch Jacqueline Giere.

1 Marek Czyżewski, Alicja Rokuszewska-Pawelek, *An Analysis of the Autobiography of Rudolph Höß*. Bielefeld: Preprint Nr. 13, Florian Znaniecki Archiv an der Universität Bielefeld, 1989, S. 45.

2 Czyżewski, Rokuszewska-Pawelek, *Analysis;* Marek Czyżewski, »Das Gewöhnliche in Auschwitz-Darstellungen: Lagerkommandant und Häftling«, in: Wolfram Fischer-Rosenthal, Peter Alheit (Hg.), *Biographien in Deutschland: Soziologische Rekonstruktionen gelebter Gesellschaftsgeschichte.* Opladen: Westdeutscher Verlag, 1995.

3 Lena Inowlocki, »Grandmothers, Mothers and Daughters: Intergenerational Transmission in Displaced Families in Three Jewish Communities«, in: Daniel Bertaux, Paul Thompson (Hg.), *Between Generations: Family Models, Myths and Memories.* Oxford: Oxford University Press, 1993; Lena Inowlocki, »Traditionsbildung und intergenerationale Kommunikation zwischen Müttern und Töchtern in jüdischen Familien«, in: Fischer-Rosenthal, Alheit (Hg.), *Biographien in Deutschland.*

4 Vgl. die Literaturübersicht bei Silja Thomas, *Strukturen des Geschichtsbewußtseins der Deutschen und psychoanalytische Zeitdiagnose des NS. Bibliographie.* Ms. Sigmund Freud Institut. Frankfurt am Main 1996, S. 6-12.

5 Übertragungsprozesse in Familien, deren ältere Generation das nationalsozialistische Herrschafts- und Verfolgungssystem unterstützte, wurden erst ab Ende der 80er Jahre untersucht (vgl. Thomas, *Strukturen*, S. 12-17). Dies hängt auch damit zusammen, daß sowohl im Alltagsbewußtsein als auch in wissenschaftlichen Fragestellungen für gesellschaftliche Mehrheiten Normalität beansprucht wird; Abweichung und Pathologie »paßt« besser zu Minderheiten. Der Normalitätsanspruch beinhaltet auch eine Position der Stärke insofern, als nachhaltige Auswirkungen der Involvierung in den Nationalsozialismus nicht zur Kenntnis genommen werden müssen. Für die noch genauer zu untersuchenden Prozesse der Übertragung in Familien Involvierter müssen Begriffe entwickelt werden, diese können nicht, wie es teilweise geschieht, von der Untersuchung der transgenerationalen Traumatisierung einfach übernommen werden, wie beispielsweise im undifferenzierten Gebrauch der Begriffe »Zweite Generation« und »Traumatisierung«.

6 Lena Inowlocki, »Zum Mitgliedschaftsprozeß Jugendlicher in rechtsextremistischen Gruppen«, in: *Psychosozial*, Jg. 15, H. 3 (1992).

7 Fritz Schütze, »Kognitive Figuren des autobiographischen Stegreiferzählens«, in: Martin Kohli, Günther Robert (Hg.), *Biographie und soziale Wirklichkeit: Neue Beiträge und Forschungsperspektiven.* Stuttgart: Metzler, 1984.

8 Alfred Schütz, *Gesammelte Aufsätze 1. Das Problem der sozialen Wirklichkeit.* Den Haag: Martinus Nijhoff, 1971.

9 Barbara Myerhoff, *Number Our Days.* New York: Simon and Schuster, 1978.

10 Jacqueline Dewell Giere, *Wir sind unterwegs, aber nicht in der Wüste: Erziehung und Kultur in den Jüdischen Displaced Persons-Lagern der amerikanischen Zone im Nachkriegsdeutschland 1945-1949.* Inauguraldissertation. Frankfurt am Main 1993.

11 In den zitierten Interviewpassagen stehen Kommata dort, wo die Stimme gesenkt wurde, Kursives bedeutet Betonung und der Schrägstrich deutet an, daß hier ein Gedanke abgebrochen und ein neuer angefangen wird.

12 Myerhoff, *Number.*

13 Inowlocki, »Traditionsbildung«.

14 Lena Inowlocki, »Gebrainwashed mit Absicht: Biographische Prozesse der Traditionalisierung«. Vortrag an der J. W. Goethe Universität (»The Wednesday Lecture«), Frankfurt am Main, 30.4.1997.

15 Marie Syrkin, »The D.P. Schools«, in: *Jewish Frontier*, Jg. 15, H. 3 (1948), S. 14-19, zitiert nach Giere, *Wir sind unterwegs*, S. 438.

Literatur

Czyżewski, Marek: »Das Gewöhnliche in Auschwitz-Darstellungen: Lagerkommandant und Häftling«, in: Wolfram Fischer-Rosenthal, Peter Alheit (Hg.), *Biographien in Deutschland: Soziologische Rekonstruktionen gelebter Gesellschaftsgeschichte.* Opladen: Westdeutscher Verlag, 1995, S. 456-465.

Czyżewski, Marek / Rokuszewska-Pawelek, Alicja: *An Analysis of the Autobiography of Rudolph Höß*. Bielefeld: Preprint Nr. 13, Florian Znaniecki Archiv an der Universität Bielefeld, 1989.

Giere, Jacqueline Dewell: *Wir sind unterwegs, aber nicht in der Wüste: Erziehung und Kultur in den Jüdischen Displaced Persons-Lagern der amerikanischen Zone im Nachkriegsdeutschland 1945-1949*. Inauguraldissertation, Frankfurt am Main 1993.

Inowlocki, Lena: »Gebrainwashed mit Absicht. Biographische Prozesse der Traditionalisierung«. Vortrag an der J. W. Goethe Universität (»The Wednesday Lecture«), Frankfurt am Main, 30.4.1997.

dies.: »Traditionsbildung und intergenerationale Kommunikation zwischen Müttern und Töchtern in jüdischen Familien«, in: Wolfram Fischer-Rosenthal, Peter Alheit (Hg.), *Biographien in Deutschland: Soziologische Rekonstruktionen gelebter Gesellschaftsgeschichte*. Opladen: Westdeutscher Verlag, 1995, S. 417-431.

dies.: »Grandmothers, Mothers and Daughters: Intergenerational Transmission in Displaced Families in Three Jewish Communities«, in: Daniel Bertaux, Paul Thompson (Hg.), *Between Generations: Family Models, Myths and Memories*. Oxford: Oxford University Press, 1993, S. 139-153 (International Yearbook of Oral History and Life Stories Nr 2).

dies.: »Zum Mitgliedschaftsprozeß Jugendlicher in rechtsextremistischen Gruppen«, in: *Psychosozial*, Jg. 15, H. 3 (1992), S. 54-65.

Myerhoff, Barbara: *Number Our Days*. New York: Simon and Schuster, 1978.

Riemann, Gerhard / Schütze, Fritz: »›Trajectory‹ as a basic theoretical concept for suffering and disorderly social processes«, in: David R. Maines (Hg.), *Social Organization and Social Process: Essays in Honor of Anselm Strauss*. New York: de Gruyter, 1991, S. 333-358.

Schütz, Alfred: *Gesammelte Aufsätze 1. Das Problem der sozialen Wirklichkeit*. Den Haag: Martinus Nijhoff, 1971.

Schütze, Fritz: »Kognitive Figuren des autobiographischen Stegreiferzählens«, in: Martin Kohli, Günther Robert (Hg.), *Biographie und soziale Wirklichkeit: Neue Beiträge und Forschungsperspektiven*. Stuttgart: Metzler, 1984, S. 78-117.

Syrkin, Marie: »The D.P. Schools«, in: *Jewish Frontier*, Jg. 15, H. 3 (1948), S. 14-19.

Thomas, Silja: *Strukturen des Geschichtsbewußtseins der Deutschen und psychoanalytische Zeitdiagnose des NS. Bibliographie*. Ms. Sigmund Freud Institut, Frankfurt am Main 1996.

Jean Amérys »Meisterliche Wanderjahre«

Irene Heidelberger-Leonard

Die Legende will – nicht zuletzt, weil Jean Améry an ihr mitgeschrieben hat –, daß es zwei Amérys gibt: den Hans Maier *vor* Auschwitz und den Jean Améry *nach* Auschwitz. Eingeweihte wissen sogar von einem dritten, dem Nachkriegspublizisten, zu berichten, der als »Handwerker der Literatur«, so nannte er sich zu der Zeit, Auftragsarbeiten für Schweizer Zeitungen und Verlage produzierte.

Eine solche Einteilung, die Auschwitz und zuvor die Tortur im Fort Breendonk – wie es ja nur zu erwarten wäre – zur Achse, ja zur absoluten Zäsur dieses Lebens macht, ist nicht falsch, sie ist aber deshalb auch nicht richtig.

Der Jean Améry, den wir heute kennen, hatte schon die diversesten Vorgänger in den dreißiger und vierziger Jahren, die er uns alle wohlweislich verschwiegen hat. Ein Einblick in den Nachlaß läßt erkennen, daß das ernste Spiel mit der Verfremdung des eigenen Namens keineswegs erst in der Nachkriegszeit einsetzt.[1] Vielmehr bietet es sich als Symptom an für die Identitätssuche eines Ich, das sich nicht findet. Schon 1934 bei der Gründung der literarischen Zeitschrift *Die Brücke* gleicht der gebürtige Hans Maier sich in der Rechtschreibung seinem Freund und Mitherausgeber Ernst Mayer an, vermutlich um eine geistige Bruderschaft zu bekunden. Zur gleichen Zeit treffen wir noch andere (keineswegs politisch bedingte) Pseudonyme an, wie etwa *Peter Frühwirth* als Autor einer ersten Prosastudie: »Nächtliches Geschehen«. In der direkten Nachkriegszeit begegnen wir dem Namen Jean-Paul Mayster, Autor einer unveröffentlichten Zeitkomödie: »Die Eingemauerten«, oder dem Namen Claude Marrain – womöglich sollen sie die Nähe zu Frankreich signalisieren, wie ein schon 1946 erschienener Aufsatz zu Jean-Paul Sartre nahegelegt; dann treffen wir auch den Namen Hans Améry an, bevor der Autor sich 1955 endgültig für die totale Französisierung Jean Améry entscheidet. Als Varianten zu seinem eigenen als zu wenig ausdrucksstark empfundenen Namen, bieten sie sich alle an als verschlüsselte Wunschbiographien, als Experimente und Projektionen eines Selbst, das sich als Laboratorium begreift. So inszenieren die wechselnden Pseudonyme als Facetten desselben Ich *in nuce* die später zur Methode entwickelten Konjugationsspiele vom Ich zum Du zum Er, die die essayistische und erzählende Prosa der 60er und 70er Jahre geradezu konstituieren werden.

Da grassiert aber noch eine andere Aufteilung, an der Améry nicht unschuldig ist, obwohl er sehr unter ihr gelitten hat: die Aufteilung, die den gesellschaftskritischen Essayisten streng vom fiktionalen Erzähler unterschieden wissen will, wobei der Essayist die Anerkennung findet, die dem Erzähler verwehrt bleibt. Daß auch diese Trennung problematisch ist, wird sofort ersichtlich, wenn man bedenkt, wie »fiktiv« Amérys diskursive, wie »diskursiv« seine fiktionalen Arbeiten sind. Autobiographische Themenzentren sind ihnen beiden eigen, insofern als sie Selbsterfahrenes zum Anstoß nehmen, »Nachdenklichkeiten« zu entwickeln, wie Améry sich selber auszudrücken pflegte. Auch dies ist eine Konstante, die es zu erhärten gilt.

Zu erinnern in diesem Zusammenhang ist an die von ihm bewußt vorgenommene Verschränkung der literarischen Gattungen, wenn er einerseits seine ersten drei Essaybände – *Jenseits von Schuld und Sühne* (1966), *Über das Altern* (1968) und *Unmeisterliche Wanderjahre* (1971) – dem Leser als einen »essayistisch-autobiographischem Roman« empfiehlt, andererseits für *Lefeu oder Der Abbruch* (1974) die Gattungsbezeichnung des Roman-Essays wählt. Lebensgeschichte ist Améry immer Geistesgeschichte, Geistesgeschichte immer auch Geschichte *tout court*. »Der Essayismus«, schreibt Dagmar Lorenz, »gibt dabei nicht nur den formalen Rahmen für die auch in fiktionaler Weise behandelten zeitkritischen Themen ab, sondern wird selbst zur Denkform«[2], zu einer Denkform nämlich, wie Adorno sie in seinem Aufsatz zum Essay definierte, die sich in ihrem Möglichkeitscharakter gegen geschlossenes Systemdenken richtet. Im Aufbrechen des erzählenden Ich gewinnt der Inhalt seine Form. Die Dekomposition wird Améry erst eigentlich zum Kompositionsprinzip. Eine Dekomposition allerdings, die nichts von Willkür hat; sie folgt, im Gegenteil, einer Art von Gesetzmäßigkeit, deren Ablauf erst nach geistiger und künstlerischer Durchdringung benannt werden kann. Seine intellektuelle Existenz, urteilt Améry ein Jahr vor seinem Freitod, die er immer auch als eine ästhetische verstanden wissen wollte – eine Kongruenz, die niemand besser erkannt hat als Alfred Andersch in seiner Améry-Würdigung unter dem Titel »Anzeige einer Rückkehr des Geistes als Person«[3] –, erfasse ihn, den 65jährigen, mit grenzenloser Skepsis: »Alle Koordinatensysteme zerbrechen und mit ihm ein Ich, das längst gelernt hat sich zu mißtrauen«[4], bilanziert der Lebensmüde.

Kaum sechs Jahre zuvor in den *Unmeisterlichen Wanderjahren* kamen Amérys Selbstbefragungen noch zu ganz anderen Ergebnissen; auf der Höhe seiner schriftstellerischen Karriere schien er 1971 die Koordinaten seiner Sozialisation mit geradezu beneidenswerter Entschiedenheit auszumachen. Allein die Inhaltsangabe dieses sich als ausdrücklich essayistisch-autobiographisch vorstellenden Roman ergibt als solche ein geistiges Koordinatensystem für unsere Epoche, das an Klarheit kaum übertroffen werden kann: Ausgeleuchtet werden hier der »präfaschistische Irrationalismus der Zwischenkriegszeit, der Neopositivismus der späten Vorkriegsjahre, die Stunden des Existentialismus nach 1945, die neomarxistische und schließlich die strukturalistische Welle«.[5] Auch wenn der Arbeit zeittypische Züge anhaften, beruft sie sich – wie ja im übrigen alle Werke, die nach 1945 erschienen sind – auf ihre »unverschleierte Subjektivität«. Formal und inhaltlich folge das Buch »dem Gesetz des persönlichen Bekenntnisses«. Subjektivität wird hier erhoben zum einzig authentischen Erkenntnismittel, sie allein kann für die Kohärenz haften, die eklektische Anekdoten erst zu Geschichte werden lassen.

Dem knapp Sechzigjährigen, der hier zum ersten Mal sein Leben in Österreich und im Exil erinnert, scheint alles daran gelegen zu sein, es in sauber getrennten Sinnabschnitten vorzutragen, die in dieser Deutlichkeit gar nicht existiert haben können – und, wie man jetzt auch von den früheren Schriften weiß – gar nicht existiert haben: Ein »tumber Waldgänger« will er gewesen sein, ein »stumpfer Rückschrittler«, der den aufkommenden Faschismus nicht kommen sah und lieber mit Seidel, Miegel und Hamsun Vorlieb nahm. Der Sartre-Schüler Jean Améry liefert auch die Diagnose der Krankheit, die den jugendlichen Hans Maier befallen haben soll: falsches Bewußtsein, Alienation. Sich selber sei er entfremdet gewesen, »als einem, der ich niemals gewesen war, aber hätte werden sollen, werden müssen?«[6] Im Klartext heißt das: »Um zu dir zu gelangen, hättest Du gesellschaftlich und geschichtlich denken müssen.«[7] Hier ist ein Stilisierungswille am Werk, der voluntaristisch ein Psychodrama entwirft, in dem Fiktionen eines Selbst bemüht werden, den Fall und Aufstieg unserer Epoche widerzuspiegeln. Unerbittlich wird Gericht gehalten über den blinden »petit bourgeois«, der 1930 in Waldmystik das Heil sucht, das ihm die äußeren Umstände verweigern, ja er hätte sogar das Zeug zu einem Faschisten gehabt, wenn ihn 1935 die Nürnberger Gesetze nicht eines anderen belehrt hätten.

Nach dem brutalen Erwachen aus Nietzsches Tiefen und Heideggers Holzwegen findet der Suchende Unterschlupf in der blendenden Klarheit des Wiener Kreises: Die »Ästhetik des Irrationalismus« tauscht er ein gegen die »Ästhetik der Logik«. »Eine feste Burg war die Gottlosigkeit positivistischer Färbung, eine gute Wehr und Waffen. Leute seines Ursprungs und Schlages waren darauf angewiesen«[8], angewiesen nämlich mit Schlick und Carnap – gegen Heidegger –, an den »logischen Aufbau« der Welt zu glauben, der die Schauernachrichten aus dem Nebenland Lügen strafen sollte. Die Logik wird zum Opium des jungen Intellektuellen aus der österreichischen Provinz.

Auch diesem Rausch folgt die Ernüchterung, die Améry mit dem vieldeutigen Stichwort »Debakel« apostrophiert: Das magisch-subjektive Universum der Kontemplation wird von der tödlichen Realität außer Kraft gesetzt. Erwähnt werden die Flucht nach Belgien, die Deportation nach Gurs, schließlich die Rückflucht ins besetzte Belgien. Das folgende Kapitel »Existenzsorgen« springt gleich zum Frankreich der Nachkriegsjahre über. Nicht erwähnt wird die Folter, nicht erwähnt werden die Lager. Es bleibt an uns, zwischen diese zwei Kapitel das Buch *Jenseits von Schuld und Sühne* zu interpolieren, insbesondere die Aufsätze »An den Grenzen des Geistes« und »Die Tortur«. Die eigentlichen Kriegsjahre also werden ausgeklammert, statt dessen diese in übersichtliche Etappen gefaßten Metamorphosen, von denen geradezu souverän Abschied genommen wird.

Nur an einer Erkenntnis wird festgehalten: an den »meisterlichen Ideen des vor der Zeit gealterten Mannes in Paris, den du noch, wenn er Kapriolen schlug, liebtest auf eine verzweifelte und vertrotzte Art«.[9] Die hier formulierten »Existenzsorgen« sind nämlich die mit Sartres frühem Existentialismus verbundenen Hoffnungen, die den fast Toten wieder zum Leben erwecken. Im Herbst '45 nämlich schien ihm der Existentialismus eigens für ihn erdacht worden zu sein. Er rechtfertigte nachträglich seine Widerstandshaltung, gab ihm, dem Geprellten, die Würde eines Menschen wieder, dem es gelungen war, im authentischen Projekt seine geschichtliche Situation zu überschreiten. Sartres Philosophie der Freiheit war ihm nicht nur Sinnstiftung seiner Vergangenheit, sie versprach ihm vor allem eine Zukunft. Denn wenn der Essenz die Existenz vorausging, konnte er sein Morgen gestalten, als wenn das Gestern ihn nicht ein für alle Male zermalmt hätte. Er konnte Forderungen an die Welt stellen, er hatte Projekte, er konnte sich neu entwerfen.

Warum, fragt man sich, fühlt sich der Autor der *Unmeisterlichen Wanderjahre* so genötigt, den schwärmerischen Provinzler Hans Maier gegen den urbanen Aufklärer Jean Améry auszuspielen? Einen Teil der Erklärung finden wir sicherlich bei Sartre. In seiner permanenten Revolte ist der Meister ihm nicht nur Identifikationsfigur, er liefert ihm sogar die Methode zur Rekonstruktion seiner geistigen Biografie: So wie Sartre in *Les Mots* Kindheit und Jugend nur heraufbeschwört, um sie liquidieren zu können, so rekonstruiert Améry seine österreichischen Irrwege, um seine Fähigkeit zur Verwandlung unter Beweis zu stellen, um zu demonstrieren, wie sein Geist, seine ästhetische Existenz, die von der Geschichte vorgegebenen Grenzen überschreiten kann. Dabei ist der Bruch, den ihm die Geschichte zugefügt hat, real genug: Wir denken an den berühmt-berüchtigten ersten Schlag[10], der ihn für ewig vernichten soll. Wir denken an seine Bilanzierung zehn Jahre später im Nachwort zu *Lefeu*, jenem Buch, das Améry als seine »Summa« vorstellt:

»Damals, als ich in so fünf bis sechs verschiedenen deutschen KZ-Lagern von Kälte und Prügeln versehrt einen Tag erwartet hatte, dem anzubrechen nie beschieden war, mußte der (...) ›qualitative Sprung‹ sich ereignet haben. Es gab seither keine Jasage mehr: das Reich des Todes hatte sich aufgetan in der Welt. Man überlebte nicht.«[11]

Und in der Tat, der Maler Lefeu kündigt an, daß auch der Autor Jean Améry das Überleben nicht zu überleben gedenkt.

Aber – genau gesehen – hatte sich ihm das Reich des Todes schon viel früher aufgetan. Schon dem jungen Hans Maier aus dem Jahre 1935, dem Autor des Romans *Die Schiffbrüchigen*[12] und seinem Protagonisten Eugen Althager, der doch von Auschwitz noch nichts wissen konnte, schien das Leben um nichts mehr überlebenswert. Auch er, Zeuge der blutigen Niederschlagung der sozialistischen Revolution, ahnte schon Schlimmstes. Von Eugen Althager wissen wir, daß der Hans Maier der dreißiger Jahre so tumb und blind nicht gewesen sein kann. Mag Jean Améry diesen Erstling ruhig als »faustisches Buch« belächeln, uns ist er kostbarste Informationsquelle, nicht zuletzt als Widerlegung der sauber abgegrenzten Interpretationsvorgaben aus den *Unmeisterlichen Wanderjahren*. *Die Schiffbrüchigen* sind nichts weniger als Hans Maiers Äquivalent zu Julien Bendas *La trahison des clercs*, eine Schrift, in der Jean Améry sich nach dem Krieg wiedererkennen sollte.[13] Wie Benda macht auch Hans Maier den Schiffbruch der Zwischenkriegsjahre fest an der Verantwortungslosigkeit, am »Verrat der Intellektuellen«. Denunziert wird hier wie da der Verrat an der bürgerlichen Aufklärung und ihren universellen Werten: Vernunft, Freiheit, Gerechtigkeit. So kann Amérys erster Roman durchaus gelesen werden als ein Akt des Widerstandes gegen den Irrationalismus, ja Obskurantismus seiner ersten Jugend, dessen Gefahren er, ganz im Gegensatz zur eigenen Beurteilung, in erschreckender Deutlichkeit schon sehr früh erkannt hat.

So gelesen muten einem *Die Schiffbrüchigen* wie eine Vorübung zum Roman *Lefeu oder Der Abbruch* an, sie dokumentieren, wie weit der fünfundsechzigjährige Jean Améry im zweiundzwanzigjährigen Hans Maier vorgebildet ist. Im Nachwort zu *Lefeu* haben wir ein einmaliges Dokument, wo die Kontinuität einer solchen ästhetischen Existenz erwogen wird. Dem »Warum und Wie« dieses Roman-Essays nachforschend, berichtet Améry:

»Ein sehr alter Wunsch, der in tiefer Lebensferne ankert, machte nämlich sich geltend. Ich wollte erzählen oder: auch erzählen, und geisterhaft stieg ein glücklicherweise unveröffentlichter Jugendroman aus dem Nebel der Vergangenheit heraus, wollte erinnert werden. Titel »Die Schiffbrüchigen«; billiger gab ichs damals nicht. Unüberhörbar hier schließlich die Forderung, den Ring zu schließen, nach mancherlei Umwegen zurückzukehren zu den schriftstellerischen Anfängen.«[14]

Von »Herkunft und Zukunft« der Neinsage ist im *Lefeu* die Rede, über ihre Herkunft geben *Die Schiffbrüchigen* Auskunft.[15] Die Handlung des Romans setzt im Frühjahr 1933 ein und endet ein Jahr später mit dem Tod des jüdischen Protagonisten Eugen Althager, vierundzwanzig Jahre alt, Sohn einer Kriegerwitwe. Die autobiographischen Parallelen zu Amérys Jugend sind eindeutig. Sein Philosophiestudium hat Althager aus ökonomischen Gründen unterbrechen, seinen Arbeitsplatz aus sentimentalen Gründen aufgeben müssen. Wir begegnen ihm in Wien mit seiner Freundin Agathe, von der er sich aushalten läßt, bis er durch sein eigenes Verschulden auch sie verliert. Völlig vereinsamt und verarmt landet er an der Peripherie der Gesellschaft. Er nimmt einen banalen Straßenstreit zum Anlaß, seinem Leben durch ein erzwungenes Duell ein Ende zu setzen. Kontrastfigur zu Althager ist sein Freund, der Jasager Heinrich Hessl, auch er Jude, erfolgreicher Opportunist und Anpasser, dessen gesellschaftlicher Aufstieg gesichert scheint. In seiner materiellen und psychischen Verelendung bleibt Althager Neinsager aus Berufung.

Der Roman ist nicht nur Vorform von *Lefeu*, auch die vierzig Jahre später erschienenen *Unmeisterlichen Wanderjahre* sind in ihm schon angelegt, denn um eine geistige Autobiographie war es Hans Maier schon damals zu tun. Er zeichnet Althagers Sozialisation nach, von metaphysischer Umnebelung zur politischen Klarsicht. Hauptnenner von *Die Schiffbrüchigen* und *Lefeu oder Der Abbruch* ist die Verfallsmetapher im Titel: romantisch überhöht im Erstlingsprodukt von 1935, sachlich untertrieben im bautechnischen Terminus des Abbruchs im Roman von 1974. Der 24jährige Neinsager-Intellektuelle Eugen Althager und der 50jährige Neinsager-Maler Lefeu, der in das Konsumzeitalter der siebziger Jahre transportiert wird, erleiden beide »Schiffbruch«. Beide – Unzeitgemäße – sind von einer tiefen inneren Unordnung ergriffen, die sich äußerlich in einem abbruchreifen Mansardenatelier lumpenproletarischen Charakters bei Lefeu, einem permanent unaufgeräumtem ebenerdigen Zimmer bei Althager widerspiegelt.

Der Intellektuelle, der beim späteren Améry auf seine Widerstandskraft in Grenzsituationen abgeklopft wird, spielt schon in der Hauptperson der *Schiffbrüchigen* eine repräsentative Rolle. Inwieweit sich die Wirklichkeit des Geistes gegenüber der physischen Wirklichkeit, vor allem der Wirklichkeit des physischen Schmerzes – wir denken hier an die zwei ersten Aufsätze in *Jenseits von Schuld und Sühne* –, durchzusetzen vermag, ist auch bei Althager schon Gegenstand intensivster Spekulation. Wie die Nachkriegsvariante Lefeu, ist auch Eugen Althager »katholisch geborener und erzogener Jude«, geprägt von einem literarisch-philosophischem Studium. Als »Nihilisten der Zwischenkriegszeit« bezeichnet Jean Améry Althager in einem später verfaßten Inhaltsumriß zu den *Schiffbrüchigen*, determiniert durch seine »soziale und rassische Situation«.

Selbst die Dynamik des Handlungsablaufs bis zur Konstellation der kontrastierenden Gegenspieler läuft in beiden Romanen parallel: Den jüdischen Neinsagern Althager und Lefeu werden, wie schon erwähnt, die ebenfalls jüdischen Jasager Hessl und Beaumann gegenübergestellt. So ist Althagers Schulfreund, dem Doktoranden Heinrich Hessl, Erfolg beschieden, weil er sich, obwohl glaubenslos, der katholischen Welt verschreibt und in seinem »bürgerlichen Aufbauwillen« die Flucht nach vorn ergreift. Jacques Beaumann, geldmächtiger Galeriebesitzer, steht Hessl in seinem verbissenen Assimilationswillen nicht nach: Er reitet jede Modewelle und schrickt selbst vor der Vermarktung von Lefeus »Verfallsästhetik« nicht zurück. Die Erbärmlichkeit der opportunistischen Jasager – Hessl z.B. ist sich seines Hochstaplertums durchaus bewußt – verleiht den Neinsagern Althager und Lefeu erst ihre eigentliche Größe. Als mögliches Alter ego hätten sie zum Leben verführen können, genau das Gegenteil ist aber der Fall: Nicht der Gescheiterte neidet dem Arrivierten seinen Erfolg, vielmehr ist es der öffentlich Anerkannte, der sich dem Aussteiger moralisch unterlegen fühlt. Lefeus Leben setzt sozusagen da ein, wo Althagers vorzeitig endet: Die metaphysichen Strömungen seiner Zeit, denen Althager am Anfang seines Werdegangs noch erlag, stellen für Lefeu keine Versuchung mehr da. Im Gegenteil, den Bemühungen seines modesüchtigen Gönners Beaumann, der aus Lefeus Bildern unter dem Markenzeichen eines »metaphysischen Realismus« Kapital schlagen möchte, stellt er sich resolut entgegen. Mit *Lefeu* schrieb Améry eine Wunschbiographie, deren Ursprünge in den *Schiffbrüchigen* zu finden sind. So lesen wir im Nachwort: »(...) der Mann, aus dem später Lefeu wurde, führte eben die Existenz (...), die durchzustehen ich selber die Courage nicht hatte«.[16] Hier werden wir wieder stutzig, denn schon Althager war ein solches Alter ego: Die Abwehr gegen jede Form von Vereinnahmung, der Stolz der Verweigerung, der Lefeu von Anfang an bestimmt, reift in dem jungen Außenseiter, und zwar in dem Maße, wie er seine politische und philosophische Vereinsamung immer deutlicher als persönliche Notwendigkeit erkennt, die ihn gegen Lüge und Betrug der ihn umgebenden Gesellschaft feit. Aus Althagers Pose der Entbürgerlichung, die er zunächst aus ziellosem Nonkonformismus, vielleicht sogar aus elitärem Dünkel annimmt, entwickelt sich eine bewußte Lebenshaltung. Doch fühlt sich der Aussteiger, der im Gegensatz zum »wohltemperierten« Anpasser Hessl die Maskerade des bürgerlichen Lebens längst durchschaut hat, zunächst in die »Tiefe« gelockt; noch ist Althager besessen von der »Romantik der Haltlosigkeit«. Aber die Romantik verfliegt mit der Zuspitzung der politischen Bedrohung: Bei einem Morgenspaziergang wird Eugen Althager zum Zeugen antisemitischer Straßenkrawalle. Er ist schlagartig, um mit dem von Sartre geschulten Améry zu sprechen, *en situation*.

En situation ist auch Lefeu, der doch das große Morden schon hinter sich gebracht hat, oder meint, es hinter sich gebracht zu haben: Beim Anblick einer Gasanlage auf der Reise nach Südfrankreich bricht lange Verdrängtes mit solch einer Vehemenz aus ihm heraus, daß es ihn ganz wörtlich lebensunfähig macht. Er begreift, daß das »Überstehen (...) ein Widersinn« war. Seine Neinsage führt er darauf zurück, daß er »das Überstehen nicht überstehen kann«. Und er faßt den Entschluß: »Feuermann gibt es nicht mehr, darum sollte es Lefeu nicht geben.« Althager seinerseits hat noch das Ärgste vor sich. Aber so viel hat auch er schon verstanden, daß nämlich das »tierische Gebrüll« ihm gilt, hat verstanden, daß eine, seine Menschengruppe auf »viehische würdelose Art zugrunde gehen (sollte). (...) Nicht zu besiegen galt es sie wie einen Gegner. Wie Ungeziefer sollte sie verrecken.« Die Jagd auf einen »Dunkelhaarigen« fordert ihn zur Stellungnahme heraus, und er schwört sich, von nun an »zum Gejagten zu (...) gehören«.

Worin aber bestand seine Zugehörigkeit zu dieser »Rasse« – wenn es eine Rasse ist? Sein Selbstverständnis als Jude beschreibt Hans Maier fast mit denselben Formulierungen, wie dreißig Jahre später Jean Améry in seinem Aufsatz »Über Zwang und Unmöglichkeit, Jude zu sein«.[17] »Nichts galten ihm ihre Werke, Riten, unwesentlich erschien ihm die Urkunde seiner Geburt. (...) Nichts band ihn an das Volk, zu dem er nun gehören mußte«, reflektiert Eugen Althager. Wenn er sich trotzdem von nun an schwört, zu den Gejagten, zu den Entrechteten zu gehören, dann ist seine Solidarität rein negativer Art. Das Judesein, nicht das Judentum als kulturelle Gemeinschaft, wird ihm zu einem Politikum, denn, wie Sartre sehr viel später in seinen *Réflections sur la question juive*[18] entwickeln sollte, der Antisemitismus erst schafft den Juden, zwingt den Individualisten in ein Kollektiv, dem er sich hat entziehen wollen. »Was hat sich ereignen müssen«, fragt Jean Améry noch in seinem Todesjahr 1978, »daß ich heute nicht nur hier wage, über ›mein Judentum‹ zu sprechen, sondern bei jeder sich bietenden Gelegenheit sage: Ich *bin* Jude?«[19] Das Nürnberger Reichsbürgergesetz hat dafür gesorgt. Auch Althager – obwohl er noch vor den Rassengesetzen konzipiert wurde – hat begriffen, daß ihm nichts anderes übrigbleibt, als den Urteilsspruch der Geschichte anzunehmen und sich zugleich in der Revolte dagegen zu erheben. Positiv ausgedrückt impliziert Judesein, und das bezeugen schon *Die Schiffbrüchigen*, eine unaufkündbare Verpflichtung, für die Menschenrechte einzutreten. In diesem erweiterten Sinn ist selbst die Rehabilitation von Charles Bovary als literarische Metapher des Judeseins zu verstehen, weil auch ihm als Personifizierung des Opferdaseins im Namen der Freiheit, Gleichheit und Brüderlichkeit zu seiner Menschenwürde verholfen wird.

Eugen Althager, der im persönlichen Bereich von allen Schwächen des Egozentrikers gezeichnet ist, weiß, politisch gesehen, im Gegensatz zu Charles Bovary für seinen eigenen moralischen Bestand zu sorgen. Er weicht nicht aus, als er von zwei bezahlten Strolchen so arg zusammengeschlagen wird, daß ihm, wie es dem gefolterten Améry acht Jahre später tatsächlich in Breendonk ergehen sollte, dabei das Schultergelenk auskugelt. Ebenso prophetisch liest sich heute die Szene, die dem Duell mit dem völkischen Couleurstudenten vorausgeht – prophetisch, weil hier bereits alle zentralen Fragen vom Wiedergewinn der Würde, von der Legitimation der Gegenwalt, von Todesfurcht und Todessucht bis zum *Diskurs über den Freitod*[20] miteinander verknüpft sind.

Eugen Althager schlägt zurück, wie später der Auschwitz-Insasse den polnischen Häftlingsarbeiter zurückschlagen sollte. Den Gegenschlag als Antwort auf den ersten Schlag erfährt Althager genauso existentiell wie der darüber später reflektierende Jean Améry. Besagter Couleurstudent will sich zuerst versichern: »Sind Sie Arier?«, fragt er Althager, der sich dem »stierschädligen Emporkömmling« stellen will, weiß, daß er als Nicht-Arier zum Duell erst gar nicht zugelassen würde. Und er lügt »Natürlich!« Ähnlich sollte es Hans Mayer 1943 erfahren; er empfand es geradezu als »Privileg«, als Widerstandskämpfer gefoltert zu werden. Sobald nämlich bekannt wurde, daß er auch Jude war, wurde er sofort als Schlachtvieh nach Auschwitz deportiert.

Soviel zur Annahme des Judeseins, eine Annahme, die sich paradoxerweise als Verleugnung manifestieren muß. Wer nämlich 1935 nicht vollends als »zu verreckendes Ungeziefer« der Geschichte ausgeliefert sein wollte, mußte im Namen des Widerstands seinen jüdischen Ursprung verhehlen. Diese charakteristische Verquickung von Nicht-Nichtjudentum und Würdeverlangen, die in *Hand an sich legen: Diskurs über den Freitod* ihre Aufhebung erfährt, ist also in Eugen Althager schon deutlich präfiguriert. »Gegengewalt ist – ganz jenseits einer revolutionären Mythologie – der letzte Ausweg, den der vergewaltigte Mensch sich sucht«, lesen wir in *Lefeu*. Selbst das sinnlose Duell in den *Schiffbrüchigen* hallt – assoziativ – im *Lefeu*, dem »traurigen Ritter Ohneland«, nach. Auch diese letzte Gewichtsverlagerung hat Althager mit Lefeu gemein, daß nämlich die sogenannte Gegenwalt nicht primär die Gewalt gegen den anderen meint, sondern – so stark ausgebildet sind Schuldgefühl und Strafbedürfnis – die Gewalt wenden sie gegen sich selber: Althager und Lefeu lechzen nach einer Tat. Von Althager erfahren wir: »Der grenzsetzende Gedanke an den Selbstmord war ihm Halt und Rechtfertigung.«[21] Und noch viel expliziter enthält Althagers folgendes Credo schon den *Diskurs über den Freitod*: »Der freigewählte Tod (erschien ihm) als die einzige Sterbensmöglichkeit. Denn willenlos und ins Müssen gebannt einmal dazuliegen und das große Vergehen zu erwarten, war eine Vorstellung, die er nicht ertrug.«[22]

»Ich sterbe, also bin ich«, so variiert Améry in seinem *Diskurs* das Vorbild Descartes: Für den Neinsager Althager wie für seinen politisierteren Nachfahren Lefeu wird der vermittelte Freitod zum *instant suprême* eines selbstinszenierten Freiheitsrausches. »(...) Kann einer Dreck fressen und Gold scheißen?«, fragt Lefeu den jasagenden kunstbeflissenen Galeriebesitzer Beaumann. »Er kann es nicht, mon ami Jacques, und Gott weiß, daß ich merde verschlungen habe von frühauf. Feuermann. Geschichtsdreck (...).«[23] Eben diesem »Geschichtsdreck von früh auf« ist Althager ausgesetzt. Schon er, der doch noch ganz in den Anfängen dieses »Geschichtsdrecks« steckt, wünscht sich nichts sehnlicher als den erlösenden Todesschlag, um der aufkommenden Barbarei ein Ende zu setzen.

Zwischen den *Schiffbrüchigen* und *Lefeu oder Der Abbruch* liegt nichts weniger als der Zivilisationsbruch der Menschheit, der für Améry nicht nur Wissen, sondern erlebte Erfahrung war. Die Frage drängt sich auf: Wie läßt sich – angesichts der Shoa, die diese zwei Romane trennt, die Kontinuität der Inhalte und der Formen in Amérys Werk erklären?

Dieses paradoxale Nebeneinander von Brüchen und Kontinuitäten ist vielleicht so widersprüchlich nicht, wie es zunächst den Anschein hat. Vielleicht bedingen sich Brüche und Kontinuitäten sogar. Vielleicht versucht der Schriftsteller sich über die Brüche, die die Geschichte ihm zugefügt hat, in die Kontinuität einer ästhetischen Existenz, die ihm im übrigen von frühauf gleichbedeutend ist mit einer ethischen, hinüberzuretten. Oder anders ausgedrückt: Der geschichtliche Bruch selber wird zur geistigen Herausforderung, wird Triebkraft zu einer ästhetischen Kontinuität, die sich als einzig mögliche Überlebensstrategie begreift. Ob in »An den Grenzen des Geistes« oder in *Charles Bovary, Landarzt: Porträt eines einfachen Mannes*, oder am extremsten noch in seinem unvollendeten Novellenprojekt »Unterwegs nach Oudenaarde« – in immer neuem Aufbegehren wird im Namen einer aufklärerischen Ethik die Wirklichkeit des Geistes in seiner ästhetischen Kontinuität beschworen: Der Geist möge sich aufschwingen gegen die Zwänge der Geschichte, er möge das Unmögliche beweisen, daß IHN nämlich die Brüche der Geschichte nicht zerbrechen können. Eine solch dialektische Konstellation scheint Sinn zu machen, wäre auch für uns, die wir uns als Amérys Nachgeborene verstehen, das tröstlichste oder zum,indest das am wenigsten verunsichernde Erklärungsmodell. Wie aber, wenn auch dies nur Konstruktion wäre? Denn es wäre immer noch keine schlüssige Begründung dafür, daß der Roman *Die Schiffbrüchigen* aus dem Jahre 1934/35 eine zuverlässigere Auskunftsquelle ist über den realen Erkenntnisstand von Hans Maier, als es die 1971 veröffentlichten Essays sind; es versucht nicht herauszufinden, warum Jean Amérys *Unmeisterliche Wanderjahre* romaneskere, das heißt fiktivere Züge trägt, als der Roman von den »unmeisterlichen Wanderjahren« Eugen Althagers. Es erklärt nicht, warum die reale Autobiographie nicht treue Rekapitulation, sondern erfinderische Rekonstruktion, ja, Rekreation ist, Umgestaltung eines Selbst, das sein bisher gelebtes Leben im Lichte der Erfahrung Auschwitz neu zu interpretieren sich genötigt sieht. Sollte etwa der Zivilisationsbruch Auschwitz, der UNS unaufkündbare Wahrheit ist, sollte die Tortur in Breendonk für den Menschen Améry letztlich doch nicht DIE Zäsur gewesen sein, wie die Essays uns glauben machen wollen? Das Weltvertrauen, das der Gefolterte im Juli 1943 mit dem ersten Schlag eingebüßt haben will, wir wissen es jetzt, es war 1935 schon weitgehend erschüttert.

Und doch: Für den zumal an Sartre geschulten Denker Jean Améry, war dem mit nichts vergleichbarem Auschwitz intellektuell nur beizukommen, indem man es für die Zivilisation und für das eigene Leben zum Bruch erklärte: So betrachtet stellen Jean Amérys *Unmeisterliche Wanderjahre* eine theoretisch notwendige Dramatisierung von geschichtlichen Brüchen dar, die sich die Rigorosität des Intellektuellen als Intellektueller schuldig war. Daß der produzierende Künstler diese erst nachträglich erdachten und erschriebenen Fragmentarisierungen in seiner ästhetischen Praxis mit jedem seiner Bücher widerlegt, macht die eigentliche Spannung von Amérys Werk aus. Jean Amérys Ende spricht allen Hypothesen Hohn. Ob sein in Salzburg so sorgfältig inszenierter Freitod Schlußakt ist dieser tödlichen Dramaturgie, ob er – jenseits von Auschwitz – Althagers Sehnsucht nach Auslöschung endlich erfüllt – wer will es ermessen?

Anmerkungen

1 Vgl. Dagmar Lorenz, *Scheitern als Ereignis: Der Autor Jean Améry im Kontext europäischer Kulturkritik.* Bern: Lang, 1991. Lorenz beschäftigt sich eingehend mit dem unveröffentlichten Frühwerk.

2 Ebd., S. 9.

3 Vgl. Alfred Andersch, »Anzeige einer Rückkehr des Geistes als Person«, in: Alfred Andersch, *Die Blindheit des Kunstwerks.* Zürich: Diogenes, 1979, S. 125-142.

4 Jean Améry, »Revision in Permanenz, Selbstanzeige im Zweifel«, in: *Über Jean Améry. Zum 65. Geburtstag von Jean Améry am 31. Oktober 1977.* Stuttgart: Klett, 1977, S. 14-18.

5 *Unmeisterliche Wanderjahre.* Stuttgart: Klett, 1971, S. 7.

6 Ebd., S. 16.

7 Ebd., S. 39.

8 Ebd., S. 36.

9 Ebd., S. 142.

10 Vgl. »Die Tortur«, in: Jean Améry, *Jenseits von Schuld und Sühne: Bewältigungsversuche eines Überwältigten.* Stuttgart: Klett-Cotta, 1977, S. 55 (1. Aufl., München: Szczesny, 1966).

11 *Lefeu oder Der Abbruch.* Roman-Essay. Stuttgart: Klett, 1974, S. 186.

12 *Die Schiffbrüchigen.* Erster unveröffentlichter Roman, datiert 1934/35. Kann als Typoskript im Marbacher Literaturarchiv eingesehen werden, wo Jean Amérys Nachlaß liegt. Vgl. auch den abgedruckten Inhaltsumriß in TEXT + KRITIK, Jean Améry, H. 99 (Gastredakteurin: Irene Heidelberger-Leonard) und im gleichen Heft Irene Heidelberger-Leonard »Das Problem der Neinsage, ihrer Herkunft und Zukunft.‹ ›Die Schiffbrüchigen‹ als Vorübung zu ›Lefeu oder Der Abbruch‹«, S. 33-40.

13 Vgl. Jean Améry, »Ein neuer Verrat der Intellektuellen«, in: *Abschied von Utopia. Anspruch und Auftrag der Intellektuellen.* Hg. von D. Schatz, Graz 1977, S. 87-101.

14 *Lefeu oder Der Abbruch,* S. 172.

15 S. Anm. 12.

16 *Lefeu oder Der Abbruch,* S. 172.

17 *Jenseits von Schuld und Sühne,* S. 130-156.

18 Siehe Jean-Paul Sartre, *Betrachtungen zur Judenfrage: Pychoanalyse des Antisemitismus.* Zürich: Europa, 1948.

19 *Mein Judentum.* Hg. von Hans Jürgen Schultz. Stuttgart, Berlin: Kreuz, 1978, S. 80. Vgl. auch Irene Heidelberger-Leonard, »Jean Amérys Selbstverständnis als Jude«, in: *Über Jean Améry.* Hg. von Irene Heidelberger-Leonard. Heidelberg: Winter, 1990.

20 Vgl. Jean Améry, *Hand an sich legen: Diskurs über den Freitod.* Stuttgart: Klett, 1976.

21 *Die Schiffbrüchigen,* Nachlaß, Deutsches Literaturarchiv, Marbach, S. 289.

22 Ebd., S. 290.

23 *Lefeu oder Der Abbruch,* S. 107.

Das weiße M

Zur Genealogie von MAUS(CHWITZ)

Ole Frahm

»Es ist unsinnig, die Lager räumlich so darstellen zu wollen, wie sie damals waren. Aber fast so unsinnig ist es, sie mit Worten beschreiben zu wollen, als liege nichts zwischen uns und der Zeit, als es sie noch gab. Die ersten Bücher nach dem Krieg konnten das vielleicht noch, jene Bücher, die damals niemand lesen wollte, aber gerade sie sind es, die unser Denken seither verändert haben, so daß ich heute nicht von den Lagern erzählen kann, als wäre ich die erste.«
Ruth Klüger[1]

»Dadurch, daß die Opfer als Mäuse dargestellt werden, lassen sie sich aus einer Distanz betrachten. Sie können Dinge sagen, die lange schon nur noch als Klischees in der gewöhnlichen Holocaust-Literatur vorkommen. (...) Wie der Holocaust in Begriffe zu fassen ist, bleibt unser vorrangiges Problem. Inzwischen haben die herrschenden Umgangsformen ihre Grenzen erreicht, so zumindest würde es aus der Sicht des Lachens scheinen.«
Terrence Des Pres[2]

Zwischen diesen beiden Zitaten, dem Problem, der Geschichte fern zu sein, und der Möglichkeit, über sie und diese Ferne zu lachen, beginnt der folgende Text. Beide Zitate werfen die politisch und ästhetisch bedeutende Frage auf, *wie* Auschwitz darstellbar ist. Es ist die Frage nach Medium und Form der Geschichtsschreibung, deren Beantwortung darüber entscheidet, welche Bedeutung Auschwitz für uns heute hat. Beide Zitate markieren einen Einschnitt in der Debatte um die Darstellbarkeit von Auschwitz, die lange von der Frage beherrscht wurde, *ob* Auschwitz darstellbar ist. Ruth Klüger gibt im ersten Zitat einen Grund für diesen Einschnitt an, den ich anhand des Wortes *Auschwitz* kurz reformulieren möchte. Es ist nicht mehr *von* Auschwitz zu sprechen, sondern immer nur *nach* Auschwitz. Dieses *nach* weist darauf hin, daß das Wort Auschwitz mehr bezeichnet als einen Ort, an dem sich in einer historischen Spanne etwas ereignete und der heute von vielen Touristen besucht wird. Auschwitz ist mehr als ein Name. Auschwitz ist zu einer Metapher geworden und muß *als Metapher* entziffert werden. Das heißt, wir müssen darüber sprechen, *wie* über Auschwitz gesprochen wird, wie Auschwitz als Metapher vorkommt. Ein *Darüber-Sprechen*, das immer schon in die vorhandenen Metaphorisierungen involviert ist, indem es die Metapher Auschwitz zugleich *zitieren* und *neu verwenden* muß. Ein Sprechen, das sich nicht über die anderen Verwendungen erheben kann, sondern sich in ihnen positioniert[3] – aber wie?

Terrence Des Pres konkretisiert in dem zitierten Aufsatz »Holocaust Laughter?« zwei Möglichkeiten, wie Auschwitz dargestellt werden kann: tragisches und komisches Schreiben. Im Diskurs der »Holocaust-Forschung« herrsche die »weithin geteilte Fiktion« vor, daß ernstes Schreiben die richtige, die einzig angemessene Methode sei, Auschwitz darzustellen.[4] De Pres behauptet dementgegen, daß das Gelächter komischen Schreibens etwas Besonderes bewirke. Denn dieses Gelächter erkenne die »Autorität der Existenz« nicht an, sondern verhöhne das »Wie-es-Ist« und schaffe so eine Distanz zum Geschehen, die der zeitlichen Entfernung zum Grauen der Ereignisse angemessener sein kann als ein vermeintlicher Realismus.[5] Dieses Gelächter kann »dämonisch« sein, wie Des Pres in Tadeusz Borowskis *Die steinerne Welt* registriert, es kann »höhnisch« sein, wie er es für Leslie Epsteins *King of the Jews* behauptet, oder »hilfreich«, wenn nämlich alle anderen »Arzneien« vor »unserer Hilflosigkeit unserem Wissen vom Holocaust gegenüber« versagen.[6] Nicht zufällig beschäftigt sich Des Pres auch mit dem Comic *MAUS – A Survivors Tale* von Art Spiegelman.[7] *MAUS* berichtet die Geschichte des jüdischen Comic-Zeichners Art Spiegelman, wie dieser seinen Vater Vladek Spiegelman Ende der Siebziger, Anfang der Achtziger Jahre nach dessen Überleben zwischen 1930 und 1945 befragt. Und es zeigt die vom Vater erzählten Kriegserlebnisse als polnischer Soldat, die Ghettoisierung seiner Familie, seine Deportation nach Auschwitz und Dachau – und sein Überleben.

Diese Geschichte scheint für einen Comic wenig geeignet zu sein. Doch Des Pres argumentiert, daß *MAUS* – anders als Borowskis und Epsteins Fiktionen – »eine neue Aufmerksamkeit gegenüber einer alten Geschichte erzwingt«[8], gerade weil es ein Comic ist, weil es die Nazis und die Juden als Katzen und Mäuse darstellt und so das Verhältnis von Tätern und Opfern als Comic »bemerkenswert« erfaßt.[9] Diese Besonderheit des Comics analysiert der Literaturwissenschaftler Des Pres nicht genauer. Er nimmt in allen drei von ihm behandelten Büchern gleichermaßen eine Distanz zu Auschwitz und eine Ambivalenz des Gelächters wahr.[10] So wird das Komische zu einem medienübergreifenden Genre. Des Pres unterschlägt, daß das *Wie* des Mediums an dem *Wie* der Darstellung teil hat. Ich möchte im folgenden zeigen, daß *MAUS* gerade *als Comic* kein Gelächter, sondern ein Lachen vorschlägt, das *nicht komisch* ist. Und ich behaupte, daß *MAUS* den Diskurs über die Darstellung von Auschwitz verändert – aber wie? Eine erste Antwort gibt ein Buchstabe, der in *MAUS* der Metapher Auschwitz hinzugefügt wird:

Das weiße M

»Ich werde also von einem Buchstaben sprechen«[11], einem **M**, dem **M** von *MAUSCHWITZ*. *MAUSCHWITZ* heißt das erste Kapitel des zweiten Bandes von *MAUS*. Das zweite Kapitel heißt *AUSCHWITZ*. Beide Titel sind den Kapiteln in weißer Schrift auf Vignetten vorangestellt (Abb. 1). Das **M** ermöglicht ein Wortspiel zwischen dem Namen Auschwitz und dem Titel des Comics *MAUS*. Das **M** verbindet sich mit dem *Aus*- von Auschwitz zu *MAUS* und läßt nur das *–chwitz*

Abb. 1: Art Spiegelman, *MAUS II*, S. 9 und S. 39 (Ausschnitt).

übrig. Chwitz: eine scheinbar sinnlose Buchstabenfolge, durch die aber der *–witz* fast obszön als Teil des Wortes Auschwitz für die deutschen LeserInnen hervortritt. Diese Obszönität eignet aber schon Auschwitz als deutschem Ortsnamen für Oswiecim. Andererseits verbindet das **M** die Metapher Auschwitz mit dem Titel des Comics *MAUS*, gleichfalls weil sie sich überschneiden.[12] In dieser Überschneidung wird Auschwitz durch das **M** zu etwas Neuem, Nicht-Metaphorischem und bleibt dennoch erhalten, weil das **M** schließlich wieder verschwindet: *MAUSCHWITZ – AUSCHWITZ*. Das **M** wird geschrieben und wieder ausgelöscht.

Das **M** thematisiert das oben erläuterte Problem im Umgang mit der Metapher Auschwitz. *MAUSCHWITZ* zitiert die Metapher und benutzt sie, indem das **M** ihr eine neue, irritierende Bedeutung – eine *MAUS* – hinzufügt: Das **M** verfremdet die Metapher *und* läßt sie bestehen. Und es weist auf die Notwendigkeit hin, die Metapher zu zitieren *und darin* zu verändern. Darum erscheint das **M** *und* verschwindet wieder. Darum ist das **M** weiß.

Das weiße M bestätigt so die Metapher Auschwitz in ihrer Verwendbarkeit und erklärt sie gleichzeitig für unzureichend, ohne dagegen einen authentischen Namen, ein wahres Auschwitz zu behaupten. *Das weiße M* führt nicht zum wahren Auschwitz zurück und leugnet die Möglichkeit einer solchen Rückkehr: denn schon das Wort *Auschwitz* ist nicht wahr, darum wurde es eine Metapher. *Das weiße M* bestätigt, daß *Auschwitz gesagt werden muß*, aber bezweifelt zugleich, daß das jemals ausreichen kann: es muß ihm etwas hinzugefügt werden, ohne daß damit alles gesagt wäre. Der Amerikaner Spiegelman nennt es *MAUS*, ein deutsches Wort für ein Tier, das nun zugleich nichts anderes als »Jude« meint. Das ist die zufällige Bedeutung der Überschneidung von *MAUS* und Auschwitz, die Spiegelman nutzt, wenn er *das weiße M* vor *Auschwitz* zeichnet. *Das weiße M* wird dadurch selbst zur Metapher für Art Spiegelmans Praxis in *MAUS*.

Dann...

Durch einen Umweg, der über fünf weitere Comics führt, soll diese Praxis und die Besonderheit von *MAUS* verdeutlicht werden. Alle fünf Beispiele stellen Modelle der Geschichtsschreibung für die Zeit des Nationalsozialismus und des 2. Weltkriegs dar, die sich markant voneinander unterscheiden. Die ersten drei Comics, lange vor MAUS erschienen, erheben keinen Anspruch auf eine realistische oder authentische Darstellung der Geschichte. Sie sind einem Genre – oft dem Komischen – verpflichtet. Die beiden anderen Beispiele betraten den Markt zur gleichen Zeit wie *MAUS*. Sie haben Geschichte als Vergangenes zum Thema und versuchen ihr durch eine realistische Präsentation gerecht zu werden.

I Aktuelle Geschichte

Den ersten Comic habe ich ausgewählt, obwohl er sich nicht auf Auschwitz bezieht und nicht beziehen kann. Er ist von 1934 und heißt *Popol et Virginie chez les Lapinos (Paul und Virginia bei den Langohrindianern)*, eine eher unbekannte Arbeit des berühmten Schöpfers von *Tintin et Milou (Tim und Struppi)*: Hergé.[13] Sie ist zuerst in einer Zeitungsbeilage für Kinder in Belgien veröffentlicht worden. Es wäre die belanglose Geschichte von einem Bären namens Paul, der mit seiner Frau Virginia im wilden Westen sein Glück als Hutverkäufer sucht, wenn sich nicht die folgende Episode fände: Der Medizinmann der Langohrindianer (es sind Hasen), der bisher das Monopol für deren Kopfbedeckungen innehatte, fürchtet um sein Geschäft. Sein Häuptling leitet daraufhin eine große Kampagne ein: »Kauft Langohrwaren – Boykottiert ausländische Produkte«. Schließlich mobilisieren sie zum Krieg gegen Paul und Virginia, Hasen gegen Bären (Abb. 2).

Bemerkenswert ist dreierlei: *Erstens.* In der Tiergeschichte läßt sich eine historisch aktuelle Konstellation erkennen, die im Kontext des Jahres 1934 kaum erläutert werden muß. Seit April '33 wurden jüdische Geschäfte in Deutschland boykottiert und Käufer von der SA bedroht. In Belgien gründete sich 1933 eine faschistische Partei, während die Weltwirtschaftskrise zu einer hohen Arbeitslosigkeit geführt hat. Die Szene ist allerdings zu allgemein, als daß sie direkt auf ein historisches Ereignis zu beziehen wäre.[14]

Zweitens. Die Tierfiguren sind damit einerseits Teil einer lustigen Kindergeschichte (Paul und Virginia erleben Abenteuer), andererseits verweisen sie in dieser Episode auf die politische Konstellation eines

Abb. 2: Hergé, *Paul und Virginia*, S. 5, Panel 1–4.

aggressiven Chauvinismus und einer funktionalisierten Fremden-
feindlichkeit im Interesse eines ökonomischen Protektionismus: Paul
und Virginia sind Ausländer, deren Geschäft boykottiert und deren
Käufer angegriffen werden. Die Wahl der Tierfiguren erklärt den rassistischen Nationalismus dieser Szene nicht. Sie ist willkürlich. Wichtig ist nur, daß sie sich voneinander unterscheiden. Die Darstellung
ergreift dabei deutlich Partei für Paul und Virginia, die alleine dem
ganzen kriegsbemalten Stamm der Langohren gegenüberstehen und
sich mittels gewitzter Tricks der Bedrohung entziehen. Trotz des Slap-
sticks in der weiteren Story und trotz der lustig anmutenden Tierfiguren gelingt es Hergé, die bedrohliche Situation darzustellen – aber wie?

Abb. 3: Hergé, *Paul und Virginia*, S. 6, Panel 2.

Drittens. Die identische Zeilenstruktur der Panels parallelisiert den Boykott der Waren mit der Mobilmachung zum Krieg.[15] In einem ersten, kleinen Panel ist jeweils ein Schild mit einem Aufruf zu sehen. Das zweite größere Panel illustriert dessen Konsequenzen. Durch die Verdoppelung dieser Struktur beziehen sich alle Panels gleichermaßen aufeinander. Der Zwischenraum zwischen den Panels wird so durch eine unbestimmte, nicht argumentierte Kausalität aufgeladen. Die LeserInnen müssen den Zusammenhang zwischen den vier Panels selbst konstruieren und werden damit in Hergés Historiographie einbezogen. Diese Technik präzisiert sich auf der folgenden Seite: Der Krieg beginnt (Abb. 3). Das Panel füllt die ganze, zuvor geteilte Zeile. Nun ist kein Aufruf mehr nötig. Das Panel wirkt wie ein Schlußstrich: Die implizite Kausalität zwischen Boykott und Krieg tritt ebenso hervor wie die Tatsache, daß Mobilmachung nichts anderes als Krieg heißt: Krieg gegen die Bären.

II Zukünftige Gegenwart

La Bête est Morte! (*Die Bestie ist tot!*) wurde noch während der deutschen Besatzung in Paris von dem Zeichner Edmond-François Calvo und dem Autoren Victor Dancette entworfen und erschien in zwei Alben 1944 und 1945.[16] Der Erzähler des Comics ist ein französischer

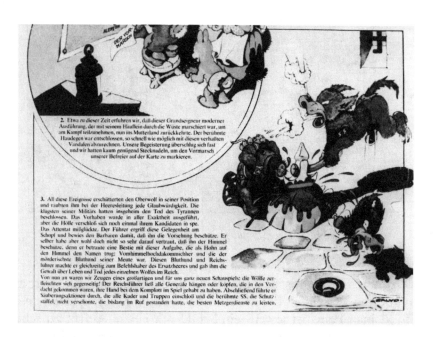

Abb. 4: Edmond-Francois Calvo, Victor Dancette, *Bestie*, S. 85, Panel 3.

Veteran des II. Weltkrieges. Er berichtet seinen Enkeln Geschichten über den Krieg, den sie nicht erlebten. Von der Entstehungszeit dieses Comics aus betrachtet, ist der Modus des Erzählens Futur II: wie der Zweite Weltkrieg gewesen sein wird. *La Bête est Morte!* ist eine Erzählung aus der zukünftigen Gegenwart, in der an die – durch den lebhaften Vortrag des Veterans – gegenwärtige Vergangenheit erinnert wird.

Die Erzählung reiht Panels aneinander, in denen heute längst vergessene Anekdoten und hinlänglich bekannte Ereignisse gleichberechtigt nebeneinanderstehen. Jedes Panel bildet eine narrative Einheit, in der ein Ereignis, eine Anekdote zusammengefaßt wird. Ein Beispiel: Nachdem der Vormarsch der Alliierten zwei Panels gefüllt hat, erzählt der Veteran vom gescheiterten Attentat auf Hitler am 20. Juli 1944 und der Bestrafung der Widerständler (Abb. 4).

Das Bild greift deren Hinrichtung als Motiv heraus und ironisiert das grausame Geschehen. Durch die großen Atemwolken, die dem

Abb. 5: Edmond-Francois Calvo, Victor Dancette, *Bestie*, S. 52, Panel 1.

Henker aus Mund und Nase kommen, wird dieser lächerlich gemacht, ohne ihm etwas von seiner Brutalität zu nehmen. Und der Geköpfte scheint eine Puppe zu sein, deren Kopf wie auf einer Sprungfeder saß. Der weiße Wirbel seines roten Halses wird als Hakenkreuz sichtbar und gleicht so dem Fenstergitter. Was ist also vom 20. Juli zu halten? Der Blocktext gibt keine Hinweise. Calvo und Dancette machen keine explizite Aussage. Erst *zwischen* Zeichnung und Blocktext wird Geschichte erzählt.

Das ist aber nicht die einzige Technik dieses Comics: Augenfällig ist die Verwendung von Tierfiguren. Für jede Nation gibt es – zumeist – eine Figur, die sie repräsentiert. Ihre Wahl ist parteiisch. Die Alliierten sind gutmütige, liebenswerte Tiere: Eichhörnchen, Hasen, Bulldoggen (Abb. 5). Die Achsenmächte sind hinterhältige, räuberische Tiere: Wölfe, Hyänen, Affen. Während die Alliierten jeweils durch ein für ihr Land typisches oder sprichwörtliches Tier dargestellt werden – also die Amerikaner als Büffel, die Russen als Bären – wirkt die Zeichnung der Japaner als schlitzäugige Affen rassistisch.[17] Die Deutschen erinnern an den bösen Wolf aus dem Märchen. Aber nicht alle Deutschen sind Wölfe. Goebbels als Iltis und Göring als Schwein begründen sich durch ihr Aussehen und Verhalten: eine Technik, die der Zeitungskarikatur entlehnt ist – und nicht »der Fabel«, wie gerne behauptet wird.[18]

2. Gierig verschlangen sie unseren guten Honig und schlachteten unsere Lämmer.

Abb. 6: Edmond-Francois Calvo, Victor Dancette, *Bestie*,
S. 18, Panel 2, sowie S. 38, Panel 2.

Die Franzosen schließlich sind nicht nur Eichhörnchen, sondern selbstverständlich auch badende Frösche, Grillen, die im Orchester spielen, und Lämmer, die noch in der Wiege liegen. Das Lamm ist das Unschuldslamm, das während des Krieges geschlachtet wird (Abb. 6). Es sind die einzigen beiden Panels in dem Comic, in denen ein Lamm gezeigt wird. Sie scheinen die Verbildlichung einer sprachlichen Metapher zu sein, die aber im Text gar nicht erwähnt wird. Aber es ist noch mehr: Denn im Spielzeuglamm des Lamms verdoppeln sich die Referenten des Bildes. Wäre das Lamm ein menschliches Kleinkind, was wäre das Spielzeuglamm? Spielzeuglamm oder menschliche Puppe? Es ist beides: Puppe *und* Lamm. Was ist dann das Lamm? Das ist nicht zu entscheiden.

An dieser Stelle wird darauf hingewiesen, daß Geschichtsschreibung, wie sie *La Bête est Morte!* durchführt, in Aporien verfangen ist, die sie notwendig ironisch werden lassen. Die *Ironie* der Darstellung bietet keine Lösung, sondern wird als Mittel gegen die ernste Gewalttätigkeit der Wölfe propagiert. Wenn sich der Großvater am Ende des Albums ereifert, daß ein Wolf immer ein Wolf bleibt, daß alle Wolfsbürger Barbaren waren, die im Krieg endlich ihr wahres Gesicht zeigen konnten, so ist das immer als doppelte Aussage zu verstehen: Die Franzosen müssen gegenüber den Deutschen wachsam bleiben, aber es muß über die Deutschen und über diese Haltung den Deutschen gegenüber gelacht werden können, wie die Tabakdose, der Kamin und die Schublade über den wetternden Veteran am Ende der Erzählung lachen (Abb. 7). Dieses Lachen nimmt keineswegs die Aussage der Kollektivschuld zurück, sondern ironisiert allein deren ontologischen Gestus. Geschichte als zukünftige Gegenwart wird in *La Bête est Morte!* nie zur authentischen, sondern zur lachenden, belächelten Erzählung.

III Vergegenwärtigte Geschichte

»Master Race«, von Al Feldstein geschrieben und Bernard Krigstein gezeichnet, ist der kürzeste der hier vorgestellten Comics.[19] Seine acht Seiten erschienen 10 Jahre nach Ende des Zweiten Weltkriegs in einem Heft des E. C. Verlages, der vor allem durch seine Comics aus dem Horror-Genre bekannt geworden ist. »Master Race« folgt den Konventionen dieses Genres.

Der Aufbau der fiktionalen Geschichte ist einfach und auf eine Pointe zugespitzt. Es wird eine Figur namens Carl Reissmann einge-

Abb. 7: Edmond-Francois Calvo, Victor Dancette, *Bestie*, S. 92 (Ausschnitt).

MASTER RACE

YOU CAN *NEVER FORGET,* CAN YOU, CARL REISSMAN? EVEN *HERE*...IN *AMERICA*...TEN YEARS AND THOUSANDS OF MILES AWAY FROM YOUR NATIVE GERMANY...YOU CAN NEVER FORGET THOSE *BLOODY WAR YEARS.* THOSE MEMORIES WILL HAUNT YOU FOREVER...AS EVEN NOW THEY HAUNT YOU WHILE YOU DESCEND THE SUBWAY STAIRS INTO THE QUIET SEMI-DARKNESS...

YOUR ACCENT IS STILL THICK ALTHOUGH YOU HAVE MASTERED THE LANGUAGE OF YOUR NEW COUNTRY THAT TOOK YOU IN WITH OPEN ARMS WHEN YOU FINALLY ESCAPED FROM BELSEN CONCENTRATION CAMP. YOU SLIDE THE BILL UNDER THE BARRED CHANGE-BOOTH WINDOW...

TWO TOKENS, PLEASE.

YOU MOVE TO THE BUSY CLICKING TURNSTILES...SLIP THE SHINY TOKEN INTO THE THIN SLOT...AND PUSH THROUGH...

Abb. 8: Al Feldstein, Bernard Krigstein, *Master Race*, S. 23, Panel 1–3..

führt, der die »*BLOODY WAR YEARS*« nicht einmal vergessen kann, wenn er U-Bahn fährt. (Abb. 8) Damit setzt die Handlung ein. Reissmann ist, wie der Blocktext informiert, aus Bergen-Belsen entkommen und lebt nun in Amerika. Er erkennt jemanden, der zusteigt, angstvoll wieder und beginnt, sich an die Ereignisse im nationalsozialistischen Deutschland zu erinnern. Das heißt, der Blocktext fragt zu Bildern der Vergangenheit, für die unter anderem bis heute bekannte Zeitungsphotos die Vorlage bilden, *ob* Reissmann sich erinnert. Dieses Fragen läßt lange offen, wer Reissmann war: Täter oder Opfer (Abb. 9). Erst nachdem ihn auch der Zugestiegene erkannt hat und zu verfolgen beginnt, erst als Reissmann dessen Opfer zu werden scheint, enthüllt sich seine Identität als ehemaliger Kommandant des Lagers Belsen, und das Verhältnis der beiden kehrt sich um. Der Verfolger ist das Opfer, der Verfolgte ist der Täter. Beide werden von der

NO ONE COULD STOP THE BOOKS FROM BEING BURNED...

...OR THE SHOP WINDOWS FROM BEING SMASHED AND THEIR CONTENTS RANSACKED...

...OR THE SANCTITY OF HOMES FROM BEING VIOLATED...

IT WAS A MADNESS... A WAVE THAT SWEPT THROUGH YOUR HOMELAND LIKE A PLAGUE... A TIDAL WAVE OF FRENZIED HATE-FEARS AND BLOOD-LETTING AND EXPLODING VIOLENCE... A WILD UNCONTROLLED WAVE THAT SWEPT YOU AND YOUR KIND ALONG WITH IT...

WHAT HAPPENED TO YOU, CARL? WHEN WERE YOU CAUGHT UP IN THIS TIDE? WHEN DID YOU FIRST SEE BELSEN CONCENTRATION CAMP AND THE HUMAN MISERY THAT SOBBED WITHIN ITS BARBED-WIRE WALLS?...

DO YOU REMEMBER, CARL? DO YOU REMEMBER THE AWFUL SMELL OF THE GAS CHAMBERS THAT HOURLY ANNIHILATED HUNDREDS AND HUNDREDS OF YOUR COUNTRYMEN?...

DO YOU REMEMBER THE STINKING ODOR OF HUMAN FLESH BURNING IN THE OVENS... MEN'S...WOMEN'S...CHILDREN'S...PEOPLE YOU ONCE KNEW AND TALKED TO AND DRANK BEER WITH?...

Abb. 9: Al Feldstein, Bernard Krigstein, *Master Race*, S. 26.

Vergangenheit verfolgt, auf beiden lastet ein Himmel voller Leichen, für beide ist die Geschichte nicht beendet (Abb. 10).

Als Reissmann von der U-Bahn überfahren wird, bleibt unklar, ob er stolperte oder gesprungen ist. Reissmans Schuld ist so wenig privat wie seine Erinnerung. Es ist die Schuld derer, die sich zur »Master Race« aufgeschwungen haben: *der* Deutschen. Deshalb ist es möglich, Reissmann sechs Seiten lang als Opfer zu sehen und nicht als Täter zu erkennen. Darin besteht ein Teil des Horrors dieser Story. »MASTER RACE« hinterläßt ein Unbehagen, indem es die Möglichkeit einer ambivalenten Interpretation *der* Geschichte aufzeigt, nach der die Geschichte in bestimmter Hinsicht ähnliche Bedingungen für die Erinnerung von Opfer und Täter geschaffen hat. Für beide ist die Geschichte Tag für Tag grauenvoll, gegenwärtig, wenn auch aus völlig verschiedenen Gründen: Der Täter erinnert sie in der Angst vor der Rache der Opfer (hier spielt »MASTER RACE« auf das antisemitische Motiv der »jüdischen Rache« an), und kann sich so selbst als Opfer stilisieren – eine Praxis, die in Deutschland bis heute üblich ist. Das Opfer ist dementgegen traumatisiert: Es will zuletzt den Täter nicht einmal gekannt haben (Abb. 11). Daß nur das namenlose Opfer überlebt, ist die Hoffnung, die »Master Race« nährt.

Geschichte erscheint auf den acht Seiten von »MASTER RACE« als vergegenwärtigte, nie authentische. Sie ist der Horror, ein Himmel voller Leichen, der auf der Gegenwart lastet. Und sie erzeugt den Horror, daß im Alltag, bei jeder U-Bahnfahrt jedes Gegenüber ein Lagerkommandant mit bluttriefenden Händen sein kann. Um diesen Horror zu erkennen, muß die Geschichte erinnert werden. Das Opfer kann sie nicht vergessen. Sein Alptraum überdauert den Tod des Täters.

Unterdessen...

Comics wie diesen ersten drei wird gerne vorgeworfen, sie würden Geschichte nicht schreiben, sondern verkitschen oder trivialisieren, indem sie sie – in diesen Fällen – mit Tierfiguren oder dem Handlungsmuster des Horrorgenres darstellen. Es sollte deutlich geworden sein, wie wenig dieser Vorwurf die verurteilten Comics trifft. In allen drei Fällen zeigte sich Trivialität als Möglichkeit, Geschichte als

Abb. 10: Al Feldstein, Bernard Krigstein, *Master Race*, S. 29, Panel 10–11.

Abb. 11: Al Feldstein, Bernard Krigstein, *Master Race*, S. 30, Panel 12–15.

immer schon vermittelte zu thematisieren. Die beiden folgenden Beispiele versuchen über dreißig Jahre später, der Trivialität durch Ernsthaftigkeit zu entgehen. Sie geben vor, realistisch zu sein.

IV Realistische Geschichte

Au Nom des tous les miens (Der Schrei nach Leben) ist eine auf sieben
Alben konzipierte Serie, von der nur die ersten beiden Bände 1986
und 1987 in Frankreich erschienen. Dieser Comic adaptiert die 1972
veröffentlichte Autobiographie von Martin Gray.[20] Gray erlebte als
Jugendlicher die Besetzung Polens und organisierte einen Schmuggel
in das Warschauer Ghetto. *Au Nom des tous les miens* übernimmt im
Blocktext bis in einzelne Formulierungen hinein die Perspektive
Grays und macht so an keiner Stelle deutlich, daß es die Umsetzung
einer Autobiographie ist. So wird er zu keiner Biographie, sondern zu
einem spannenden, fiktionalen Abenteuer-Comic. Dessen Zeichenstil,
den *Au Nom des tous les miens* mit seinen realistisch dargestellten Figuren pflegt, ist für den Zeichner Paul Gillon typisch. Die Blocktexte,
die von Patrick Cothias stammen, stehen im Imperfekt. Die Figur des
Erzählers beobachtet die Handlung distanziert (Abb. 12). Auch wenn
Gray als Held immer wieder in ein Geschehen hineingezogen wird,
hebt er sich durch diese Perspektive aus der Masse der Menschen, den
Opfern, hervor und stellt sich den Tätern gegenüber.

Diese Distanz zur Geschichte in der Geschichte leugnet, daß *Au
Nom des tous les miens* eine erinnernde Darstellung der Geschichte

Abb. 12: Patrick Cothias, Paul Gillon, *Schrei I*, S. 40, Panel 3.

ist. Die Spannung zwischen sprachlichem Imperfekt und bildlicher Präsenz läßt Geschichte als distanziert zu kommentierende Gegenwärtigkeit erscheinen. Während Martin Gray den Schmerz der Erinnerung als Grund für seine Autobiographie angibt, fehlt diese Spannung in der Comic-Version.[21] In ihr verschwindet die Gegenwart ihrer Produktion als Ausgangspunkt für die Geschichtsschreibung. So kann die Geschichte als abgeschlossene, von der Gegenwart unabhängige Fiktion gezeigt werden, die ihren Wahrheitsanspruch durch ihren Realismus behauptet. Doch dieser Realismus hat seinem Verhältnis zur Autobiographie keine realistische Position gegenüber, weil er eine Authentizität imaginiert, die unmöglich ist.

V Objektive Geschichte

Hitler von Friedemann Bedürftig (Text) und Dieter Kahlenbach (Bilder) erschien 1989 zweibändig in der Bundesrepublik Deutschland. 1993 hat die Bundeszentrale für politische Bildung eine einbändige, leicht gekürzte Version herausgegeben.[22] *Hitler* ist eine Biographie des Lebens von Adolf Hitler, in die allgemeine Ereignisse der Geschichte einbezogen sind. Mit Buntstift abgepauste Photographien der Zeit setzen beides um. Sie sind zudem collagiert und verschmelzen teilweise zu allegorischen Bildern. Die Collagen werden durch einen Blocktext im historischen Präsens kommentiert, in dem der distanzierte Ton objektiven Berichts vorherrscht. Der Omnipräsenz des Führers entspricht die Allwissenheit des Erzähltexts. Geschichte wird hier Seite für Seite als simultane präsentiert, ohne daß ihre Abfolge in Frage steht. Sie ist abgeschlossen und kein Raum voller Möglichkeiten und Entscheidungen, die die Zukunft ungewiß werden lassen. *Hitler* wirkt dennoch wie eine realistische, authentische Rekonstruktion aus Dokumenten der Geschichte und nimmt den Charakter wissenschaftlicher Objektivität für sich in Anspruch.

Wenn Denkblasen das Biographische durch ihre Innensicht betonen, beweist das, wie gut Kahlenbach und Bedürftig meinen, die Geschichte verstanden zu haben. Die LeserInnen erfahren so, was der Führer über Napoleon an dessen Grab gedacht hat oder was ihn in seiner Jugend zum Antisemiten machte.[23] Art Spiegelman hat in einem Interview angemerkt, daß diese Technik zu einer Identifizierung mit Hitler führen würde.[24] Das überschätzt meines Erachtens die Macht dieser Technik: Den collagierten Photographien wird durch die Blasen ein Sinn aufgeladen, den sie als Photos nicht einlösen können. Der historiographische Wert von Photographien besteht gerade darin, daß sie *keine* Innensicht bieten. Photographien setzen sich, wie Siegfried Kracauer anmerkt, »zum Teil aus Abfällen zusammen« – sie sind immer fragmentarisch.[25] Als abgepauste Collagen verlieren die Photographien ihren fragmentarischen Charakter. Sie werden von den Abfällen gesäubert und auf einen eindeutigen Sinn reduziert. Die Innensicht der Denkblasen soll diesen Sinn authentisieren. Das mißlingt.

Wenn das berühmte Photo des Jungen aus dem Warschauer Ghetto mit einer Denkblase versehen wird, in der er Fluchtpläne hegt, wird nur die Anmaßung, die stummen Bilder zum Sprechen zu bringen, sichtbar (Abb. 13). Daß diese Anmaßung, Geschichte von innen durchdringen zu können, vor dem Innern der Gaskammern während

Abb. 13: Friedemann Bedürftig, Dieter Kahlenbach, *Hitler*, S. 185 (Ausschnitt).

Abb. 14: Friedemann Bedürftig, Dieter Kahlenbach, *Hitler*, S. 121.

der Vergasung nicht haltmacht, ist konsequent.[26] Sie wird aber gefährlich, wenn es der Darstellung nicht gelingt, Distanz zur nationalsozialistischen Propaganda herzustellen, sondern diese einfach abbildet (Abb. 14). Die bunten Propagandabilder gesunder, blonder Mütter werden durch die schwarz-weiß gezeichneten, zum Opfer präparierten Juden bestätigt. Das Pathos der Leidenden schmiegt sich an das Pathos der Nationalsozialisten – gewiß ohne ihm zu gleichen. Nur setzt es diesem nichts entgegen. Während sich die LeserInnen hier in die Opfer einfühlen sollen, wird ihnen zugleich nahegelegt, der Reinszenierung nationalsozialistischer Ideologie zu folgen.

Das Pathos hat in *Hitler* die gleiche darstellungstechnische Bedeutung wie die Ironie in *La Bête est Morte!* Es ist das Pathos authentischer Darstellung, das weder die Collage der Photos noch ihr allegorischer Charakter, weder die Sprech- und Denkblasen noch der Blocktext aufsprengen. Im Gegenteil: Diese Mittel vermengen sich zu einer historischen Gegenwart, die insgesamt einer ganz anderen Zeit zugeordnet werden kann. Die Geschichte war schlimm, aber sie ist abgeschlossen. Mittel dieses Abschlusses ist die behauptete Authentizität.

VI Maskierte Geschichte

Weiter mit *MAUS*, zurück zu *MAUS*: *MAUS* erschien kapitelweise zwischen 1981 und 1991 und wurde in zwei Bänden 1986 und 1991 zusammengefaßt.[27] Das Problem, der Geschichte fern zu sein, stellt sich für *MAUS* ebenso wie für *Au Nom des tous les miens* und *Hitler*. Aber *MAUS* wählt eine ganz andere Form der Darstellung. *MAUS* erzählt den Prozeß der – von Art Spiegelman erfragten – Erinnerung Vladek Spiegelmans an dessen private Geschichte. Es ist eine Autobiographie *und* eine Biographie zugleich. Allgemeine Geschichte hat nur insoweit Bedeutung, wie der Vater von ihr betroffen ist oder von ihr hört. In Abbildung 15 berichtet Vladek vom einzigen Mal, an dem er Dr. Mengele traf. Die Seite verbindet diese Anekdote mit einer allgemeinen Darstellung der Selektionen in Auschwitz. Im dauernden Wechsel zwischen der Vergangenheit des Erzählens (Ende der Siebziger) und der Vergangenheit des Erzählten (das Überleben der nationalsozialistischen Verfolgungen und Vernichtungen) sind beide Ebe-

Abb. 15: Art Spiegelman, *MAUS II*, S. 58, Panel 4-9.

nen nebeneinander präsent. Ständig gibt es Übergänge (Abb. 15, Panel 3-4).

Einerseits verschwinden diese Übergänge nahezu durch eine formale Kontinuität, wie die Identität der Panelformate und die Wiederholung des Zitats »FACE LEFT« am nahezu gleichen Ort innerhalb des Panels. Andererseits bleibt eine unüberbrückbare Differenz. Aus der Sprechblase Vladeks wird Blocktext, »FACE LEFT« nun Mengele zugeordnet. Zeichen dieser Differenz ist der schmale weiße Zwischenraum zwischen den Panels. Die Wiederholung in dieser Differenz (zweimal »FACE LEFT«) und die Differenz in der Wiederholung (»FACE LEFT« zweimal verschieden zugeordnet) weisen beide auf die Konstruktion der Geschichte hin. Geschichte ist in *MAUS* immer eine doppelt dargestellte: vom Vater *und* vom Sohn. Erinnert *und* (auf)gezeichnet.

Die Erinnerungen des Vaters teilen sich zwischen Blocktext und Sprechblasen auf. Schon das ist Darstellung des Sohnes, die aber die Darstellung des Vaters selbst in dem Zwischenraum zwischen Differenz und Wiederholung thematisiert. Art-Spiegelmans Darstellung arbeitet mit einigen Techniken der Comics, denen wir auf unserem Umweg begegneten.

Wenn im Panel unter dem »FACE LEFT« Mengeles im gleichen Format der Schornstein raucht (Abb. 15, Panel 6), erinnert das daran, wie Hergé in *Popol et Virginie chez les Lapinos* historische Kausalität durch Panelformate lancierte. Wenn das große Panel, das die Selektion überblickt, in den Gesten der Figuren das Bild zitiert, das Alfred Kantor 1945 von der Selektion gezeichnet hat, dann wird auf die Vermitteltheit der Darstellung des Sohnes wie der Erinnerung des Vaters hingewiesen (Abb. 16).[28] Vladeks Erinnerungen sind so wenig privat wie die von Carl Reissmann. Auch das fiktive Nebeneinander von Erinnerung und Gegenwart war schon in »Master Race« zu sehen. Und wenn alle Figuren Tierköpfe haben, so ähneln sich Täter und Opfer darin. Daß Tierköpfe verwendet werden, hat allerdings weder mit den Figuren in *La Bête est Morte!3* noch mit denen in *Popol et Virginie chez les Lapinos* zu tun. Sie sind weder ironisch noch für Kinder bestimmt.

In *MAUS* wird die Cartoon-Tradition der Katz-und-Maus-Jagden á la *Tom und Jerry* zitiert und neu verwendet: für eine rassistische Konstellation. Diese Reflexion auf die Geschichte der Comics unterscheidet *MAUS* von allen anderen Beispielen. Die Verteilung der Tierköpfe bezieht sich einerseits auf ein Verhältnis von Tätern und Opfern und weist andererseits auf ein ganz anderes Thema.[29] In den Konzentrationslagern sind Deutsche (Katzen), Juden (Mäuse) und Polen (Schweine) – u.a. in Dachau an Typhus – umgekommen (Abb. 17). Die Tierköpfe stellen Zeichen einer Identität *und* einer Identifizierung zugleich dar. Die Mausköpfe sind zum Beispiel Zeichen jüdischer

Abb. 16: Alfred Kantor, *Das Buch des Alfred Kantor*, S. 72.

Abb. 17: Art Spiegelman, *MAUS II*, S. 95, Panel 4.

Identität und der nationalsozialistischen Identifizierung durch die Nürnberger Rassegesetze. Vladek versteht sich als Jude und ist in Folge der nationalsozialistischen Definition nach Auschwitz deportiert worden.

Es gibt mehrere Stellen, an denen die Köpfe *als Masken* thematisch werden. In Vladeks Geschichte: Wenn sich dieser als Pole ausgibt, setzt er sich eine Schweinemaske auf (Abb. 18). In der Gegenwart: Wenn Art Spiegelman sich selber zeichnet, wie er im zweiten Band über den Erfolg des ersten nachdenkt (Abb. 19). Indem nur die Köpfe Tieren ähneln, scheinen diese zu Masken zu werden: den Masken des Rassismus. Diese Masken sind der Schnittpunkt von Identität und Identifizierung. An keiner Stelle kann in *MAUS* hinter die Masken gelugt werden. Wenn hinter der Maske ein Gesicht angedeutet wird,

Abb. 18: Art Spiegelman, *MAUS I*, S. 64, Panel 2–5.

Time flies...

Abb. 19: Art Spiegelman, *MAUS II*, S. 41.

so läßt sich dieses nur imaginieren. Die Vorstellung eines *Dahinter ist ein Effekt der Maske*. Die Masken verbergen so, daß sich hinter ihnen nichts verbirgt – nichts als Projektionen.

Gewiß gibt es Individuen. Aber es gibt sie nur maskiert: Die einzelnen sind keine Wahrheit hinter der Maske. In *MAUS* sind einzelne Figuren nur an äußeren Accessoires (z.B. Arts Weste) unterscheidbar. Gewiß stellen die Figuren Menschen dar. Menschen aber, die sich nur mit einer Tiermaske denken lassen. Der Mensch ist keine Wahrheit hinter der Maske. Auch wenn die Masken in der Vergangenheit *und* in der Gegenwart wirksam sind, zur Vernichtung des europäischen Judentums führten sie nur in der historischen Konstellation des Dritten Reichs, in der hinter den Masken die biologische »Substanz« der Rassen behauptet wurde (Abb. 20).[30]

Abb. 20: Zeichnung von Mjölnir aus der nationalsozialistischen Propagandaschrift
Die verfluchten Hakenkreuzler. Etwas zum Nachdenken,
mit einem Text von Josef Goebbels, München 1930.

Alle drei Projektionen – *Individuum, Mensch, Rasse* – versehen die Masken mit einem Sinn, der als Ursprung, als authentische und überhistorische Wahrheit der Masken entschleiert werden muß. Mit MAUS läßt sich die Möglichkeit einer solchen Entschleierung bezweifeln, denn in MAUS gibt es kein Dahinter der Masken, sondern nur Masken über Masken.

Die Masken offenbaren keine tiefere Wahrheit, sondern *wiederholen* sich. Sie müssen einerseits Panel für Panel als *Identität* bestätigt werden. So entsteht eine unterbrochene Kontinuität der Masken, die von der Zeit vor Auschwitz bis in die Gegenwart reicht. Die Masken werden immer wieder zitiert. Andererseits unterscheiden sich die Masken. Katzen sind keine Mäuse. Es gibt eine *Differenz*. Die Masken werden neu verwendet oder haben eine andere Wirkung. Die rassistische Projektion ist keine anthropologische.

Die Masken wiederholen so die Verdoppelung der Darstellung zwischen Differenz und identischer Wiederholung, die ich für *MAUS* am »FACE LEFT« beschrieben habe. Geschichte erscheint in *MAUS* als maskierte, nicht zu entlarvende. Die Maske der Geschichte kennt keine authentische Wahrheit, sondern nur weitere Maskierungen. Wenn sich die Maske der Geschichte am deutlichsten in dem Zwischenraum der Wiederholung, zwischen Identität und Differenz, als Weiß zwischen den Panels zeigt, so nicht als nicht-darstellbare (und damit negativ-authentische), sondern nur als Produkt der Darstellung. *MAUS* weist auf die Notwendigkeit der Maske der Geschichte und ihrer Wiederholung hin. Zugleich nutzt Spiegelman diese Maskerade als Möglichkeit zur kritischen Auseinandersetzung. *MAUS* parodiert authentische Darstellungen und essentialistische Projektionen, indem es diese hervorruft und zitiert, aber zugleich anders verwendet. *Das weiße* M ist eine Maske der Geschichte.

Wenig später...

Auf unserem Umweg über die fünf Comics standen sich zwei ganz unterschiedliche Modelle der Geschichtsschreibung gegenüber: Das eine Modell versucht ein realistisches Bild von der Geschichte zu geben. Dieser Realismus entbindet die Geschichte von ihrem Material, von den Dokumenten ihrer Überlieferung und deren Kontingenz.

Dieses Geschichtsmodell, wie es uns in *Au Nom des tous les miens* und *Hitler* entgegentrat, will zeigen, *»wie es denn gewesen ist«*. Es behauptet Authentizität und ist mit seiner Behauptung nie authentisch. Die notwendige Distanz zur Geschichte leugnet es mit all seiner Ernsthaftigkeit und kompensiert sie in der Kontinuität der Chronologie. Das andere Modell genießt diese Distanz als Möglichkeit, über die Geschichte zu lächeln oder sich zu gruseln. Es ist ironisch wie *La Bête est Morte!* oder stellt Geschichte wie in »MASTER RACE« in einem Genre dar. Das historische Material wird verändert und erst in dieser Veränderung sichtbar. Die Schwäche dieses Modells liegt darin, der projizierten Wahrhaftigkeit des anderen Modells nichts Konsistentes entgegensetzen zu können, weil sie die Kontingenz in ihre Darstellung einbeziehen. *MAUS* begründet die Schwäche dieses Modells als Stärke der Kritik am authentischen Realismus und setzt diesem einen parodistischen Realismus entgegen. *MAUS* ist eine Parodie der Geschichtsschreibung, die ich mit Friedrich Nietzsche *Genealogie* nennen möchte.[31] Comics können solche Genealogien sein, und *MAUS* ist eine der präzisesten.

Zur Genealogie von MAUS(CHWITZ)

Aus der Perspektive der Genealogie ist der authentische Realismus selbst nur die Maske einer Geschichtschreibung, die besonders hartnäckig behauptet, die Wahrheit der Geschichte zu bergen. Im Gegensatz zu ihr weiß die Genealogie um die Notwendigkeit dieser Maskerade. Ihr ist Geschichte immer schon Geschichtsschreibung und alle Geschichtsschreibung eine Parodie. Sie zieht daraus den Schluß, diese Maskerade samt ihrer parodistischen Struktur zu parodieren. Deshalb versucht die Genealogie, die Masken *als Masken ohne Dahinter* zu begreifen. Diesen Versuch zeichnen die Masken in *MAUS* als Wiederholungen aus, die auf keinen Ursprung – *die* Geschichte – zurückgreifen können, sondern immer nur andere Masken zitieren und neu verwenden.

In der doppelten Wiederholung, zwischen Zitat (Identität) und Neuverwendung (Differenz), birgt die Genealogie von *MAUS(CHWITZ)* die Kraft der Parodie. Es ist die Parodie des *weißen* M, das Auschwitz maskiert und als Maske sichtbar werden läßt.

MAUSCHWITZ ist keine Metapher, sondern eine Parodie der metaphorischen Verwendungen von Auschwitz, die behaupten, die authentische, realistische oder wahre Bedeutung von Auschwitz zu entschleiern. *Das weiße M* parodiert nicht Auschwitz, es lacht nicht über das Grauen, sondern über die Unmöglichkeit, ihm nahe zu kommen. Das Lachen des *weißen M* ist nicht inhaltlich, sondern in der Struktur seiner Maskerade begründet. *MAUS* ist keine *inhaltliche*, sondern eine *strukturelle Parodie.*[32]

In dem schon besprochenen Übergang von Vladeks Erzählung zur Selektion (Abb. 15, Panel 3-4) wird der Ernst dieser strukturellen Parodie deutlich. Die Figur Mengeles wiederholt die Figur Arts durch ihren Ort im Panel. Mengele befiehlt Vladek – »FACE LEFT« –, Art fordert den Vater schweigend zum Berichten auf. Arts Cassettenrecorder wird zu Mengeles Schreibblock, beides sind weiße Rechtecke. In dieser wiederholenden Differenz wird die Ambivalenz von Arts Arbeit als Parodie deutlich: Art steht dem Vater strukturell wie im Verhör gegenüber, der Vater bewegt sich vor ihm, als sei er Mengele. Die Identität der Position von Art und Mengele verhöhnt diesen, parodiert die Selektion nicht, sondern weist auf das Problem hin, Geschichte darzustellen. Das Spiel zwischen Identität und Differenz in der Wiederholung parodiert strukturell das Unterfangen Arts, an dessen Geschichtsschreibung die Nationalsozialisten mitschreiben.[33] Deshalb ist die Geschichtsschreibung in MAUS parodistisch.

MAUS ist weder »komisch« oder »humorvoll« noch »verhöhnend«, sondern schafft, indem es diese parodistische Struktur der doppelten Wiederholung ausnutzt, einen Zwischenraum, in dem in der Tat ein *reflexives Lachen* über Auschwitz möglich wird. *Nach Auschwitz sprechen* sollte heißen, nach Auschwitz so zu lachen, wie *MAUS* es vorschlägt: Das meint kein Gelächter, sondern das reflexive Lachen einer ernsten Parodie, das vielleicht sogar ein trauerndes Lachen ist.[34] Der »Zwang zur neuen Aufmerksamkeit einer alten Geschichte gegenüber«, den Terrence Des Pres registrierte, ist der Zwang zum reflexiven Lachen. Ein Lachen jenseits von Pathos und Kitsch, das nichtsdestotrotz »dies alles«, wie Ruth Klüger es nennt, »ausbeutet«.[35] Ein Lachen nicht über die Ereignisse und ihre Erinnerung, sondern über die Distanz zwischen beiden, über die Distanz zu beiden. Ein Lachen über sich selbst und den hilflosen Versuch, mit der

Distanz leben zu lernen. Die Genealogie favorisiert keineswegs das überhebliche Lachen einer besserwissenden Selbstreflexion. Sie lacht inmitten der Auseinandersetzung um die Metapher Auschwitz und erschüttert diese so in deren Grenze. Die Genealogie behauptet kein karnevalistisches Lachen, sondern ein Lachen, das nie glücklich wird, denn es weiß, daß das, was Auschwitz war, in die Gegenwart reicht und doch Geschichte ist. Dieses reflexive Lachen lacht nicht nur darüber, wie Auschwitz dargestellt wird, sondern insistiert auf der Notwendigkeit, daß Auschwitz dargestellt wird. Die Genealogie von *MAUS(CHWITZ)* stellt die dringende Frage, wie Auschwitz erinnert, wie bewertet wird. *MAUS* beantwortet diese Frage nicht abschließend, sondern öffnet sie für politische und ästhetische Auseinandersetzungen.

Zwischen dem Erscheinen und Verschwinden *des weissen* **M** sind *MAUS* und *Auschwitz* darstellbar geworden. *Das weisse* **M** muß geschrieben werden und sich leugnen. Dazwischen lacht es.

Anmerkungen

Eine erste Fassung dieses Textes wurde auf dem vom Haus am Kleistpark/Kunstamt Schöneberg, der Neuen Gesellschaft für Bildende Kunst, dem Haus der Wannsee-Konferenz und dem Fritz Bauer Institut veranstalteten Symposion *Künstler forschen nach Auschwitz* am 30.5.1996 im Haus der Wannsee-Konferenz in Berlin vorgetragen. Ich möchte an dieser Stelle Katharina Kaiser, Jens Balzer, Silke Wenk und Christian Schlüter danken, die auf ganz unterschiedliche Weise an der Entstehung dieses Textes teilhaben.

1 Ruth Klüger, *weiter leben*: Eine Jugend. Göttingen: Wallstein, 1992, S. 79f.
2 Terrence Des Pres, »Holocaust Laughter?«, in: Barel Lang (Hg.), *Writing and Holocaust*. New York, London: Holmes and Meier, 1988, S. 216-233. Das Zitat findet sich auf S. 229 und 233. Übersetzung von O.F.
3 Sowohl James E. Young als auch Hanno Loewy machen meines Erachtens den Fehler, zu behaupten, das Darüber-Sprechen könne zu einer authentischen Position führen, von der aus die Frage, wie zu sprechen ist, eindeutig zu beantworten wäre. James E. Young, *Beschreiben des Holocaust*. Frankfurt am Main: Jüdischer Verlag, 1992, bes. S. 295-99. Hanno Loewy, »Auschwitz als Metapher«, in: *die tageszeitung*, 25.1.1997, S. 13f.
4 Des Pres, »Holocaust Laughter?«, S. 217.
5 Ebd., S. 220.

6 Ebd., S. 222, S. 229 und S. 218. Tadeusz Borowski, *Die steinerne Welt: Erzählungen*. München: Deutscher Taschenbuch Verlag, 1970. Leslie Epstein, *The King of the Jews*. New York: Coward, McCann & Geoghegan, 1979; dt.: *Der Judenkönig. Roman*. Hamburg: Hoffmann und Campe, 1980. Vgl. zu weiteren Beispielen in der deutschen Literatur: Rüdiger Steinlein, »Das Furchtbarste lächerlich? Komik und Lachen in Texten der deutschen Holocaust-Literatur«, in: Manuel Köppen (Hg.), *Kunst und Literatur nach Auschwitz*. Berlin: Schmidt, 1993, S. 97-106.

7 Art Spiegelman, *MAUS – A Survivors Tale*. 2 Bde, New York: Pantheon, 1986 und 1991. Die Übersetzung *MAUS – Die Geschichte eines Überlebenden* erschien bei Rowohlt (Reinbek bei Hamburg 1989 und 1992).

8 Des Pres, »Holocaust Laughter?«, S. 229.

9 Ebd., S. 219 und S. 225.

10 Ebd., S. 232. Des Pres' Essay beginnt mit einer Reflexion über das Schreiben, dem Titel des Sammelbandes *Writing and Holocaust*, in dem dieser erschien, angemessen. Daß *MAUS* weniger geschrieben als gezeichnet ist, merkt er nicht an.

11 Jacques Derrida: »Die differance«, in: ders., *Randgänge der Philosophie*. Wien: Passagen, 1988, S. 29-52, hier S. 29.

12 In dem MAUSCH- ist zudem noch eine Anspielung auf das Wort »Mauscheln« zu lesen, das im antisemitischen Stereotyp die »verborgene Sprache der Juden« bezeichnet und deren Sprecher nicht selten kriminalisiert wurden. Sander L. Gilman merkt an: »Die Sprache der Juden wird dabei als verdorben betrachtet, als eine Sprache, die alles ›zersetze‹, womit sie in Kontakt kommt.« Sander L. Gilman, *Jüdischer Selbsthaß: Antisemitismus und die verborgene Sprache der Juden*. Frankfurt: Jüdischer Verlag, 1993, S. 18. Die zahlreichen Implikationen dieser Assoziation für Spiegelmans Praxis können hier nur mittelbar behandelt werden. Sam Dresden merkt in einer für die gängige Auseinandersetzung mit *MAUS* bezeichnenden Fußnote an, daß durch das *Mauschwitz* »für meinen Geschmack (...) der Witz zu weit getrieben« wird und schränkt ein: »Allerdings muß ich zugeben, daß der Ausdruck ›Mauschwitz‹ im Zusammenhang mit diesem Buch sehr treffend ist. (Sam Dresden, *Literatur und Holocaust: Essay*, Frankfurt am Main: Jüdischer Verlag, 1997, S. 299). Ich hoffe im folgenden zeigen zu können, daß *MAUSCHWITZ* nicht nur ein treffender, sondern auch ein notwendiger »Ausdruck« ist.

13 Hergé, *Paul und Virginia bei den Langohrindianern*. Hamburg: Carlsen, 1992; vgl. Stefan Schmidt, »Popol et Virginie«, in: Markus Czerwionka, *Lexikon der Comics*, 5. Erg.-Lfg. 1993, Meitingen: Corian, wo die genauen Erscheinungsdaten und Vorstufen zu diesem Comic vermerkt sind.

14 Thomas Bleicher-Viehoff weist in einem Aufsatz auf den Comic *Lucky Luke reitet für die 20er Kavallerie* (René Goscinny, Morris, *Lucky Luke reitet für die 20er Kavallerie*. Stuttgart: Delta, 1979 – entstanden 1971) hin, in dem es die – selbstironische – Karikatur eines fahrenden, hüteverkaufenden jüdischen Händlers gibt – Thomas A. T. Bleicher-Viehoff, »Selbstironie in der Tradition der Karikatur – Juden in den Comics von Goscinny«, in: Joachim Kaps, *Comic-Almanach 1992*, Wimmelbach: Comic Press, 1992, S. 117-128, hier S. 120. Daß die Figur des umherziehenden jüdischen Hutverkäufers im franko-belgischen Raum

ein verbreitetes Klischee ist, konnte ich nicht belegen. Allerdings rufen die Figuren Paul und Virginia in verschiedener Hinsicht das antisemitische Klischee des »Schacherjuden« auf. Dennoch bleibt unklar, wie weit sich Hergé tatsächlich auf die Ereignisse in Deutschland bezieht. Schmidt, »Popol«, S. 4, weist darauf hin, daß Hergé einen großen Teil der Handlung von *Paul und Virginia bei den Langohrindianern* von einem anderen seiner Comics (*Tim l'écureuilau far West* von 1931) übernommen hat, die Anfangsszene, um die es hier geht, aber 1934 eigens hinzugefügt ist. Daß es auf jeden Fall um eine politische, bzw. nationalistische Konstellation geht, belegt die für den Rest des Comics untypische Wortwahl dieser Szene.

15 »Panel« heißt das »Bild« im Comic, das eben kein Bild mehr ist, sondern die Zeichnung und den Text in einem Rahmen – zumeist, wie hier, ein Viereck – zusammenfaßt.

16 Edmond-François Calvo, Victor Dancette, *Die Bestie ist tot! – Der zweite Weltkrieg bei den Tieren.* Mit einem Vorwort von Iring Fetscher. Dreieich: Abi Melzer, 1977.

17 Ebd., z.B. S. 50f.

18 Vgl. Dominique Petitfaux, »L'Homme et la Bête«; in: *Le Collectionneur de Bandes Dessinées*, Nr. 60/61 (1988/89), S. 14f.. Die Bilder von Goebbels und Göring finden sich in Calvo, Dancette, *Bestie*, S. 22, Panel 3 und 4.

19 Al Feldstein, Bernard Krigstein, »MASTER RACE«, in: *Impact*, Nr. 1 (1955), S. 23-30. Wiederabgedruckt in: Michael Barrier, Martin Williams (Hg.), *A Smithsonian Book of Comic-Book-Comics*. New York: Harry N. Abrams, 1981, S. 326-333. Deutsche Übersetzung in: Reinhard Mordek (Hg.), *Der größte Horror aller Zeiten*. Hamburg: Williams, 1973, n.p.. Vgl. Ole Frahm, Michael Hein, »Hilflose Täter – Was Auschwitz in einigen Comic-Geschichten verloren hat«, in: Joachim Kaps (Hg.), *Comic Almanach 1993*. Wimmelbach: Comic Press, 1993, S. 91-93.

20 Patrick Cothias, Paul Gillon, *Der Schrei nach Leben.* 2 Bde. Hamburg: Comicplus+, 1988, nach der Vorlage von Martin Gray, *Der Schrei nach Leben: Die Geschichte eines Mannes, der die Unmenschlichkeit besiegte, weil er an den Menschen glaubte.* München: Scherz, 1980. Für eine ausführliche Analyse und Kritik vgl. Ole Frahm, »Comic und Holocaust«; in: *17° – Zeitschrift für den Rest*, Nr. 8 (1994), S. 22-29, und ders., »Au nom des tous les miens«, in: Markus Czerwionka (Hg.), *Lexikon der Comics*, 18. Erg.-Lfg. (1996).

21 Gray, *Schrei*, S. 7-10.

22 Friedemann Bedürftig, Dieter Kahlenbach, *Hitler*. Hamburg: Carlsen, 1993. Vgl. Frahm, »Hilflose Täter«, S. 95-97, und ders., »Hitler«, in: Markus Czerwionka (Hg.), *Lexikon der Comics*, 19. Erg.-Lfg. (1996).

23 Bedürftig, Kahlenbach, *Hitler*, S. 155 und S. 17.

24 Gary Groth, »Deconstructing Art Spiegelman: The Definitive Interview«; in: *The Comics Journal*, Nr. 180 (1995), S. 54f.

25 Siegfried Kracauer: »Die Photographie«, in: ders., *Schriften 5.2. – Aufsätze 1927-1931*. Hg. von Inka Mülder-Bach. Frankfurt am Main: Suhrkamp, 1990, S. 83-98; das Zitat findet sich auf S. 86.

26 Bedürftig, Kahlenbach, *Hitler*, S. 173.

27 Siehe Anm. 7.

28 Alfred Kantor, *Das Buch des Alfred Kantor*. Mit einem Vorwort von Friedrich Heer. Frankfurt am Main: Jüdischer Verlag bei Athenäum, 1987, n.p. [S. 72]. Es geht um die Haltung der Figur, die bei Spiegelman an dem Tisch sitzt und mit einem Knüppel den Weg weist. Auch der Rauch aus dem Schornstein ist ein Zitat, wie die Zeichnung des Schornsteins selber (Kantor, *Buch*, [S. 73]). Spiegelman zitiert Kantor auch an verschiedenen anderen Stellen, die zum Teil auf Art Spiegelman, *The Complete MAUS* (CD-ROM), New York: Voyager, 1992, dokumentiert sind. Noch offensichtlicher wird diese Reflexion der Erinnerung an dem Beispiel, auf das Detlef Hoffmann hingewiesen hat. Detlef Hoffmann, »Auschwitz im visuellen Gedächtnis: Das Chaos des Verbrechens und die symbolische Ordnung der Bilder«; in: Fritz Bauer Institut (Hg.), *Auschwitz: Geschichte, Rezeption, Wirkung. Jahrbuch 1996 zur Geschichte und Wirkung des Holocaust*. Frankfurt am Main, New York: Campus, 1996, S. 223-257. Das Beispiel und seine Quelle sind auf S. 232f. abgedruckt.

29 Hier widerspreche ich Terrence De Pres, der die Konstellation von Katze und Maus alleine aus dem Verhältnis zwischen Täter und Opfer begründet und sich nicht mit den übrigen Tierfiguren beschäftigt (Des Pres, *Laughter*, S. 229).

30 In der rassistischen Ideologie der Nationalsozialisten wurde »›der Jude‹ vor allem als parasitäre Existenz und durch seine Fähigkeit, sich hinter jeder Maske zu verbergen«, definiert (Hanno Loewy: »›Ohne Masken ...‹. Juden im Visier der ›Deutschen Photographie‹ 1933-1945«, in: Kunst- und Ausstellungshalle der Bundesrepublik Deutschland / Klaus Honnef, Rolf Sachse, Karin Thomas (Hg.), *Deutsche Fotografie. Macht eines Mediums. 1970-1970*. Köln: Du Mont, 1997, S. 135-149, hier S. 136). Hanno Loewy zeigt in seinem Aufsatz, wie weit dieses Bild »des Juden« als »Meister aller Masken« (ein Zitat von Ernst Jünger, S. 137) verbreitet war. Spiegelman nimmt dieses Bild der Maske auf und affirmiert den Vorwurf, daß sich hinter der Maske kein Wesen verbirgt. Wenn die Nationalsozialisten dem im Grunde »wesenlosen Juden« den »wesenhaften Arier« entgegenstellt, wird in MAUS gezeigt, daß auch »der Arier« nur eine Maske ist und sich hinter keiner Maske ein »Wesen« verbirgt. Es bedürfte längerer Ausführungen, um die Konsequenzen dieser – doppelten – Affirmation in MAUS herauszuarbeiten, in Bezug auf den Begriff der Geschichte werden sie im folgenden angedeutet.

31 Vgl. Friedrich Nietzsche, *Die Genealogie der Moral*, in: ders., *Werke in drei Bänden*. Hg. von Karl Schlechta. München: Hanser, 1966, Bd. 2, S. 761-900, bes. S. 818, und im Anschluß daran: Michel Foucault, »Nietzsche, die Genealogie, die Historie«, in: ders., *Von der Subversion des Wissens*. Frankfurt am Main: Fischer Taschenbuch, 1987, S. 69-90; sowie Judith Butler, *Das Unbehagen der Geschlechter*. Frankfurt am Main: Suhrkamp, 1992, bes. S. 49. Michael Rothberg zitiert einen unveröffentlichten Essay von Maurice Anthony Samuals, der die Figur von Art ganz in meinem Sinne als »a parody of the traditional historian in what amounts to a parody of realist historiographic methods« interpretiert – Michael Rothberg, »›We Were Talking Jewish‹. Art Spiegelman's Maus as ›Holocaust‹

Production«, in: *Contemporary Literature*, Vol. 35, Nr. 4 (1994), S. 661-687; das Zitat ist auf S. 673 nachzulesen. Weshalb und in welcher Weise Comics als Genealogien funktionieren, zeige ich in dem Aufsatz »Das unsichtbare Dritte: Comic als genealogisches Medium«; in: *17° C – Zeitschrift für den Rest*, Nr. 14 (1997), S. 50-53.

32 Art Spiegelman kritisierte auf dem Symposion *Künstler forschen nach Auschwitz* den Begriff der Parodie für *MAUS*, das nicht verhöhnend (moking) sei. Das wollte ich auch keineswegs unterstellen. Margaret A. Rose hat gezeigt, daß das Verständnis von Parodie als Verhöhnung erst in der Moderne auftritt und den Begriff der Parodie nicht erschöpft. Margaret A. Rose, *Parody – ancient, modern and post-modern*. Cambridge, New York, Victoria: Cambridge University Press, 1993. Den Begriff einer strukturellen Parodie implizieren die Analysen von Butler, *Unbehagen*, u.a. S. 203 f.

33 »MAUS [...] was made in *collaboration* with Hitler«, so Art Spiegelman, »Little Orphan Annie's Eyeballs«; in: *The Nation*, 17.1.1994 (auch auf Spiegelman, *Complete MAUS* enthalten).

34 Nach Des Pres ist das Lachen in MAUS z.B. durch witzige Anekdoten in der Gegenwart des Erzählens, also allein inhaltlich begründet (Des Pres, »Holocaust Laughter«, S. 228). Sein »Holocaust-Gelächter« hat damit einen ganz anderen Charakter als das hier vorgeschlagene »Strukturlachen«. Ich würde den Humor, den Des Pres in MAUS wahrnimmt, eher Ironie nennen, denn er dient einer Distanzierung des Sohnes vom Vater.

35 Klüger, *weiter leben*, S. 80.

Literatur

Balzer, Jens: »Welches Bild? Welche Bewegung? Über einige Bezüge zwischen Chronophotographie und frühen Comics«, in: Harro Segeberg (Hg.), *Die Mobilisierung des Sehens: Zur Vor- und Frühgeschichte des Films in Literatur und Kunst*. München: Fink, 1996, S. 279-293.

Bedürftig, Friedemann / Kahlenbach, Dieter: *Hitler*. Hamburg: Carlsen Verlag, 1993.

Berg, Nicolas: »›Auschwitz‹ und die Geschichtswissenschaft. Überlegungen zu den Kontroversen der letzten Jahre«, in: Nicolas Berg, Jess Jochimsen, Bernd Stiegler (Hg.), *SHOAH: Formen der Erinnerung. Geschichte, Philosophie, Literatur, Kunst*. München: Fink, 1996, S. 31-52.

Bleicher-Viehoff, Thomas A.: »Selbstironie in der Tradition der Karikatur – Juden in den Comics von Goscinny«, in: Joachim Kaps, *Comic-Almanach 1992*. Wimmelbach: Comic Press, 1992, S. 117-128.

Borowski, Tadeusz: *Die steinerne Welt*. Erzählungen. München: dtv, 1970.

Butler, Judith: *Das Unbehagen der Geschlechter*. Frankfurt am Main: Suhrkamp, 1992.

Calvo, Edmond-François / Dancette, Victor: *Die Bestie ist tot! – Der Zweite Weltkrieg bei den Tieren*. Mit einem Vorwort von Iring Fetscher. Dreieich: Melzer, 1977.

Cothias, Patrick / Gillon, Paul: *Der Schrei nach Leben*. 2 Bde. Hamburg: Comicplus+, 1988.

Derrida, Jacques: »Die differance«, in: ders., *Randgänge der Philosophie*. Wien: Passagen, 1988, S. 29-52.

ders., »Die weiße Mythologie. Die Metapher im philosophischen Text«, ebd., S. 205-258.

Des Pres, Terrence: »Holocaust Laughter?«, in: Barel Lang (Hg.), *Writing and Holocaust*. New York, London: Holmes and Meier, 1988, S. 216-233.

Doherty, Thomas: »Art Spiegelman's Maus – Graphic Art and the Holocaust«, in: *American Literature*, Vol. 68, Nr. 1 (1996), S. 69-84.

Dolle-Weinkauff, Bernd: »Das ›Dritte Reich‹ im Comic – Geschichtsbilder und darstellungsästhetische Strategien einer rekonstruierten Gattung«, in: *Jahrbuch für Antisemitismusforschung 2*, Frankfurt am Main, New York: Campus, 1993, S. 298-332.

Dresden, Sam: *Literatur und Holocaust. Essay*. Frankfurt am Main: Jüdischer Verlag, 1997.

Epstein, Leslie: *Der Judenkönig*. Roman. Hamburg: Hoffmann und Campe, 1980.

Feldstein, Al / Krigstein, Bernard: »MASTER RACE«, in: *Impact*, Nr. 1 (1955), S. 23-30. Wiederabgedruckt in: Michael Barrier, Martin Williams (Hg.), *A Smithonian Book of Comic-Book-Comics*. New York: Harry N. Abrams, 1981, S. 326-333. Deutsche Übersetzung in: Reinhard Mordek (Hg.), *Der größte Horror aller Zeiten*. Hamburg: Williams, 1973, n.p.

Foucault, Michel: »Nietzsche, die Genealogie, die Historie«, in: ders., *Von der Subversion des Wissens*. Frankfurt am Main: Fischer, 1987, S. 69-90.

Frahm, Ole/ Hein, Michael: »Art Spiegelman / MAUS«, in: Markus Czerwionka (Hg.), *Lexikon der Comics*. 6. Erg.-Lfg. (1993), Meitingen: Corian.

dies.: »Hilflose Täter – Was Auschwitz in einigen Comic-Geschichten verloren hat«, in: Joachim Kaps (Hg.), *Comic Almanach 1993*. Wimmelbach: Comic Press, 1993, S. 90-106.

Frahm, Ole: »Comic und Holocaust«, in: *17° C – Zeitschrift für den Rest*, Nr. 8 (1994), S. 22-29.

ders.: »Au nom des tous les miens«, in: Markus Czerwionka (Hg.), *Lexikon der Comics*. 18. Erg.-Lfg. (1996).

ders.: »La Bęte est Morte!«, in: ebd., 17. Erg.-Lfg. (1996).

ders.: »Hitler«, in: ebd., 19. Erg.-Lfg. (1996).

ders.: »Das unsichtbare Dritte. Comic als genealogisches Medium«; in: *17° C – Zeitschrift für den Rest*, Nr. 14 (1997), S. 50-53.

Goscinny René / Morris, *Lucky Luke reitet für die 20er Kavallerie*. Stuttgart: Delta, 1979.

Gilman, Sander L.: *Jüdischer Selbsthaß: Antisemitismus und die verborgene Sprache der Juden*. Frankfurt am Main: Jüdischer Verlag, 1993.

Gray, Martin: *Der Schrei nach Leben: Die Geschichte eines Mannes, der die Unmenschlichkeit besiegte, weil er an den Menschen glaubte*. München: Scherz, 1980.

Groth, Gary: »Deconstructing Art Spiegelman: The Definitive Interview«, in: *The Comics Journal*, Nr. 180 (1995), S. 52-114.

Groth, Gary / Cavalieri, Joey: »Jewish Mice, Bubblegum Cards, Comics Art and Raw Possibilities. An Interview with Art Spiegelman and Françoise Mouly«, in: *The Comics Journal*, Nr. 65 (1981), S. 98-125.

Halkin, Hillel: »Inhuman Comedy«, in: *Commentary*, Vol. 93, Nr. 2 (1992), S. 55f.

Hergé: *Paul und Virginia bei den Langohrindianern*. Hamburg: Carlsen, 1992.

Hoffmann, Detlef: »Auschwitz im visuellen Gedächtnis: Das Chaos des Verbrechens und die symbolische Ordnung der Bilder«; in: Fritz Bauer Institut (Hg.), *Auschwitz: Geschichte, Rezeption, Wirkung. Jahrbuch 1996 zur Geschichte und Wirkung des Holocaust*. Frankfurt am Main, New York: Campus, 1996, S. 223-257.

Kagelman, Hans J.: »Hitler und Holocaust im Comic«, in: *Psychosozial*, Jg. 13, H. 4 (1990), S. 85-102.

Kantor, Alfred: *Das Buch des Alfred Kantor*. Mit einem Vorwort von Friedrich Heer. Frankfurt am Main: Jüdischer Verlag bei Athenäum, 1987.

Kaplan, Alice Yaeger: »Theweleit and Spiegelman – Of Men and Mice«, in: Barbara Kruger, Phil Mariani (Hg.), *Remaking History: Discussions in Contemporary Culture*. Nr. 4. Seattle: Dia Art Foundation, 1989, S. 151-174.

Koch, Gertrud: »Populäre Ikonographien von Art Spiegelman bis Anselm Kiefer. Mensch, Maus und Mannen«, in: *Babylon*, Nr. 10/11 (1993), S. 7-23.

Kohlhammer, Siegfried: »Anathema: Der Holocaust und das Bilderverbot«, in: *Merkur*, Jg. 48, H. 6 (1994), S. 501-509.

Klüger, Ruth: *weiter leben. Eine Jugend*. Göttingen: Wallstein, 1992.

Kracauer, Siegfried: »Die Photographie«, in: ders., *Schriften 5.2. – Aufsätze 1927-1931*. Hg. von Inka Mülder-Bach. Frankfurt am Main: Suhrkamp, 1990, S. 83-98.

LaCapra, Dominick: *Representing the Holocaust: History, Theory, Trauma*. Ithaca, London: Cornell University Press, 1994.

Loewy, Hanno: »Auschwitz als Metapher«, in: *die tageszeitung*, 25.1.1997, S. 13f.

ders.: »›Ohne Masken ...‹. Juden im Visier der ›Deutschen Photographie‹ 1933-1945«, in: Kunst- und Austellungshalle der Bundesrepublik Deutschland / Klaus Honnef, Rolf Sachsse, Karin Thomas (Hg.), *Deutsche Fotografie: Macht eines Mediums. 1970-1970*. Köln: Du Mont, 1997, S. 135-149.

Nietzsche, Friedrich: *Die Genealogie der Moral*, in. ders., *Werke in drei Bänden*. Hg. von Karl Schlechta. München: Hanser, 1966, Bd. 2, S. 761-900.

Rose, Margaret A.: *Parody: Ancient, Modern and Postmodern*. Cambridge, New York, Victoria: Cambridge University Press, 1993.

Rothberg, Michael: »›We Were Talking Jewish‹. Art Spiegelman's Maus as ›Holocaust‹ Production«, in: *Contemporary Literature*, Vol. 35, Nr. 4 (1994), S. 661-687.

Schmidt, Stefan: »Popol et Virginie«, in: Markus Czerwionka (Hg.), *Lexikon der Comics*, 5. Erg.-Lfg. (1993), Meitingen: Corian.

Seeßlen, Georg: »Mythos contra Geschichte – Über den Widerspruch von Comic-Erzählung und historischer Rationalität«, in: Andreas C. Knigge (Hg.), *Comic Jahrbuch 1991*, Hamburg: Carlsen, 1991, S. 23-31.

ders.: *Natural born Nazis. Faschismus in der populären Kultur*. Berlin: Klaus Bittermann, 1996.

Spiegelman, Art: *MAUS – A Survivors Tale*. 2 Bde. New York: Pantheon, 1986 und 1991.

ders.: *The Complete MAUS* (CD-ROM). New York: Voyager, 1994.

ders.: *Breakdowns*. Frankfurt am Main: Stroemfeld/Roter Stern, 1977.

ders.: »Maus & Man«, in: *Village Voice*, Vol. 34, Nr. 23 (6.6.1988), S. 20-22.

ders.: *4 Mice*, vier signierte und numerierte Lithographien. New York: Raw, 1992. Veröffentlicht unter dem Titel »Saying Goodbye to Maus«, in: *Tikkun*, September / Oktober 1992, S. 44-45.

ders.: »Seltsam: Als Jude zu Jom Kippur in Rostock ...«, in: *Die Zeit*, 11.12.1992, S. 96.

Steinlein, Rüdiger: »Das Furchtbarste lächerlich? Komik und Lachen in Texten der deutschen Holocaust-Literatur«, in: Manuel Köppen (Hg.), *Kunst und Literatur nach Auschwitz*. Berlin: Schmidt, 1993, S. 97-106.

White, Hayden: »Historical Emplotment and the Problem of Truth«, in: Saul Friedländer (Hg.), *Probing the Limits of Representation: Nazism and the ›Final Solution‹*. Cambridge, London: Harvard University Press, 1992, S. 37-53.

Witek, Joseph: *Comic Books as History: The Narrative Art of Jack Jackson, Art Spiegelman and Harvey Pekar*. Jackson, London: Mississippi University Press, 1989.

Young, James E.: *Beschreiben des Holocaust*. Frankfurt am Main: Jüdischer Verlag, 1992.

Identifikation mit den Opfern und Sakralisierung des Mordes

Symptomatische Fehlleistungen des Berliner Denkmalsprojekts für die ermordeten Juden

Silke Wenk

Der Streit um das Denkmal, das in der Mitte Berlins an die Ermordung der Juden erinnern soll, geht weiter. Nachdem der Wettbewerb, dessen Ergebnisse im Frühjahr 1995 der Öffentlichkeit präsentiert worden waren, von der Kritik übereinstimmend als »gescheitert« eingeschätzt wurde, hatten die Auslober und der Berliner Senator für Wissenschaft, Forschung und Kultur für Anfang 1997 zu einem Kolloquium geladen.[1] Schien es für die Veranstalter von vornherein festzustehen, daß nur Fragen erörtert werden sollten, deren Antworten bereits feststanden und die nur noch einmal – gegen die einstimmige Kritik der Öffentlichkeit – durch ausgewählte Experten bestätigt werden sollten[2], so heißt es nun nach dem Ende des dritten Kolloquiums allenthalben, es bestehe weiterhin »Klärungsbedarf«.

Etwas in Bewegung gekommen sind offenbar die Positionen bezüglich des Standortes und damit, so ist zu hoffen, auch hinsichtlich der Form des Monuments. Der Pressemitteilung der Berliner Senatsverwaltung für Wissenschaft, Forschung und Kultur (18. April 1997) zufolge soll eine »Findungskommission auf fachlicher Ebene« berufen werden, die erneut Künstler zu Vorschlägen auffordern wird[3], über die dann spätestens Ende 1997 entschieden werden soll. Schließlich hat sich auch eine Gruppe von »Sezessionisten«[4], konstituiert, deren Zusammensetzung politischen Einfluß erwarten läßt und die sich die Durchsetzung einer veränderten Ausschreibung zum Ziel gesetzt hat.

Kaum ernsthaft befragt jedoch ist weiterhin, ob »Deutschland« ein zentrales Denkmal zur Erinnerung an die ermordeten Juden braucht – schon mit dem Thema des ersten Kolloquiums »Warum braucht Deutschland das Denkmal?« war diese Frage als geklärt behauptet worden; die Frage, wie das Erinnern an die ermordeten Juden mit den Zeremonien bei Staatsbesuchen vereinbart werden kann, ist nie ernsthaft diskutiert worden.

Kritisiert wurde, daß das geplante zentrale »Denkmal für die ermordeten Juden Europas« zu einem deutschen »Nationaldenkmal« und somit der Mord an den Juden zu einem »Gründungsopfer für die Berliner Republik« zu geraten drohe. Diskussionsbedarf jedoch schien hier nicht zu bestehen, und dies wiederum war für die Kunsthistorikerin Kathrin Hoffmann-Curtius, die eine solche Kritik bereits auf dem ersten Kolloquium vorgetragen hatte[5], Anlaß genug, das Gremium zu verlassen – wie zuvor schon das Jury-Mitglied Salomon Korn, der Potsdamer Historiker Julius Schoeps und die Journalistin Rachel Salamander. Sie hatten, wie einige andere auch, die mangelnde Offenheit der Diskussion problematisiert und ihrerseits die Konsequenz gezogen, nicht weiter für eine »Alibiveranstaltung« zur Verfügung zu stehen.[6]

Die Grenzen der Diskussion waren überdeutlich: Die Funktion des Denkmals sollte selbst nicht befragt, geschweige denn neu formuliert werden. In der Aufgabenstellung für das zentrale »Denkmal für die ermordeten Juden Europas« wird versucht, zwei unvereinbare Intentionen zu vereinbaren. Es soll ein Denkmal für die ermordeten Juden sein und ein zentrales Denkmal in der Mitte der Hauptstadt Berlin, damit also auch ein nationales, deutsches Denkmal, ein Zeichen nationaler Identität.

Es soll ein Denkmal sein »für« die Opfer des Völkermordes, der von Deutschen verübt wurde. Und es soll ein Denkmal sein, das an zentraler Stelle in der neuen Hauptstadt eines neu vereinigten Deutschlands eine Beziehung zur Geschichte artikuliert. Insofern ist es zugleich ein Denkmal, das für uns gesetzt wird, weil wir, die »neuen« Deutschen, uns in ihm artikulieren. Die Anforderung ist nicht nur, eine Form zu finden, die den Opfern in ihrer verletzten und zerstörten Menschlichkeit und zugleich ihrer ungeheuren Zahl gerecht wird. Das ist schon eine kaum lösbare Aufgabe. Die Anforderung ist auch, für dieses »neue« Deutschland eine Geste der Denkmalssetzung zu finden, die sich in die Konstruktion des neuen politischen Zentrums fügt, auf das »die Deutschen« sich ausrichten sollen. Das Denkmal ist so ein Teil der Gründung eines (wieder)vereinigten Deutschlands, die ermordeten Juden erhalten eine Funktion in der Neuformierung des Landes der Täter. Ein an zentraler Stelle errichtetes Zeichen für die von Deutschen Ermordeten dient der Repräsentation eines vereinten Deutschlands: Damit drohen die *Opfer* zu *Gründungsopfern* für die neue Republik umgedeutet zu werden – und das ist nur möglich durch ein Verdecken der Geschichte.[7]

Die problematische, unmögliche Aufgabenstellung eines zentralen Denkmals für die ermordeten Juden hatte bereits, so meine im folgenden näher begründete These, im Wettbewerb zu »unmöglichen« Entwürfen geführt. Diskussionswürdig waren nur die wenigen Entwürfe, die die in der Ausschreibung enthaltene Anforderung selbst in Frage gestellt bzw. umformuliert hatten.[8] Die »peinlichen« Entwürfe, die der Öffentlichkeit im Frühjahr 1995 präsentiert wurden, lassen sich als *symptomatische* Fehlleistungen analysieren, und ihre Thematisierung scheint mir darum nach wie vor sinnvoll. Solange die Aufgabenstellung selbst nicht thematisiert wird, können sich vermutlich die Fehlleistungen oder Symptome nur fortsetzen und verschieben.

Als sekundäre Symptome der Unmöglichkeit der Aufgabenstellung des zentralen Denkmals stellen sich schließlich auch die Schwierigkeiten dar, mit den Kolloquien eine demokratische Kultur politischer und fachlicher Kontroverse zu praktizieren. Offenbar zog die Tabuisierung einer Auseinandersetzung um die Ziele der geplanten Denkmalssetzung weitere Unoffenheiten und Unmöglichkeiten der Diskussion nach sich. Daß schließlich die Aussage eines aus den USA geladenen Denkmalexperten, auch in anderen Ländern werde um die Errichtung von Denkmälern kontrovers diskutiert, von den Teilnehmern der Kolloquien geradezu als »erlösend« empfunden wurde (so der in der Presse mehrfach benutzte Begriff) zeigte ungewollt, daß keineswegs selbstverständlich ist, was eigentlich nach über fünfzig Jahren selbstverständlich sein sollte, nämlich daß wir über unsere Geschichte und unseren Umgang mit ihr streiten müssen.[9]

Allerdings findet mit beachtlicher Selbstverständlichkeit zur Zeit ein solcher Streit in der Bundesrepublik über unsere Schwierigkeiten mit der deutschen Geschichte statt, so dort, wo die vom Hamburger Institut für Sozialforschung konzipierte Wanderausstellung über die Verbrechen der Wehrmacht gezeigt wird. Diese allerdings ist eine dezentrale und nicht regierungsoffizielle Veranstaltung. Und es ließen sich schließlich auch dezentrale Denkmalsprojekte nennen, über die längere Zeit heftig und produktiv diskutiert wurde.[10]

Wo jedoch die Erinnerung an die durch Deutsche ermordeten Juden so eng mit der zentralen Repräsentation der vereinten deutschen »Nation« verknüpft wird, ist offenbar die Diskussion enorm erschwert, ja geradezu blockiert. Barrieren sind nicht nur im Versprechen begründet, an der Macht, zentrale Zeichen zu definieren, teilzuhaben, sondern eben auch in der Konzeption dessen, worüber gesprochen werden soll, in einem Denkmalprojekt, das sowohl zentral, deutsch sein als auch an die ermordeten Juden erinnern soll.

Kontexte des Berliner Denkmalstreits

Eine andere Erklärung für die Blockierungen der Diskussion suchte jüngst eine Kritikerin darin,

»daß gerade diejenigen, deren berechtigte Forderung eine öffentliche, nationale Demonstration deutscher Schuld seit den sechziger Jahren war und ist, (...) nun irgendwie vor ihrem eigenen Erfolg zurückzuschrecken scheinen«.[11]

Man kann es als Erfolg werten, daß sich der Berliner Senat und Vertreter der bundesdeutschen Regierung eines zentralen Projektes zur Erinnerung an die durch Deutsche systematisch Ermordeten angenommen haben. Jedoch dies allein den Bewegungen »seit den Sechzigern« in der Bundesrepublik zuzuschreiben, hieße sicherlich diese zu überschätzen; veränderte weltpolitische Konstellationen und auch Generationenwechsel sind hier mit von Belang.

Davon abgesehen gehört es zu den unhintergehbaren Erfahrungen etwa der sozialen Bewegungen der letzten Jahrzehnte, daß sich »Forderungen« im Prozeß ihrer Durchsetzung verändern. Die Verhandlung der Erinnerungsformen auf der politischen Bühne – die den Vorhang für die »ganze Welt« geöffnet hat – hat auch diese Formen verändert. Und von »Erfolg« zu sprechen, wird bereits schwieriger, wenn man bedenkt, in welcher Weise sich die Diskussion um die »Demonstration deutscher Schuld« immer wieder auf die Errichtung eines zentralen Denkmals für die ermordeten Juden konzentriert und darauf fixiert zu werden droht, während gleichzeitig – an Orten außerhalb des neuen politischen »Zentrums« – heftige Debatten wie die um die »Verbrechen der Wehrmacht« geführt werden. Ein Vergleich dieser beiden Debatten kann die Dynamik verdeutlichen, die dem Diskurs um ein zentrales Denkmal eigen ist, der ein Zeichen deutschen Schuldbekenntnisses setzen möchte, das vor allem auf nationale Repräsentation angelegt ist. Wird in der Denkmalsdebatte ein »neues« Deutschland symbolisch zu behaupten gesucht, so zeigt der Streit um die Wehrmachtsausstellung auf der anderen Seite, wie präsent Geschichte noch ist. In diesen Auseinandersetzungen um »Ehre«, »soldatische Pflicht« (und damit auch um Ideale von Männlichkeit) stehen Selbstbilder, Identitäten zur Diskussion – mithin die (Un-)Möglichkeiten einer guten Erinnerung an die deutsche Geschichte, ohne die nationale Identität schwer denkbar ist.[12] Bemerkenswert an den Debatten um die Wehrmachtsausstellung ist zudem, in welcher Weise sich zwischen den Extremen eine Vielfalt von Positionen auch vermittelnder Art äußert, darunter auch Stimmen, die die Ambivalenzen nicht weiter zu leugnen suchen.

Die Debatten um die Wehrmachtsausstellung lassen also vieles von dem deutlich werden, was in der Debatte um die »Demonstration« von Schuld zu verschwinden droht. Nicht nur scheint vieles, was in den Jahren der Teilung in zwei deutsche Staaten eher latent vorhanden war, nun manifest zu werden. Zugleich mischt sich auch eine neue Generation in die Debatten, mit einer, wie es scheint, wachsenden Bereitschaft zu einer anderen – eher fragenden denn bloß »die Schuldigen« dingfest machenden – Auseinandersetzung mit der Geschichte.

Auch der Ort, an dem das Monument zur Erinnerung an die ermordeten Juden errichtet werden soll, hat sich verändert. Weder die Bundesrepublik noch Berlin sind heute noch das, was sie 1988, zur Zeit der Gründung der Initiative für das Denkmal, waren. Eine Banalität, die jedoch zu erinnern nicht unangebracht scheint angesichts einer hierzulande angestrebten Beschleunigung von Geschichte, mit der Widersprüche deutscher Vergangenheiten aufgehoben werden sollen.

Die Existenz zweier deutscher Staaten, noch vor acht Jahren fast natürlich, wird heute bisweilen als weit zurückliegende Vergangenheit gehandelt, ihre kulturellen Nachwirkungen von offizieller Seite wenig thematisiert. Aber auch deren Probleme sind in der Kontroverse um das zentrale Denkmal in Berlin am Werk. Ist auf der einen Seite das Projekt eines Denkmals für die ermordeten Juden mehr oder weniger das geblieben, was es vor 1990 war, ein »westberliner« oder ein »westdeutsches« Projekt, so ist auf der anderen Seite in der Wahl des Geländes auf dem ehemaligen Mauerstreifen (dem sog. Todesstreifen) die Geschichte der deutschen Teilung ebenso wie der Wunsch, deren Spuren zu überdecken, mit präsent.

Das Projekt eines zentralen Monuments hat schließlich auch dazu geführt, daß fast alles, was in den letzten zwanzig Jahren in der Denkmalskultur entwickelt wurde und zu lernen war, vergessen schien. Die Projekte von Esther und Jochen Gerz in Hamburg-Harburg oder das von Renata Stih und Frieder Schnock im Berliner Bayrischen Viertel[13], um nur zwei, zugleich sehr verschiedene Beispiele zu nennen, haben eben gegen solche symbolischen Vereindeutigungen gearbeitet, wie sie in der überwiegenden Zahl der Wettbewerbsentwürfe für das zentrale Berliner Denkmal versucht wurden.

Damit jedoch machten diese Entwürfe nicht nur die Unmöglichkeit der Aufgabenstellung, die sie zu befolgen suchten, zum Problem, sondern hielten darüber hinaus uns einen Spiegel einer Denkmalskultur vor Augen, die offenbar ungeachtet einiger avancierter künstlerischer Projekte doch nicht einfach vergangen ist.[14] In diesen Spiegel zu schauen, sollte man sich nicht weiter scheuen. Das erfordert allerdings eine Perspektive sowohl jenseits bloßer Geschmacksurteile als auch jenseits bloßer Ikonografie. Verlangt ist eine Reflexion über das, was ästhetische Formen anrühren, was sie mit uns tun – und schließlich darüber, was sie über uns und unsere Geschichte des Blicks und der Bearbeitung nationalsozialistischer Verbrechen erzählen. Die häufig wiederholte Behauptung, die zum Wettbewerb vorgelegten Entwürfe zeigten, daß dieser gescheitert sei, droht vergesssen zu machen, daß es einige wenige durchaus diskussionswürdige (aber von der Jury verworfene) Entwürfe gegeben hat, und verhindert damit, von diesen zu

346

lernen; sie verhindert darüber hinaus, hinzusehen und zu erkennen, daß viele der in den Entwürfen aufgenommenen Symbole, Metaphern und Bilder lange Zeit als akzeptabel galten und – wenn sie nicht gehäuft auftreten – auch noch gelten.[15] Die Wiederholungen altbekannter Formen und entsprechende Redundanzen haben einerseits deutlich gemacht, wie sehr die Symbole zum bloßen Klischee geronnen sind. Andererseits sind Formen, die rituelle Betroffenheit evozieren, in unserer Gedenkkultur bis heute dominant geblieben. Darin haben sich auch Muster – Opfermythen – erhalten, die in der bundesrepublikanischen »Vergangenheitsbewältigung« durchaus Tradition haben. Sich mit diesen Mustern und den darin gespeicherten Vorstellungen und Mythen vom »Opfer« auseinanderzusetzen, scheint dringender denn je, da sie in der neuen (welt)politischen Situation, in der wir uns befinden, auch neue Bedeutungen erhalten.

Das Problem der Aufgabenstellung

An der Plazierung des Denkmals an der Stelle (Abb. 1, 2), wo der Führerbunker lag und »in der Nähe der ehemaligen Reichskanzlei, von der der Mord an den Juden ausging«, an der Stelle, die von Rosh als »bestmöglichster [sic!] Ort« bezeichnet wurde[16], ist von verschiedenen Seiten Kritik geübt worden:

»Die Wahl dieses Ortes, welche die Erinnerung an die Ermordung der europäischen Juden einschreiben will über den Bunkern der ehemaligen Macht und ihrer Personifizierung in Hitler, gleicht dem Versuch, den Vampir mit dem angespitzten Kreuz [...] ein für allemal stellvertretend ins Herz zu treffen.«

So Katharina Kaiser in der Begründung ihres Entwurfs für ein Denkmal an einem anderen Ort.[17] Und auch Hanno Loewy hat die magische Dimension dieser Entscheidung hervorgehoben, die eine Fortschreibung des Führermythos bedeute.[18]

Das Konzept, ein Zeichen an der Stelle zu setzen, wo »der Führer« plante, verdoppelt eine Strategie, die seit 1945 wesentlicher Bestandteil der Verdrängung war: »Nicht ich, Adolf Hitler ist es gewesen.«[19] Fortgeschrieben wird eine in den fünfziger und noch sechziger Jahren beliebte Erzählung deutscher Geschichte, in der es auf der einen Seite einen »Verführer« bzw. Diktator gab und auf der anderen Seite ein »Volk von Opfern«. Folgen wir der Analyse von Alexander und Margarete Mitscherlich (die erneut Aktualität gewonnen hat und fortgeführt zu werden verdient), so war dies wesentlicher Teil der spezifischen »Unfähigkeit zu trauern«: die Abwehr der Trauer über Tod und Niederlage der (Führer-)Figur, dem man sich fasziniert und begeistert »hingegeben« hat, »hingeben« und unterwerfen wollte, und der Trauer über die Nichteinlösbarkeit der Versprechen des »Dritten Reiches«, die man hatte glauben wollen.

Wenn nun fünfzig Jahre nach dem Zusammenbruch des Nazistaates anstelle des Durcharbeitens auch solcher Wünsche die »Bußbereitschaft« (wie sie von Lea Rosh wiederholt eingefordert wird) treten soll und Dokumente solcher »Bußbereitschaft« als »Bereitschaft, sich zu der Einzigartigkeit des Mordes an den Juden Europas zu bekennen«[20], unübersehbar, monumental symbolisch fixiert werden soll, so droht in der Tat Altbekanntes wiederholt zu werden.[21]

Aber in der Wiederholung des Altbekannten geschieht nach der deutschen Vereinigung auch etwas Neues, und hier ist die Kritik an der vorgesehenen Zentralität des Denkmals um ein weiteres Argument ergänzen. Die Planung des Denkmals für die ermordeten Juden an dieser zentralen Stelle ist nicht nur deswegen problematisch, weil jede Bestimmung von »zentral« anderes zur Peripherie werden läßt, sondern auch, weil ein Denkmal an diesem vorgesehenen Ort – in der Mitte Berlins – alte Bedeutungen reproduziert und fortschreibt, die sich eben an die »Mitte«, an das Zentrum der Hauptstadt knüpften. Das Denkmal für die ermordeten Juden wird inmitten eines historisch signifikanten Systems auch von dessen historisch determinierten und nicht einfach zu überschreibenden Bedeutungen mit bestimmt werden.[22]

Das geplante Denkmal spielt so eine Rolle im Prozeß der Rekonstitution des Zentrums der Hauptstadt der vereinten Bundesrepublik, und diese Rekonstitution hat das Konzept, seinen Erfolg und seine schrittweise Umsetzung spätestens seit 1989 mehr oder weniger explizit mitbestimmt und tut es auch noch in der auf den Kolloquien geführten Debatte um andere Standorte.[23]

Eben auf diesen Aspekt hatte Horst Hoheisel in seinem Wettbewerbsbeitrag den Akzent gelegt: Mit seinem Vorschlag, das Brandenburger Tor abzutragen und die Steine zu zermahlen und den Staub auf dem Denkmalsgelände zu zerstreuen, stellt er eines der wichtigsten, neu aufgeladenen, alten nationalen Symbole zur Disposition, das, selbst zentral im Ensemble Berliner »nationaler« Zeichen, das Denkmal für die ermordeten Juden in seinen Bedeutungen mit definieren würde. Hoheisel stellte die Frage: »Würde das Volk der Täter angesichts des Völkermordes dazu bereit sein, sein nationales Symbol als Denkmal zu opfern?«[24] Daß auf diese Frage, die durch Wiederholung der Opfersprache den Diskurs der Initiatoren zu unterlaufen suchte, nur ein einmütiges Nein folgen konnte, verdeutlicht auf ironische Weise, daß es eben nicht darum gehen sollte, die »Bußbereitschaft« der Deutschen praktisch zu beweisen. Vielmehr war ein Symbol gefragt, das sich in der Mitte des vereinten Deutschlands einfügen sollte in ein »national bedeutsames« Zeichenensemble, das für Politiker und Touristen begehbar und vorzeigbar sein sollte – in unmittelbarer Nähe des Brandenburger Tors und der alten Ost-West-Achse (die ihrerseits bereits durch die Einrichtung der Neuen Wache als »Zentrale Gedenkstätte für die Opfer von Krieg und Gewaltherrschaft« um- und aufgewertet worden war)[25]: Schließlich ist auch das neue Regierungszentrum am Spreebogen auf diese historische Achse bezogen; die zwischen dem Regierungszentrum und dem Potsdamer Platz als neuem Zentrum der großen Konzerne gezogene Verbindungslinie läßt zudem die alte Nord-Süd-Achse assoziieren.

Die Bezugnahme auf Zentralität verbindet die aktuellen Hauptstadtplanungen mit den NS-Planungen. Der historisch vorgegebene Ort, die »Zentrale der Täter«, auf die in der Ausschreibung des Denkmals der Akzent gelegt wird, befand sich in unmittelbarer Nähe zum Brandenburger Tor und zu dem Punkt, an dem sich die beiden zentralen Achsen der »Reichshauptstadt« kreuzen sollten. Auch in den Hauptstadtplanungen des NS-Staatsarchitekten Albert Speer waren Vorstellungen der »Mitte« mitbestimmend, wie sie eine lange Tradition in Stadtgründungen und den sie stützenden Mythen behaupten können. Der Kreuzungspunkt läßt sich als »Omphalos« deuten, als Nabel, um den sich das Gemeinwesen anordnen sollte[26] und an dem die Menschen sich ihrer Zugehörigkeit versichern konnten – der »Nabelort« als Ort der Herkunft, zu dem man immer wieder zurückkehren können sollte.

Die Ost-West- und Nord-Süd-Achse sollten einerseits einen neuen Kreuzungspunkt herstellen, andererseits waren die NS-Planungen immer auch bezogen auf das alte tradierte (Macht-)Zentrum von Berlin; sie haben dies einbezogen, auch in dem Vorhaben, die tradierten Zeichen in ihrer Monumentalität »kolossal« zu übertrumpfen und mit einer neuen »Kolossalität« auch deren Bedeutsamkeit zu übertreffen.[27] Mit der Errichtung von Reichskanzlei (und Führerbunker) an dieser Stelle in der Nähe des Kreuzungspunktes ging es ebenso um Integration historischer Tradition und mit ihr verknüpfter Bedeutung und Legitimität. Mit den gigantomanen Bauten sollte das Zentrum der »Volksgemeinschaft« markiert werden. Im vermeintlich Eigenen, das größer als alles andere zu sein hatte, sollte für diejenigen, die »dazugehörten«, die Möglichkeit narzißtischer Spiegelung gegeben werden.

Die gegenwärtigen Planungen drohen eben diese narzißtische Struktur fortzuschreiben.[28] Die »Mitte« Berlins ist wieder ein Pol geworden, auf den sich Hauptstadtsehnsüchte und -planungen richten. Die Suche nach einer »Mitte« als einem Ort, über den und an dem Zugehörigkeit manifestiert werden kann, verbindet sich mit Fragen nationaler Identität und dem Ziel, Spaltungen, die die Geschichte hinterlassen hat, zu überwinden.

Diese bestimmten auch die Auswahl des für das »Denkmal für die ermordeten Juden Europas« vorgesehenen Platzes. Im Prozeß der Rekonstitution des Berliner Hauptstadtzentrums werden alte Traditionen vor der Zeit der deutschen Teilung und ihre Bedeutungen wieder aufgenommen. Zu erinnern ist hier nicht nur an die Neubesetzung des Spreebogens durch die Regierungsgebäude, sondern auch an den Streit um die Neue Wache bzw. die Wiederherstellung des »Gesamtkunstwerkes« Unter den Linden, des östlichen, ehemals abgespaltenen, »sozialistisch« besetzten Teils der Ost-West-Achse »hinter« dem Brandenburger Tor; zu erinnern ist schließlich an die Bedeutung dieses Tores selbst im Zuge der Vereinigung der beiden deutschen Staaten 1989/90, hier wurde wie an keinem anderen Ort die Vereinigung zelebriert.

In den Hauptstadtplanungen und den sie begleitenden Kontroversen ging und geht es in verschiedenen Variationen immer auch um die Integration des tradierten signifikanten Beziehungssystems, und dieses System von Bedeutungen strukturiert die aktuellen Planungen mit, eben auch die des Denkmals für die ermordeten Juden.

Die Vorgabe des Ortes als Teil eines »national bedeutsamen« Zeichenensembles war für die in der Ausschreibung formulierte Zielstellung strukturierend. (Und die gegenwärtigen »Alternativen« sind so gesehen nur Variationen des alten Plans.)

Das »Denkmal für die ermordeten Juden Europas« sollte zentral und deutsch sein, d.h. also auch Zeichen deutscher Identität. Diese kann sich jedoch nicht über eine nationale Geschichte bilden, deren Teil die Ermordung der Juden ist. Die Aufgabenstellung konnte nur problematische Lösungen hervorbringen.

Bezeichnend war bereits im Vorfeld der Ausschreibung, auf welche Beispiele als Vorbilder Bezug genommen worden war. Nicht nur das Denkmals- und Museumsensemble in Washington (Holocaust-Museum und Vietnam-Memorial) wurden angeführt (ohne den Unterschied hinsichtlich Ort und Problemstellung zu markieren), sondern mit mehr Nachdruck noch Yad Vashem in Jerusalem. Eben dort, schreibt Lea Rosh, sei die Idee zur Initiative entstanden: Sie und Eberhard Jäckel hätten sich gefragt, warum es »hier im Land der Täter« kein »ähnliches Denkmal« gäbe. Da sei es klar gewesen: »WIR [sic!] werden ein solches Denkmal bauen.«[29] An dieser Begründung ist nicht nur interessant, daß es keinen Bezugspunkt in Europa gibt: Umgekehrt soll mit dem Berliner Denkmal offenbar auch ein in dieser Hinsicht zentrales Denkmal geschaffen werden – zentral in bzw. für Europa.

Darüber hinaus wird gesagt: Das, was Israel hat, wollen auch »wir« haben. In dem Plan, ein »ähnliches Denkmal« zu bauen, wird die Frage übersprungen, inwiefern im »Land der Täter« notwendig *anderes* verlangt ist, und eben etwas »Ähnliches« wie im Staat Israel nicht möglich ist.

Die deutsche Geschichte bietet keine Grundlage für eine bruchlose nationale Identität. Mit diesem Trauma dadurch fertig zu werden, daß man den Opfern »Ähnliches« tut, zeugt von Hilflosigkeit und von der Flucht in die Anmaßung. Die »Bereitschaft, sich zu der Einzigartigkeit des Mordes an Juden Europas zu bekennen«, wird zum Wunsch nach neuer Einzigartigkeit in Europa.

Die »Peinlichkeit« der Entwürfe als Symptom einer unmöglichen Aufgabenstellung – oder die Identifikation mit den Opfern

Die Kritik ist weitgehend darin einig, daß die Monumentalität, wie sie in vielen Wettbewerbsbeiträgen erkennbar wurde, problematisch ist. Insbesondere der durch die Jury im Frühjahr 1995 erstprämierte Entwurf von Christine Jackob-Marks u.a. (Abb. 3) ist als »Mega-Grabplatte«[30] kritisiert worden.

Der Monumentalismus oder die Gigantomanie, wie sie in einer großen Zahl von Entwürfen sichtbar sind, haben sicherlich auch einen Grund in der Größe des vorgesehenen Geländes. Sie können aber auch als eine Form der Übertreibung in Erfüllung der Aufgabe interpretiert werden. In der Übertreibung wird die Problematik des Anliegens eines deutschen, zentralen »nationalen« Denkmals offensichtlich.

Eine weitere Form der Übertreibung findet sich im Umgang mit Zeichen, insbesondere den Symbolen »des Jüdischen«. Auffällig ist die große Zahl von Davidsternen, gespalten, gestreckt, in nahezu minimalistischer Manier vervielfacht, als Blumenfeld usw. Die Geschichte der Juden wird hier sozusagen auf den Punkt gebracht, den sechsekkigen Stern, der in Blau den Nationalstaat Israel bezeichnet und in Gelb das zu vernichtende Andere der Deutschen. Die zeitweilige deutsche, verordnete Bedeutung, die als Wegweiser in die Vernichtungslager fungieren sollte, zu vergessen und daraus ein philosemitisches Zeichen zu machen, ist ein Stück Tradition der fünfziger und sechziger Jahre, das sich gehalten hat. Daneben steht der sich ständig wiederholende Rekurs auf Rampen, Eisenbahnschienen, wie z.B. auch in dem mit dem dritten Preis ausgezeichneten Entwurf von Fritz Koenig (Abb. 7), der seinerseits mit diesen allzubekannten Metaphern weitere klischierte Bilder von »Leichen« in Form von stählernen Kugeln und Zylindern »kombinierte« und, wie zu Recht bemerkt worden ist, damit gedankenlos die Nazi-Perspektive nur wiederholte.[31]

Henryk M. Broder hat solche Entwürfe zu Recht als Griffe in eine »Jargonkiste« bezeichnet.[32] Diese hat jedoch lange Zeit unbefragt ihre Dienste getan. Vielleicht kann es als ein positiver Effekt des Wettbewerbs verbucht werden, daß die altbekannten Bilder, Symbole und Metaphern in ihrer Wiederholung als Klischees erkennbar und damit endlich offensichtlich problematisch wurden? Aber es bleibt die Frage, was an ihnen problematisch ist.

Die Kritik hat diese Wettbewerbsentwürfe wiederholt als »peinlich« und bisweilen auch als »obszön« charakterisiert. Steigerungen sind durchaus möglich, so hört man inzwischen auch, die Entwürfe seien »einfach pervers«. Solche Charakterisierungen sind dazu angetan, das (öffentliche) Sprechen über das Gemeinte abzubrechen. Damit wäre erneut eine Chance vertan, unseren Umgang mit politischer Geschichte zu reflektieren.[33]

Produktiver scheint mir, zu fragen, was die »Peinlichkeit« meint, von der im Zusammenhang mit den Entwürfen des Wettbewerbs für das »Denkmal für die ermordeten Juden« die Rede ist?

»Peinlich« sind Fehlleistungen, die Wünsche erkennbar machen, die nicht sein sollen und die anderen widerstreiten; »Obszönes« ist nicht für die Öffentlichkeit bestimmt. Durch den Wettbewerb ist offenbar vieles sichtbar und diskutierbar geworden, was nicht mehr sein sollte.

Das Problem ist nicht nur ein latenter Antisemitismus, auf den bereits Henryk M. Broder und Eike Geisel[34] aufmerksam gemacht haben; das Problem ist auch das, was sich als sein Gegenteil ausgibt, ein Identifikationsbedarf, der sich in vielen (prämierten und ausjurierten) Entwürfen artikuliert.

Von Identifikation ist hier im doppelten Sinne zu sprechen: Zum einen gibt es die Identifikation der Juden in der Namensliste, wie sie in dem erstprämierten Entwurf vorgesehen und kontrovers und heftig diskutiert wurde. Was als Geste, den Ermordeten ihren Namen zurückzugeben, gut gemeint sein mag, kann, wie aus den Einsprüchen jüdischer Kritiker zu lernen ist, auch ein Akt der Diskriminierung sein.[35] Peinlich berührt können wir sein, wenn uns ausgerechnet der Datenschutzbeauftragte der Bundesregierung darauf aufmerksam machen muß, daß auch deutsche BürgerInnen mit Vorfahren, die – identifiziert als Juden – grausam ermordet wurden, ein Recht darauf haben, zu entscheiden, was mit ihrem Namen geschieht.

Zum anderen zeigt sich eine Tendenz in der zweiten (und vielleicht auch dritten) Generation des Täterlandes, sich mit den verfolgten und ermordeten Juden, »den Opfern« zu identifizieren. Eike Geisel hat das als eine Tendenz zur Einverleibung der Zeichen der Ermordeten durch die Nachfahren ihrer Mörder charakterisiert: »Erbschleicher«

vergriffen sich an der Tradition ihrer »annektierten Vorfahren« zur »kollektiven Selbsttherapie«.[36] Ein besonders zugespitztes Beispiel dafür sind die im erstprämierten Entwurf vorgesehenen Steine aus Massada, die auf der schräg gestellten Platte von Christine Jackob-Marks u.a. lagern sollten (Abb. 3). Eike Geisel hat ausgesprochen, was an diesen Steinen auch ablesbar gewesen wäre, daß nämlich der kollektive Selbstmord von Massada ja auch als »ein Schritt in die richtige Richtung« angesehen werden könnte, dem die Nazis eben »etwas nachhelfen« mußten.

Diese Steine sind inzwischen verworfen worden.[37] Anlaß zum Nachdenken bleibt jedoch auch weiterhin, daß ein solches Konzept überhaupt möglich schien. Ein Denkmal, »zentral« und »deutsch«, will Zeichen nationaler Identität sein. Diese kann sich nicht über eine nationale Geschichte bilden, deren Teil die Tat der Ermordung der Juden ist. So sollen nun die ermordeten Juden an diese Stelle treten. »Die Juden« und ihre Kultur sollen – erneut – zur Artikulation des »Eigenen« dienen, nur diesmal nicht durch Ausgrenzung und Vernichtung, sondern durch Aneignung der Zeichen der Opfer.

Eben davon erzählen die vielfachen Variationen der Davidsterne und erst recht die Vermischungen von vermeintlichen Zeichen »des Jüdischen« mit Nazisymbolen (die ihrerseits zum Klischee geronnen sind, eher geeignet, mythische Vorstellungen wachzuhalten, denn historisches Nachfragen anzuregen). Ein extremes Beispiel dafür ist ein (bereits im ersten Rundgang ausgeschiedener) Entwurf (Michael Eduard Nobbe u.a., 1. RG, Nr. 1365): Auf dem Gelände sollte ein hakenkreuzförmiger Weg aus Betonplatten angelegt werden, eingerahmt von Dornenhecken und einer »rotblühenden Rosenhecke«. An seinem westlichen Ende sollte man auf eine »einem Stück in Auschwitz entnommener Lagerstraße« treten. Der Gang übers Hakenkreuz wird hier zum (»Erlösung« versprechenden) Kreuzweg – für Angehörige des Täterlandes mit ihrer christlichen Kultur und ihrer Geschichte, die auf ein Hakenkreuz reduziert wird.

Derartige Entwürfe kann man im Sinne Freuds als Versprecher analysieren, als Fehlleistungen, die durch die Interferenz zweier sich widerstreitender Absichten entstehen. Sich widerstreitende Absichten sind eben in der Aufgabenstellung eines zentralen, deutschen Denkmals für die europäischen Juden enthalten. Im Versuch, die nicht vereinbaren Intentionen vereinbar zu machen, können sich – sprachliche und visuelle – Versprecher einstellen, und in ihnen artikulieren sich Wünsche, die »eigentlich« unterdrückt werden sollten, Wünsche nach einem Ort (narzißtischer) Bestätigung »deutscher Identität«.

Daß der Jury solche Entwürfe problematisch waren – »die Vermischung von Begriffen der Opfer und der Täter (wird) als höchst bedenklich angesehen« –[38], kann man auch so lesen: Die Ziele der Denkmalsetzung, die so deutlich doch nicht ausgesprochen werden sollten, werden hier in einem Versprecher »peinlicherweise« expliziert.

Der Wunsch nach einer nationalen Identität in dem Land, dessen Geschichte keine Grundlage dafür bietet, äußert sich noch in anderen Weisen. In vielen Wettbewerbsentwürfen finden wir Metaphern wie tiefes Wasser, tiefe, schwarze Löcher, Abgrund oder Krater. Man kann solche Entwürfe als Versuch verstehen, das Nicht-Repräsentierbare zu repräsentieren. Aber derartige Metaphern sind problematisch, weil sie dazu geeignet sind, Naturkatastrophen mit historischen und sozialen Ereignissen zu vermischen. Zudem bieten solche Metaphern Raum für Imaginationen, in denen Menschen Opfer von unbegreiflichen Umständen und dadurch zu einer Gemeinschaft werden – zu einer Gemeinschaft von Opfern im Schrecken, einer Gemeinschaft, in der Unterschiede und Widersprüche aufgehoben werden können. In Wettbewerbsentwürfen, die mit solchen bildlichen Metaphern arbeiten, scheint damit auch ein Wunsch nach einer Konstitution einer widerspruchslosen Einheit über das Gedenken an den Massenmord mit am Werk. In einer fast subversiven, fast parodistischen Weise erzählt ein Denkmalsentwurf mit einem Riesenrad, dessen Gondeln durch Güterwaggons gebildet sind (Richard Gruber, Nr. 1456, im ersten Rundgang ausjuriert), von einer Sehnsucht nach einer imaginären Schreckensgemeinschaft oder gar einer Faszination des Untergangs. Im Spiel ist offenbar ein Wunsch nach einem – unmöglichen – Zustand jenseits von Geschichte, einem Jenseits, in dem eine ungebrochene nationale Identität gedacht werden könnte.

Daß ausgerechnet die Ergebnisse des Wettbewerbs um das »Denkmal für die ermordeten Juden« so viel über den Wunsch der Identifikation mit den »Opfern« erzählen und einem Wunsch, selbst »Opfer« zu sein, Ausdruck geben, mag peinlich sein. Produktiver aber, als solche Peinlichkeit erneut zu verdecken, dürfte es sein, das Nichtwissen und die mangelnde Nachdenklichkeit im Umgang mit deutsch-jüdischer Geschichte und damit die Formen der Erinnerung zum Problem zu machen, die selbst historisch geworden und von einer Geschichte der Verdrängung bestimmt sind und diese bestimmt haben.

Die Formen der Identifikation mit den Opfern haben Kontinuittät. Das letzte Beispiel dafür war die Gestaltung der Neuen Wache als zentrale Gedenkstätte: In dem Bild der »Mutter mit totem Sohn« bleibt – gegen alle nachträglich ergänzten und konkretisierenden Texte – ein Angebot an die Betrachtenden enthalten, sich mit dem toten Sohn in einen Zustand jenseits von Schuld oder Schuldfähigkeit zu imaginieren.[39]

Identifikation mit den Opfern ist nicht zu verwechseln mit Empathie, die von dem Unterschied der eigenen Position zu der des Leidenden weiß. (Selbst-)Identifikation als Opfer bedeutete in der Nachkriegszeit, daß Deutsche sich als »Opfer« der Geschichte, des Führers etc., als »verfolgt« oder »verführt« interpretierten und so die Verarbeitung des Zusammenbruchs ihrer Ideale und ihrer folgenreichen Verkennungen der Versprechungen des NS-Staates zu umgehen suchten. Können solche Vorstellungen (auch das zeigen die oben schon erwähnten Debatten um die »Verbrechen der Wehrmacht«) unter den später Geborenen, insbesondere der zweiten oder dritten Generation, kaum mehr mit vorbehaltloser Unterstützung rechnen, so scheint nun eine Identifikation mit den (jüdischen) Opfern in veränderter Weise auch für die nachfolgenden Generationen attraktiv; hier scheint eine Sehnsucht nach einer anderen Geschichte jenseits der deutschen, der nicht so einfach zu entkommen ist, fortzuwirken.

Die Vorstellung, selbst wie ein »Opfer« zu sein, kann sich verbinden mit Erzählungen und ästhetischen Inszenierungen einer nationalen Geschichte, die in »Opfern« gründet.

Sakralisierung der Verbrechen über einen neuen »Altar des Vaterlandes«

Die Übertreibungen, die Peinlichkeiten können schließlich den Blick schärfen für das, was noch akzektabel war, die Entwürfe, die ohne

Übertreibung auskamen und dennoch der Aufgabenstellung genüge getan zu haben schienen.

Am Entwurf von Simon Ungers u.a. (Abb. 4, 10), dem zweiten der beiden erstprämierten Entwürfe (der mit seiner Zurückweisung durch die Entscheidung für die Realisierung des Projekts von Jackob-Marks aus dem Schußfeld der Kritik geriet), möchte ich zeigen, wie auch ein architektonisches Konzept, das auf (explizite) Narration ebenso verzichtet wie auf »einschlägige« Symbole, dennoch mit Opfermythen verbunden sein kann.

Mit seinem quadratischen Raum und der Treppenanlage konstruiert Ungers einen Raum, der in der Tradition von Sakralbauten gesehen werden muß. Er greift auf Elemente klassischer Tempelarchitektur zurück. Damit nimmt er eine Tradition auf, deren sich die (westeuropäischen) Nationalstaaten zu ihrer Selbstrepräsentation immer wieder bedient haben: die Tradition des »Altars des Vaterlandes«. Ein solcher Altar ist in verschiedenen ästhetischen Ausformungen seit der Französischen Revolution in der ikonographischen Tradition des Nationalstaates verankert. Seine Vorstellung ist fest mit alten Opfermythen verknüpft[40]: Am »Altar des Vaterlandes« waren Menschenleben als »Opfer« für die »Einheit« der Nation darzubringen.

Der »Altar des Vaterlandes« existiert in verschiedenen Formen, in Rückgriffen auf die antike oder christliche Tradition, und in unterschiedlicher Konkretion, bisweilen wird er nur angespielt – in der Moderne häufig nur in einer reduzierten Form einer auf Sarkophage verweisenden Form oder auch nur in Form einer Flamme, mit und ohne architektonische, Sakralbauten zitierende Umgebung (z.B. in der Neuen Wache nach 1931). Die Tradition des »Altars des Vaterlandes« spielte schließlich auch im deutschen Faschismus eine zentrale Rolle (siehe Abb. 5, 6).

Auch in anderen Wettbewerbsbeiträgen finden sich Anspielungen sakraler Architektur: Das Zentrum in Koenigs Anlage (Abb. 7) läßt z.B. einen Sarkophag assoziieren, wie bereits einige Juroren festgestellt haben[41], im Entwurf von Evangelos Sanganas (Abb. 8), der bereits im ersten Rundgang ausjuriert wurde, erhebt sich ein altar- bzw. tempelähnliches Gebilde bezeichnenderweise über einem zersprengten Davidstern, wie ein Zeichen »des Neuen«, das über dem Zerstörten sich bilden konnte.

An dem von Unger vorgesehenen Raumkonzept, das in der Tradition der Sakralbauten zu sehen ist, sind zugleich auch interessante Veränderungen des tradierten Konzepts auszumachen, und diese liegen nicht nur in der ästhetischen Reduktion der Form.

Der Raum mit den 85 Meter langen Wänden, aus sechs Meter hohen Doppel-T-Trägern gebildet, in die die Namen der Vernichtungslager »perforiert« sind, ist von allen Seiten zugänglich. Man tritt unter den Stahlträgern hindurch auf eine Treppenanlage, die direkt unter ihnen liegt. Über diese Treppenanlage kann man von allen vier Seiten hinauf auf eine Plattform steigen; erst von dieser erhobenen Position aus kann man die Namen der Lager »richtig«, d.h. nicht spiegelverkehrt lesen. Bemerkenswert ist hier, wie der Gedenkende positioniert wird und in welcher Position er mit den Zeichen der Geschichte konfrontiert wird. Ich möchte dies mit einem Vergleich zu einem anderen Altar in der Berliner Mitte verdeutlichen (Abb. 9). Ich verweise auf den Pergamon-Altar, auf jenes Stück antiker Kultur, mit dessen rekonstruierender Aufstellung auf der Berliner Museumsinsel die preußische Metropole einst gegenüber den anderen westeuropäischen Mächten und ihren Museen in London und Paris ihre Ebenbürtigkeit unter Beweis stellen bzw. ihren kulturellen Führungsanspruch »anschaulich« machen wollte.

Strukturell verwandt sind der abgeschlossene, der sakrale Innenraum und der Treppenaufgang; ferner sind in die Gestaltung beider Bauten Erzählungen über die überwundene Vergangenheit integriert, die Gigantomachie am Pergamon-Altar und die Namen der Orte der Vernichtung am Holocaust-Denkmal. Gerade in dieser Hinsicht gibt es jedoch einen signifikanten Unterschied: Die Gigantomachie, d.h. der Gründungsmythos, der Kampf der Götter gegen die Giganten und deren Überwindung ist eine Erzählung, die der Besucher der hellenistischen Tempelanlage hinter sich, »außen vor« läßt, um ins Heiligtum – den vom profanen separierten heiligen Raum – zu steigen. Der Fries mit der Erzählung ist dem profanen Außen zugeordnet, das verlassen werden muß. Anders dagegen sind die Namen der Orte der Vernichtung am Denkmal, wie es Unger konzipiert, nur von innen zu lesen, am vom Profanen getrennten Ort.

Der Vergleich zeigt eine bemerkenswerte Umkehrung und Inversion der Verhältnisse zwischen sakralem Innenraum und Außen: Beim

Siegesmonument von Pergamon läßt der Hinaufsteigende die Gigantomachie, die Erinnerung an mythische Vergangenheit, hinter sich; erst im Hinaufschreiten – eine spezifische Form eines rite des passages – erhebt man sich über diese und tritt in den Innenraum. Bei dem Ungerschen Entwurf muß man erst hinaufschreiten, um den lesbaren Zeichen gegenüberzustehen und sich mit der zu überwindenden Geschichte in erhobener – erhabener – Position zu konfrontieren. Der Übergangsritus ist so im Inneren der Anlage zu vollziehen. Die Grenzen zwischen »Opfern« und »Opfer«-Darbringenden werden fließend.

Zugleich ist in der Konfrontation mit den Namen der Blick nach außen begrenzt, d.h. der Blick auf das Gegenwärtige, das Diesseitige verstellt. Mag auch von gewissen Positionen im Inneren der Anlage großstädtische Umgebung partiell sichtbar sein, so markiert die Eingrenzung des abgesonderten Raums ein Anderes, das gegen das gegenwärtige weltliche Geschehen abgesetzt ist.[42] Unverstellt ist im sakralen Raum nur der Ausblick in den Himmel, in die Geschichte des Holocaust als ein »Jenseitiges«.

Das Gedenken an die ermordeten Juden wäre so begrenzt auf vom Gegenwärtigen und Profanen abgetrennten und somit sakralen Raum; das Gedenken einer Opferhandlung an einem Altar vergleichbar. Die problematischen Bedeutungen von »Holocaust« – Brandopfer – können wieder lebendig werden.

In Ungers Denkmalsentwurf ist eine spezifische Form der Verdrängung von Geschichte reaktualisiert: Organisiert wird ein umrahmter Ort der Exterritorialisierung des faschistischen Verbrechens; es wird architektonisch verankert, was lange schon eine Strategie der Verdrängung in der Geschichtsschreibung war. Jacques Derrida sprach von der Gefahr zeitlicher und lokaler Exterritorialisierungen, die die gleichermaßen naive und gefährliche Annahme produzieren, »der europäische Diskurs könnte den Nationalismus wie einen Gegenstand auf Distanz halten«.[43] Solche Exterritorialisierung wäre mit der Realisierung des Ungerschen Entwurfs ästhetisch fixiert.

Im Zentrum Berlins wäre dann auch die deutsche Zentrale der »Entschuldung« Europas zu finden. Der Mord an den Juden Europas könnte in diesem abgetrennten Raum zelebriert werden als Opfer – als Sacrificium für eine Zukunft jenseits von Geschichte, auch jenseits der und »erhaben« über die Geschichte im Gegenwärtigen.

Auf unheimliche Weise würde im Deutschland der neunziger Jahre der Ermordung der Juden durch die Nazis ein Sinn zugesprochen. Über die Sakralisierung des Mordes, d.h. seine Umdeutung als Opfer (sacrificium), soll eine Konsolidierung und Zukunft eines »erneuerten« Deutschland garantiert werden.

Haben Deutsche mit ihrer Bereitschaft, sich und andere dem »Dritten Reich« »hinzugeben«, die Möglichkeit einer »nationalen« Geschichte unwiderruflich zerstört, so soll nun das Bild derer, denen Deutsche jedes Recht auf Menschsein abgesprochen haben (und damit auch das Recht, »Opfer« zu bringen), für eine andere nationale Zukunft Deutschlands einstehen.

Gründungsopfer und -mythen und die Unmöglichkeiten deutscher Geschichte – ein Resümee

Meine These war, daß die Peinlichkeiten, die Obszönitäten der Entwürfe symptomatisch zu lesen sind: als Symptom widerstreitender Strebungen, dem intendierten Ziel eines Gedenkortes für die ermordeten Juden einerseits und der Suche nach einer eigenen kohärenten nationalen, »deutschen« Identität andererseits. Diese Symptome zum Gegenstand zu machen, die Fehlleistungen nicht weiter zu tabuisieren (wie es etwa in der Rede von der »Obszönität« oder gar »Perversität« geschieht), sondern durchzuarbeiten, ist politisch notwendig. Das wird jedoch nicht möglich sein in einem Projekt, das vor allem darauf angelegt ist, nach außen zu repräsentieren. In diesem Projekt droht sich Geschichte fortzusetzen, zu wiederholen – als Wirkung, die nicht weiß.[44]

Psychoanalytische Theoretiker haben darauf aufmerksam gemacht, daß eine Wurzel des Rassismus im Haß auf das Genießen des Anderen liegt, in der Projektion des »Anderen als denjenigen, der wesentlich mein eigenes Genießen stiehlt«.[45] Die Geschichte des Antisemitismus ist ohne Zweifel auch unter dieser Perspektive zu beschreiben.

Kritisch zu analysieren und zu bearbeiten bleiben unter dieser Perspektive eben auch die Äußerungen in den Entwürfen, und zwar nicht nur die, die den Wunsch zur Identifizierung mit den Opfern offensichtlich machen, sondern auch die Äußerungen, in denen sich eine nach wie vor ambivalente Beziehung zu denjenigen zeigt, die einem den Status, selbst (wie) ein »Opfer« zu sein, streitig machen.

Eine »Nation« zu werden, die Konstruktion einer »imaginierten Gemeinschaft«[46] ist verbunden mit einer Erzählung der Geschichte der Nation, in der diese in einer guten Vergangenheit gründet. Deutsche Geschichte macht eine solche Erzählung nicht möglich. Oder genauer: Wie kaum eine andere nationale Geschichte zeigt die deutsche Geschichte, daß eine solche in der Vergangenheit gründende Erzählung nicht ohne Umdeutungen, nicht ohne Verschweigen von historischer Gewalt möglich ist.

Die feststellbare Identifikation mit den »Opfern deutscher Geschichte« läßt sich als ein Versuch entziffern, diese Unmöglichkeit zu überspringen. Und eben hier scheint die Logik des Gründungsopfers zu greifen: Ein rituell oder performativ vollzogenes Opfer (sacrificium) scheint es möglich zu machen, daß andere die Stelle der »Geopferten« einnehmen.

Gründungsmythen haben meist mit Opfern, Opfergaben zu tun, die den Überlebenden garantieren sollen, mit der Geschichte »ins Reine« gekommen zu sein und »das Böse« überwunden zu haben. An solchen Mythen scheint es gegenwärtig in der Phase der Versuche, die deutsche Nation zu rekonstituieren, neuen Bedarf zu geben, obwohl oder auch weil in der gegenwärtigen Welt vieles im Umbruch und in Frage gestellt ist und damit die großen nationalen Erzählungen ebenso wie die der »ersten Welt« viel an Glaubwürdigkeit verloren haben.

In diesem Kontext, das sei zum Abschluß angemerkt, läßt sich auch die Rezeption von Daniel Goldhagens 1996 in deutscher Übersetzung erschienenen Buch *Hitlers willige Vollstrecker* sehen. Dieses Buch enthält in seiner Grundthese ebenso wie in seinen Einzelbeschreibungen, in einer ins »Nationale projizierten Narration«[47], ein weiteres Angebot zur Ordnung der Welt der Nachgeborenen. Die grundlegenden Thesen Goldhagens wurden nicht zu Unrecht mit einem manichäischen Weltbild in Verbindung gebracht.[48]

Goldhagens Buch enthält ein Angebot nicht nur der feinsäuberlichen Ordnung der Welt in »Gut« und »Böse«, wie sie aus alten mythischen Erzählungen ebenso wie aus Hollywood-Filmen bekannt ist, sondern auch ein Angebot zur eigenen Verortung an einem vermeintlich sicheren Ort jenseits »des Bösen«. Solche Selbstverortung ist leicht verbindbar mit einer Identifikation mit den »Opfern der Deutschen«. Schließlich können auch die Deutschen, die sich mit jenen identifizieren, vom Historiker ihrer »Willigkeit« eine Art Absolution erhalten.[49]

Die Provokation, die ein Hinsehen auf die NS-Verbrechen beinhalten kann, die Provokation von Fragen – wie es geschehen konnte und wie es um den Faschismus in uns oder um uns steht –, wird stillgestellt, wenn die Fragen zu solchen nach »Gut« und »Böse« werden und verknüpft werden mit der Unterscheidung zwischen den »Deutschen« und »den anderen«. Versämtlichungen haben in der Geschichte immer wieder dazu gedient, Fragen, die mit politischer Moral oder Verantwortung auch der einzelnen zu tun haben, zu Fragen der Zugehörigkeit zu verschieben – mit, wie wir wissen, häufig verheerenden Konsequenzen.

Weder wir noch »die Welt, die auf Deutschland blickt«, sollten beruhigt sein, daß die NS-Verbrechen zur Kenntnis genommen werden. Wichtig ist, *wie* sie zur Kenntnis genommen werden, *wie* hingeschaut wird. Und wichtig ist auch, wie über das Erinnern an die Ungeheuerlichkeit des systematischen Massenmords an den Juden andere, gegenwärtige Ungeheuerlichkeiten nicht aus dem Blickfeld geraten.

Eine mögliche Alternative

Einer der wichtigeren Alternativvorschläge zum Berliner Denkmalprojekt war die Einrichtung eines zentralen »Holocaust-Museums«. Zu Recht ist gegen diesen Vorschlag geltend gemacht worden, daß etwa im Unterschied zu den USA in unserem Land mit den KZ-Gedenkstätten bereits viele derartige »Museen« existieren. Aber was fehlt, ist ein Ort, an dem die Geschichte des Erinnerns und Verdrängens thematisiert wird, ihre Formen in Ost und West mit ihren Veränderungen und Kontinuitäten von den Fünfzigern bis in die neunziger Jahre. Möglicherweise wäre gerade der für das Denkmal vorgesehene zentrale Ort geeignet für eine solche Einrichtung, ein »Museum der Erinnerungen«. Wie die Geschichte und die Debatten des Berliner Denkmalprojekts zeigen, ist das Problem des Umgangs mit der Geschichte der Ermordung der Juden immer noch und wieder mit der

Suche nach einer nationalen Identität auf nahezu unentwirrbare Weise verwoben. In einem Museum der Erinnerungen könnte die Frage nach der Konstitution des »Wir« in dem Land, aus dessen Geschichte der Völkermord an den Juden nicht wegzudenken ist, zu einem Gegenstand der Darstellung und des Durcharbeitens werden.

Weder ist eine ungebrochene nationale Identität zu haben noch ein direkter Zugang zu den Traumata der Geschichte. Wir können aber den Umgang damit thematisieren und durcharbeiten und damit vielleicht längerfristig zu einer Verschiebung der alten Problemstellungen gelangen.

Anmerkungen

Dieser Text ist eine aktualisierte, erweiterte und um einige Teile gekürzte Fassung des 1996 in den Materialien des Fritz Bauer Instituts, Nr. 14 erschienenen Aufsatzes »Ein ›Altar des Vaterlandes‹ für die neue Hauptstadt? Zur Kontroverse um das »Denkmal für die ermordeten Juden Europas‹«. Ich danke Herbert Mehrtens für Kritik und Ermutigung und für seine (fast) unerschöpfliche Bereitschaft, dieses schwierige Thema immer wieder von neuem zu diskutieren und durchzuarbeiten.

1 Die erste Sitzung des Kolloquiums zur Frage »Warum braucht Deutschland das Denkmal?« fand am 10. Januar 1997 statt, es folgten die zweite zu »Der Standort, sein historischer und politischer Kontext, seine zukünftige stadträumliche Einbindung« am 14. Februar und am 18. März die dritte und abschließende Sitzung über »Typologie und Ikonographie des Denkmals. Wege zur Realisierung«.

2 Es gehe um die »Triftigkeit der Argumente«, der Wettbewerb aber sei abgeschlossen, betonte der Senator in seiner Eröffnungsrede vom 10.1.1997.

3 Welche Künstler aufgefordert werden sollen, bleibt in der Pressemitteilung vage. Die Rede ist von neun Künstlern, deren »Namen aus dem Kreis der neun Preisträger, der übrigen Wettbewerbsteilnehmer und bisher nicht Beteiligter ausgewählt werden« sollen.

4 Siehe dazu Anita Kugler, »›Sezessionisten‹ für ein Mahnmal auf Zeit«, in: *die tageszeitung* vom 10.4.1997; ferner *Frankfurter Allgemeine Zeitung* vom 5.4.1997.

5 Vgl. Thomas Lackmann, »Gefahr bei Glätte«, in: *Der Tagesspiegel* vom 12.1.1997; Joachim Güntner, »Mangel an Scham. Über das Holocaust-Denkmal für Berlin wird weiter gestritten«, in: *Neue Züricher Zeitung*; Alan Cowell, »Bleak Debate in Berlin on a Holocaust Memorial«, in: *New York Times* vom 11.1.1997, S. 14; und auch das Interview mit Kathrin Hoffmann-Curtius, in: *Schwäbisches Tageblatt (Südwestpresse)* vom 8.2.1997.

6 Siehe Salomon Korn, »Bestelltes Alibi: Holocaust-Denkmal in Berlin. Experten

sollen akklamieren«, in: *Frankfurter Allgemeine Zeitung* vom 7.1.1997; »Gefrorener Augenblick der Geschichte«, in: *Berliner Zeitung* vom 11./12.1.1997; Dieter Bartezko, »Was ist angemessen. Erstes Berliner Kolloquium zum Holocaust-Denkmal«, in: *Frankfurter Allgemeine Zeitung* vom 14.1.1997; Gabriele Werner«, »Ausgewählte Ansichten. Mit einem Kolloquium setzt der Förderkreis für das Holocaust-Denkmal seine undemokratische Politik fort«, in: *junge welt* vom 13.1.1997, und dies., »Blick vom Balkon. Zweite Runde in der Meinungssuche zum Denkmal für die ermordeten Juden«, in: *junge Welt* vom 18.2.1997.

7 An der zweifachen Verwendung des Begriffs »Opfer« wird ein Problem der deutschen Sprache deutlich: Sie verdeckt, entnennt einen Unterschied, der in anderen Sprachen wie etwa der englischen zu machen ist: Diese unterscheidet nicht nur zwischen »victim« und »sacrifice«, sondern bietet auch einen weiteren Begriff, der nicht dem Opferdiskurs zugerechnet werden kann: »casualty«. (Für diesen Hinweis und das Mitdenken über die Probleme der »Opfer-Sprache« danke ich John Czaplicka). »Casualty« wäre wohl am ehesten mit »Geschädigter« zu übersetzen. In den mir verfügbaren Lexika wird es mit »Opfer« übersetzt.
Das »Opfer« als »sacrifice« läßt sich ethnologischen und religionswissenschaftlichen Studien zufolge bestimmen als eine Abfolge von Töten – von Hinrichten oder »Hingeben« – und Aufrichten, Erhöhen (Heilig-Machen).
Zu der Problematik des »Opfers« und damit zusammenhängender Mythen vgl. die Beiträge in Gudrun Kohn-Waechter (Hg.), *Schrift der Flammen. Opfermythen und Weiblichkeitsentwürfe im 20. Jahrhundert.* Berlin: Orlanda, 1991.

8 Vgl. die Wettbewerbsbeiträge von Renata Stih und Frieder Schnock (»Bus-Stop«, ausgezeichnet mit dem 11. Preis), Magdalena Jetelovà (Entwurf Nr. 1107, bereits im ersten Rundgang von der Jury ausgeschlossen) und vor allem Katharina Kaiser alias Marlene Berthold (Rangplatz 14), die vorschlug, den vorgesehenen Ort zu verlassen und statt dessen auf der Spreeinsel, dem Ort europäischer Kultur in der Mitte Berlins, Lichtzeichen mit den Namen der zerstörten jüdischen Gemeinden zu setzen, um deutlich zu machen, wie die »Geschichte der Vernichtung der Juden ... ›EINGESCHRIEBEN‹ ist in die ›Grundmauern dieser Kultur (...)‹«. Vgl. Kurzdokumentation *Künstlerischer Wettbewerb ›Denkmal für die ermordeten Juden Europas‹.* Hg. von der Senatsverwaltung für Bau- und Wohnungswesen Berlin 1995 (o.S.). Fortan zitiert unter: Kurzdokumentation.

9 »Young wurde gefeiert wie die Alliierten bei der Befreiung (...)«, so der einzige mir bekannte distanzierte Kommentar von Gabriele Werner, in dies.: »Die Faszination des Schreckens«, in: *junge welt* vom 14.4.1997.

10 So sind z.B. die Ausschreibung für das Denkmalsprojekt im Berliner Bayrischen Viertel »Orte des Erinnerns«, Auswahl und Realisierung des Entwurfs von Renata Stih und Frieder Schnock nicht ohne die langjährige Arbeit des Schöneberger Geschichtsarbeitskreises (initiiert und koordiniert von der Leiterin des Kunstamts Schöneberg, Katharina Kaiser) denkbar. Vgl. dazu das im Auftrag der Senatsverwaltung für Bau- und Wohnungswesen Berlin hg. *Arbeitsbuch für ein Denkmal in Berlin* von Renata Stih und Frieder Schnock (1993); ferner die vom Kunstamt Schöneberg herausgegebenen Katalogbände: *Orte des Erinnerns.* Berlin: Hentrich, 1994, 2 Bde.

11 Mariam Niroumand in: *die tageszeitung* vom 14.4.1997

12 Daß solche Fragen nicht nur die bundesrepublikanische Kultur (be)treffen, wurde 1995 deutlich in der Auseinandersetzung um die Ausstellung über »Enola Gay«, dem Bomber, von dem aus die Atombombe über Hiroshima abgeworfen wurde: Die Ausstellung »The Last Act: The Atomic Bomb and the End of World War II«, konzipiert für das National Air and Space Museum in Washington, wurde aufgrund der Intervention von Veteranenverbänden drastisch reduziert. Vgl. dazu Martin J. Sherwin: »The Assault on History. Forgetting the Bomb«, in: *The Nation*, 15.5.1995.

13 Vgl. Anm. 10.

14 Daß die Unmöglichkeit außerdem auch international renommierte KünstlerInnen wie z.B. Rebecca Horn oder Gerhard Merz eingeholt hat, ist an deren Wettbewerbsentwürfen deutlich.

15 Das können z. B. die in der Berliner Online-Befragung zum Holocaust-Denkmal (ein im Mai 1997 eingerichteter Service der *Berliner Zeitung, Tip Berlin Magazin* und *Berliner Abendblatt*) dokumentierten Zuschriften veranschaulichen (http://194.42.77.10/forum/abstimmung.html).
Die Befragung ist von vorherein begrenzt und parteilich: Zur Begutachtung sind lediglich die ersten acht prämierten Entwürfe mit Bild vorgestellt. Zudem wird behauptet, der erstplazierte Entwurf von Ch. Jackob-Marks sei vom Bundeskanzler Kohl und vom Berliner Regierenden Bürgermeister Diepgen abgelehnt worden, danach erst wäre dann ein nicht enden wollender Streit um die Entwürfe entbrannt. Bei solchen Fehlinformationen kann man hier einen weiteren Versuch sehen, eine offene Diskussion wirklicher Probleme zugunsten einer verdrängungsbereiten nationalen Einigung per Umfrage zu vermeiden.

16 Lea Rosh in: Bürgerinitiative Perspektive Berlin e.V.(Hg.): *Ein Denkmal für die ermordeten Juden Europas. Dokumentation 1988-1995.* Berlin 1995, S. 6. Fortan zitiert: Bürgerinitiative.

17 Katharina Kaiser in ihrem Faltblatt zu ihrem Wettbewerbsbeitrag (März 1995). Vgl. auch Katharina Kaiser im Gespräch mit Peter Funken, »Ortslosigkeit als Metapher – Das Denkmalskonzept – eingeschrieben – als Widerspruch«, in: Neue Gesellschaft für Bildende Kunst (Hg.), *Der Wettbewerb für das »Denkmal für die ermordeten Juden Europas«. Eine Streitschrift.* Berlin: Verlag der Kunst, 1995, S. 92ff. Fortan zitiert: *Wettbewerb.*

18 Hanno Loewy, »Wo keiner einsteigt und keiner aussteigt ... Zum ›Denkmal für die ermordeten Juden Europas‹«, in: Neue Gesellschaft für Bildende Kunst (Hg.), *Wettbewerb*, S. 106ff. – Die mythische Botschaft wurde von Eberhard Jäckel in seinem Leitvortrag »Warum braucht Deutschland das Denkmal« zur ersten Sitzung des Kolloquiums am 10. Januar 1997 noch einmal wiederholt: »Dieser Standort (...) hat einen Bezug, der veranschaulichen soll: Die Opfer erheben sich über die Täter.«

19 So der Titel eines Theaterstücks des Berliner »Theaters zum westlichen Stadthirschen«.

20 Lea Rosh in: Bürgerinitiative, S. 6f. Sich zu der »Einzigartigkeit des Mordes« zu bekennen, klingt nach einem gewissen Stolz. Siehe auch Anm. 28.

21 Der kritisierte und zwischenzeitlich angesichts der massiven Kritik verworfene
»Ablaßhandel«, mit dem die Realisierung des Denkmalentwurf von Jackob-
Marcks u.a. finanziell abgesichert werden sollte, war seinerseits ein deutliches In-
diz für den Versuch, alte Formen symbolischer »Wiedergutmachung« zu erneu-
ern, und das schien offenbar ohne Übertreibung nicht effektiv. Vgl. Claudia Wahju-
di, »Kein Ablaß im Angebot«, in: *Zitty. Illustrierte Stadtzeitung*, Berlin, Nr. 7,
1995.

22 Beredt in dieser Hinsicht war der Leitvortrag des Architekten Urs Kohlbrenner
»Thesen zum Standort« zur 2. Sitzung des Berliner Kolloquiums am 14.2.1997:
Er bestimmte zunächst das Denkmalsgelände als Raum »zwischen zwei Toren
zur Stadt« (womit auf das alte Berlin angespielt wurde) und beschrieb des weiteren die Umgebung des Standortes (das Wohnen im Osten, den Pariser Platz,
Potsdamer Platz, Tiergarten), um dann zusammenzufassen: »Bildhaft ausgedrückt: Goethe könnte theoretisch von seinem Standort im Tiergarten [gemeint
ist F. Schapers Goethe-Denkmal am Rand des Tiergartens, gegenüber dem Wett-
bewerbgelände; d. Verf.] diesen Ausschnitt des Universums [sic !] überblicken.
Man sieht (...) Reichstag, Brandenburger Tor und Denkmal zusammen. (...) Hinzu kommt die Lage an bedeutenden Straßenverbindungen, sowohl in Nord-Süd-
als auch in Ost-West-Richtung.« Es liegt auf der Hand, daß hier nicht so sehr die
aktuelle verkehrstechnische Lage gemeint ist, sondern vielmehr die historisch
überlieferte und bedeutsame Topographie.

23 In der Pressemitteilung des Berliner Senats für Wissenschaft, Bildung und Kultur
(18.4.1997) über die Auswertung der Kolloquien werden von den sieben in die
Diskussion gebrachten alternativen Standorten nur noch drei genannt: neben
dem ursprünglich vorgesehenen (»in den Ministergärten«) noch der zwischen
Reichstag und Haus der Kulturen der Welt und der bei der Stiftung »Topographie des Terrors«. Weiterhin bestimmend bleibt die Orientierung auf Zentralität
und auch eine Vorstellung der Verbindung zu Orten des Verbrechens. Schließlich
war auch in der Kritik am vorgegebenen Standort, wie sie auf der zweiten Sitzung des Kolloquiums geäußert wurde, die Anbindung an die NS-Vergangenheit
präsent: So z.B. forderte der Berliner Architekturhistoriker Bruno Flierl, es sollten alternative Orte gefunden werden, »die Bindungen sowohl an die nationalsozialistische Vergangenheit als auch an die bundesrepublikanische Gegenwart hätten (...). Dafür eigneten sich ganz besonders Standorte im Bereich der von Hitler
und Speer in der Spur der wilhelminischen Siegesallee geplanten, aber nicht ver-
wirklichten Nord-Süd-Achse.« (Protokoll der 2. Sitzung des Kolloquiums
»Denkmal für die Ermordeten Juden Europas«, S. 9).

24 Horst Hoheisel (Nr. 1352, 1. Rundgang) in: Kurzdokumentation.

25 Anzumerken ist hier auch, daß die – für die Bundesregierung ohne Zweifel aus
innen- wie außenpolitischen Gründen notwendige – Teilnahme des Vorsitzenden
des Zentralrates der Juden, Ignatz Bubis, durch die Zusage des Geländes am
Brandenburger Tor für ein Denkmal für die ermordeten Juden gleichsam »er-
kauft« wurde, vgl. Anita Kugler, »Wem gehört dieser Tag?«, in: *die tageszeitung*
vom 13.11.1993.

26 Vgl. dazu auch Bruno Kauhsen, *Omphalos. Zum Mittelpunktgedanken in Architektur und Städtebau, dargestellt an ausgewählten Beispielen*. München: Scaneg, 1988. Kauhsen trägt Indizien für die alte Tradition dieser Vorstellung und deren Verbindung mit der Markierung von Stadtzentren zusammen.

27 Vgl. dazu auch Hubert Cancik: »Größe und Kolossalität als religiöse und ästhetische Kategorien«, in: *Visible Religion 7*, 1990 (Leiden), S. 51-68.

28 Im höchsten Grade symptomatisch dafür ist der Leitvortrag von Eberhard Jäckel »Warum braucht Deutschland das Denkmal«, dessen einführende Sätze lauten: »Grundsätzlich bedarf ein Denkmal keiner Rechtfertigung. Denn Denkmäler gehören zu den allerältesten Kulturschöpfungen. (...) Daneben gibt es seit alters Denkmäler zur Erinnerung an mehrere Tote, zumal wenn sie gemeinsam bei einem herausragenden Ereignis den Tod gefunden haben.« Die Häufigkeit, mit der Jäckel den Mord an den Juden nicht nur als »einzigartig«, sondern auch als »neuartig« bezeichnet, impliziert einen befremdlichen Wettstreit um nationale Besonderheiten, der Jäckel schließlich auch zu einem Zwischenresümee dieser Art verleitet: »Wenn und solange es Denkmäler zur Erinnerung an andere, weniger bedeutende Ereignisse gibt, soll und muß es dieses Denkmal geben.«

29 Lea Rosh in: Bürgerinitiative, S. 6f.

30 So Salomon Korn in: *Frankfurter Allgemeine Zeitung* vom 27.9.1995.

31 Vgl. Gabriele Werner, »Nationales Abwehrdenkmal: Einfühlungsästhetik in die Judenvernichtung«, in: Neue Gesellschaft für Bildende Kunst (Hg.), *Wettbewerb*, S. 172.

32 Henryk M. Broder, »Deutschmeister des Trauerns«, in: *Der Spiegel* vom 17.4.95.

33 Metaphern, die mit Sexualität zu tun haben, haben in der politischen Geschichte schon häufig verheerende Folgen gehabt. Ich spiele hiermit nicht nur auf die nationalsozialistische Propaganda an, sondern auch auf Darstellungen der Geschichte des NS-Staates; vgl. dazu Kathrin Hoffmann-Curtius, »Feminisierung des Faschismus«, in: Claudia Keller und LiteraturWERKSTATT Berlin (Hg.), *Die Nacht hat zwölf Stunden, dann kommt schon der Tag. Antifaschismus, Geschichte und Neubewertung*. Berlin: Aufbau, 1996, S. 44-69; ferner meinen Aufsatz »Hin-weg-sehen. Oder: Faschismus, Normalität und Sexismus. Notizen zur Faschismusrezeption anläßlich der Kritik der Ausstellung ›Inszenierung der Macht‹«, in: Neue Gesellschaft für Bildende Kunst (Hg.), *Erbeutete Sinne: Nachträge zu der Berliner Ausstellung »Inszenierung der Macht«*. Berlin: Nishen, 1988, S. 17-32.

34 In: *Konkret* Nr. 5, 1995.

35 Vgl. dazu Salomon Korn in: *Frankfurter Allgemeine Zeitung* vom 3.7.1995; Julius Schoeps, in: *die tageszeitung* vom 14.7.1995; Ignatz Bubis in: *Frankfurter Allgemeine Zeitung* vom 29.6.1995.

36 Rachel Salamander kritisierte, daß über die Namensnennung in dem erstprämierten Entwurf von Jackob-Marks u.a. ein jüdischer Ritus durch die Nachgeborenen des Täterlandes übernommen werde: »der jüdische Ritus ist kein Selbstbedienungsladen«, zit. nach Dieter Bartezko, in: *Frankfurter Allgemeine Zeitung* vom 14.1.1997.

37 Dennoch verhilft ihnen die Hartnäckigkeit der Bilder weiterhin zur Präsenz:

Man findet z.B. ein Foto des Modells mit den Massada-Steinen in der oben erwähnten Berliner Online-Befragung im Internet (siehe Anm. 15).

38 Kurzdokumentation, S. 41f.

39 Vgl. dazu Silke Wenk: »Die ›Mutter mit totem Sohn‹ in der Mitte Berlins: Eine Studie zur aktuellen Wirkung einer Skulptur von Käthe Kollwitz«, in: *Käthe Kollwitz – Schmerz und Schuld*. Katalog zur Ausstellung anläßlich des 50. Todestages von Käthe Kollwitz und zum Gedenken der 50. Wiederkehr des Zweiten Weltkrieges. Hg. vom Käthe Kollwitz Museum, Berlin: Gebr. Mann, 1995, S. 84-93.

40 Vgl. Kathrin Hoffmann-Curtius, »Altäre des Vaterlandes: Kultstätten nationaler Gemeinschaft in Deutschland seit der Französischen Revolution«, in: *Anzeiger des Germanischen Nationalmuseums*, 1990, S. 283-308.

41 Einige Juroren sollen dieses Zentrum als »aufgepeppten Sarkophag« empfunden haben (siehe Kurzdokumentation).

42 In einer befürwortenden Beschreibung heißt es: »Geglückt ist nicht nur die Begrenzung des Denkmalbereichs in bezug auf die umgebenden Straßen und das zu beplanende Areal. Auch die Ausweisung eines eigenen stadträumliches Platzes im Innern ist hervorzuheben, der den Gedenkort von seiner Umgebung sinnfällig aussondert [sic!] und hier einen besonderen Raum der Stille und der *sinnlich gesteigerten* [sic!] *Reflexion* schafft.« So der Bonner Architekturkritiker Andreas Denk in einem Kommentar zur 2. Sitzung des Kolloquiums zum Denkmal. Die häufige Verwendung des Wortstamms »Sinn« fügt sich in eine affirmative Beschreibung des Sakralisierungseffekts; die paradoxe Formulierung »sinnlich gesteigerte Reflexion« verweist zudem auf die Bedeutung des räumlichen Arrangements, das auf nonverbale Weise eine (innere) Haltung hervorzubringen vermag.

43 Ich zitiere aus einem Interview, das in der *tageszeitung* am 13.2.1988 publiziert wurde.

44 Zum Problem der Wiederkehr des Verdrängten und den Schwierigkeiten des »Durcharbeitens« vgl. auch die weiterführenden Überlegungen von Dominick LaCapra: »Säkularisierung, der Holocaust und die Wiederkehr des Verdrängten«, in: Herta Nagl-Docekal (Hg.), *Der Sinn des Historischen. Geschichtsphilosophische Debatten*. Frankfurt am Main: Fischer Taschenbuch, 1996, S. 235-269.

45 Jacques-Alain Miller, zit. nach Slavoj Zizek, »Genieße Deine Nation wie Dich selbst. Der Andere und das Böse – vom Begehren des ethnischen ›Dings‹«, in: *Lettre International*, 18, Herbst 1992, S. 29.

46 Vgl. Benedict Anderson: *Die Erfindung der Nation*. Frankfurt am Main, New York: Campus, 1993.

47 Vgl. das Interview mit dem Historiker Christopher Browning in: *Frankfurter Allgemeine Zeitung* vom 6. 2. 1997; und auch die Besprechung von Goldhagens Buch durch Michael Bodemann in: *die tageszeitung* vom 7.8.1996.

48 Zur Kritik aus historischer Sicht vgl. auch Ruth Bettina Birn, »Revising the Holocaust«, in: *The Historical Journal*, Vol. 40, No. 1 (1997), S. 195-215. Siehe auch die Zusammenfassung in: *Times Newspaper* vom 23.3.1997, und Robert Gellately in: *The Journal of Modern History*, Vol. 69, Nr. 1 (1997), S. 187-191.

49 Vgl. die Dankesrede von Daniel Goldhagen zur Verleihung des Demokratieprei-
    ses 1997 der Blätter für deutsche und internationale Politik im März 1997, in:
    Blätter für deutsche und internationale Politik, H. 4 (1997), S. 424-443.

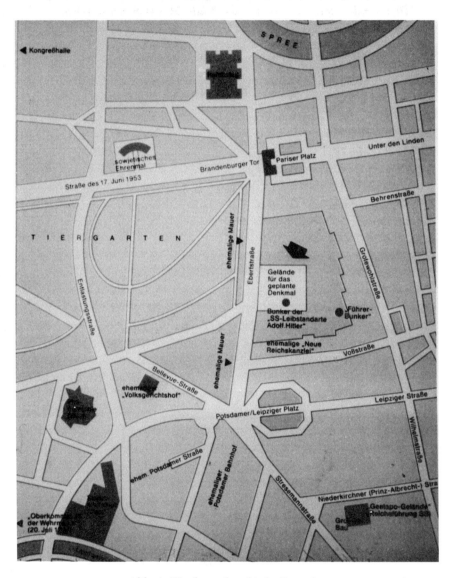

Abb. 1: Wettbewerbsgelände, Lageplan
(aus: *Ein Denkmal für die ermordeten Juden.* Hg. vom Förderkreis zur Errichtung
eines Denkmals für die ermordeten Juden Europas e.V., Berlin o.J. [1990]).

Abb. 2: Wettbewerbsgelände mit Brandenburger Tor

Abb. 3: Erstprämierter Wettbewerbsbeitrag von Christine Jackob-Marks, Hella
Rolfes, Hans Scheib, Reinhard Stangel (Modellfoto)
(aus: Dokumentation des Wettbewerbs, Berlin 1995)

Abb. 4: Wettbewerbsbeitrag von Simon Ungers, Christiana Moss, Christina Alt (Modellfoto), junge welt 14. 4. 1997.

Abb. 5: Paul Ludwig Troost »Tempel der Ewigen Wache«, Königsplatz München.

Abb. 6: Wilhelm Kreis, Entwurf des Reichsehrenmals Bad Berka.

Abb. 7: Wettbewerbsbeitrag Fritz Koenig (Modellfoto).

Abb. 8: Wettbewerbsbeitrag von Evangelos Sanganas.

Abb. 9: Pergamonaltar, Modell.

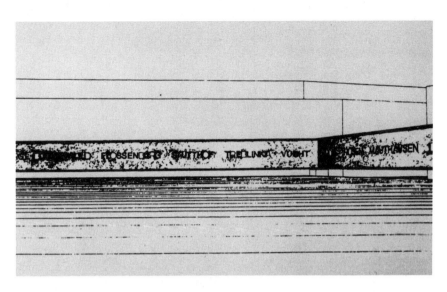

Abb. 10: Ungers u.a., Ansicht von der Plattform.

Autorinnen und Autoren

Thomas Albrich, geboren 1956 in Dornbirn, Assistenzprofessor am Institut für Zeitgeschichte der Universität Innsbruck; Studium der Geschichte und Anglistik; 1979/80 Forschungsassistent am Institute of Contemporary History and Wiener Library, London, und 1989/90 Teaching Fellow an der Tel Aviv University. Publikationen zur jüdischen Geschichte, zur NS-Zeit und zum Kalten Krieg, u.a. *Exodus durch Österreich: Die jüdischen Flüchtlinge 1945–1948* (1987); *Im Bombenkrieg: Tirol und Vorarlberg 1943–1945* (1992), Mitherausgeber *Österreich in den Fünfzigern* (1995).

Dan Diner, geboren 1946 in München, Dr. phil., Professor für außereuropäische Geschichte an der Universität Essen und deutsche Geschichte an der Universität Tel Aviv. Er ist Herausgeber des *Tel Aviver Jahrbuchs für deutsche Geschichte*, Autor und Herausgeber zahlreicher Bücher zur Geschichte Palästinas, zur Diskussion über das Völkerrecht und zur Historiographie des Holocaust. Veröffentlichungen (u.a.): *Der Krieg der Erinnerungen und die Ordnung der Welt* (1991); *Verkehrte Welten. Antiamerikanismus in Deutschland* (1993); *Kreisläufe. Nationalsozialismus und Gedächtnis* (1995); *Ist der Nationalsozialismus Geschichte. Zu Historisierung und Historikerstreit* (Hg.) (1987); *Zivilisationsbruch. Denken nach Auschwitz* (Hg.) (1988).

Leonard Dinnerstein, Professor der Geschichte an der University of Arizona; verschiedene Gastprofessuren an der New York University und der Columbia University; Schwerpunkt: Antisemitismus;

Publikationen (u.a.): *America and the Survivors of the Holocaust* (1982), *Uneasy at Home: Antisemitism and the American Jewish Experience* (1987), *Antisemitism in America* (1994).

Angelika Eder, geboren 1964 in München. Studium der Geschichte, Germanistik und Erziehungswissenschaften in Freiburg und Hamburg. Promotion 1997 über »Jüdische Displaced Persons im Nachkriegsdeutschland. Das Beispiel Landsberg am Lech 1945–1950«. Derzeit ist sie als DAAD-Stipendiatin mit dem Projekt »Baltische DPs im Hamburger Raum« befaßt. Lehrbeauftragte am Historischen Seminar der Universität Hamburg, zuvor am Goethe-Institut (München, Iserlohn und Budapest) sowie als DAAD-Lektorin in Großbritannien tätig.

Ole Frahm, geboren 1967 in Hamburg, studierte in Berlin und Hamburg. Er ist seit 1990 Mitarbeiter in der Arbeitsstelle für Graphische Literatur in Hamburg (ArGL). Regelmäßige Veröffentlichungen u.a. in den Zeitschriften *GLAS'Z, 17° – Zeitschrift für den Rest, Reddition* und im *Lexikon der Comics*.

Jacqueline Giere, geboren 1939 in Aberdeen, South Dakota, studierte an der Stanford University, Calif. und der J. W. Goethe-Universität Frankfurt am Main; anschließend mehrere Jahre Lehrerin. 1992 Promotion über jüdische Displaced Persons, seitdem abgeordnet ans Fritz Bauer Institut, Pädagogische Abteilung. Veröffentlichungen u.a. zu jüdischen Displaced Persons und antiziganistischen Vorurteilsstrukturen.

Irene Heidelberger-Leonard, geboren in Frankreich. 1950-1963 in Deutschland, 1963-1980 in London. Studium der Germanistik und Romanistik, seit 1985 Professorin für deutsche Literatur an der Université Libre de Bruxelles. Zahlreiche Aufsätze zur Nachkriegsliteratur. Buchveröffentlichungen: *Günter Grass* (1974); *Alfred Andersch: Die ästhetische Position als politisches Gewissen* (1985); *Jean Améry* (Hg.) (1988 und 1990); *Jurek Becker* (Hg.) (1992); *Alfred Andersch: Perspektiven zu Leben und Werk* (Hg.) (1994); *Antibiographie. Zu Thomas Bernhards Auslöschung.* (Hg.

zusammen mit Hans Möller) (1995); *Ruth Klüger weiter leben* (1996).

Andreas Hofmann, geboren 1963 in Bochum, Studium der Geschichte und Slawistik, gegenwärtig Abschluß einer Dissertation zum Thema »Bevölkerungs- und Gesellschaftspolitik in Schlesien 1945-1948«

Peter Honigmann, geboren 1952 in Berlin, Studium der Physik an der Berliner Humboldt-Universität, 1977 Promotion über ein mathematisches Thema der Atomphysik, anschließend Arbeiten zur Wissenschaftsgeschichte und Demographie. 1984 Übersiedlung nach Strasbourg, Talmudstudien an der Yechiva des Étudiants de France. Seit 1991 Leiter des Zentralarchivs zur Erforschung der Geschichte der Juden in Deutschland, Heidelberg.

Lena Inowlocki, geboren 1950, Dr. phil., wissenschaftliche Assistentin am Lehrstuhl für Kultur und Entwicklung, Fachbereich Gesellschaftswissenschaften, der J. W. Goethe-Universität, Frankfurt am Main. Arbeitsschwerpunkte: Biographieforschung, Argumentations- und Interaktionsanalysen, Migrationsforschung, Kultur- und Wissenssoziologie. Veröffentlichungen insbesondere zur rechtsextremen Gruppenzugehörigkeit Jugendlicher sowie zu Veränderungen von Traditionalität in jüdischen Displaced Persons-Familien.

Angelika Königseder, geboren 1966 in München, von 1985-1990 Studium der Politischen Wissenschaften, Neueren Geschichte und Soziologie in München, 1996 Promotion in Geschichte zum Thema »Jüdische Displaced Persons in Berlin« an der Technischen Universität Berlin. Wissenschaftliche Mitarbeiterin am Zentrum für Antisemitismusforschung der TU Berlin. Publikationen zur jüdischen Verfolgungs- und Nachkriegsgeschichte.

Ewa Koźmińska-Frejlak, geboren 1967 in Warschau, Studium am Fachbereich Philosophie und Soziologie der Universität Warschau. 1992 M.A. mit der Arbeit »Polish-Jewish War Dilemmas. Challenges of the Holocaust«. Z. Z. Promotion am Institut für Philosophie und Soziologie der Polnischen Akademie der Wissenschaften. Publikationen: »Stosunek spoleczenstwa polskiego do Zaglady Zydów« (zusammen mit I. Krzeminski), in: *Czy Polacy sa antysemitami?* Red.: I. Krzeminski. Warszawa 1996.

Ronny Loewy, geboren 1946 in Tel Aviv, seit 1982 Mitarbeiter des Deutschen Filmmuseums in Frankfurt am Main. 1987 Ausstellung »Von Babelsberg nach Hollywood. Filmemigration aus Nazideutschland«. Mitherausgeber der Zeitschrift »Filmexil«. Filmregie: DAS JIDDISCHE KINO (1983/zus. mit Hans Peter Kochenrath u. Walter Schobert), ES WAR EINMAL EIN JIDDISCHLAND (1992/zus. mit Inge Claßen); AUSCHWITZ. FÜNF TAGE IM NOVEMBER (1995/zus. mit Cilly Kugelmann u. Hanno Loewy), WILLI MÜNZENBERG ODER DIE KUNST DER PROPAGANDA (1995/zus. mit Alexander Bohr).

Abraham J. Peck, gebürtiger »Landsberger«, Executive Director of Holocaust Museum Houston, Texas, sowie Sonderberater am United States Holocaust Memorial Museum; ehemals Administrative Director der American Jewish Archives des Hebrew Union College Jewish Institute of Religion, Cincinnati, Ohio; Promotionsarbeit an der University of East Anglia, Norwich, England und an der Hamburger Universität; Publikationen zu jüdischer und deutsch-jüdischer Geschichte (u.a.): *Radicals and Reactionaries: The Crisis of Conservatism in Wilhelmine Germany* (1978); *The Papers of the World Jewish Congress 1939-1950* (Hg.), 2 Bde. (1990); *Sifting Holocaust Embers* (Hg. zusammen mit Michael Berenbaum) (1997).

Anita Shapira, Ruben-Merenfeld-Professorin für Zionismusstudien an der Tel Aviv University, ehemals Dekanin des Fachbereichs für Geisteswissenschaften und heute verantwortlich für die Errichtung eines Yitzhak Rabin Gedenkzentrums für Israelstudien; Arbeits- und Publikationen im Bereich jüdische Zeitgeschichte, Schwerpunkte: Sozial-, Kultur- und Geistesgeschichte (u.a.): *Berl, the Biography of a Socialist Zionist* (1985) – ebenfalls auf Hebräisch,

Deutsch und Russisch erschienen –, und *Essential Papers in Zionism* (Hg. zusammen mit Jehuda Reinharz) (1996).

Silke Wenk, geboren 1949 in Waldshut, Professorin für Kunstwissenschaft, Schwerpunkt Frauen- und Geschlechterforschung, an der Carl von Ossietzky Universität Oldenburg. Zahlreiche Publikationen zur Denkmalsgeschichte, zur Ästhetik des Nationalsozialismus und zum Verhältnis von Nation und Erinnerungskultur, darunter: »Aufgerichtete weibliche Körper. Zur allegorischen Skulptur im deutschen Faschismus«, in: Neue Gesellschaft für Bildende Kunst (Hg.): *Inszenierung der Macht. Ästhetische Faszination im Faschismus.* Berlin 1987, S. 103–118; »Idole, Ideale, Konflikte: Frauen in rechtsradikalen Bewegungen«, in: Christel Eckart u. a. (Hg.): *Sackgassen der Selbstbehauptung. Feministische Analysen zu Rechtsradikalismus und Gewalt.* Berlin 1995, S. 17–56 (zus. mit Gudrun Alexi-Knapp); *Ein ›Altar des Vaterlandes‹ für die neue Hauptstadt? Zur Kontroverse um das ›Denkmal für die ermordeten Juden Europas‹.* Frankfurt am Main 1996 (Reihe Materialien, H. 14, Fritz Bauer Institut); »Die Mutter in der Mitte Berlins«, in: Gisela Ecker (Hg.): *Kein Land in Sicht. Heimat – weiblich?* München 1996; *»Versteinerte Weiblichkeit«. Allegorien in der Skulptur der Moderne.* Köln 1996.

Idith Zertal, Historikerin und Schriftstellerin in Tel Aviv, Promotion in Geschichtswissenschaft, zahlreiche Publikationen zur israelischen Geschichte, zum Zionismus und zum Holocaust. Ihre jüngste Veröffentlichung, das Buch *From Catastrophe to Power 1944–1948.* Tel Aviv 1996 (hebr.), wird 1998 bei University of California Press in einer englischen Ausgabe erscheinen. Derzeit ist sie Senior Fellow am *United States Institute of Peace* in Washington DC.

Campus Geschichte

Hans Erler, Ernst Ludwig Ehrlich, Ludger Heid (Hg.)
Meinetwegen ist die Welt erschaffen
Das intellektuelle Vermächtnis des deutschsprachigen Judentums
1997. 554 Seiten
ISBN 3-593-35842-5

Renate Heuer, Siegbert Wolf (Hg.)
Die Juden der Frankfurter Universität
Campus Judaica, Bd. 6
1996. 504 Seiten mit 117 Abbildungen
ISBN 3-593-35502-7

Daniela Münkel
Nationalsozialistische Agrarpolitik und Bauernalltag
Campus Forschung, Bd. 735
1996. 526 Seiten
ISBN 3-593-35602-3

Susanne Spülbeck
Ordnung und Angst
Russische Juden aus der Sicht eines ostdeutschen Dorfes nach der Wende
Schriftenreihe des Zentrums für Antisemitismusforschung, Bd. 5
1997. 309 Seiten
ISBN 3-593-35764-X

Herbert A. Strauss
Über dem Abgrund
Eine jüdische Jugend in Deutschland 1918–1943
1997. 298 Seiten
ISBN 3-593-35687-2

Campus Verlag · Frankfurt/New York

Campus Geschichte

Fritz Bauer Institut (Hg.)
Auschwitz: Geschichte, Rezeption und Wirkung
Jahrbuch 1996 zur Geschichte und Wirkung des Holocaust
1996. 410 Seiten mit 46 Abbildungen
ISBN 3-593-35441-1

Hanno Loewy, Bernhard Moltmann (Hg.)
Erlebnis – Gedächtnis – Sinn
Authentische und konstruierte Erinnerung
Wissenschaftliche Reihe des Fritz Bauer Instituts, Bd. 3
1996. 300 Seiten
ISBN 3-593-35444-6

Detlef Hoffmann (Hg.)
Das Gedächtnis der Dinge
KZ-Relikte und KZ-Denkmäler 1945–1995
Wissenschaftliche Reihe des Fritz Bauer Instituts, Bd. 4
1997. 384 Seiten mit 370 Abbildungen
ISBN 3-593-35445-4

Fritz Bauer
Die Humanität der Rechtsordnung
Ausgewählte Schriften
Herausgegeben von Joachim Perels und Irmtrud Wojak
Wissenschaftliche Reihe des Fritz Bauer Instituts, Bd. 5
1997. Ca. 300 Seiten
ISBN 3-593-35841-7

Campus Verlag · Frankfurt/New York